FAMILY POLICY AND WOMEN'S DEVELOPMENT

家庭政策与妇女发展

张李玺◎主　编
陈　方◎副主编

中国社会科学出版社

图书在版编目（CIP）数据

家庭政策与妇女发展／张李玺主编．—北京：中国社会科学出版社，2016.7

ISBN 978－7－5203－0006－3

Ⅰ．①家…　Ⅱ．①张…　Ⅲ．①家庭社会学－研究②妇女工作－研究
Ⅳ．①C913.11②D440

中国版本图书馆 CIP 数据核字（2017）第 046373 号

出 版 人　赵剑英
责任编辑　任　明
特约编辑　李晓丽
责任校对　石春梅
责任印制　李寡寡

出　　版　中国社会科学出版社
社　　址　北京鼓楼西大街甲 158 号
邮　　编　100720
网　　址　http：//www.csspw.cn
发 行 部　010－84083685
门 市 部　010－84029450
经　　销　新华书店及其他书店

印刷装订　北京市兴怀印刷厂
版　　次　2016 年 7 月第 1 版
印　　次　2016 年 7 月第 1 次印刷

开　　本　710×1000　1/16
印　　张　27.75
插　　页　2
字　　数　459 千字
定　　价　95.00 元

序

这本论文集是中华女子学院中国妇女发展研究中心、性别与社会发展学院于2014年10月举办的“家庭政策与妇女发展”论坛的成果之一。论坛的主题涉及了家庭变迁与家庭政策、生育政策与生育保障、平衡家庭与工作和育儿政策和养老政策这四个方面。举办这次论坛，我们的初衷一是想就家庭政策在社会发展过程中的重要作用和影响与各位同人进行深入探讨，二是作为一个长期关注妇女发展和推动性别平等的研究机构，我们也十分关心在推进家庭政策建设的过程中，如何将社会性别意识纳入家庭政策主流，如何重视家庭政策设计的价值理念，并通过家庭政策的矫正作用达到社会公正，从而避免妇女群体的利益和发展受到影响。

论文作者来自国内多所大学和研究机构，虽然大家有着不同的学科背景，对家庭政策讨论的角度也有所不同，但总结起来该论文集有两个特点希望能引起各位同仁的关注，并共同推进有性别视角的家庭政策的系统化建设。

第一，不少作者都提出在家庭政策的体系化过程中，需要特别警惕以扶持家庭的名义使女性的利益和发展受损。而这一点，也是中国妇女发展研究中心一贯坚持的目标。家庭政策的建设不能忽视妇女的权益，提倡社会服务市场化、弱化对家庭的社会服务是否真的正确？我们应该如何借鉴欧洲的福利政策建立家庭福利体系？换句话说，家庭政策是否应该通过健全儿童和老人照料等体制来缓减家庭生活与职业的矛盾，促进就业，成为两性和谐、家庭健康发展的推力？

第二，作者们不仅仅从理论层面关注和讨论了家庭政策的发展、内涵、界定等问题，也更关注目前在社会转型时期出现的社会矛盾和社会问题，更关注妇女群体在这个社会急剧变迁中面临的新的挑战和压力。因此，作者们也更为关注如何通过家庭政策——特别是基于社会性别平等的家庭政策来调整国家、市场和家庭三个层面的关系。该论文集重点收集了事业和家庭的平衡、生育的社会保障、单独二孩政策、儿童和老人照料以及“失独”家庭等与传统性别角色任务关系密切的几个话题，作者们提出的生育保障立法取向应该承认生育的社会价值，将生育社会保障主体扩至全民，用政策倡导男女共同承担家庭责任，二胎化要尽可能将生育成本社会化，而不是家庭化和雇主化等一系列观点，为相应的政策研究提供了一定的理论和实践基础。

该论文集是来自不同机构、不同学科的学者们的集体智慧，相信大家的研究成果和积极参与，在推动具有性别意识的家庭政策建设过程中，一定会发挥重要作用和产生积极影响。

张李玺

2016 年 1 月 1 日

目　录

家庭政策：问题、理念及其争议[*]

吴小英[**]

摘　要：家庭政策的研究充满争议，其概念包含两层含义：一是狭义的政策领域和议题，二是家庭友好的政策视角。围绕家庭政策概念以及热点问题展开的争论，跟其背后秉承的价值立场和主义密切相关。可从三个方面的边界划分入手：在国家和家庭的关系层面上，表现为公私分界问题上的两种倾向；在国家与个人的关系层面上，表现为自由多些还是福利多些的争论；在个人与家庭的关系层面上，表现为以家庭价值观为核心的家庭主义与个人主义、女性主义之争。中国的家庭政策不能纳入任何一种西方经典模式，它存在的问题显示了国家主义治理模式的缺陷，未来走向家庭化和多元化的关键在于一种协商机制的建立。

关键词：家庭政策；公私领域；自由；福利；国家主义

近年来，学界关于家庭政策的研究和讨论越来越热，原因在于转型期社会变迁所伴随的家庭问题已经成为具有普遍性的社会问题之一，包括人口转变和生育率降低带来的家庭在构成、功能、观念等各方面不断弱化的变化趋势（吴帆，2012；胡湛、彭希哲，2012；陈卫民，2012a），以及转型社会家庭一方面变得越来越脆弱和充满风险？另一方面人们对它的需求和依赖度又越来越高而呈现出矛盾性的两难困境（吴小英，2012；唐灿，2013：2—5）。与此同时，人们也发现在探讨中国社会问题的解决之

* 本文以《家庭政策背后的主义之争》为题首发于《妇女研究论丛》2015 年第 2 期，刊载时文章有所删改，此为修改前的原文。

** 吴小英，中国社会科学院社会科学研究所研究员。

道中，家庭很难绕过去。诸如人口学家们忧心忡忡的老龄化、少子化可能带来的一系列社会后遗症，政府和民众共同关注的养老、教育、住房、医疗等民生和福利保障问题以及相应的制度设计，都无法脱离家庭的视野来讨论。正因为如此，家庭问题越来越受到学界和主流社会甚至官方的关注①，并日益与政府责任联系在一起（唐灿，2013：11—12）。这表明一向作为“后院文化”的一部分而被边缘化的家庭议题，某种程度上已经惊扰到社会秩序的核心层面而成为宏大主题的一部分，因此也逐渐成为公共政策垂青的对象。

然而家庭政策的研究从一开始就是个充满争议的话题。无论是家庭政策的概念界定，还是它在不同国家、地区和文化中的热点差异，抑或是家庭政策的不同模式和类型，都与其背后公开或隐蔽的价值立场密切相关。一部家庭政策变革和实践的历史，也是活生生的社会变迁及制度文化的体现。本文意在厘清家庭政策热点背后的主义之争，这是分析家庭政策发展趋势的关键，也为理解当今中国的家庭问题及社会变迁提供了一个别样的视角。

一 家庭政策的概念界定及主要议题

1. 家庭政策的概念界定

学界关于家庭政策的概念界定五花八门，泛指与家庭存在不同程度相关性的各类政策的总和。其中从政策对象和内容上看，有广义和狭义之分；从政策目标和结果上看，有直接和间接、显性和隐性之分；从政策取向和立场来看，有残补型和普惠型、福利型和发展型之分；等等（马春华，2013：18—20；吴帆，2012；胡湛、彭希哲，2012；张秀兰、徐月宾，2003）。

家庭政策最广义的理解，就是将所有与家庭相关的公共政策囊括其中，包括直接以家庭为单位和对象制定的政策法规，比如婚姻法、人口和

① 2013 年，国家卫生与计划生育委员会成立了“计划生育家庭发展司”，2014 年又在众多专家学者参与的基础上完成并发布了第一部有关中国家庭发展状况的白皮书《中国家庭发展报告 2014》。国家社科基金项目 2014 年和 2015 年的社会学类课题指南中，都包含了多个家庭政策相关的题目。

生育制度、儿童抚养和监护制度、户籍制度等；也包括那些不以家庭为对象和目标，但会对家庭产生不同程度影响的政策法规，范围更广且边界具有模糊性，包括公共福利和救助、税收、教育、住房以及就业、养老、医疗等涉猎广泛的制度。但从研究领域的可操作性来说，一般学界的共识是将家庭政策更多集中于狭义的理解，即“限于具有明确的家庭目标，且对象限于家庭本身或者家庭中个人的政策”（陈卫民，2012b）；是“以家庭整体为目标对象，旨在增强家庭发展能力，替补和完善家庭功能，提升家庭成员的福利水平”的一整套政策体系（吴帆，2012）；是“政府通过政策作用于家庭的各项支持”（吕青、赵向红，2012：36）。

有学者指出，家庭其实既作为政策背景、又作为政策目标而存在。由于政策实施倚赖于家庭的稳定，因而家庭从一种政策背景和条件发展成为一种政策目标，即政策的制定和实施应该考虑到有利于家庭的稳定而不是相反，这样家庭本身也从一种政策议题转换为一种政策评估的视角或标准（陈卫民，2012a）。在借鉴了德国学者卡梅尔曼和卡恩（Kamerman & Kahn）区分作为政策“领域”（field）和“视角”（perspective）的研究思路之后，陈卫民指出，家庭政策的可操作定义应该是这二者的结合，即“把目标和对象结合起来，同时补充以视角的考量”，是“界定家庭政策的普遍做法”（陈卫民，2012b）。

也就是说，家庭政策的概念可以从两个层面来界定：一是作为狭义的政策领域和议题，指针对家庭或者家庭中的个人为对象制定并对其产生直接影响的政策；二是作为一种政策视角，指以增进家庭整体的福祉或者支持和扶植家庭发展为目标的政策取向。这两个特点使得家庭政策一方面与一般的公共政策区分开来，另一方面也不断拓展和强化自己的地盘，以最终构建一套家庭友好（family-friendly）的完整政策体系。从这个意义上说，家庭政策已经跨越了一种具体的研究领域和范畴，而成为一种完善公共政策体系的理念。这种被学者称之为区别于“内容视角”的“目的视角”界定方式，为家庭政策的实证研究提供了一个非常有效的分析工具（吕青、赵向红，2012：39），因而具有了某种方法论的含义。

学界和政策制定相关机构之所以对家庭政策的界定一直以来未达成明确的共识，是因为人们对家庭的定义、需求以及政策所要覆盖的范围和达成的目标存在分歧。这些歧义不仅源自不同时代的家庭变迁与制度变革特点，而且来自不同地区和文化中对家庭的不同理解和期许。因此，家庭政策的概念界定不仅与政策背后的主义有关，也跟家庭背后的主义有关，其中前者是指国家福利制度的思潮演变，后者是指家庭观念的多元化和历史变迁。

2. 家庭政策的主要议题

从历史上看，家庭政策的主要议题与西方福利国家社会政策的发展进程密切相关，进而在不同时期呈现出不同的内容。学界一般将福利国家的现代起源追溯到19世纪80年代德国俾斯麦时期的社会政策，当时为了应对工业革命带来的失业、贫困等社会问题，德国先后出台了针对产业工人的疾病、工伤、养老等三项社会保险制度，开启了政府通过立法干预福利的先河（潘屹，2014）。在此之前，家庭一直是福利的主要来源和提供者，从这个意义上，有学者认为“社会政策即是家庭政策”（张秀兰、徐月宾，2003）。

早期的社会政策更多的是针对社会中某些特殊群体的，比如19世纪末德国的社会保险制度就是专为劳工而设，是一种与就业和收入挂钩的保险体制，通过雇主和雇员共同负担来完成，并非提供给全体国民（潘屹，2014）。它以政府通过雇主给雇员提供津贴的形式，来支持和改善处在困境中家庭的基本生存状况，因而被称为是残补式（residual，或译为补缺型）或缺陷干预型（deficit intervention）的家庭政策。这些政策主要为了给家庭结构和功能方面出现缺陷的特殊家庭提供修补、应急和救助活动，包括贫困家庭、丧失劳动力的伤残家庭和老年家庭、单亲家庭、作为家暴受害者的妇女和儿童等（马春华，2013：16—18；张秀兰、徐月宾，2003）。

二战之后欧洲国家开始致力于治愈创伤、重建社会，主张建立一个防御性的全民保障计划。其中英国的《贝弗里奇报告》作为一个里程碑，奠定了西方整个福利制度和社会政策的基本框架及主要基础①。20世纪50年代之后，随着经济的增长和左派力量的上升，福利国家在西方快速兴起和扩张，家庭政策随之进入第二阶段，表现为覆盖全体成员的一整套“从摇篮到坟墓”的普惠型家庭政策的诞生。但从70年代下半叶开始，由于经济衰退的影响，政府对于日益庞大的福利开支越来越感到力不从

① 指20世纪40年代由英国经济学家威廉·贝弗里奇爵士提交的有关英国战后重建社会保障计划的《社会保险和相关服务》的报告，它被视为西方福利国家的奠基石。

心，福利社会遭遇危机和质疑，学界和政府开始对这个制度理念进行重新反思。随着西方政党中右翼势力的抬头，人们对政府的责任界限进行重新审视，也影响了对家庭干预的态度。

家庭政策的议题随着人们对政府责任界限的不同理解而处于不断更新之中。英国学者米勒（J. Millar）将直接影响家庭的政策类型归纳为三个方面：规范家庭行为的法规（主要针对家庭中个人的权利和义务的规定）、保障家庭收入的津贴制度（对家庭以及家庭中个人所提供的资金支持）以及为家庭提供照料服务的政策（对家庭的服务供给上的支持）等（吕青、赵向红，2012：45；马春华，2013：19）。熊跃根则将OECD（经济合作与发展组织）国家的家庭政策概括为政府在三个主要方面对家庭支持的投入：包括现金项目、物质或服务项目和时间项目（即假期安排）（熊跃根，2013）。如果从处在不同家庭境况下的个体所面对的困境来看，过去几十年中世界范围内不同国家和地区的家庭政策议题主要集中在以下几个方面。

（1）与婚姻及其家庭的多元化形式相关的议题：结婚离婚制度以及相关的财产共享、分割与继承规定、孩子抚养与监护制度、同性恋等性少数群体（LGBT）以及单身、同居伴侣的权利等。

（2）与生育和育儿相关的政策议题：生育控制或激励、单身母亲、堕胎政策、孕产假制度、托幼制度、儿童权利与福利、儿童照顾与服务等。

（3）与工作和家庭平衡相关的性别议题：鼓励男女共同分享家务和育儿照料的制度（如双亲带薪假期及津贴）、帮助女性外出工作并平衡工作与家庭的社会支持政策（如劳动力市场弹性制度）等。

（4）与养老和照料相关的议题：老人赡养和家庭成员照料津贴制度、长期护理保险制度、社区照料和养老服务等。

但是由于不同国家和地区在制度和文化传统上的差异，以及处在现代化发展序列不同阶段的人们对家庭的功能和界限的理解也不尽相同，因此在家庭政策关注的热点议题上呈现出不同程度的差异。比如欧美发达国家的家庭政策主要关注个人及其亲密伴侣或所在核心家庭的相关问题，他们通常并不将养老和老人照料视为家庭问题的一部分；相反，像中、日、韩、台等受儒家文化影响的东亚国家和地区，无论处在现代化发展的哪个阶段，都会将老年人的赡养和照料问题视为与家庭相关的问题之一。同样，受20世纪60—70年代以来西方女权主义运动以及第二次人口转换的影响，无论东、西方发达国家都出现了女性更多参与劳动力市场、生育率降低、单身与离婚人群增加等现象，为缓解老龄化和少子化带来的负面影响，鼓励生育并让男性更多参与家务、发展完善的儿童服务项目、重视工作与家庭之间的平衡等就成为最热门的家庭政策议题，而在中国则依然将家庭问题的重点放在纵向的代际关系而非横向的性别议题上，因此这里工作与家庭的平衡问题往往以转嫁给父母辈的劳动付出的方式来实现。这些都体现了中、西方不同制度和文化之间在家庭界限以及代际关系理解上的差异①。

二　家庭政策热点背后的主义之争

前述表明，家庭政策的概念和议题受制于其背后所秉承的主义或价值取向，梳理家庭政策热点背后的主义之争，可以从国家、家庭和个人之间不同层面的三种关系类型入手，考察它们权利与责任的边界划分及其不同含义。

1. 国家与家庭：公私边界的流动性

家庭政策面临的第一个争议，就是国家该不该介入家庭，以及介入到什么程度、以什么方式介入。这就牵涉到一个核心问题：家庭到底是公领域还是私领域？

西方文化中素有公私二元论的传统，在古典自由主义思想家那里已经对公共和私人领域作了明确的划分，像自由、平等、正义、理性等原则被认为只通行于公共社会，即所谓“社会契约不进家”（任剑涛，2006；吴飞，2009）。家庭的私人化理念好似在家的周围建起了一圈篱笆，保护家庭在自己的空间内不受社会规则的支配和控制，因而也免除了外界的侵入

① 费孝通曾将中西方代际关系和养老问题上的这种差异概括为两种不同模式：即中国家庭的“反馈模式”和西方家庭的“接力模式”（费孝通，1983）。唐灿等人的研究也表明，中国家庭在日趋核心化的背景下，与父母亲属之间的关系依然保持着密切的互动和互助，情感交往相当活跃（唐灿、陈午晴，2012）。

和干扰[1]。尽管如此，私人领域与公共领域仍是相对而言的概念，二者的区分并非那么明晰、固定，而是富于弹性、相互影响、彼此不可分离的。家庭作为私人领域，同时也是划分公私界限的一个场所，它的概念界定本身就体现出这种界限的流动性。

考察世界范围内的家庭社会史，可以发现真正在国家、社会与家庭、个人之间划分出清晰的公私界限，还是在现代化之后。19 世纪中叶开始的工业化和城市化，不仅摧毁了西方旧有的社会秩序，也深刻地改变了家庭的结构、功能及其观念和制度。与前工业化时期相比，现代家庭不再是经济活动的主要场所，工作场所、职业与家庭、家务的分离，导致公共领域与私人领域、丈夫与妻子角色的划分；同时，家庭与社区、亲属网络之间的疏离，以及家庭规模的缩小和传统功能的外移，又使得现代家庭更具有排外性和亲密性。这些有关核心家庭的经典论述虽然存在争议[2]，但有一点确定无疑，就是从历史上看，家庭起着社会生活基础的作用，是社会制度的核心，二者之间是不相脱离的；而现代化之后正好相反，作为社会公共制度的工作和社区与私人生活领域中最重要的家庭制度之间是相脱离的，这种公私的界限划分及其关系变化正是现代家庭的最显著特征（赫特尔，1988：56）。伴随着 20 世纪以来中产阶级文化的崛起，那种关于公共生活和私人生活领域相分离的观念得到了进一步强化，形成了一种以爱情、亲密关系、休闲生活及其儿童教育为核心的现代家庭意识形态，并在全社会被广泛接受（比尔基埃等，2003：564—566）。直到 20 世纪 60—70 年代西方反主流文化和女权运动的兴起，才从观念上对公私二分提出了质疑和挑战，家庭私人化的边界也遭到了一定冲击。

与公私二元论这个流动的框架相对应，是政府在家庭事务相关的公共政策问题上的两种不同倾向。一种是更加强调家庭的私人性，因而主张国家对家庭应采取谨慎干预和不介入态度。早期的残补式、选择型或称特殊主义的家庭政策，就反映了这样一种倾向。它基于个体主义和自由主义的

---

① 这一点与承认个人的自由和财产权利紧密相关，借用一个著名的法律谚语来表述，就是“风能进，雨能进，国王不能进”。然而家庭作为私领域的这种封闭性和自我保护，也为家庭内部成员之间不平等的滋生和维护设立了一套安全网，因此遭到女性主义者的强烈批判。

② 例如，认为现代化就是由传统大家庭向核心家庭转变的说法已不再流行，现代家庭以脱离扩大亲属结构为特征的说法被认为是站不住脚的，家庭变迁与工业化、城市化和现代化之间并非是简单的线性关系（比尔基埃等，2003：536；赫特尔，1988：55—60；唐灿，2010）。

原则，倡导主要通过市场和家庭来满足基本的福利需求，只有在二者出现失灵或者失效的情况下，政府才出面提供紧急的补救，并仅限于提供最低的福利与服务（潘屹，2014）。美国、英国的福利体制大体表现为这种特征。另一种是更加强调家庭作为社会的基本细胞所具有的公共性的一面，因而主张国家应扩大对家庭的权力和责任，积极介入和干预家庭事务。它基于一种制度型的、普遍主义的福利体制思想，即保证所有公民都有平等地享受社会福利和服务的资格与权利①，并相信这体现了社会政策的核心——社会公正，同时也传递着社会团结的价值（潘屹，2014）。由此形成的覆盖全体的普惠型家庭政策，将公共领域和私人领域的界限向模糊方向又推进了一步。欧洲大陆国家特别是北欧的福利体制就属于这个类型。

这种公私界限的相对性和弹性特点，反映了家庭本身概念边界的开放性和模糊性。实际上从西方福利社会的政策发展历程来看，“对家庭功能和责任的理解一直是影响社会政策发展和变化的一个最重要的因素，而政策的发展过程事实上经历了一个对家庭—政府责任界限不断重新界定的过程”（张秀兰、徐月宾，2003）。20 世纪下半叶以来西方国家在福利方面投入和责任的加大，一方面在某种程度上弥补了现代社会中家庭正在丧失的一些传统功能，满足了家庭功能不断弱化后的一些基本保障需求；另一方面也使变迁中的现代家庭的功能和责任不断退化，不可避免地带来了不同程度的“去家庭化”（de-familization）后果。所以 20 世纪 80 年代以后西方福利国家“再次转向家庭和社区等非正规社会保护系统来寻求解决问题的出路”（张秀兰、徐月宾，2003），认为“家庭的作用在社会福利制度中不可退位”，希望重塑家庭功能和责任，呼唤重视家庭（潘屹，2014）。与此相适应，家庭政策出现一个明显的转向，即从过去那种以对家庭和个人的津贴为主要形式的缺陷干预型政策，转向将家庭作为社会资产来支持、助其形成可持续发展能力的资产投资型（asset building）政策，后者被学者称之为发展型的家庭政策（张秀兰、徐月宾，2003）。

如此看来，在国家与家庭的关系层面上，家庭政策背后的争议主要在

---

① 这一思想源自西方社会政策和福利国家创始人之一马歇尔（T. H. Marshall）的公民权理论，“社会公民权构成了福利国家的核心概念”，它包含了“从少量的经济福利和保障的权利，到完全分享社会遗产，并且依据社会流行标准到一种文明生活权利的所有范围”。这种统一的公民权地位取代了“与阶级、功能和家庭密切相关联的差异性地位”，遏止了自由市场经济的不平等趋势，进而“为不平等结构的建构提供了平等的基础”（罗伯特·平克，2013）。

于公私边界的分野，以及与此相关的国家—家庭责任界限的确认。家庭政策首先需要纳入人权体系，在这个意义上国家既要保护家庭的私有权不受侵害，同时也在一定底线范围内有权穿透家庭的围墙直接保护其中的个体。也就是说国家对家庭并非袖手旁观，越来越多的政府以不同方式积极介入其中，区别只在于干预的程度、界限和方式的差异。由于家庭问题的根源归根到底来自于社会，其“外在表现的私人性与内部根源的公共性，致使家庭政策的发展进程尤其受到历史条件的制约”（吕青、赵向红，2012：42），因此国家与家庭之间这种公私或权责的界限始终是富于弹性的。家庭政策若纳入福利体制，其主要争议则在于：国家应该是家庭福利的提供者，还是家庭可持续发展的支持者；家庭政策应该重点在家庭救济和福利上，还是家庭发展能力的扶植上，由此也形成了受到不同主义支撑的家庭政策的不同模式和类型。

2. 国家与个人：自由多些还是福利多些

与家庭政策相关的第二个争议，关涉公共政策制定过程中国家、市场与个人之间的关系问题。个人的福祉究竟是通过国家干预还是交给市场竞争来实现更加可靠？这种不同的选择又会在家庭政策中呈现出怎样不同的结果？这在西方社会一向是左派和右派争论的一个焦点问题，即关于“自由放任，还是福利国家？”的传统争议。其中左派主张扩大国家承担的责任，而右派强调要限制国家的权力，但前提在于先有一个社会契约意义上的国家，即“权力来自公民的授予并对公民负责”，也就是说其权利和责任是严格对应的（秦晖，2013/2014：“自序”）。所以个人想要多些自由就得削减政府权力，想要多些福利则要扩大政府责任增加对其授权，多自由的小政府与多福利的大政府之间鱼与熊掌不可兼得，须有所取舍，才能免于陷入“既要马儿跑，又要马儿不吃草”的困境。秦晖把这种选择和争论简要地概括为“自由多些还是福利多些”（秦晖，2013）。

丹麦学者埃斯平－安德森（G. Esping-Anderson）20 世纪 90 年代在《福利资本主义的三个世界》中，根据社会的去商品化（de-commodification）、福利的分层化（stratification）以及国家对公民权利的保障程度这三个指标，归纳出了西方社会的三种福利体制（welfare regime）类型：（1）自由主义福利体制（Liberal Regime）：以美英和加拿大为代表，强调依赖市场机制分配资源和福利。国家用于社会政策的公共支出水平较低，政府只为陷入危机或风险的个人和家庭提供最后的有限度的安全网，主张残补式的、市场主导的福利模式；（2）保守主义福利体制（Conservative Regime）：以德法为代表，主张社会福利依据劳动力市场的社会地位来分配，注重阶层和等级隔离，同时强调国家、企业、个人之间的协商与合作，因而具有明显的合作主义色彩。国家用于社会政策的公共支出水平较高，但是强调家庭作为福利产品主要提供者和服务者的责任，支持传统意义上性别分工的家庭模式，政府只是作为家庭的辅助者出现，因而在福利模式上依然是残补式的；（3）社会民主主义福利体制（Social-democratic Regime）：以北欧为代表，又称"瑞典模式"，强调公民权理念，国家作为福利的主要提供者，掌握和分配所有的资源并提供所有的公共服务，主张通过制度化的福利国家体系实现社会公正的目标，使得个体对市场和家庭的依赖最小化，具有明显的"去家庭化"和"去商品化"特征，在价值观上推崇普遍主义和平等主义，因而在福利模式上是普惠制的（马春华，2013：20—22；潘屹，2014）。

这一经典的、流传最为广泛的福利体制划分，正体现了国家和个人关系上的不同倾向和争议，也在家庭政策上形成了差异化的不同取向和阶梯。其中自由主义和保守主义模式的家庭政策虽然都是残补式的，但前者更加崇尚市场机制和个人自由，主张政府尽量不干预和介入家庭事务，因而相对来说国家对家庭提供的支持是最低水平的，市场和家庭本身仍在福利体系中发挥着主要作用①；而后一种模式中国家对家庭提供的支持相对有所增长，属于中等水平，但却以维护和保留现有的社会地位、阶层隔离以及传统的性别分工模式为前提，因而更呈现出家庭主义的特征。相比之下，北欧社会民主主义模式的普惠制家庭政策中，国家对家庭提供的支持无疑是最高水平的，也被认为是最促进和体现性别平等的模式（马春华，2013：24—26）。后来的学者在此基础上又补充了以地域划分的南欧家族团结型福利体制（指家族和亲属互助被置于福利提供的中心位置，国家只承担有限的社会救助）和东亚发展型福利体制（指以儒家思想为基础，以经济发展需要为核心的东亚福利体制）等模式。其中东亚模式被认为

---

① 需要指出的是，国家对家庭的介入可理解为两个不同的方向，其一是对家庭或家庭中个人在经济和服务上的责任承担和支持，其二是对个体在家庭和婚姻内部基本人权方面的保护。像美国这样的自由主义模式的家庭政策，在第一方面做得非常有限，但是在第二方面却从不含糊，比如针对家庭暴力早就制定了一整套有法可依的操作程序，这当然很大程度上归功于20世纪60年代以后女权主义运动的推动。

不同于上述任何一种单一的经典福利模式，它既强调政府在福利制度中的主导作用，也不排斥市场在福利供给和服务中的调节作用，同时又强调个人努力工作的责任价值以及家庭成员之间的互助传统。但是总体而言这种模式中国家所提供的福利支出水平并不高，主要以社会保险的形式为主，家庭被要求承担更多的福利供给和服务的责任（马春华，2013：22—24）。

显然，不同福利体制的家庭政策模式之间存在着不少差异，因为福利制度与意识形态之间存在着千丝万缕的联系，而不同主义框架下对于自由、平等权利实现的途径以及社会公正的理解存在诸多分歧，因而政党的轮替和社会运动也会影响到福利制度和社会政策思潮的演变方向（潘屹，2014；熊跃根，2012）。然而这些不同模式在过去的几十年中都遭遇了各自的问题，终究未能逃脱秦晖所言的自由放任与福利国家的两难困境[①]。其背后不仅包含着左右之间关于国家与市场、自由与福利哪个更多一些的传统争议，也将家庭与个人、男性与女性之间的关系问题和争论带入其中。

3. 个人与家庭：多元化的家庭价值观之争

与家庭政策相关的第三个争议，关涉个人与家庭的关系问题。从公共政策制定的对象来看，家庭政策究竟应该面向个人、还是应该面向家庭为基本单元更加有效？而从公共政策的目标和影响来看，家庭政策究竟该以谁为优先或最终受益者？当实施结果对家庭与个人造成相异甚至相悖的影响时又该如何评估和取舍？所有这些都跟个人与家庭关系中的核心问题——家庭价值观以及相关争论有关，而其中最值得一提的是女性主义思潮带来的冲击。

前面已经论述，西方主流的家庭价值观是建立在中产阶级核心家庭的概念基础上的，表现为以男性为挣面包者、女性为家庭照料者的传统性别分工模式，并以公共领域和私人领域的划分为前提。女性主义认为，正是这种公私二分法与性别分工模式，造就了两性之间在社会和家庭内部的不

① 秦晖认为，作为西方新左派思想教父的吉登斯虽然试图“超越左与右”寻找“第三条道路”，但他代表了一种“作为自由主义和社会民主主义之共同底线的‘激进的中间派’立场”，而不是介于二者之间的“调和与中庸立场”。它只是模糊或淡化了自由主义和社会民主主义之间的对立，寻找到它们之间的一些重合点，但并没有在二者之外找到真正的所谓第三条道路（秦晖，2013/2014：45—64）。

平等权利关系的生产与再生产机制（吴小英，2002）。而福利国家背景下的家庭政策，尽管希望通过资源和福利的再分配和制度调节，实现不同阶级、性别之间的平等，但是由于也是以公私分界为前提，并建立在男性养家者模式（the male bread-winner model）的基础上，因而导致过于注重福利生产的公共领域而忽视了家庭内部照顾者的价值及其形成的照顾模式，忽略了作为公民、就业者和照顾者的女性在不同身份与处境中的社会需求和权利（熊跃根，2012），实际上提供了一种加剧性别关系不平等以及女性依附地位的再分配机制。关于工作和劳动概念的拓展和重新界定、以及有关工作与家庭的平衡问题的讨论之所以成为西方学界以及福利国家家庭政策中近几十年来的热门议题，跟女性主义的这种挑战有直接关联。

女性主义对西方福利制度思想的挑战，涉及了家庭价值观的一个经典问题：家庭主义与个体主义之争①，即个体与家庭孰大孰小、孰先孰后的争论。这一争论虽然有诉诸时间与空间不同维度的解释，并且常常与文化相连接②，但至今并没有标准答案。从上述几种经典的福利体制来看，自由主义和保守主义模式虽以不同的家庭价值观为依据，前者秉承个体主义，后者秉承家庭主义，但由于前一种模式中国家的缺失及市场的主导作用，以及后一种模式中国家对家庭的保护和支持，其结果都强化了以父权制为基础的男性养家者模式，使得女性需要承担更多家庭照料的责任而难以克服障碍走出家庭（熊跃根，2012）。这一问题在北欧的社会民主主义模式中得到了部分化解，这一模式秉承个体主义以及多元化的家庭价值观，依靠高水平的普惠型福利体制，通过完善的儿童及家庭服务项目和注重性别平等的社会政策，使得女性在就业与家庭之间有了比较多的自由选择，同时也保证了女性在劳动力市场的高参与率（熊跃根，2013）。然而如前所述，这一高福利模式面临的不可持续性困境已经迫使人们重新检讨“去家庭化”带来的副作用，继而呼唤家庭在福利体系中的回归，包括强调公民在享受社会权利的同时，也得承担个人和家庭的相应责任，同时政府也在家庭政策方面表现出对公民行使责任的支持（张秀兰、徐月宾，

---

① 在中国的语境中，就是家本位与个人本位的争论，并且前者常常被冠以传统美德而赋予褒义，后者则被扣上贬义而遭到批判。

② 比如流传最广的说法是：家庭主义与个体主义分别代表了前现代家庭和现代家庭的不同特征；同时也代表了东方文化和西方文化中不同的家庭理念。但这些说法也正在遭到不同程度的批评和质疑。

2003)，例如欧盟成员国已经将“工作与家庭的平衡”（reconciliation of work and family life）策略作为区域社会政策整合的一个重要因素，学者们也将劳动力市场的弹性、儿童照顾服务项目的覆盖面、带薪的双亲假期以及在家庭政策上的总支出，视为衡量不同福利国家家庭政策模式的最重要的核心指标（熊跃根，2013）。

由此看来，单纯的个体主义或者家庭主义并不能决定家庭政策能否达到预期目标和效果。因为选择工作还是照顾家庭抑或是兼顾工作和家庭、以及选择怎样的家庭模式，归根到底并不是女性自身的愿望和需求所能决定的，很大程度上取决于国家和家庭两个层面上的制度安排。家庭政策以个体还是家庭作为终端客户，会导致家庭的虚化或强化两种不同结果；同样，家庭政策的价值取向也会直接影响到政策的受益者或者先后顺序，在这种意义上，能让家庭受益的政策并不一定能让家庭中的每个成员受益，相反，能让个体受益的家庭政策也可能从根本上不利于家庭本身。因此政府究竟将家庭作为国家的同盟者、对手、中介或替代者，会对家庭及其当中的个体产生不同的影响效果。

除此之外，随着人口结构与家庭模式的变迁，家庭观念本身也发生了巨大的变革，有关家庭正在走向衰落还是呈现多样化转机的争论也在持续①。“家庭是影响整个社会的各种趋势的一个交汇点：不断扩大的性别平等、越来越多的妇女进入劳动力市场、性行为和性期待的改变，以及家庭与工作之间关系的转变，都首先体现在家庭之中”（吉登斯，2000：93）。在贝克夫妇的个体化理论框架中，风险社会的家庭不再是一种“需要的共同体”，而成为一种可选择和协商的亲密关系。每个人都不必为家庭团结的义务所桎梏，可最大限度地“为自己而活”，而这种“后家庭时代的家庭”存在的前提之一，就是西方福利制度提供的保障（贝克、贝克—格恩斯海姆，2011：111—113）。吉登斯将理想的家庭描述为“民主的家庭”，它与公共领域的民主标准相似，“意味着平等、相互尊重、独立自主、通过协商来作出决策，以及不受暴力侵犯的自由”，而政府要做

① 这种争议也呈现出明显的左右分野。右派阵营感叹由于离婚率上升、同居者和单身人群增加、性解放以及同性恋等现象的出现，使得婚姻的神圣性受到冲击，传统家庭正遭遇危机和解体；左派阵营则认为多样化的个人选择可以从社会进入家庭领域，当代家庭的演变趋势展示了一种新的可能性。他们斥责所谓传统的家庭模式是一种白人中产阶级的异性恋霸权，支持 LGBT 性少数群体以及同居伴侣等的合法权利。

的就是“确保自主和责任之间的平衡”（吉登斯，2000：97）。这些新的家庭理念都强调了一种以个人为主体的、平等协商的新型亲密关系。如今越来越多的人对于家庭、婚姻、性取向等持更加包容的态度，与此相适应，家庭政策的覆盖面也日益突破原先主流的核心家庭，面向更加多样化的婚姻和家庭类型①。

三 中国家庭政策的问题与主义

家庭政策作为社会政策的一部分，与国家的福利制度之间存在着复杂而微妙的关系（熊跃根，2013）。与此同时，家庭政策也跟家庭价值观以及相应的性别规范存在着千丝万缕的联系。转型期中国无论在制度还是文化方面都与西方福利社会存在很大差别，因而在家庭政策上并不能简单地归入任何一种经典模式，而是存在自己独特的问题和主义。

1. 转型期中国家庭政策存在的问题

关于转型期中国家庭政策存在的问题，国内学界已有大量论述，归纳起来如下：（1）从内容和覆盖面看，以救助和补缺为主，呈现碎片化特点，缺乏系统性和完备性，且惠及面太窄；（2）从对象和目标看，主要针对独立的个人而不是家庭，使得有时家庭反而成为个人获得政府福利支持的障碍；（3）从价值导向和立场看，主要服从于国家经济发展、社会稳定和部门利益分割的需要，缺乏清晰一致的政策逻辑和定位，导致不同政策之间的相悖或不相容；（4）从过程和结果来看，缺乏政策制定的透明程序和对政策执行的有效评估，导致许多政策对家庭本身造成了负面影响而无法及时弥补（吴帆，2012；张秀兰、徐月宾，2003；胡湛、彭希哲，2012；吴小英，2012）。

之所以出现这些问题，一个根本的原因是中国传统的“家国同构”理念在公共政策中表现为基于国家主义的治理模式。在这种模式中，无论是个人还是家庭，都只能作为其功利主义链条中的备胎被动地发挥作用，

① 例如过去几十年中欧美各国陆续出台了保护 LGBT 性少数群体权益的相关法规。全球目前有 17 个国家通过了同性婚姻法案，其中 11 个在欧洲。另有 12 个欧洲国家承认民事或其它形式的同性结合（见维基百科“同性婚姻”和“欧洲 LGBT 权益”词条）。

未能作为主体受到应有的保护和尊重。有学者指出，“处在压力与能力失衡状态下的中国家庭正在逐渐丧失各种传统家庭功能”，这是家庭政策需要存在的原因，其核心问题就是“从政策制定层面反思政府对家庭的责任与态度”。而中国政府对待家庭的态度可以区分为“干预与支持”两个方面，过去政府对家庭干预太多而少有支持，现在家庭最需要的是“非强制性的间接干预”和“对家庭提供必要的支持”（祝西冰、陈友华，2013）。然而在国家主义的治理模式下，这种少控制、多扶持的家庭政策何以存在并发展？这就需要探讨转型期中国家庭政策特有的主义之争。

2. 中国家庭政策的主义之争及其消解

在国家主义的治理逻辑下，国家、家庭与个人之间的关系在中国呈现出一种相互依赖、相互利用、相互纠缠和牵制的复杂状态，其中家庭作为这个结构链条中的中介组织，只是充当了工具性的作用，而国家则是这个链条中最核心的控制者。例如在公私分界的问题上，尽管市场化以来家庭的私人性得到广泛接受，但决定权仍在政府手里。而他们通常依据国家治理的需要来划分家庭的公私边界，以此干预和操纵个人的行为。因此家庭可以在政府保障不足时成为福利责任和负担的无限分担者，也可以在国家需要时成为维持稳定的基本单位，这就是“谁家的孩子谁抱走”的治理理念（吴小英，2012）。

同样，关于自由还是福利的主义之争在国家主义的治理逻辑下也难以成立。秦晖认为，中国目前讨论自由多些还是福利多些是个假问题，因为这种争论存在的前提是有一个权责对应的民主体制，能够保障“最低限度的自由”和“最低限度的福利”作为彼此的共同底线。而中国的福利体制是一种与特权、身份挂钩的“负福利”，是国家恩赐的，只有通过限制政府权力和追问政府责任的方式来削减（秦晖，2013）。政府权力无限而缺乏问责的途径和手段，必使民众既缺少自由，也缺少福利，家庭也被迫成为社会问题堆积而危机四伏的脆弱机体。

在个人与家庭的关系问题上，中国主流文化虽然一直以支持家庭主义、贬抑个人主义的姿态出现，但政府在公共政策上秉持的家庭价值观却是暧昧不清的。现有的家庭政策并非都以个人为单位，而是常常在个人与家庭之间徘徊不定（吴小英，2012）。而政策的个人取向或者家庭取向的选择，依然可以在功利性的国家主义逻辑中找到依据，如有关控制性资源和福利的分配，一般都以家庭为单位，而有关公民责任和义务的分配，则基本上以个人为单位[①]。因此关于家庭主义与个人主义的传统争论，实际上完全消解在国家治理的需要中。这就不难理解为何政府会一面出台对家庭或婚姻可能造成致命伤害的政策，另一面又会打着“弘扬传统家庭美德”的旗号，让家庭中的个人凝聚起来互相承担照顾责任[②]。

许多学者针对转型期中国家庭政策存在的问题，提出了建构发展型家庭政策体系的“转型”思路，包括家庭政策从个人向家庭、从补缺型向促进家庭发展能力的投资型的转变，以及推进家庭政策的适度普惠性，协调各方资源力量在全社会形成一个支持家庭的环境和制度框架，等等（吴帆，2012；张秀兰、徐月宾，2003；胡湛、彭希哲，2012）。还有学者进一步阐述了作为我国家庭政策方向的“家庭化”应具有双重任务：一方面要补充社会福利发展水平低造成的保障程度不足，提升家庭自身福利供给和保障能力；另一方面要针对家庭变化产生的问题，调整社会福利配给和组织方式，扩大以家庭为生计单位的福利保障，因此所谓“发展型”的家庭政策应包括就业支持政策和供养家庭支持政策两大类（陈卫民，2012b）。

所有这些都为转型期中国家庭政策的未来走向提供了很好的启示。然而我们需要的不仅仅是确立公共政策的家庭视角，同时还需赋予家庭更加多元化的空间和含义，这在国家主义的治理逻辑下显得尤其重要。因为在“家国同构”的传统理念中，其实并不缺少家庭视角，只是家庭被内在地融合于国家之中。因此强调家庭政策的“家庭化”取向，实质上意味着强调“家庭的主体化”，也就是让消隐于公共政策中的家庭和个人浮出水面，因而也不能忽略了个体和性别的视角。因为家庭内部永远不会免于权力关系，政府对家庭的支持可能会演变为对家庭内部强势者的支持和弱势者的戕害，同时也可能意味着对某种主流家庭模式或理念的肯定和对选择其他家庭模式或生活方式的人群的排斥。因此家庭政策不仅需要家庭友好，也需要性别友好，归根到底需要个人友好。而要做到这些，最重要的

---

① 例如农村土地政策、城市房屋分配或购买政策、最低生活保障、户籍政策、人口生育政策等等都以家庭为单位，而税收、社保的缴纳等政策一般都以个人为单位。

② 这中间最典型的例子就是计划生育政策。无论是当初严厉的禁止性的独生子女政策，还是如今稍许松绑的单独二孩政策，都只是出于国家人口规划和社会发展的需要，却始终缺失来自家庭和性别视角的论证，因此在新的家庭结构下养老、育儿、女性健康和就业等方面带来的连带问题并未进入政策视野，因而也未能出台配套的措施来满足家庭以及家庭中个人的实际需求。

是建立一套协商机制，而公共政策就是一个协商平台，让政府、市场、社会、家庭等不同力量通过这个渠道的协商与制衡共同实现为个人提供持久的自由与福利的可能。

参考文献

［1］［德］乌尔里希·贝克、伊丽莎白·贝克—格恩斯海姆：《个体化》，李荣山等译，北京大学出版社 2011 年版。

［2］［法］安德烈·比尔基埃等：《家庭史 3：现代化的冲击》，袁树仁等译，三联书店 2003 年版。

［3］陈卫民：《社会政策中的家庭》，《学术研究》2012 年第 9 期。

［4］陈卫民：《我国家庭政策的发展路径与目标选择》，《人口研究》2012 年第 4 期。

［5］费孝通：《家庭结构变动中的老年赡养问题——再论中国家庭结构的变动》，《北京大学学报》（哲学社会科学版）1983 年第 3 期。

［6］［美］马克·赫特尔：《变动中的家庭——跨文化的透视》，宋践、李茹译，浙江人民出版社 1988 年版。

［7］胡湛、彭希哲：《家庭变迁背景下的中国家庭政策》，《人口研究》2012 年第 2 期。

［8］［英］安东尼·吉登斯：《第三条道路：社会民主主义的复兴》，郑戈译，北京大学出版社 2000 年版。

［9］吕青、赵向红：《家庭政策》，社会科学文献出版社 2012 年版。

［10］马春华：《欧美和东亚家庭政策：回顾与评述》，载唐灿、张建主编《家庭问题与政府责任：促进家庭发展的国内外比较研究》，社会科学文献出版社 2013 年版。

［11］潘屹：《社会福利思想和福利制度辨析》，《社会福利》（理论版）2014 年第 7 期。

［12］［英］罗伯特·平克：《“公民权”与“福利国家”的理论基础：T. H. 马歇尔福利思想综述》，刘继同译，《社会福利》（理论版）2013 年第 1 期。

［13］秦晖：《左右派争论中的问题与主义——共识在线第 25 期文字

实录》，共识网，2013 年 5 月 30 日。

［14］秦晖：《共同的底线》，江苏文艺出版社 2013 年版。

［15］任剑涛：《私密化与公共关怀——以当代中国为例的讨论》，载万俊人主编《清华哲学年鉴 2004》，河北大学出版社 2006 年版。

［16］唐灿：《家庭现代化理论及其发展的回顾与评述》，《社会学研究》2010 年第 3 期。

［17］唐灿：《导论：家庭问题与政府责任》，载唐灿、张建主编《家庭问题与政府责任：促进家庭发展的国内外比较研究》，社会科学文献出版社 2013 年版。

［18］唐灿、陈午晴：《中国城市家庭的亲属关系——基于五城市家庭结构与家庭关系调查》，《江苏社会科学》2012 年第 2 期。

［19］吴帆：《第二次人口转变背景下的中国家庭变迁及政策思考》，《广东社会科学》2012 年第 2 期。

［20］吴飞：《自由中国新礼制—从家庭出发》，《文化纵横》2009 年第 2 期。

［21］吴小英：《“他者”的经验和价值——西方女性主义社会学的尝试》，《中国社会科学》2002 年第 6 期。

［22］吴小英：《公共政策中的家庭定位》，《学术研究》2012 年第 9 期。

［23］熊跃根：《国家、市场与家庭关系中的性别与公民权利配置》，《学习与实践》2012 年第 1 期。

［24］熊跃根：《女性主义论述与转变中的欧洲家庭政策》，《学海》2013 年第 2 期。

［25］张秀兰、徐月宾：《建构中国的发展型家庭政策》，《中国社会科学》2003 年第 6 期。

［26］祝西冰、陈友华：《中国家庭政策研究：回顾与相关问题探讨》，《社会科学研究》2013 年第 4 期。

家庭领域中女性的传媒再现与建构

刘利群　谷　扬*

摘　要：人们在社会化成长过程中受到的影响因素众多，大众传媒是其中之一。当今时代，传媒仍然是世界上大多数人信息、观念和意见的主要来源。传媒内容构成了社会文化的重要部分，深刻影响着我们的认知和行为。本文聚焦传媒中的女性形象建构，从社会性别视角和媒介生态视角两个维度梳理女性在家庭领域中的传媒再现与呈现，探索传媒在构建和谐家庭中的责任和途径。

关键词：媒介呈现；社会性别；媒介生态；家庭领域

马克思主义妇女观是女性研究的重要理论来源。恩格斯在《家庭、私有制和国家的起源》中指出：家庭外的生产价值高于家庭内的生产价值。[①] 这一论断使得社会分工不仅被分类，而且被赋予了高低不同的价值。在长期的历史文化环境中，男女两性的社会分工及其社会角色有较为固定的位置，由此使得两性间的社会分工呈现新的意义，即在公共领域的生产价值高于在私人领域的生产价值。从家庭中男女角色分工来看，男性在家庭内的存在价值被认为高于那些仅在家庭中承担劳作的女性。

从社会性别视角解读家庭领域中女性的呈现和建构，是媒介与女性研究的典型课题，这一领域主要的研究观点包括：

第一，第二次女权主义浪潮代表人物弗里丹提出了“无名的问题”

---

* 刘利群，中华女子学院院长、党委副书记、教授，兼任联合国教科文组织“媒介与女性”教席主持人，全国妇联、中国妇女研究会妇女/性别研究基地负责人，中国传媒大学博士生导师、媒介与女性研究中心主任。主要研究领域：国际传播、媒介与性别研究、外国广播电视研究。

谷扬，中国传媒大学传播学专业硕士研究生，研究方向：媒介与女性研究。

① ［德］恩格斯：《家庭、私有制和国家的起源》，人民出版社 1972 年版。

论断。弗里丹基于对纽约郊区妇女日常生活的观察得出论断：所谓主妇的快乐生活是媒体建构的。[①] 媒体建构了美国中产阶级向往的生活状态：一个别墅、两部车子、两个孩子、一个家庭。然而身处这样生活中的家庭主妇却常常陷入一种无名烦恼中。究其原因，是家庭主妇需要思考女人的主体价值，思考其生活的意义所在，所以弗里丹提出了这种困扰女性的“无名的问题”。[②]

第二，美国媒介与性别研究的学者塔奇曼在《大众传媒对妇女采取的符号灭绝》一文中提出“象征性歼灭”的论断。她认为在大众传媒中，女性实际遭受了象征性的歼灭。[③] 一方面，在媒介中呈现的女性的角色远远少于男性。从 1954 年到 1975 年，研究者已经发现男性支配着电视屏幕。除了男性占虚构人物的大半的肥皂剧，电视节目中的男性人物已经是女性的两倍，并且继续增长。在 1952 年，黄金时段电视剧中 68% 的人物是男性。在 1973 年，74% 的角色是男性。在 1973 年，女性集中在喜剧中，而男性在喜剧中占虚构人物的 60% 。儿童卡通包括的女性角色比成年人的黄金时间节目包括的更少。[④] 同时女性的职业大部分是护士、秘书、招待员、餐厅服务员等。所以媒介所呈现的女性的角色，基本是被边缘化，碎片化的。

第三，电影研究学者劳拉·穆尔维提出了“男性凝视”论断。在一个由性别角色安排的秩序里，媒体观看的快感分为主动的/男性的和被动的/女性的。发挥决定性作用的男性目光把他们的幻想投射到按此风格化了的女性形体上。女性在她们传统的裸露性角色中同时被人观看和展示，她们的外貌被编码成具有强烈的视觉色情冲击力的形象，从而具有了被看性的内涵。[⑤] 在好莱坞主流电影中，电影中的女性被置于一个被看者的客体的位置，我们都是随着男主人公凝视女性，电影呈现迎合了社会中的男性的幻想和欲望。

在微观的社会性别角度分析之外，另一种重要的分析视角是从宏观的

---

① ［美］弗里丹：《女性的奥秘》，程锡麟等译，广东经济出版社 2005 年版。

② 同上书，第 1—9 页。

③ ［美］盖耶·塔奇曼：《大众媒介对妇女采取的符号灭绝》，［英］奥利弗·博伊德—巴雷特、［英］克里斯·纽博尔德：《媒介研究的进路：经典文献读本》，新华出版社 2004 年版。

④ 同上书，第 503 页。

⑤ ［英］Mulvey，L.（1975）. Visual Pleasure and Narrative Cinema. *Screen*，16（3），6—18.

媒介生态角度切入。媒介生态视角关注媒介本体和社会、文化、经济等环境因素的联结，媒介作为社会中一个子系统，它与其他文化、经济、社会子系统存在着密切互动关系，构成了媒介生态系统。因此，需要分析媒介和社会大系统之间在塑造家庭领域中的女性、以及女性和他人的关系中的互动关系，从而建立媒介生态资源的良性循环机制。

一 社会性别视角下家庭领域中女性的传媒再现与建构

近年来，家庭伦理剧逐渐成为传媒生产的热点。随着《牵手》《新结婚时代》《中国式离婚》《不要和陌生人说话》《金婚》等精品电视剧的热播，一些涉及家庭伦理关系与秩序的议题接连引发社会讨论。电视剧以审美关照再现家庭生活的美好与危机，尝试通过艺术的表现形式对家庭生活进行感性的认知与理性的思考。

家庭伦理剧繁荣发展，数量众多。相关的统计发现，一个卫视的黄金时段一年首播的电视剧消费量在8000集上下；2012年，东方卫视和北京卫视播放的家庭伦理剧占电视剧总量的比例分别为38%和40%；[①] 可见媒介家庭题材作品的数量之多。此外，家庭伦理剧涉及议题较多，内容复杂。比如婚外情、中年危机、父母与子女，还有婆媳关系、家庭暴力、夫妻间的城乡差异等议题。在家庭伦理剧中所呈现的家庭女性形象也是多种多样的，包括了不同的身份、角色、年龄、性格、职业的女性形象。

虽然涉及家庭领域中女性形象的媒介产品数量众多、题材丰富，但从社会性别视角分析，可以解读出其具有的一些共同的特征。

（一）叙事结构的刻板化

刻板化的叙事主要表现在以下几个方面：

家庭是女性最主要的活动空间。即便女性拥有职业身份，还存在职场或社会活动的空间，但社会对女性角色的定位还是更多以家庭为主。认为

① 张海潮、白芳琴、潘超：《剧领天下：中外电视剧产业发展报告：2012—2013》，中国民主法治出版社2013年版。

家庭是女性生活的核心，是女性最重要的活动空间。

丈夫是家庭的主要经济来源和资源的提供者。丈夫的社会地位和收入应高于妻子，他的角色更多地呈现在工作领域、公共领域。在很多家庭题材的电视剧中，女性的职业活动基本被忽略，其生活空间基本被家庭事务完全占据。丈夫基本不参与家务劳动，其工作领域的角色得到更多的展现。例如热播的《激情燃烧的岁月》、《父母爱情》等家庭剧中，妻子和丈夫的角色都是这一模式。媒介叙事倾向于将女性局限于“私领域”，而将“公领域”建构为以男性为主的活动领域，体现了一种隐性的性别歧视。

对于职业女性一个常见的叙事结构是女性需要兼顾家庭和职业的责任。职业女性在家庭和事业两者间疲于奔命，而表现出顾此失彼和焦虑状况，工作中的女性也不会像男性一样把她的全部精力放在工作上。例如《蜗居》中的海萍，既要照顾丈夫，牵挂女儿，筹钱买房，又要在办公室里终年加班，“二十四小时卖给公司”，在领导的眼中，就是典型的“黄脸婆”，既没有出外应酬的能力，还要为家事分心，不能把全部心思放在工作上。

家庭矛盾主要是由女性的德行有亏、狭隘或非理性所导致的。例如，在电视剧《双面胶》中，剧中的男性主人公被双面牵制，他需要做一个双面胶来应付母亲和妻子，处于一个尴尬境地。他背后表现的矛盾冲突，是婆媳两个人的地域环境，文化背景和价值观的差异。比如婆婆来自东北，有大男子主义的倾向，媳妇是上海人，很精明。这些原因导致了双方的不合。而剧中更多的将矛盾归结为婆媳之间天敌的状态，和女人的狭隘和非理性。

（二）价值取向的同质化

当下丰富的媒体产品中看似多元的价值观，其实具有同质化倾向。这在广告中表现得尤为突出。例如太太口服液广告。该广告是由台湾第一美女林志玲来扮演女主人公。女主人公因为担心丈夫会背叛自己，所以每天为自己的容貌所焦虑。广告中的旁白清楚地说道：“婚姻出现不信任，是因为女人自己不自信。”女人通过喝太太口服液，养出美丽容颜，让她重拾自信，自信可以帮助她维系家庭。

媒体的价值取向中，对女性的关注主要是生理特征的魅力描绘，比如年轻、貌美。媒体在倡导男性独立的同时强调女性的依赖性、依附性。女性的温柔贤淑被认为是优良品德，而性格强势则会给家庭埋下矛盾与冲突的种子，这其中暗含了明显的价值取向。

另外，媒介产品特别鼓励女性要有自我牺牲和奉献精神，认为这才是家庭和谐的根本。如 90 年代初的热播剧《渴望》中的刘慧芳，善良淳朴、勤劳奉献，为了家庭可以牺牲自己的一切。这种女性形象在《大姐》、《亲情树》等剧中也有表现。到 2013 年《贤妻》中的韩大芸依然延续了这样的牺牲奉献型的妻子形象。这类电视剧的热播，赚取了女性观众的同情，也强化这种“贤妻良母”的奉献精神，使得很多女性认可这样的女性形象，甚至内化为自我准则。

（三）性别秩序的规则化

社会中男女角色的定位导致了男女不同的行为规范，也形成了规则化的性别秩序。在媒体内容中，女性的存在和男性是不一样的。男性无论是在事业或家庭领域，都是为了实现自我价值的认同。但是女性的身份地位却往往是根据她与男性的关系来定义的。媒体引导受众更多的关注女性的容貌与婚姻，认为女性吸引异性的能力比其他的能力更重要。

家庭领域中的关系常被认为是一种自然的、亲密温馨的关系，蒙上这样一种面纱后，它背后的意识形态的功能就比较隐蔽。从传播的效果看，这种隐蔽的传播会产生潜移默化的教化作用，使得大众不知不觉受到影响，自然而然地得出结论。

二　媒介生态视角下的家庭领域女性的传媒再现与建构

如果从媒介生态视角切入，将媒介女性形象呈现与建构放入一个更大的、宏观的社会环境中来考察，可以发现一些新特点。

（一）家庭中女性的媒介呈现和既有性别文化之间存在着一种互补关系

传媒再现反映了目前性别文化的一种观念。比如女性在家庭内扮演的照顾者的角色，更具有抚育性、支持性、合作性。当传媒再现这一文化观念时，一方面是对社会中文化现象的再现，另一方面，传媒也主动发挥着意识形态建构的功能。

当前媒体中呈现的女性形象，其社会身份和社会价值常常低于男性，而这一现象却被广大的女性受众所接受和认可，究其原因，可以看到现实中女性往往会选择接受媒介呈现的女性定位。从沉默的螺旋理论来看，挑战既有的社会观念，往往会遭遇社会的不认同，需要付出很高的成本。因此女性受众基于现实的考量，很容易将媒介对女性的定位内化为自己所需的一种文化规则。媒体和受众在互构中将传统的性别观念和性别秩序变成内化的文化价值。

例如我们看到，现在家庭生活中，很多家务劳动分配是有变化的。但是在媒体的呈现中，女性是绝大多数家庭生活事务的主导者。女性对于家庭事务往往会有很多困惑。在媒体内容中，帮助女性解决困惑的是专家，但这些专家往往是男性。女性从事家庭事务，但权威的专家意见会来自另外一个性别。这种性别文化符号的呈现与当下性别文化存在一种互补关系。

（二）媒介的女性呈现反映了背后的市场逻辑与性别权力的交错

市场逻辑是迎合性别权力关系的。女性在一个依附性的位置当中，必须要改变自己来适应男性主导的主流审美观念。因为所有人都在用一种主流的视角来看待女性，女性需要去改变、掩饰、整理，修正自己的部分或全部。比如现在风靡减肥、塑身行为、不健康的饮食习惯、整容手术等，其实是迫使女性的身体去符合也许是不实际、不健康的，但却是社会建构的一种理想的状态。

市场逻辑另外一个特点是，女性在家庭内有比男性更充分的时间资源，所以现在女性能在家庭中受到尊重。男性在职场上的时间资源更宝贵，而对大部分女性来讲，她的时间资源比男性充沛一些。另外，家庭的日用品的主导购买力是女性，所以家庭剧会大量渲染女性作为消费者的角色，我们背后的消费主义盛行推动的市场和性别权利之间产生了一种非常有效互动。

（三）女性角色随着时代的变迁而变化

女性的角色随着时代的变迁而呈现出新的变化，这是鼓舞人心的。现在提倡的“贤妻良母”本身没有错误，但是贤妻良母的标准却随着时代的变化而改变。新时期女性的媒介形象体现了一个丰富性与包容性的特征，对女性的评价也有一个多样化的发展。但这首先要保持女性特质，如果丧失女性特质，其他是不存在的。在保持女性特质的前提下，媒体呈现了一些新的女性的标准，比如富有理想、满怀激情。

将家庭和生活二元对立，实际是一种非输即赢的零和游戏理念。这种情况下，女性强就意味着男性弱，女性成功就意味着男性失败，女性赢得机会就意味着男性失去机会。其实，男女关系中有一种共赢的平衡点。近年来的一些电视剧、电影等媒介产品中，对家庭中女性形象的表现超越了男女二元对立的关系，体现出冲突和协商并存的状态。比如《离婚律师》中，双方法庭上是对手，而生活中是邻居、朋友、伴侣的关系。它既有一种传统的意识形态符号，同时也体现了一个新的性别平衡特点。在一个时代变迁的背景下，这一类的女性形象体现出一个变动的、多样的和混合型的性别角色特点，男女性别关系也表现出冲突与协商并存。

三　结语

问题与解决问题就如同一枚硬币的两面，本文在探讨媒介中女性的呈现与建构时，以社会性别和媒介生态视角为切入口，通过类别归纳与内核抽绎，研究媒介因子及其社会大系统是如何形塑家庭领域中女性的形象、角色和身份。媒介构建的拟态环境和社会真实环境是一种互相影响而非截然两分的关系。大众传媒既是社会发展的推动力，又是社会环境的显示器。我们期待更好地改善媒介传播，以推进建设和谐家庭。

参考文献

［1］刘利群：《社会性别与媒介传播》，中国传媒大学出版社 2004 年版。

［2］朱丽亚·T. 伍德：《性别化的人生：传播、性别与文化》，徐俊、尚文鹏译，暨南大学出版社 2005 年版。

塑造和表彰

——对20世纪五六十年代“五好”活动的历史考察

周　蕾[*]

摘　要： 在服从于社会主义建设的总目标下，妇联组织将“五好”活动从职工家属扩展至城市家庭妇女，以独特的角度触及了家庭内部，用集体主义的道德规范改造家庭内部关系和邻里关系，同时将互助组这种集体主义合作形式广泛应用，在一定程度上减轻了妇女的家庭负担。然而，家务劳动在“五好”宣传中成为妇女们的职责所在，无疑强化了家庭内部性别化分工。在服务于生产的“中心任务”以及为社会主义建设做贡献而获得肯定的前提下，使这一时期的“五好”活动被深深打上了时代的烙印。

关键词： 五好；妇联；宣传；表彰；妇女解放

“五好”活动起源于20世纪50年代，是以妇联[①]组织为主开展的一项家庭建设活动。“文革”期间，这项活动处于停滞状态。70年代末80年代初，全国妇联重新恢复“五好”活动，更名为“五好”家庭活动。80年代末，一些地方妇联开展家庭文化建设，1996年，全国妇联发展为“五好文明家庭”创建活动。2000年至今，开展了家庭教育、家庭文化、家庭健身等更为丰富多彩的形式，在城乡家庭中影响广泛。

目前学界专门关于“五好”活动的研究很少。学者们主要围绕着新中国建立初期的家庭、家属、家庭劳动与妇女解放等问题进行深入研究。

---

* 周蕾，全国妇联妇女研究所助理研究员。

① 关于妇联的名称不同时期有一定变化，1949—1957年称为民主妇联，1957年之后称为妇联，本文统一为妇联。

张弛认为，以职工家属为代表的家庭妇女之所以能在新中国成立初期获得肯定和褒扬是因为她们能“一切为了生产”，家务劳动也是为了社会主义建设。宋少鹏提出家属在家庭和社区的互助性劳动中是集体主义时期单位处理集体福利事业的主要方式。国家努力对家务劳动进行理论化，以确立家务劳动及其承担者在社会主义生产体制中的位置。肖扬认为“五好”活动体现出社会性别关系和家庭关系的改造始终是从属于社会主义建设需要的。①

以往学者的研究为对“五好”活动深入分析奠定了重要的基础，提供了很多思路和线索。笔者以20世纪五六十年代为研究时段，所用的史料主要是国家及各省级各大报纸、刊物，全国妇联档案，妇联系统出版的刊物和书籍等。提出的问题是：“五好”活动在家庭空间里尝试着塑造什么样女性，用什么道德标准进行规范和改造，“五好”活动对性别关系产生了什么影响？

本文有两点说明。第一，是“五好”指20世纪五六十年代的“五好”活动，不仅在城市家庭里开展，在军队、民兵、工人、教师等群体中也开展过“五好”活动。本文主要研究20世纪五六十年代妇联为主包括工会在城市家庭里开展的“五好”活动。第二，文中所指城市的家庭妇女，不仅包括职工家属，还包括工商业者家属和手工业者家属。

一 “五好”活动发起的背景

为改变贫穷落后的面貌，新中国建立之初，中国共产党着力于经济的恢复建设。国家经济恢复发展迅速，但这一时期工人们的生活比较贫困，相当一部分处在社会平均水平以下。如何在相对匮乏的物质条件下，尽量满足职工合理且基本的生活需要，以保障其全身心地生产，是亟待解决的问题。

① 张弛：《塑造新型的家庭妇女——以新中国初期的职工家属为例》，《首都师范大学学报》（社会科学版）2010年增刊。宋少鹏：《从彰显到消失：集体主义时期的家庭劳动（1949—1966）》，《江苏社会科学》2012年第1期；《集体主义时期工矿企业里的家属工作和家属劳动》，《学海》2013年第3期。肖扬：《1950年代国家对性别文化和性别差异的改造和重构》，《山西师大学学报》2013年第6期。

尽管50年代女工和女职工的数量有了很大增长，但绝大多数的城镇女性是家庭妇女。1949年在全民所有制各部门就业的女职工有60万人，1953年末全民所有制各部门中女职工人数为213.2万人，而城镇女性人口达到3234.2569万。[①] 50年代初期国家经济状况和现实的社会条件是国家根本无力解决这么多人的就业，让所有城市家庭妇女全部就业是不可能实现的。中国共产党解放妇女的理想与现实之间存在着不可调和的冲突。

工业化建设的客观需要和家庭妇女无法全部实现就业的现实问题，使得国家关于家庭妇女的态度悄然发生了变化。新中国建立之初，把组织发动妇女参加社会劳动作为解放妇女的主要途径，并将"劳动光荣""不在家吃闲饭"等向广大妇女宣传，家务劳动受到贬抑和排斥，是"可耻"的"寄生式生活"。1951年全国妇联、全国总工会等联合下发了"三八节"的宣传口号，其中有："职工家属们，要搞好家务，协助职工完成生产任务。"[②] 1952年，全国妇联在贯彻政务院《关于劳动就业问题的决定》积极推动家庭妇女就业时提出"宣传劳动就业中要极力防止轻视家庭劳动的情绪，要有意识地说明家庭劳动的意义，使不能和暂时不必就业的家庭妇女安于家庭劳动"。[③] 家属群体的地位也得到了肯定，很早就被划归了"劳动妇女""劳动人民""中国革命的主要力量"。[④]

这一时期，关于家务劳动从理论上也有了新的定义。家务劳动在社会主义制度之下获得了肯定。蔡畅指出：家务劳动也是社会主义劳动的一部分。章蕴认为"在现阶段，无论从事家务劳动和社会劳动，只要尽自己所能从事的劳动，都是光荣的"。[⑤] 这一态度和观点为开展"五好"活动奠定了思想的基石。

"五好"活动能够进入城市的家庭内部顺利展开活动还有一个重要背

---

① 中华全国妇女联合会妇女研究所、陕西省妇女联合会研究室：《中国妇女统计资料（1949—1989）》，中国统计出版社1991年版，第316页。

② 中国妇女管理干部学院：《中国妇女运动文献资料汇编》，中国妇女出版社1988年版，第87页。

③ 中华全国民主妇女联合会：《为协助执行中央人民政府政务院关于劳动就业问题的决定给各级妇联的通知》，《人民日报》1952年8月10日。

④ 《黎毅忠问，夏雯敏答：何谓劳动妇女？何谓知识妇女与职业妇女？她们之间有什么不同?》，《新中国妇女》1950年第15期。

⑤ 章蕴：《谈谈对妇女参加社会劳动和家务劳动的看法问题》，《中国妇女》1952年第5期。

景，就是“单位组织”构成了中国城市社区的基本结构。新中国建立初期，面对社会组织很不健全，社会功能严重衰弱，社会无力满足其成员特别是单位成员需求的局面，国家不得不通过“单位办社会”的方式，让单位在履行其专业职能的同时，承担起更多的社会功能。“单位组织”在中国社会里已经远远超出了一般社会组织的意义，是一种深刻地受制度环境影响、“嵌入”在特定制度结构之中的特殊的组织形态。[①] 在“单位组织”的形式下，生产和再生产的结合也体现在空间安排上，生产单位有意识地把职工家属组织起来，集中居住，让生活区靠近生产区，以方便生活，有利生产。公权力可以无孔不入地进入社会生活的私人领域。这样就为“五好”活动能够在家庭内部顺利开展起到了十分关键的作用。

新中国成立初期，伴随中共中央把工作重心从农村转向城市，根据“以生产建设为中心”以及“全心全意依靠工人阶级”的方针，[②] 妇联也把城市妇女工作定位在以“女工为基础”上。这样就造成了妇联与工会在女工和职工家属的管理权和领导权方面的重叠及冲突 。[③] 全国妇联与总工会通过协商，规定各自的管理范围，1955 年 4 月，全国妇联在第一次城市妇女工作会议上明确提出“在进行职工家属工作中，集中居住的职工家属工作主要由工会负责，散居职工家属工作主要由妇联负责”。[④] 全国总工会和全国妇联共同规定过分工重点，但在实际工作中是双方协调合作共同开展的。

随着过渡时期总路线的提出和确立，围绕生产建设已成为妇联组织的中心任务。1953 年，中国妇女二大上，政务院副总理董必武在致辞中提出，要“把生产作为压倒一切的中心任务，作为妇女工作的长期任务”[⑤]。

① 李汉林：《转型社会中的整合与控制——关于中国单位制度变迁的思考》，《吉林大学社会科学学报》2007 年第 4 期。

② 毛泽东：《在中国共产党第七届中央委员会第二次全体会议上的报告》（1949 年 3 月 5 日），《毛泽东选集》第 4 卷，第 487 页。

③ 《中华全国总工会中华全国民主妇女联合会关于女工及职工家属工作领导关系的联合通知》（1951 年），中国妇女管理干部学院编：《中国妇女运动文献资料汇编》，中国妇女出版社 1988 年版，第 95 页。

④ 《国家过渡时期城市妇女工作的任务和当前几项具体工作的报告》，中国妇女管理干部学院编：《中国妇女运动文献资料汇编》（第二册），中国妇女出版社 1988 年版，第 214 页。

⑤ 全国民主妇女联合会宣传教育部编：《中国第二次全国妇女代表大会文件汇集》，内部资料，1953 年，第 9 页。

妇联组织提出“家庭妇女中的职工家属，尤应以爱护职工，鼓励职工搞好生产作为她们的光荣任务”。[①] 这种以生产为中心任务的定位对“五好”活动的开展产生了深刻的影响。

二　道德规范的初步建立——“五好”活动的缘起

道德规范源于生活在一起的言语和行动主体的意志，调节着主体行为之间的关系。“五好”活动的道德规范缘起职工家属内部。据目前的史料记载，最早开展“五好”活动的是解放较早重工业集中的东北地区，在城市职工家属开展“三好”活动的基础上发展起来的。新中国成立初期，辽东、辽西两省及沈阳、旅大、鞍山、抚顺、本溪5个直辖市妇联，根据辽宁工业城市多、职工家属居住比较集中的特点，在一些大的工矿企业的职工家属中，开展了以保证职工吃好、睡好、休息好为主要内容的“三好”活动。号召职工家属开展团结互助，一家有事，大家相帮，保障了职工全身心投入生产。

理性的道德原则本身是一种社会建构。从新中国成立初期，一直强调集体主义的道德原则。辽宁省沈阳市七二四工厂职工家属工作委员会高凤琴小组是这一活动开展初期的典型。职工家属小组是将职工家属集合管理的组织，改造私人领域。高凤琴小组明确开展家属工作为生产服务的观点，经常关心生产，鼓励工人提高生产积极性，在日常生活中团结互助，并建立了定期会议制度，订立爱国公约进行批评和自我批评。提出家庭生活应保证职工休息好、生活计划好、卫生好、家庭和睦及邻里团结好等内容。七二四工厂推广了高凤琴小组的经验，全厂职工家属组织了99个互助组、98个托儿站，在鼓励工人提高生产情绪方面起了很大作用。[②] 在七二四工厂经验的基础上，1953年1—8月，辽东省西安（现辽源市）煤矿富国三坑的1165户职工中，有416户因家属生育、疾病而受到帮助，保

---

① 全国民主妇女联合会宣传教育部编：《中国第二次全国妇女代表大会文件汇集》，内部资料，1953年，第3页。

② 中华全国总工会女工部：《高凤琴模范职工家属小组》，《人民日报》1953年5月8日。

证了他们出勤。在这一活动中，涌现了一批先进模范职工家属和集体。[①]“五好”活动很快被推广至松江、黑龙江省等地。

南方地区仍然是按照这样的模式进行，所不同的是，武汉地区首先是由妇联在分散的职工家属、家庭妇女中开展，而这种分散也是相对的，因为依托于街道、居委会等单位组织在空间上为活动的开展创造了条件。1954年，武汉市配合宣传总路线，调动家属支持职工生产的积极性，开始对职工家属进行“五好”宣传，即：日子计划好，鼓励职工生产好，团结互助好，卫生好，学习和教育子女好。与东北地区相比，除以生产为中心、团结互助外，突出“日子计划好”，增加了“学习好”的内容，强调了职工家属自身的学习。通过这些活动和教育，职工家庭都能保持勤俭的习惯，家庭里充满民主、互助和友爱的气氛。1956年武汉市出现了将近8万个新型的职工家庭。[②]

南北方获得较好效果，“五好”逐步在全国推广开来，“五好”活动从职工家属推广到所有的城市家庭妇女。“五好”构建的道德规范原则和标准也统一起来。1956年2月，全国妇联与总工会、团中央等13个单位发出倡议，动员所有的职工家属、手工业者家属、工商业者家属以及其他家庭妇女进一步提高社会主义觉悟，努力争取做到“五好”：家庭邻里团结互助好，家庭生活安排好，教育子女好，鼓励亲人生产、工作、学习好，自己学习好，从而发挥家属在社会主义建设和社会主义改造中的作用。[③]“五好”标准只是表述上进行调整和变化，内容没有本质差别。家庭生活安排好与原来的日子计划好基本是同样内容，明确了家庭和邻里要团结互助，仍然强调是为生产服务。

需要指出的是，“五好”活动能够顺利在全国推广并且深入到家庭进行宣传改造的活动，与50年代初期基层妇联组织建立有直接关系。1953年2月，全国31个大中城市建有基层妇代会3373个，联系妇女群众580

① 辽宁省地方志编纂委员会办公室主编：《辽宁省志妇女志》，辽宁科学技术出版社2000年版，第191—192页。

② 《妇联组织深入职工家属中开展“五好”运动　武汉出现近八万个新家庭》，《人民日报》1956年11月18日。

③ 《全国妇联等13家单位关于纪念“三八”妇女节的联合通知》，中国妇女管理干部学院：《中国妇女运动文献资料汇编》（第二册），中国妇女出版社1988年版，第238页。

余万人。[①] 街道、居委会的妇代会成为城市基层妇联组织的主要形式。到1956年，省（自治区、直辖市）下的地区、市、县、街道都建有妇联组织，初步完成组织建设。这些基层妇联组织的建立尤其是基层妇联的建立为“五好”活动能够在家庭内部开展宣传改造奠定了坚实的组织基础。

三　道德规范的推广——宣传和改造

“五好”活动的道德规范建立和统一后，宣传倡导并使之深入人心十分关键。随着“五好”宣传的开展，家务劳动逐步获得承认和肯定，家庭妇女在“家庭内”的劳动有了国家层面的意义。北京市妇联在全市各区先后开展了“五好”的普遍宣传。许多家庭妇女表示“才知道我们搞好家务对社会主义建设也有好处”。不少妇女对计划开支、勤俭治家，也有了新的理解：“如果每家的开支计划得不好，职工就要向国家借支，这样就会增加国家的负担!”[②] 然而另一方面，家务劳动包括生育、养育、照料等在“五好”宣传中成为妇女们的职责所在，无疑强化了家庭内部的性别化分工。

妇联介入家庭空间内开展工作，通过宣传和塑造，深入家庭内部进行帮助和促成改变，以实现“家庭生活安排好”。武汉市海员工人家属王秀英之前的生活“贪图享受，爱吃喝，贪玩”，家庭开支入不敷出，妇联倡导“五好”活动以后，妇联干部鼓励王秀英积极参加“五好”活动，帮助她订出家庭计划，勤俭安排家庭生活。王秀英逐渐改变了铺张浪费的习惯。妇联干部进一步教育和帮助她在家庭和邻里中建立新的关系，鼓励她积极参加学习和社会活动。她的丈夫变成了生产积极分子，她自己也被评选为家属模范。[③]

“五好”活动的道德规范无不体现集体主义的原则，注重邻里的友善

---

① 《全国各城市基层妇代会与参加文化学习统计表》（1953年），全国妇联档案：E11－119－2。

② 《北京市妇联通讯组：北京市妇联开展“五好”宣传家庭妇女普遍受到教育》，《人民日报》1957年3月8日。

③ 《妇联组织深入职工家属中开展“五好”运动　武汉出现近八万个新家庭》，《人民日报》1956年11月18日。

和互助。“家庭邻里团结互助好”是“五好”的标准之一。“五好”活动介入的不仅是家庭内部，而且通过社会主义道德规范改善了邻里关系。经过宣传，北京市过去在家庭或邻里之间团结不够好的，也有了不同程度的改变。在上海的上万条里弄里，出现了邻里团结互助、家庭和睦的新风气。夫妻打架、婆媳纠纷和孩子打架，原来每天要发生十多起，经过“五好”宣传之后，再也看不到居民委员会办公的地方排队等待调解的人群。

互助主要包括家属之间的家务互助、经济互助和照料互助，这种劳动形式有着集体主义的性质。“是一种完全自觉自愿的不讲交换条件的互相帮助”。[①] 互助组的形式一定程度上减轻了妇女家务劳动的负担。福州市一个由20户家庭主妇组成的互助小组自1955年5月成立后的一年时间里，互助了320多次。[②] 除了日常生活中的家务互助，还有经济互助，帮助解决家庭的临时困难。1957年武汉市的职工家属就有4052个储金互助组。[③]

“五好”活动不仅改造了家庭内部的关系而且改造了邻里之间的关系，也可以说，“五好”活动是计划经济时代妇联组织在单位、街道、居委会的形式下开展的一种最初形式的社会工作。

1956年，中国妇女三大“勤俭建国、勤俭持家”方针的确立，“五好”更加突出了“勤俭”，勤俭持家被正式纳入了“五好”的评选标准。关于“两勤”方针与“五好”关系问题上，全国妇联书记处书记曹冠群提出“勤俭建国、勤俭持家”方针是党和国家为全体妇女制定的总方针。“五好”是每一个妇女实现“勤俭建国、勤俭持家”这一总方针的行动口号。[④] “两勤”方针实际上是国家进一步明确要求妇女在家庭领域中努力实现节约。“勤俭持家，是家庭全体成员共同的责任，必须依靠全家男女

---

① 《家属互助好处大　高凤琴代表谈工厂职工家属互助互济情况》，《人民日报》1958年2月17日。

② 《社会新风尚　家庭新气象　“五好”积极分子大批出现》，《人民日报》1956年12月5日。

③ 中华全国总工会女工部编：《全国职工家属代表会议主要文件》，工人出版社1957年版，第31页。

④ 全国妇联办公厅编：《中华全国妇女联合会四十年（1949—1989）》，中国妇女出版社1991年版，第110页。

老少一齐努力，而家庭主妇更要负主要责任”[①]。

“两勤”的提出以及与“五好”的结合实质上仍是以生产为中心的体现。“五好”评选标准改为“勤俭持家好，团结互助好，教育子女好，清洁卫生好，努力学习好”。1957 年 6 月，职工家属代表会议通过了“给全国职工家属的一封信”，号召全国职工家属，提高觉悟，加强团结，贯彻“五好”，为社会主义建设服务。[②] 根据对吉林省 47 个县（市）的统计，1957 年共节约粮食 12 万吨，全省 1957 年群众储蓄额比 1956 年增加了 800 多万元。[③] “五好”强调勤俭，一方面为家庭和国家节约了物资，另一方面进一步强化了家庭妇女在家庭领域的特殊责任。

20 世纪 50 年代中期以后，国家进一步强调工业化生产的重要性。在 1955 年全国民主妇联召开的第一次全国城市妇女工作会议上，提出民主妇联要在职工家属中贯彻为生产服务的方针，号召职工家属学习文化和科学知识，准备在可能和需要的条件下，逐步参加社会生产劳动。“五好”活动开始鼓励妇女参加家庭之外的副业生产。家庭副业生产被认为“是适合妇女从事的一种生产”[④]。她们在家务劳动之余，代轻工业、手工业工厂加工一些产品，为社会创造了物质财富，同时也增加了家庭收入。

1958 年“大跃进”对“五好”活动无疑是个巨大的冲击。全民大炼钢铁的号召下，劳动力不足已成为当前“大跃进”中迫切需要解决的问题。把广大家庭妇女从家务琐事中解放出来，投入到生产中去成为客观需要。动员妇女走出家庭从事生产劳动成为妇联组织工作的重心，家务劳动社会化也取代家务劳动光荣的说法，“五好”活动一度停止。在全国范围内，公共食堂、托儿所、幼儿园、缝纫组等集体福利事业迅猛发展起来。由于公共食堂、托儿所在兴办过程中存在盲目发展的问题，很多都难以为继，纷纷垮掉，妇女们又重新回到了家里承担起做饭、育儿等家务劳动。

---

① 章蕴：《勤俭持家，勤俭建国，为建设社会主义而奋斗》，中华人民共和国全国妇女联合会编：《中国妇女第三次全国代表大会重要文献》，中国妇女杂志社 1958 年版，第 24 页。

② 《家务劳动是光荣的劳动　职工家属代表会议号召加强团结贯彻“五好”》，《人民日报》1957 年 6 月 13 日。

③ 《全国妇联关于 1958 年 1 月召开的省（市）、自治区妇联主任会议的通报》，中国妇女管理干部学院编：《中国妇女运动文献资料汇编》（第二册），中国妇女出版社 1988 年版，第 352 页。

④ 章蕴：《勤俭持家，勤俭建国，为建设社会主义而奋斗》，中华人民共和国全国妇女联合会编：《中国妇女第三次全国代表大会重要文献》，中国妇女杂志社 1958 年版，第 24 页。

家务劳动的社会化只持续了很短的一段时间就宣告终结，妇女重新回归小家庭。

1960年，“大跃进”结束，经济进入调整时期，妇联的工作重心也从动员组织妇女参加社会生产重新转移到对“两勤”的宣传，并重新开展“五好”活动，肯定家务劳动在社会主义建设中的价值。但是，“五好”活动的强度和声势无法与前期相比。随着政治运动的频繁开展，“五好”活动也开始强调政治因素。评选标准中增加了“政治挂帅思想好”。“文革”开始后，随着妇联组织的解散，包括“五好”活动在内的各项活动停顿下来。

四　道德模范——受表彰群体的特点

“五好”除了宣传改造外，还要进行“五好”积极分子评选活动，将较好地执行道德标准的模范评选出来。“五好”活动从一开始，就树立了很多模范，即“五好”积极分子。1956年，武汉全市已有15000多名“五好”积极分子，还有78000多名职工家属正在积极贯彻“五好”。[①]“五好”活动所进行的表彰，可以说是对家务劳动的一种国家层面的肯定和精神奖励。

模范人物是一段历史时期内，社会某个行业、某个群体当中涌现出来的杰出代表。模范人物的树立具有明显的时代性，秉承和代表了这一时期国家的主流立场和观念。“五好”活动评选出的模范折射出这一时期国家对妇女的期待和具体要求。

受表彰的“五好”积极分子都是勤俭持家、操持家务的能手。她们精打细算，计划好家庭开支，在家务劳动中进行发明创造，厉行节约，把钱花在最需要的地方。1954年前，武汉市搬运工家属周春姣主持家务没有计划，欠下了140元债务，自从妇联干部宣传“五好”家庭后，她学习了别人家庭的生活经验，制定了严格的生活计划并坚持每月留下40元生活费，20元还债，一年就还清了债务，丈夫不操心家务，专心生产被

① 曹葆铭：《“五好”家庭》，《人民日报》1956年8月8日。

评为先进工作者。周春姣也被评为武汉市甲等劳动模范。①

“五好”积极分子在家务劳动中进行发明创造，厉行节约。昆明市庆丰街治安委员刘桂珍，1956 年被评为市“五好”积极分子，她在用粮上采取新式煮饭法，前一天夜晚把第二天的米泡起来，并用一半凉饭掺和煮，这样煮可以多出两碗饭。又如苏州市的一个职工家属莫国英，她反复比较了炒米焖饭法、晒米焖饭法，最后她改进了两次加米烧饭法，并且在其所在的居委会推广，使以前一斤米多出了两碗饭，每月能节省 17 斤米。②

“五好”活动最重要的目的是服务生产，其亲人在生产中的优秀表现是家庭妇女的劳动能否获得表彰的重要考量因素。1957 年 3 月 3 日下午，天津市河东区举行街道妇女“五好”积极分子大会，表扬和奖励了 444 名家务劳动能手。这些家庭妇女善于勤俭持家、教育子女，并且不断地鼓励自己的亲人努力生产、努力工作，在这 444 名“五好”积极分子当中，229 人的亲人是先进生产者、先进工作者、劳动模范或优秀教师。③“五好”评选活动与生产建设之间产生了深刻的联系。

1957 年 6 月，全国总工会与全国妇联在北京召开了全国职工家属代表会议，会期 9 天，有 1300 多名职工家属代表参会。期间，毛泽东、刘少奇等党和国家领导人接见了代表。家属代表在会上介绍了在勤俭持家、教养子女、互助团结、开展副业生产等方面的经验。中华全国总工会主席赖若愚指出，职工与家属之间关系不仅“是亲人关系”，而且是“共同建设社会主义新生活的同志关系”，表达国家对家务劳动的肯定，对家属在社会主义建设中身份的承认。

五　小结

“五好”的开展是为了服务工业化生产。家务劳动对社会主义生产发

① 曹葆铭：《“五好”家庭》，《人民日报》1956 年 8 月 8 日。

② 江苏省妇女联合会编：《勤俭持家的好榜样》，江苏人民出版社 1958 年版，第 24—27 页。

③《勤俭持家全面做到“五好”　天津市河东区奖励四百多名家庭妇女》，《人民日报》1957 年 3 月 7 日。

挥作用，成为社会主义建设的一部分而被国家承认。对“五好”积极分子的表彰是国家赋予的荣誉，也是对家务劳动的肯定。1957 年，周恩来在《关于劳动工资和劳保福利政策的意见》中也指出：家务劳动是社会劳动的一部分，参加家务劳动也是光荣的。家庭妇女能够勤俭持家，把家务搞好，使丈夫、子女能够积极从事各种劳动，同样是对国家和社会的贡献，而丈夫、子女所得的工资，也有她们家务劳动应得的报酬在内。①

“五好”道德规范体现了以生产为中心以及集体主义原则，折射出时代的特点。妇联将“五好”活动从职工家属推广至城市家庭妇女，妇联组织在家庭空间创造性地开展工作，妇联以独特的角度触及了家庭内部，就集体主义道德规范开展宣传教育，规范和改造家庭内部关系和邻里关系。互助这种集体主义劳动形式得到广泛应用，减轻了妇女的负担，也使得家庭内部和邻里的关系得以稳固和团结。“五好”活动是希望能够将职工家属塑造为“新型家庭妇女”而不是“服侍丈夫，做旧式贤妻良母”。1957 年，全国民主妇联召开的城市妇女工作会议上指出，要正确解释社会主义制度下家务劳动的意义，使家庭妇女成为“有社会主义觉悟的、自觉地为社会主义建设事业服务的新型家庭妇女”。可以说，“五好”活动是中国特色社会主义妇女解放道路一种新的尝试，也是对马克思主义妇女解放理论中国化的探索。

从“五好”活动反映出，家务劳动不仅涉及家庭内部的问题，也与整个社会结构和制度密切相关。“五好”活动对家务劳动的表彰，是处在当时的历史环境和现实条件下，在以性别划分决定的照料他人责任的前提下，予以规范和表彰，无疑强化了家庭和社会中性别不平等。“五好”活动的发起是缘于工业化建设服务生产的需要，开展活动的目的始终是服务生产建设。在服务于国家政治的“中心任务”、为社会主义建设做贡献而获得肯定的前提下，这一时期的“五好”活动被深深打上了时代的烙印，这也给改革开放之后“五好”活动的开展产生了深远的影响。

参考文献

[1] 张弛：《塑造新型的家庭妇女——以新中国初期的职工家属为

① 《周恩来经济文选》，中央文献出版社 1993 年版，第 381 页。

例》,《首都师范大学学报》(社会科学版)2010 年增刊。

[2] 肖扬:《1950 年代国家对性别文化和性别差异的改造和重构》,《山西师大学学报》2013 年第 6 期。

[3] 毛泽东:《在中国共产党第七届中央委员会第二次全体会议上的报告》(1949 年 3 月 5 日),《毛泽东选集》第 4 卷。

精神健康伦理与政策促进

肖　巍*

摘　要：精神健康目前已成为公共健康领域面临的世界性难题，并对人口健康和社会经济发展产生巨大的影响。本文试图从精神健康的概念，精神健康保健制度中的伦理问题，以及如何着眼于家庭政策来促进精神健康的问题对于精神健康问题进行探索，旨在呼吁全社会重视精神健康问题。

关键词：精神健康；公共健康；伦理；家庭政策

精神健康（Mental Health）目前已成为公共健康领域面临的世界性难题，并对人口健康和社会经济发展产生巨大的影响。据统计，在美国每年早卒人口中，大约50%与精神疾病（Mental Illness）及相关行为和生活方式有关。[①] 在发展中国家，精神疾病患病率和自杀比率也日益攀升，在我国人口中不断出现的精神健康问题要求人们跳出心理学和精神病学领域，从不同的学科思考这一问题。因而，本文试图从精神健康的概念，精神健康保健制度中的伦理问题，以及精神健康的家庭伦理政策三个方面对于精神健康问题进行探索。

一　精神健康的概念

精神健康在我国学术界通常被翻译为“心理健康”，在一般出版物

* 肖巍，清华大学哲学系教授。

① Stephen G. Post ed. , *Encyclopedia of Bioethics*, 3rd Edition, MacMillan Reference USA 2004.

中，人们也常把它同心理健康等同起来，但也有学者认为，心理健康概念的外延更宽，包括了精神健康、身心健康、精神保健等内容。

事实上，精神健康是一个非常值得深入探究的概念，这样强调的理由主要有以下四个方面。其一，精神健康本身是一个很模糊的概念，具有丰富的内涵，这就决定了人们对它的理解也不尽相同。西方学者丹尼尔·奥夫和梅尔文·萨伯森曾经归纳出数十个精神健康的定义，范围从最简单的“社会调节”“自我实现”到更为复杂和反省性的概念。在这些定义中，一些通过不同的范围和程度评价精神健康，如同评价精神疾病一样，另一些则试图为两者提供范畴建构。一些坚持普遍自然主义观点，另一些则从心理学和社会文化背景出发来思考，还有一些试图从社会生物心理学角度定义精神健康，[①] 例如英国社会心理学家玛丽·约霍达（Marie Jahoda）总结出 6 个关于精神健康最常见的界定：（1）个人对待他/她自己的态度；（2）人们成长、发展和自我实现的风格和程度；（3）心理功能的主要综合，或者“组合”；（4）自主性或者不受社会影响的独立性；（5）对于现实充分的直觉；（6）对于环境的把握。[②] 美国的临床心理专家 F. 麦金尼（F. Mckinney）也总结出精神健康的 8 个特征：（1）有幸福感和安定感；（2）各种身心机能健康；（3）符合社会生活规范、自我行为和情绪适应社会；（4）具有自我实现的理想和能力；（5）人格统一与调和；（6）积极地适应环境，具有现实的志向；（7）有处理、调节人际关系的能力；（8）具有应变调节人际关系的能力。其二，由于国内学者长期以来把精神健康同心理健康混用，便有可能忽略在这一概念本身所拥有的更为深刻的内涵，事实上，精神健康能否与心理健康等同取决于讨论的具体背景，在一般意义上，我们可以把两者等同起来，但当我们把精神健康与身体健康对应起来讨论时，精神健康的意义或许比心理健康包括更多的内容，不仅包括心理健康，也可以包括人的道德健康，以及拥有健康的伦理价值观和人生观，这种看法也可以解释——为什么世界卫生组织（WHO）已经把人的道德品格作为衡量健康的重要指数。其三，需要把精神健康与精神疾病对应起来讨论，就如同我们讨论健康也应与疾病对应起

① Stephen G. Post ed. , *Encyclopedia of Bioethics*, 3rd Edition, MacMillan Reference USA 2004, p. 1761.

② Ibid, p. 1761.

来讨论一样，而精神疾病概念的模糊性也决定了精神健康涵义的不清晰性；因而要求我们对它进行深入的讨论。其四，也需要把精神健康与精神不健康，或者精神亚健康联系起来讨论，因为后两种情况有时并不能绝对地等同于精神疾病。

在这里，我们试图采用三种方法：从 WHO 的健康定义中，从精神健康与精神疾病的对应中，以及借助于语言分析的视野来分析精神健康概念。1946 年，WHO 提出的健康定义强调“健康是身体、精神和社会幸福的整个状态，而不仅仅是没有疾病或者不虚弱”[①]。这一定义从身体、精神和社会三个角度强调健康，具有综合性和完整性的特点，但也正因为如此，这一定义不仅在概念上存在模糊性，在现实操作层面也颇具理想性，因而也引发了一些争议。学者们从不同方面提出质疑，例如一些人认为，把精神疾病和健康包括在健康定义之内便使问题复杂化了，心理病理学包括了大量健康保健需要，而在现有的健康体系中，这些需要是难以满足的。也有人看到，把健康看成是一种幸福状态也是不妥的。健康并不是幸福，把两者混淆起来便是把社会哲学医学化了。还有一些学者提出这样一些问题：什么是身体幸福？我们如何来测量它？即使把测量问题放在一边，我们又如何来想象这种身体状态呢？如何才能识别是否以及何时达到了这种状态？还有的学者从哲学角度提出下列问题：健康判断是否为价值判断？如果这样，它们试图表达什么价值？它们应当表达患者的价值观呢，还是临床医生，抑或社会的价值观？我们能够期待健康随着观察家的伦理价值、政治观点或者社会哲学发生变化吗？健康判断是科学判断吗？身体健康或者疾病是生物学确定吗？医学与生物学之间有什么联系？健康、疾病、障碍、患病、正常以及病理学的概念是如何相互关联的？[②] 然而，本文在这里的主要目的不是要讨论这些争议，而是要分析 WHO 健康定义中所揭示的精神健康意义。无疑地，这一定义把精神健康作为健康的重要组成部分，而且把它定义为精神幸福的状态，连同身体和社会幸福一道构成一个人总体上的健康和幸福状态。

精神健康与精神疾病的概念也是联系在一起的，而精神疾病是一个模

---

① 这一定义于 1946 年 6 月被纽约国际健康大会采用，1946 年 7 月由 61 个国家的代表签署，1948 年 4 月实施，自此从未修改过。

② Donald VanDeVeer and Tom Regan ed.，*Health Care Ethics*，Temple University Press，1987，p. 361.

糊的概念。从广义上说，它通常与心理上的痛苦和人们总体上不幸福的状态相关。从狭义上说，精神疾病是在各种生物学、心理学以及社会环境因素影响下，由于大脑功能失调所导致的认知、情感、意志和行为等精神活动方面不同程度的障碍。依据美国《生命伦理学百科全书》的解释，一旦我们把精神疾病等同于精神病障碍（psychotic disorders），它就应当包括更为宽泛的情感、行为和心理生理学障碍。对于精神疾病的这一解释包括许多日常生活问题和严重的精神疾病，并要求社会能够提供更为广泛的精神健康服务。

借助于语言分析的视角，在定义某一对象时应当注意到三个方面：定义所呈现的问题的本质；所能获得的解决问题的方法；在解决这类问题中人们所能期待的结果。① 综合以上各方面的考虑，我们可以把精神健康定义为人们在精神上没有通常所讲的精神疾病或者精神障碍，在精神上有独立性和自主性，能够很好地把握环境和现实，积极面对人生和自我的状态。应当指出的是，健康、疾病和精神健康的概念都是随着科学知识和社会的发展进步不断变化的，本身都不是固定不变的范畴。基于对精神健康的这种理解，我们可以进一步分析目前在精神健康保健制度中存在的主要伦理问题。

二　精神健康保健制度中的伦理问题

一个社会精神健康保健制度的建立与完善对于精神健康的促进具有重要意义。无论在发达国家和发展中国家，在精神保健制度的建设中都会遇到许多伦理问题。这里主要讨论目前精神健康保健制度中存在的三个主要伦理问题。

其一，为社会和政府有关部门提高精神健康服务的社会责任意识问题。1993 年世界发展报告指出，精神健康问题已经占居全球疾病负担的 8.1%。年龄在 15—44 岁的人们当中，由于精神无序导致的全球疾病负担为 12%，如果把有意的，自我痛苦的伤害加进来考虑，对于男女两性来

---

① Stephen G. Post ed., *Encyclopedia of Bioethics*, 3rd Edition, MacMillan Reference USA 2004, p. 1790.

说，分别构成全球疾病负担的16.1%和15.1%。[①] 据统计，在美国人口中，大约16%有精神健康或者成瘾障碍，对其中30%的人来说，这种障碍持续一年以上，高达50%的人在有生之年要遭受一种精神障碍的折磨。[②] 也有人估算，大约1/3美国人在自己生命的某一阶段会体验到某种形式的精神障碍。在所有成年人中，大约28%—30%会有一年的精神障碍体验，2.6%的人会出现类似于精神分裂症一类的严重精神疾病。[③] 我国目前的情况也不容乐观，大约有1600万精神疾病患者，精神疾病在我国疾病总负担中排名首位，约占疾病总负担的20%。据WHO推算，我国精神疾病负担到2020年将上升到疾病总负担的1/4。最近也有数据显示，在我国的患病人群中，儿童和青少年的精神健康状况令人担忧。在17岁以下的儿童青少年中，至少有3000万人受到各种情绪障碍和行为问题的困扰。尽管如此，从总体上说，目前大多数国家的政府相关部门尚未对精神健康服务问题给予足够的重视，例如在美国社会，尽管高达50%的人在有生之年要遭受一种精神障碍的折磨，但仅仅有13%的人得到专家的帮助；尽管有750万18岁以下的未成年人遇到需要治疗的严重的情感问题，但其中70%—80%的人尚未获得所需要的服务。而且在学术界，人们也没有对精神健康问题给予适当的关注，这一方面是由于精神疾病导致的负担，尤其是死亡率尚不明显；另一方面也由于人们认为，精神疾病并不是真正的疾病，而且什么是精神疾病本身也并不清晰。然而，仅就上述数据和事实本身更要求社会和政府有关部门提高精神健康服务的社会责任意识，并通过制度和政策等途径重视和解决精神健康问题。

其二，为精神健康服务分配的公正性问题。社会公正是公共健康的历史梦想和前进的驱动力。美国哲学家诺曼·丹尼尔斯（Norman Daniels）在谈及公共健康政策时指出，一个社会关于公共健康的政策和宏观决定取决于四个因素：（1）在一个社会中将存在什么样的健康保健服务？（2）谁将获得这些服务，以及它们建立的基础是什么？（3）由谁来提供

① Robert Desjarlais: *World Mental Health Problems and Priorities in Low-Income Countries*, Oxford University Press, 1995, p. 34.

② Stephen G. Post ed., *Encyclopedia of Bioethics*, 3rd Edition, MacMillan Reference USA 2004, p. 1770.

③ Ibid., p. 1773.

这些服务?(4)将如何分配支持这些服务的财政负担?① 一些加拿大学者也从法律和伦理意义上强调，在公共健康领域，公正原则体现为三个基本要求:(1)不歧视。基于每一个人的特点而不是他在社会中属于哪一个不同的群体，如种族、人种、性别、宗教或者残疾来公平地对待每一个人，谨防基于有偏见的、非理性的，或者对于某类病人，如艾滋病人、精神疾病患者的偏见来不公平地对待他们。(2)自然公正。在强加人们一种负担或者拒绝给予一种利益时，提供程序上的公正。按照已有的准则和原则保护和赋予人们权利是程序公正的核心。自然公正要求公共健康人士在与权力部门合作行使强迫权力，如隔绝或者隔离时能够为个人提供保护机制。(3)分配公正。公平地分配普遍利益和共同承担责任。②

由此可见，在精神健康领域，公正要求以社会政策和制度形式保证把精神健康服务落实到每一个公民。然而，在许多国家，都存在精神保健服务分配严重不公正问题。例如，在精神健康服务方式的确定、分配、资助等方面产生许多与公正相关的问题，而这些问题可以为我们敲响警钟。在美国，有大约16%的人没有公共或者私人的健康保险，更谈不上拥有防治精神疾病和成瘾障碍的医疗保险。同时，美国社会通过社会保障和财政机制对于获得保健服务的限制导致许多制度方面的不公正问题。首先，大多数美国人，尤其是贫困和没有医疗保障的人不能支付所必需的昂贵的精神健康保健费用。其次，许多面临更大精神健康和成瘾障碍风险的无医疗保险者得不到适当的服务，无法得到充分的保障避免灾难性的经济伤害。再次，由于许多人没有得到保健服务，导致一般健康保健资源不恰当和过度的使用，更进一步加剧了对于消费者和提供者的不公平性，增加了整体医疗花费的经济负担。③

在思考和解决精神健康服务分配不公问题时，也应当首先考虑到社会弱势群体，努力减少由社会弱势群体承担疾病负担的状况，并使干预的负担能够得到公平的分配。精神不健康人群在一定程度上说是需要社会帮助

---

① Donald VanDeVeer and Tom Regan ed. , *Health Care Ethics*, Temple University Press, 1987, p. 291.

② Tracey M. Bailey, Timothy Caulfield and Nola M. Ries, *Public Health Law & Policy in Canada*, LexisNexis Canada Inc. , 2005, p. xiv.

③ Stephen G. Post ed. , *Encyclopedia of Bioethics*, 3rd Edition, MacMillan Reference USA 2004, p. 1776.

的弱势群体，这就为社会提出如何满足精神不健康人群的基本需要，消除对他们歧视的道德责任问题。而这种责任奠定在一种道德信念基础之上——社会有责任帮助和关爱弱势群体，例如关注老年人、贫困人口、妇女和儿童的精神健康问题。加拿大学者唐纳德·沃克兰（Donald Voaklander）做了一项为期10年的研究，研究加拿大700位65岁以上老人自杀的案例，发现他们自杀的季节以春季为首选，接近30%，其次为7月和12月。自杀的方式男性首选是枪支，其次是窒息而死，而女性则选择服毒。导致自杀的第一个原因是精神因素，抑郁症和心理疾病，其次是神经症和神经衰弱症，然后才是癌症、肝病、大小便失禁、中风、痴呆和心脏病等疾病。这一研究证明，由于精神障碍引起的老年人对于生活失去希望才是导致他们自杀的根本原因。65岁以上的老年人属于精神障碍高危人群，这主要由于伴随年龄增长而来的紧张刺激，诸如身体疾病、孤独，以及越发地失去社会支持等。[①] 我国已经进入老龄化的社会，老年人口占世界老年人口的1/5，国外的案例提醒我们要以社会公正原则加强以预防为主的，针对老年人的精神健康服务。归根到底，一个社会精神健康资源分配政策体现出是否公正的伦理价值导向，这关系到两个问题——由谁来获得以及获得什么样的精神健康保健。社会公正问题渗透在社会生活的方方面面，不仅关系到精神健康服务，也关系到精神疾病患者所生活的社会环境，以及对于精神疾病患者的照顾与治疗等。

其三，为公共健康与每一个公民道德及法律权利的冲突。一个社会必须有伦理原则，在保护其成员不受到伤害的要求与保护和促进每一个公民道德与法律权利之间作出协调，而且也应当有相应的公共政策来确保这种伦理原则能够得以贯彻，这些社会政策代表着社会为解决精神健康难题所作出的努力，也体现出政府为了平衡社会善而行使国家权力与确保个人权利与自由得以充分表达责任之间的冲突。在这方面，西方国家讨论的主要问题是，究竟谁有权力来控制精神疾病患者的生活？关于精神健康的公共政策应当倡导何种伦理价值观？一些倡导个人权利的人们认为，把精神疾病患者强行地送到精神病院没有体现出对于个人权利的尊重，那么把他们留在家庭和社区治疗更有好处吗？如果这些患者对于其他家庭成员，或者

---

① 2006年1月，本文作者在加拿大阿尔伯塔公共卫生学院听学术讲座时获得这些信息与数据。

社区安全形成威胁时应当如何处理呢？历史上，对于精神疾病患者的服务一直与社会福利政策相关，随着个人权利的凸显和自主性的增强，20 世纪初以来，一些西方国家越发地把满足个人需要看成是个人的责任。国家只是在一些患者，如受结核病、精神疾病折磨的个人或者家庭无法满足自己的需要，或者对社会构成危险和威胁时才提供帮助。20 世纪 60 年代以降，人们越发地关注国家和技术力量在决定人们生死方面的权力问题，同时在精神健康领域，也展开了关于个人权利、自主性、知情同意，家长制等伦理问题的争论。精神健康提供者也开始更认真地思考自己与病人、同行、社会和国家之间的关系。①

除此之外，在一个社会的精神健康服务体系中还会面临许多伦理问题，例如“在国立医院为主的精神健康制度中产生的伦理问题关系到非自愿的关进精神病院，不适当的医院设施，忽视或者滥用治疗，以及精神病标签本身的合法性问题”②。对于这些问题的回答直接影响到一个社会的精神健康服务体系和相关政策，以及社会精神健康的整体状况及其促进问题。

三　社区与家庭：促进精神健康的政策起点

精神健康业已成为衡量公共健康的重要维度，它与身体健康具有同样的地位。促进精神健康是一个社会体现和落实公民基本权利及实现社会公正的重要使命，直接关系社会各方面的发展与和谐社会的建设。而在当代中国背景下，从社区和家庭政策开始促进社会精神健康是一条必要的且可行的路径。这主要是由于以下四方面原因。

1. 建立和健全全社会精神健康服务体系要从社区和家庭开始。这无疑需要社会和政府的政策支持。在这方面，西方国家的一些做法可以为我们提供一些启示。美国社会目前精神健康保健体系具有如下一些特点：（1）精神健康服务依赖于公共基金，通常要严格地遵循政府的规章制度。

---

① Stephen G. Post ed. , *Encyclopedia of Bioethics*, 3rd Edition, MacMillan Reference USA 2004, p. 1775.

② Ibid. , p. 1768.

（2）精神健康服务越发地由不同的人，如专业人士、精神病学家、社会工作者、精神病学护士、精神健康咨询顾问等人组成的群体来提供。这些服务通过不同的机构来实现，包括精神病院、有精神病学部门的公共的、私人的和政府的医院、社区精神健康中心、家庭护士、专门治疗酗酒、吸毒和成瘾障碍的治疗中心。（3）这些不同的部门可能改变患者与治疗师之间的关系，对通常具有私人的和亲密的治疗关系形成威胁。（4）长期的精神疾病和其他严重障碍的人构成高度依赖的人群，对于试图维持一种反应性的，负责任的和人道方案的管理者和提供者提出挑战。（5）关于精神障碍的诊断和病因，以及治疗效果的争论一直持续下去，将使得人们难以评价治疗方案的功效。（6）精神健康服务的边界难以确定，这就导致人们对于疾病医学与社会模式的不同期待和冲突。（7）精神健康服务通常被看成缺乏公众的想象力，只对情感和行为异常的那部分人拥有价值。① 这些特点表明一个社会精神健康制度与服务的复杂性，因而，精神健康服务提供者和政府有关部门在制定政策时必须充分地考虑到这一点。同时，在建立和健全社会精神健康服务体系时，也应当注意到精神健康服务的全社会整合。在一些西方国家中，现行精神健康服务体系面临的伦理难题之一是缺少与其他社会部门的合作，缺少健康政策的法律、经济、社会和科学方面的整合。这一问题出现的主要原因在于精神健康领域的模糊性，对于精神疾病或者障碍理解方面的差异，以及人们对于有精神障碍者应当采用何种社会政策观点不同，等等。而在中国，在精神健康保健资源较为匮乏的背景下，社会对于精神健康的保健工作无疑要从社区和家庭开始，国家和政府应当对于由精神疾病和障碍患者的家庭提供资金和人力的支持，例如义务培训家庭成员对于患者日常生活的照顾和护理，加强对于其他家庭人员心理的疏导，社区也应把不同的家庭集中起来相互帮助等，这需要政府的相关政策和专项公共资金的支持。

2. 许多中国社会的精神健康问题产生于家庭关系。中国目前已经步入老龄化社会，中国家庭已由往昔的以孝为本转为以子女为中心，出现啃老、弃老和虐老现象，即便一些子女能够满足老年人基本的物质需求，但对老年人也缺乏精神赡养。对于青少年和女性也是如此，根据社会学一项

---

① Stephen G. Post ed., *Encyclopedia of Bioethics*, 3rd Edition, MacMillan Reference USA 2004, p. 1774.

统计，女性、青少年、老年人以及社会边缘群体是精神疾病的易感人群。中国社会的变迁已经使家庭伦理关系发生巨大变化，价值选择的多样性和市场经济的影响使家庭也时常发生成员之间的利益冲突，因而，社会要以各种政策加强家庭成员之间的道德修养，对于困难家庭有保障性的帮助，定期对有问题的家庭开展教育协调工作，必要时进行法律援助和介入等。

3. 精神健康是公共健康的重要组成部分，而公共健康的基本精神在于预防。“公共健康是我们作为社会，群体上确保人们健康的条件。”① 一个社会在分配有限的公共健康资源时，应注意加大分配精神健康预防资源的比重，尽管许多公众认为这或许仅仅对那些有精神疾病的人们有利，不能恩泽更多的人们，但事实上，从一些严重精神疾病患者对于社会的潜在危害来讲，从精神疾病发生的普遍性而言，投资精神健康预防服务与每一个公民都息息相关。社会也很有必要在这些方面开展必要的道德教育。在进行预防工作时，我们也应当认识到，由于精神疾病具有情感障碍、生物学和基因学，以及环境方面的多种原因，给预防带来很大的困难，因而要统筹规划预防措施，社区要建立家庭精神健康档案，定期巡诊和提供咨询服务，国外的许多经验证明，在心理卫生和精神健康服务普及的地方，自杀和患抑郁症的比率会明显降低，例如在英国埃塞克特大学有一条“猫头鹰热线”，每天晚上通宵都有人提供心理咨询服务，其咨询人员都是由经过基础训练的学生自愿者组成，这一服务深受师生的欢迎，这也使得这所地理位置较为偏远的高校精神健康问题明显低于其他英国高校。因而，我国精神健康服务的当务之急是在社区建立精神健康服务中心，让这一服务走进社区和家庭，争取把全社会的精神健康问题消除在萌芽之中，至少通过社区的就近服务预防和缓解社会的精神健康问题。

4. 加强社区和家庭精神健康文化建设与道德教育。在许多情况下，一个人之所以出现精神健康问题在于其价值观与所在社会道德和文化标准的冲突，或者与后者格格不入。因而，不仅他从心理上拒斥所在的社会与文化，其自身行为也会受到社会的歧视和排斥。这就要求社会要加强对于公民，包括精神疾病患者的教育，使后者形成正确的自我认识和定位。同时也要对公民进行相关的道德教育，使人们从社区和家庭入手消除对于精

---

① Institute of Medicine, *The Future of the Public's Health in the 21st Century*, Washington, D. C.: National Press, 2003.

神疾病患者的种种歧视，懂得精神疾病并不是一个道德缺陷，而是基因、生物学和社会心理因素结合的产物。应当学会关爱和帮助有精神疾病的人们，意识到助人也就是在自助。尽管数据显示有50%的人在一生某一时期都会遭受某种精神障碍的折磨，但是每一个人在生活中都有可能遇到这种情况，成为这50%中的一员，这就需要政府和社会要以政策和制度为保障进行精神健康文化和道德教育，形成有利于全社会精神健康的和谐氛围。

建立基于家庭本位的家庭政策

——鲁西 X 村隔代养育现象研究

刘天红*

摘　要： 本文对山东西部 X 村隔代养育现象进行了为期一个半月的田野观察，发现隔代养育现象是家庭作为一个行动单位应对城市化进程的适应性家庭策略，隔代养育现象中体现着传统家庭伦理的绵续及对乡土社会原有秩序、价值归依的渴求。以此为基础，本文对既有的关于农村隔代养育家庭研究和支持经验进行了反思，认为中国家庭政策的制定必须从根本上立足于中国有别于西方的“家”文化，在政策设计、制定、实施的各个环节注重以家庭作为家庭政策的承担者及受益对象，家庭政策的推进应是全局性的关照而非特定领域下的修补。

关键词： 隔代养育；家庭本位；家庭政策

隔代养育现象在国内和国外都存在，国内则更为普遍。离婚、犯罪、家庭变故、政治事端等问题成为西方国家隔代养育现象产生的主要原因①。在中国隔代养育是一个普遍存在的现象，其原因一方面可以归结为中国大家庭制的传统伦理，另一方面人口结构的转变、城市化进程的加快及社会保障机制的不完善等因素则使得隔代养育现象尤其突出。

国内学界对隔代养育现象的研究主要集中在对农村隔代养育现象的探讨上，一则侧重于对农村隔代养育现象存在的原因、特点、问题等进行实证层面的探索。“留守儿童”这一指代农村隔代养育家庭中儿童的术语进

---

* 刘天红，东北师范大学研究生。

① 段飞艳、李静：《近十年国内外隔代教养研究综述》，《上海教育科研》2012 年第 4 期。

入到学术和公众视野，研究多从人口学、社会学、心理学、教育学等学科背景出发，将农村的隔代养育现象作为一种“问题”来对待①，认为接受祖辈照管的儿童存在社会化中的社交障碍，在人格发展上存在焦虑、孤独等障碍以及难以接受优质教育并顺利完成学业等问题。由于“留守儿童”现象起初是以新闻热点事件走进公众视野的，这导致研究初始阶段学界倾向于跟随社会报道的宣传对其“问题化”。在社会救助层面亦是以救急的身份出现的，这就使得对这一问题的研究难以深入，难以从更为客观、全面的视角出发进行干预。

研究家庭与社会变迁的学者倾向于将隔代养育现象纳入到家庭结构变迁与社会发展的视角中进行研究。提出了隔代养育现象是在市场化趋势下代价关系的功利性表现②；隔代养育现象的存在体现了中国家庭变迁过程中的多元化模式与多元路径，是中国家庭凝聚力存在的表现③；在对农村的隔代养育现象存在原因的探讨中，倾向于将农村隔代养育现象的存在看做是一整套的制度设计和安排的结果，是资本与体制的双重排斥将其置于这种境地。此类研究将隔代养育现象纳入到社会变迁导致的家庭结构变迁的视角中进行考察，有利于从更为根本更为全局的角度分析、解决问题。但是研究中对于一些基本论点仍存在诸多争议，如对于隔代养育现象是否体现了代际关系的功利化，标志着现代化进程中“自私的个人”的出现；在全球性风险加大的时代，“家庭”是否仍是个体应对不确定性风险的有力屏障；传统家庭伦理是否面临崩解等问题，论者各执一端。

从2014年6月中旬到2014年7月底，笔者在山东西部X村进行为期一个半月的参与式观察，重点观察了隔代养育家庭的经济维持状况、对未来生活的规划等问题，并通过深度访谈的形式了解隔代养育家庭成员的个人动机和行为。在此基础上对农村隔代养育现象进行学理上的思考，并结合实际情况对现存的农村隔代养育家庭进行扶助的政策措施进行反思。

---

① 谭深：《中国农村留守儿童研究述评》，《中国社会科学》2011年第1期。

② 朱静辉：《家庭结构、代际关系与老年人赡养——以安徽薛村为个案的考察》，《西北人口》2010年第3期。

③ 杨笛：《聚焦中国家庭变迁，探讨支持家庭的公共政策——“中国家庭变迁和公共政策国际研讨会”述评》，《妇女研究论丛》2011年第6期。

一　作为一种家庭策略的隔代养育

X 村位于山东西部平原地区，该村约有家庭 150 户，人口 500 余人。大部分村民选择外出务工。研究选取 X 村 12 户隔代养育家庭，其中 10 户家庭中孙辈由祖辈负主要照养责任，父辈中父亲的照养是缺失的，2 户家庭孙辈由父辈及祖辈共同抚养。12 户隔代养育家庭中，4 户中父辈在市区和县城就近择业，8 户父辈在外市务工。所观察到的 12 户家庭经济收入情况在 X 村处于中等偏上水平。

笔者侧重于从祖辈养育者的主观感受及价值定位、父辈的目标选择及个人体验等方面来分析这一现象产生的渊源以及体现家庭变迁中的主要特征。选取家庭策略研究范式对隔代养育现象这一凝聚着家庭内部复杂而深刻的机制变革过程的现象进行研究。家庭策略（family strategy）研究用以对中国社会中复杂的家庭机制变革提供有效的研究范式，重在理解工业化过程中家庭的作用，研究家庭面临新的外部环境时的决策过程。[①] 利用家庭策略研究范式对 X 村隔代养育现象进行研究，有如下发现。

（一）“失落又骄傲的祖辈”——经济收益最大化的阶段性策略

城镇化进程导致广大农村伴随着青年人迈步到城市谋生，家庭呈现出城乡分隔的特点，有学者将其称为“拆分型家庭模式”（谭深，2011），并将其视为中国当下主要存在的家庭类型。学界在对隔代养育现象进行分析时认为隔代养育反映了祖辈权力的失落，在一定程度上加重了祖辈的负担，是祖辈为换取得到子代的养老照料的无奈之举。

笔者在对山东西部 X 村的隔代养育现象的参与观察中，发现了“失落与骄傲并存”的祖辈。他们在对自己繁重的照养孙辈的工作表示表面上的不耐烦与抱怨之外，展现的却是对于子代可以“赚到更多钱，到县城安家”的期待和骄傲。他们认为这种选择是“没有办法，别人都是这么做的”，同时又表示“孩子的压力实在太大，当父母的自然是不愿意连

① 樊欢欢：《家庭策略研究的方法论——中国城乡家庭的一个分析框架》，《社会学研究》2000 年第 5 期。

累他们，能多做一点儿就多做一点儿”。外出务工的父辈可以为家庭带来更多的收益，祖辈则可以在兼顾农活儿甚至部分家庭经济副业的同时照养孙辈。这些家庭的经济收入水平相比于同类无外出务工家庭的经济水平要高一些。外出务工所得收入多储蓄起来为了给孙辈“娶媳妇”。外出务工成为一个家庭为获得更多的经济收益而达成的权宜性策略选择，在策略形成的过程中，作为要多倍付出的祖辈在根本上是满意于这种劳动分配形式的。这一经济策略的形成展现了农村家庭作为一个集体行动单位在应对外界压力时的理性策略。

（二）“要在县城买房子”——传统家庭伦理的绵续

L 一家是笔者在 X 村进行参与观察时接触到的一个典型案例。L 携其妻子在 2000 年时赴京闯荡，夫妻俩现在北京一商场内经营一家饭店窗口，年收入 20 万有余。两人在 2000 年初离开家乡时将 4 岁的儿子以及 10 岁的女儿托付给当时年纪为 56 岁的爷爷奶奶照管。现在 L 的女儿在 X 村所属的 B 市读大学，儿子也在 B 市接受高中教育，即将高考。面对这种家庭的格局，L 一口咬定“要回县城买房子”，虽然他有望具备在更大的城市安家的资本。他并不觉得要把儿子带到北京并安排其在北京落脚。“我以后也会回来的，我们还是希望孩子可以在离家更近的地方建立他们的家庭。在外面不容易，挣钱就是为了孩子以后可以有更舒服的生活，我觉得他们在县城安家挺好。”在笔者所接触到的其余 12 户存在隔代抚养家庭的计划中，将在县城买房子作为主要目标的有 9 户。而之所以选择在县城买房主要是为了孙辈的考虑，为了孙辈可以更好的成长甚至以后安家。

可见一些家庭考虑外出务工赚钱多从而选择隔代养育，在县城买房只是传统社会中为孩子“建房子娶媳妇”这一朴素愿望在城镇化时代的另一种表达方式。将自身的生命依托在子代甚至孙辈身上来实现自身生命延续的传统伦理并没有改变。而且这一终极寄托支撑着家庭作为一个行动单位的所有选择与决定。

（三）“要回家”——迁移时代的癔症

拆分式家庭模式带来的是两代人在城市和乡村生活经验中的割裂，在笔者接触到的 12 户存在隔代养育现象的家庭中，夫妻双方共同外出的为 3 户，其余 9 户均为男性外出务工，女性与家中祖辈一起照料孙辈。外出务工人员尤其男性独自外出者长期处在情感与身体的分裂状态中，“要回家”成为他们共同的愿望以及奋斗的终极目标。K在外务工6年，辗转在北京、天津、青岛各地，在一年的12个月内他都有2个月的时间是在家的，主要是为了处理家中在农忙季节的劳动。这种“候鸟式”迁移一方面增加了家庭的收入一方面也使得K可以享受跟老婆、孩子在一起的家庭生活。“想要回家，每一年中都盼望着可以回家的这几天。想着快点儿赚够买房子的钱就可以彻底回家了。”在笔者对K接触的1个月内适逢其身体不适回家养病。K患上了严重的精神疾病，长期的生活与工作的分割，在外谋生的巨大经济压力使得K变得压抑而沮丧。城市化进程需要的是自由流动的个人，采取的是将具有生产价值的劳动力从家庭及故土中抽离出来的机制，这使得进入到城市的农村务工人员在不确定的生活环境中面临着巨大的风险。而在全球性的风险社会中，家庭仍然承担着规避个体风险的责任，成为个体的坚实支柱。

在对山东西部X村隔代养育现象的为期一个月的参与观察中，发现市场化、城镇化进程导致了农民行动目标的改变，在个体层面上实现城镇化成为新的目标。在这一目标的指引下，采取适当方式实现目标的策略权衡导致了隔代抚养养育的出现。但是将自身生命依托寄予在子辈身上的“香火延续”终极价值并没有改变，这促使绝大部分实行隔代养育的家庭即便是在隔代养育持续了十几年之后也倾向于“认祖归宗，重返故园”。据此，对隔代养育的研究及针对隔代养育家庭的支持模式也应建立在家庭本位的立足点上。

二 对农村隔代养育家庭研究与支持经验的反思

对农村隔代养育现象在现实层面中存在的主要问题及干预措施的研究上，多是以“留守儿童”这一社会问题的角度进入的。“留守儿童”在较短的时间内引起了社会的广泛关注，也吸引了部分社会力量的支持。但是因为忽略了留守儿童问题的产生与家庭变迁的本质性联系，使得这些研究和干预措施陷入碎片化，难以在根源上解决问题。

（一）学术研究中主体经验的缺失

在对农村隔代养育现象的研究中存在严重的主体经验缺失的问题，即较少从农村隔代养育家庭及儿童的角度出发阐释真实的问题。这一方面体现在研究者的隔代养育经验缺失上。对农村隔代养育现象的研究多是由没有农村生活经验，没有隔代养育经验的研究者自上而下的进行的，易于将农村隔代养育现象一味问题化。同时由于难以深入理解隔代养育现象所承载的农村家庭形式变迁及深层价值观念绵续的逻辑而难以切实理解他们的真实处境。

笔者在对 X 村的隔代养育现象进行考察的过程中认为，隔代养育现象有其难以避免的缺陷与潜在的风险，但是对这些缺陷是否必然会导致难以弥补的不良后果仍然需要更为长期的系统的跟踪观察和研究。深入到隔代养育家庭成员和儿童的个体经验内部理解其在家庭变迁过程中的深层次的动机和行为是现有研究中缺少的。对个体的主观经验的阐释仍需要我们不断理清家庭关系、结构变迁的内在价值和观念中的逻辑，进而对其主题经验加以阐释。

（二）支持模式的碎片化与不可持续性

在现行政策体系之下，对农村隔代养育现象中存在的诸多问题倾向于采取社会救援式的补救措施。由全国妇联、共青团中央等官方和非官方组织展开了众多关爱活动，比如“手拉手”活动、“大手牵小手”活动等，这些活动强调从道德上的关怀对其施以关注，难以在根本上解决问题，有些还会对隔代养育家庭的儿童造成二次伤害。笔者认为建立以扶助家庭，增进家庭功能为目的的政策体系才是解决这一问题的长久之策。应将保护家庭正常发挥其生育、养育、赡养功能作为一项基本原则，让家庭政策成为衡量其他各项政策的依据，在根本上保障家庭功能的正常运转。

总而言之，解决隔代养育中存在的问题应该从家庭入手，从家庭所面临的挑战出发，建立“家庭本位”的家庭政策体系。

三　基于家庭本位的家庭政策构想

家庭政策的产生与演变与一个时代的社会发展情况与福利制度紧密相关。西方国家的家庭政策自 20 世纪二三十年代开始，在一个世纪的变革过程中，经历了由以家庭为单位到去家庭化到重新重视和支持家庭功能的过程。中国正在经历着人口与家庭的双重变革，计划生育政策引导的少子化及老龄化趋势与现代化进程中家庭的核心化、多元化相辅相成，共同影响着传统家庭功能的发挥，使得家庭面临着更多的挑战①。虽然对全面回归传统的家庭伦理与秩序存在一些否定的态度，但是在城乡社会保障体系不完善的情况下，扶植和发展“家文化”的传统和政策仍然是必要的②。

中国家庭政策的制定必须建立在“家文化”的基础之上。相比于计划经济时代单位制对个体生活的全部包揽，伴随着在改革开放之后单位制的彻底退出，单个成员面临着巨大的认同危机与失落感。家庭政策的倡导应该为家庭分配资源，支持家庭作为一个行动单位展开行动。

（一）建立家庭本位的家庭政策体系

中国目前仍然没有专门用以支持家庭的家庭政策，《婚姻法》、《民法通则》、《生育保险法》、计划生育政策、社会保障中的相关条例以及教育和就业政策中涉及家庭的部分被用来当作家庭政策的重要组成部分加以探讨，这些探讨是否可以在促进和支持家庭发挥其作用的基础上做出贡献还有待研究。中国家庭政策体系中依然存在概念模糊、对国家政策与政府决策过度依赖、基本价值理念缺乏、视角研究不足及核心问题研究难等问题③。建立以家庭为本位的家庭政策应做到以下几点。

第一，应该对现有的服从于国家经济发展的社会政策进行考量，避免其变相使家庭利益受损，家庭政策应该成为评价其他政策的标尺和手段。家庭政策的建立应该是一种全局性的关照，不仅仅局限于特定领域的专门法律，也不仅仅是政策和规章，而应该是在促进和培育家庭功能完善的基础上，对既有的政策体系进行统一安排。

第二，应建立本土化的发展型家庭政策。发展型家庭政策强调事前干预而非事后补缺，注重为每一个家庭增能，主张社会政策只有建立在家庭的需要之上才可能最大限度发挥作用④。西方发展型家庭政策是对既有以

---

① 胡湛、彭希哲：《家庭变迁背景下的中国家庭政策》，《人口研究》2012 年第 2 期。

② 杨笛：《聚焦中国家庭变迁，探讨支持家庭的公共政策——“中国家庭变迁和公共政策国际研讨会”述评》，《妇女研究论丛》2011 年第 6 期。

③ 祝西冰、陈友华：《中国家庭政策研究：回顾与相关问题探讨》，《社会科学研究》2013 年第 4 期。

④ 张秀兰、徐月宾：《构建中国的发展型家庭政策》，《中国社会科学》2003 年第 6 期。

解决问题为主的家庭政策的修补与完善，发展型家庭政策强调公民权力意识与责任意识的统一，通过赋权给家庭成员，实现对家庭主动自发的建设。在中国现阶段提倡发展型家庭政策可以在政策制定的早期阶段就及早吸取西方国家经验，在倡导公民社会建设的同时实现在家庭内部的责任落实，在公领域和私领域推动变革。又要注意到中国社会中现代性发展的不足之处，利用政策导向指引家庭成员积极承担责任，完善家庭建设。

（二）家庭本位的家庭政策体系对隔代养育现象的关照

以家庭为本位的家庭政策可以为隔代养育家庭的问题解决提供如下关照。

第一，从家庭本位出发修补既有政策中的不利因素。农村隔代养育家庭的大量存在根源上与城乡二分的社会结构有关，改革开放初期农村支援城市的经济发展方针，使得城市的工业发展和城镇化建设吸引了大批中青年到城市谋生。但是经济发展吸纳的只是行动自由的劳动力，并未为其在城市解决家庭生活问题提供渠道。考虑到家庭本位的家庭政策，可以从两个方面对既有的政策进行改善。其一，完善经济发展模式，根据各地方、各城市特点着力发展中小城市经济，鼓励农民就近择业。其二，完善大城市的资源供给和社会保障制度，促进教育资源的平等分配，使得进城务工人员有能力安置家属。

第二，在家庭框架内赋权儿童。赋权一词源于国际上参与式发展思潮的影响，其核心是强调主体能动性的发挥。通过赋权式的培育方式，使儿童感受到来自家庭的关爱，促使其以更自觉主动的态度扮演在家庭内的角色，树立应对外部生活的信心。

四　小结

本文通过对山东西部 X 村隔代养育现象的考察和反思认为隔代养育作为家庭面对外部压力时的一种策略选择仍显示出家庭的重要功能。城镇化及个体化进程并没有彻底摧毁传统文化中家庭伦理的因素，相反这些因素以另外一种方式绵续。在此基础上结合中国家庭政策发展的实际及西方家庭政策发展中的可借鉴因素，本文认为中国家庭政策的制定仍应该立足于“家本位”，家庭应该成为家庭政策的对象，促进家庭功能的发挥应该是家庭政策的目的。以这一思想为指导，在对农村隔代养育家庭进行干预时，应该从根本性的制度、结构设置着眼，虽然这一过程漫长而曲折。

我国婚姻家庭法的传统与变迁

——从社会性别视角下的妇女权益保护谈起

曹建慧*

摘　要： 婚姻家庭领域中男女两性的平等对妇女的生存、发展及家庭功能的充分发挥至关重要。纵观中国婚姻法的发展历程，婚姻家庭中主体之间的平等以及婚姻家庭关系中的正义等问题，始终是贯穿婚姻法历史脉络的主线。自1950年新中国第一部婚姻法开始，以及后面修订的1980年《婚姻法》、2001年的修正案，无不是以男女平等作为基本原则，而且相关的具体规定都体现了夫妻之间、父母子女之间以及祖孙之间、兄弟姐妹之间的平等。

关键词： 婚姻法；男女平等；妇女权益

婚姻制度是家庭制度的基础，是整个社会制度的一个组成部分。它是人类社会发展到一定阶段的产物，是在一定的经济基础上形成并用以确认和规范婚姻家庭关系的上层建筑。它不是从来就有的，也不是永恒不变的。而婚姻家庭关系作为特殊的社会关系，其存在和发展受制于社会的生产关系，并受社会上层建筑、意识形态等各个因素的影响和制约，其发展演变是社会各种条件和各种因素综合影响的结果。

作为调整我国婚姻家庭关系的基本准则，婚姻法也是随着社会的变化而变化，随着整个社会的经济基础和上层建筑的发展而发展。其中，妇女在婚姻家庭中的地位直接影响了她们的社会地位。试想，如果妇女在婚姻家庭中得不到公平、平等的权利，相应地，她们在社会上所享有的权利也会受到损害。因此，本文依托社会发展作为阐释背景，以期在婚姻家庭法

---

* 曹建慧，中国妇女儿童博物馆研究部助理研究员。

的坐标系下，以三部婚姻法作为纵轴，以不同婚姻法中对妇女相关权益的不同规定作为横轴，勾画出婚姻家庭领域中妇女权益相关变化的曲线。同时也是对妇女在婚姻家庭中所享有的相关权益的一个浅显总结。

一 我国婚姻家庭法的传统与变迁

（一）1950 年新中国第一部婚姻法

1950 年的《婚姻法》作为新中国成立后的第一部婚姻法，自始肩负起协调婚姻家庭关系，保护妇女婚姻家庭权利的历史重任。它的颁布与实施开启了新中国立法保护妇女权利的历史进程。从 1950 年至今，我国三部《婚姻法》的颁布与修订是在不同历史阶段对婚姻家庭关系进行法律变革和构建的过程，始终向着实现男女平等的方向迈进，日趋进步与完善，并取得了举世瞩目的成就。

1950 年《中华人民共和国婚姻法》是新中国成立后公布的第一部法律，是中国人民自五四运动以来反封建斗争的伟大胜利，它的贯彻实施将旧中国所遗留的封建主义婚姻制度逐步废除，新民主主义婚姻制度得以在全国范围内建立，平等和睦的新型家庭不断的涌现。新婚姻法打破了几千年来强加于妇女身上的封建枷锁，使广大中国妇女获得了解放。新中国第一部婚姻法的颁布，确立了以婚姻自由、男女平等、一夫一妻、保护妇女儿童利益为原则的婚姻家庭制度，重视妇女权利，具有保护妇女权益的传统。

（二）改革开放转型中的 1980 年《婚姻法》

20 世纪 60 年代，正当妇女解放工作稳步发展之际，中国社会却开始经历了空前浩劫。“文化大革命”期间，法制被严重破坏，整个社会处于一种无序的状态。

1978 年 12 月，中国共产党第十一届三中全会做出了要将工作重点转移到社会主义现代化建设上来的战略决策，并着重提出健全社会主义民主和加强社会主义法制的任务，这是历史的伟大转折。

1980 年婚姻法是改革开放后恢复社会主义法治建设的重要组成部分，反映了国家在婚姻家庭领域的法制重建，标志着我国的婚姻立法进入了一个新的发展阶段。1980年9月10日，经第五届人大三次会议通过，颁布了修改后的《中华人民共和国婚姻法》，自1981年1月1日起施行。1980年新《婚姻法》的颁布，重申了1950年《婚姻法》中的基本原则和实践中行之有效的规定，同时又根据时代变化，在一些方面做了修改和补充。如法定婚龄；原则上重申了婚姻自由、一夫一妻、保护妇女和子女合法利益，禁止包办婚姻和禁止重婚等规定，删除了禁止纳妾等规定，补充了保护老年人合法权益、实行计划生育等具有现实意义的基本原则；增加了适应80年代新情况的新规定，如实行计划生育、约定财产制等。这部《婚姻法》的颁布与中国全面改革开放几乎同时起步，反映了国家在婚姻家庭领域的法制重建以及社会转型带来的家庭婚姻制度的变化。

（三）激烈变革下的2001年《婚姻法》修正案

随着改革开放的深入进行，我国在政治上、经济上发生了重大变革，婚姻家庭方面不断出现新问题。总体而言，我国婚姻家庭的面貌较好，以爱情为基础的自由婚姻占主流。但是，在婚姻家庭方面也出现了令人担忧的各种问题，如婚恋态度倾向放任、轻率，离婚率逐年上升，家庭暴力问题凸显等。这一时期，我国女性在经济变革下失去了原来的经济地位和社会地位，在家庭中的地位亦受到威胁，身心压力很大。总体而言，主要受到丈夫在外包养情人、家庭暴力、经济利益缺乏保护等问题的困扰。面对改革开放时期的种种问题，原有的《婚姻法》已经不能适应现实需要，广大人民发出了修改《婚姻法》的呼声。同时，在司法实践中发现1980年婚姻法中有许多不完善和不便操作的地方，急需做出必要的修正。为此，从1990年开始，社会各界开始讨论修正《婚姻法》，经过十年的努力研究，最终形成了修正后的《中华人民共和国婚姻法》，该法诸多方面的修改都是法律对现实的直接回应，反映出社会的激烈变革对婚姻法立法的推动。

二 《婚姻法》对妇女权益的规定及保护

（一）1950年《婚姻法》对妇女权利的规定

1. 人身权

封建婚姻制度下的妇女毫无人身自由可言。按照封建礼法，婚姻缔结不是出于男女双方的意愿。父母之命、媒妁之言才是婚姻的合法形式，封建离婚制度要求女性从一而终，不能再婚，甚至提出离婚，而男子却有“七出”和“继室”的特权。夫妻之间在婚姻自由问题上是完全不平等的。在封建宗法制度下，男尊女卑，夫权统治，婚姻关系是尊卑主从，被依附与依附的不平等夫妻关系。广大妇女在“夫为妻纲”的封建家庭中受着封建礼法的重重束缚。1950 年新中国婚姻法的颁布改变了这种情况。

（1）婚姻自由权

新中国婚姻法首次赋予中国妇女婚姻自由权。《婚姻法》在第一章原则部分就开宗明义地指出，一方面要废除包办强迫，男尊女卑，漠视子女利益的封建主义婚姻制度；另一方面，实行男女婚姻自由，一夫一妻，男女权利平等，保护妇女和子女合法利益的新民主主义婚姻制度，禁止过去封建婚姻制度下的重婚、纳妾、童养媳、借婚姻关系索要财物的陋习，禁止干涉寡妇重婚。在结婚方面，将男女双方本人完全自愿规定为必须条件，立法排除任何一方对他方以及第三方的干涉。在离婚方面，规定男女双方自愿离婚，只要男女双方一方坚持离婚，经区人民政府和司法机关调节无效时，亦准予离婚。这改变了几千年来妇女在离婚问题上缺乏自主权，只能听从丈夫意愿的悲惨命运。

（2）平等的夫妻权利义务

1950 年《婚姻法》规定了平等的夫妻权利义务，明文规定：“夫妻为共同生活的伴侣，在家庭中的地位平等。夫妻间有互爱互敬、互相帮助、互相抚养、和睦团结、劳动生产、抚养子女为家庭幸福和新社会建设而共同努力的义务。”这一指导原则性的规定，是夫妻在家庭中处理一切问题的最基本规定。值得注意的是，《婚姻法》明确将生产劳动、抚养子女规定为夫妻双方的共同义务，立法意图改变过去男主外、女主内的性别分工格局。婚姻法还规定夫妻双方均有选择职业、参加工作、参加社会活动的自由，从立法的意图上看，主要是保障已婚女性的上述自由，禁止丈夫对妻子的人身自由进行干涉和限制。《婚姻法》还规定夫妻有各用自己姓名的权利。这一规定使中国女性在法律上取得了姓名权，是一件具有历史意义的举措。①

2. 财产权

在不平等的封建夫妻关系中，夫妻一体，既嫁从夫，家中财产绝大部

① 张希坡：《中国婚姻立法史》，人民出版社 2004 年版，第 446 页。

分为丈夫所有，妻子的财产权被剥夺，出嫁女鲜有继承权，中国封建社会的妇女可以说是一无所有。1950 年婚姻法对夫妻财产和离婚后生活的规定，给中国妇女带来了物质生活的法律保障。

（1）继承权

《婚姻法》首先规定夫妻双方有互相继承遗产的权利，然后规定父母子女之间有相互继承遗产的权利，改变了我国女性少有继承权的状况。

（2）对财产权的特殊保护

对离婚后的财产和生活，《婚姻法》规定，离婚时，除女方婚前财产归女方所有外，其他家庭财产，由双方协议决定；协议不成时，由人民法院根据家庭具体情况照顾女方及子女利益和有利发展生产的原则判决，离婚时，共同生活所负的债务，以共同生活所得的财产偿还；如无共同财产或财产不足清偿时，由男方清偿，离婚后，一方未再行结婚而生活困难，他方应帮助维持其生活。

（二）1980 年《婚姻法》对妇女婚姻家庭权益的相关规定

1980 年《婚姻法》是一部在社会开放转型过程中承上启下的法律，它继承了 1950 年《婚姻法》中的基本原则和实践中行之有效的规定，同时又在时代变化调整婚姻家庭关系的实际要求下做出了修改和补充，为转型期妇女的婚姻家庭权利提供了较为有力的保障。

1980 年《婚姻法》重申了保护妇女、儿童和老人的合法权益。在立法原则上仍然提出将妇女作为弱势群体给予保护，但在具体法规的设置上，以男女平等保护为主，在婚姻法的众多改变之中，与妇女权利密切相关的，主要有以下几点：

1. 建立平等型婚姻家庭关系

1980 年《婚姻法》再次强调了建立平等型婚姻家庭关系的任务。在总则中增加本法是婚姻家庭关系的基本准则的规定，明确了《婚姻法》是调节婚姻家庭的基本法；将 1950 年《婚姻法》提出的夫妻间的权利义务和父母子女之间的关系合为一体，设专章家庭关系，删除了原来夫妻为共同生活伴侣和夫妻有互爱互敬、互相帮助的指导性规定，增加了部分以权利义务为内容的实质性规定，如 1980 年《婚姻法》注重调整婚姻家庭中的男女平等观念，明确规定男女双方都有管教和保护未成年子女的权利和义务，在法律上承认男女双方都是家长；还增加规定子女可以随父姓，也可以随母姓，力图淡化传统的宗族观念、重男轻女思想。

2. 计划生育

1978 年《中华人民共和国宪法》明确规定：“国家倡导和推行计划生育。”1980 年《婚姻法》在许多条文中都有关于计划生育的规定。首先，在总则中将实行计划生育作为婚姻法一项重要原则；在家庭关系中，进一步规定夫妻双方都有计划生育的义务。计划生育被作为法律规定下来，并成为每对夫妻必须遵守的义务。其次，为配合计划生育政策，1980 年婚姻法提高了结婚的法定婚龄，将旧婚姻法男二十岁，女十八岁，始得结婚的规定修改为结婚年龄男不得早于二十二周岁，女不得早于二十周岁，将原男女两性法定婚龄各提高两岁。同时，还规定晚婚晚育应予以鼓励，从正反两方面促进推行计划生育政策。

1980 年《婚姻法》关于计划生育的规定，从法律上将女性从无节制的生育中解放出来，孕产妇及婴儿的发病率与死亡率大大下降，同时也使女性的生活方式和生命周期都发生了很大的变化。

3. 生理健康的特殊保护

1980 年婚姻法继承 1950 年婚姻法保护妇女权益的立法思想，将保护妇女、儿童和老人的合法权益作为一项立法原则。同时，对女性的生理健康继续做出了特殊保护的规定，女方在怀孕期间和分娩后一年内，男方不得提出离婚。女方提出离婚的，或人民法院认为确有必要受理男方离婚请求的，不在此限。

4. 财产权

1950 年婚姻法确定了女性作为家庭财产权主体的地位，规定夫妻双方对家庭财产有平等的所有权与处理权，甚至对女性的婚前财产权做了特殊保护。经历了“文革”对法制的破坏和对私有财产的抨击之后，一方面由于经济落后物质匮乏，家庭有限的收入主要用于维持日常开销，个人拥有的生产资料和生活资料较少，贵重物品更是少有，夫妻财产微不足道，另一方面由于集体主义下的个人财产意识薄弱，在婚姻家庭领域内人们的权利意识更少，有关夫妻财产的问题没有凸显，夫妻财产制度并没有凸显其重要性。直到 70 年代后期改革开放发展社会主义商品经济，随着经济发展家庭财产增多，人民的权利意识有所增强，夫妻财产制度才逐渐受到重视。

（1）夫妻共同财产同等保护

1980 年颁布的婚姻法在夫妻财产制上规定了法定财产制与约定财产

制两种，以法定为主，约定为辅，进一步明确了夫妻共同财产的内容。夫妻在婚姻关系存续期间所得财产归夫妻共同所有，双方另有约定的除外，夫妻对共同所有的财产，有平等的处理权。

（2）协议离婚财产分割同等对待

在离婚财产的分割上，规定离婚时夫妻的共同财产由双方协议处理；协议不成时，由人民法院根据财产的具体情况照顾女方和子女权益的原则判决。该规定把男方婚前财产归男方所有的精神增添了进去，虽然有照顾女性权利的倾向，但恢复了对男女双方婚前财产的同等保护。离婚时原为夫妻共同生活所负的债务，以共同财产偿还。如该项财产不足清偿时，由双方协议清偿；协议不成时，由人民法院判决。

与1950年《婚姻法》相比，1980年《婚姻法》有了明确的夫妻共同财产内容，允许夫妻对财产制进行选择，并且在离婚财产的分割与子女抚养费上，有了更为平等的规定，取得了很大的进步。

（三）2001年婚姻法修正案对妇女权利的规定

2001年婚姻法（修正案）继承了1980年婚姻法经实践证明正确可行的基本原则和有关夫妻、家庭成员间的权利义务的规定，面对新的社会问题，对现实做出了回应。

即使该修正法案在新增内容方面没有特定的性别指称，但却为现实中的广大妇女带来了相应的法律保障，其中关涉妇女权利保护的问题主要有以下几点。

1. 婚姻家庭权利

2011年《婚姻法》修正案在原则中增加了“禁止有配偶者与他人同居”，“夫妻应当互相忠实，互相尊重，家庭成员之间应当敬老爱幼，互相帮助，维护平等、和睦、文明的婚姻家庭关系的规定”内容，为保护女性人身权利提供了新的依据，有效地维护了一夫一妻制度。

近年来，在婚姻家庭领域里的不道德行为有愈演愈烈之势，婚外性关系不仅关乎道德问题，而且损害家庭和睦与稳定，并带来诸多社会问题。因此，在法律中规定夫妻之间相互忠实的义务，不仅是一夫一妻制的必然要求，也为建立离婚损害赔偿制度，追究侵犯合法婚姻的违法犯罪行为提供了法律依据。

2. 家庭暴力

修正案增补了“禁止家庭暴力”的规定，明确禁止家庭暴力，进一步加强对家庭中弱势群体的保护。

家庭暴力是近年凸显出的一个侵害女性人身权利的严重社会现象。根据全国妇联1997年信访统计数据，因家庭暴力引起的信访量已占婚姻家庭信访量的34.5%。1999年广东省妇联在广州等市组织的1589个家庭入户抽样调查显示，有29.2%的家庭存在着不同程度的家庭暴力现象，其中有79.4%的丈夫对妻子施暴，经常性（平均每月4次）和有时（平均每月1次）受丈夫施暴的都占受害妻子总数的相当比例，因家庭暴力导致离婚和人身伤害案件呈上升趋势。①我国1980年《婚姻法》对家庭暴力问题未做规定。我国的《宪法》《刑法》《婚姻法》《妇女权益保护法》等法律、法规对保障妇女合法权益和与男子平等的权利，禁止虐待老人、妇女和儿童都有明确条款，然而这些条款较为笼统，不利于实际操作。2001年婚姻法针对现实生活中需要解决的这些问题，做出了新的补充和修改。

3. 深化男女平等意识

将原《婚姻法》“女方可以成为男方家庭的成员，男方也可以成为女方家庭的成员”，“子女可以随父姓，也可以随母姓二处”的“也”字删除，在文字细微处句斟字酌，体现出不分先后、男女平等的意识。

4. 离婚过错赔偿制度

2001年婚姻法修正案确立了离婚过错赔偿制度作为一种权利救济制度。它主要追究夫妻中过错方因其重婚、通奸、姘居、卖淫嫖娼、虐待对方、不尽抚养义务等过错行为，导致婚姻关系破裂的民事赔偿责任。这种制度能够给予婚姻中因为配偶的法定过错而受害的一方良好的法律救济，通过该制度给予受害妇女以金钱的补偿，既可在一定程度上抚慰其精神上的损害，又可缓解离婚妇女的经济困难问题，既是对女性的一种有效保护方法，又对不履行婚姻义务造成他方财产和精神损害的过错方进行了民事惩罚，体现了法律的正义和公平。

三　构建发展型婚姻家庭政策，倡导社会性别主流化

通过总结梳理新中国成立以来婚姻家庭立法变迁的全过程，可谓

① 杨学明、曲直：《新婚姻法热点聚焦》，辽宁画报出版社2001年版，第218页。

“两部婚姻法，三个里程碑”。1950 年《婚姻法》的颁行和新中国成立初期的婚姻家庭制度改革，完成了废除封建主义婚姻家庭制度、实行新民主主义婚姻家庭制度的历史任务，为我国社会主义婚姻家庭法律体系的形成奠定了牢固的基础。2001 年对 1980 年《婚姻法》的修正，是完善我国婚姻家庭法制的重大步骤。

目前，我国已逐步形成具有中国特色的社会主义婚姻家庭法规体系，它是中国特色社会主义法律体系的重要组成部分。伴随着社会的进步与发展，婚姻家庭领域的新情况、新问题层出不穷，怎样才能更好地使我国婚姻家庭法制更加完善？

（一）社会性别视角下建设发展型婚姻家庭政策的可能

无论是社会性别理论还是发展型社会政策理论，两者之间存在的共同价值理念为发展型婚姻家庭制度的建设提供了理论可能。二者在追求家庭功能长效发挥，家庭成员平等，家庭关系和谐方面不谋而合，在婚姻家庭领域达成共识。婚姻家庭领域男女两性的平等对女性的生存、发展及家庭功能的充分发挥至关重要。

（二）构建发展型婚姻家庭政策的建议

作为发展型社会政策的一部分，发展型婚姻家庭政策追求两性在婚姻家庭内的平等发展，倡导对妇女、儿童等弱者的关怀，通过对夫妻人身、财产关系的调整，引导社会对家庭人力资源的投入及家庭功能的保障，推动两性和谐进步，促进家庭、社区、政府的良性互动与发展。

1. 社会性别与发展

加入“男女共同发展”原则。第一，在传统政策表达的形式平等之上，关注两性个体差别，追求实质平等。正视男女两性的生理差异，女性长期作为弱势群体遭受的人身、财产权益侵害，为女性解放、自我发展提供基本保障。第二，倡导发展型社会政策，投入、支持女性自我能力发展，鼓励女性独立、生存、发展能力建设。第三，支持家庭建设，肯定家务劳动价值，从家庭角度延扩到社会生活中的两性以及影响两性关系的各种社会属性方面，从权利结构和体制的多层次来推动社会性别主流与两性和谐发展。

2. 赋权于妇女，加强决策过程的利益表达

从政策问题确认、议程建立，到方案制订、合法化，确保每个环节参

与人数和作用力上男女两性的平衡，保证女性能够表达自己的利益诉求；在执行、反馈中，一定要整合家庭、社区、政府、社会团体资源，促进政策落实，保证女性的利益诉求落到实处。逐渐改善政策环境，增强社会性别意识。

3. 从规范平等到事实平等

一方面，加强对家庭暴力、婚内强奸等行为控制，建立家庭暴力防控机制，结合家庭、社区、政府、社会团体的力量，构建一套权责明确、措施完整的预防、控制家庭暴力机制。另一方面，需肯定家庭劳务价值，完善家庭劳务经济补偿制度以及离婚经济补偿制度。加大社会资源对家庭和妇女、儿童的投入，特别是给予农村家庭妇女更多的支持，为农村妇女的就业、教育、自立自强提供更多的机会。

参考文献

[1] 卢文玉：《论社会性别视角下发展型婚姻家庭政策的构建》，《法制与社会》2014 年第 3 期（上）。

[2] 彭黎、李明舜：《我国婚姻家庭立法的社会性别分析》，《中华女子学院学报》2010 年第 4 期。

[3] 巫昌祯：《婚姻家庭法新论》，中国政法大学出版社 2002 年版。

[4] 王思斌：《走向发展型社会政策与社会组织建设》，《社会学研究》2007 年第 2 期。

[5] 徐道稳：《迈向发展型社会政策——中国社会政策转型研究》，中国社会科学出版社 2008 年版。

[6] 周安平：《社会性别的法律建构及其批判》，《中国法学》2004 年第 6 期。

[7]《中华人民共和国婚姻法》，人民出版社 1950 年版。

[8]《中华人民共和国婚姻法》，法律出版社 1980 年版。

家庭政策与道德伦理

——以美国家庭政策的发展为例

朱晓佳*

摘　要： 家庭是组成人类社会的基本单元，也是个人生存和发展的主要场所，它对个体和社会的发展都发挥着重要的作用。与此同时，道德伦理是处理人与人、人与社会之间关系的一般规律。家庭政策是社会政策的重要组成部分，它的制定过程受到政治、经济、社会文化，尤其是社会道德伦理方面的影响。美国虽然尚未建立健全家庭政策体系，但其发展的速度和规模是比较典型的。它的发展大致经历了如下四个阶段：政府开始干预阶段、政府广泛干预阶段、提倡个人和家庭责任阶段、责任主体多元化阶段，其中每一个阶段都受到了当时广泛流行的道德伦理的影响。

关键词： 家庭政策；道德伦理；美国

家庭政策主要是指通过制度、项目、服务等影响家庭功能和家庭福利的政府政策。家庭政策是社会政策的重要组成部分，它的顺利实施可以有效地维护社会稳定和发展。中国现阶段正处于社会和家庭结构的转型期，随着越来越多家庭问题的出现，家庭政策研究便显得尤为重要了。家庭政策制定的过程受到政治、经济、社会文化等多方面的影响，尤其是社会道德伦理方面。本文以美国家庭政策的发展为例，分析道德伦理因素在其制定过程中的影响，以此为中国家庭政策的制定提供参考。根据美国家庭政策发展的不同时期和特点将其划分为四个阶段：政府开始干预阶段、政府广泛干预阶段、提倡个人和家庭责任阶段和责任主体多元化阶段。下面就

---

* 朱晓佳，中华女子学院性别与社会发展学院讲师。

以这四个阶段的发展特征和当时的道德伦理思想为例，进行具体的介绍和分析。

一 20世纪美国家庭政策发展及其道德伦理背景

根据Zimmerman[①]关于美国家庭政策发展脉络的介绍，美国公众对于家庭政策的探讨始于19世纪晚期，尤其是在1930年的资本主义大危机之后。第一次世界性的资本主义大危机使美国社会经济陷入萧条，个人的社会生活得不到根本保证，并且引起了社会矛盾急剧增长，这是美国家庭政策提出的社会土壤。为了应对经济危机同时缓和社会矛盾，富兰克林·罗斯福进行了大刀阔斧的改革，其中一项重要的方面就是关于家庭新政策和个人福利新政策的提出。例如1935年颁布了《社会保障法》，这一举措是通过税收来为个人和家庭提供社会保险和公共救助；再比如1935年颁布的“对抚养儿童家庭的补助”政策[②]，这一计划是对抚养有未成年儿童，但其收入和财产却低于一定标准的家庭，以及儿童失去父母或其父母缺乏劳动能力或失业的家庭每月给予现金补助。这一系列的改变标志着美国政府开始意识到家庭责任不再仅仅是家庭成员之间的责任，也是政府和社会的责任。美国政府这些关于家庭政策的新举措是受到了美国当时实用主义伦理思想的影响。

20世纪30年代，以詹姆斯（William James）和杜威（John Dewey）为代表的实用主义思想达到鼎盛时期，被称为美国哲学的“黄金时代”。这一思想的实质为“有用即真理”。因此，实用主义也被称为“工具主义”或生活的“权益哲学”。这一哲学的基本特征如下。[③]（1）“求实主义”哲学观。它主张一切从“实利”“可行”“效用”出发，来考虑一切与人生和社会相关的对象、活动和关系。（2）真理多元论和相对论。也就是说“有用即真理”，检验实践的标准为有用。任何事物都具有多重的意义和价值，因而检验的标准不是唯一的、绝对的，而是多元的、相对的。

① Shirley L. Zimmerman. Family Policy：Constructed Solutions to Family Problems，*Sage*，2001. 7. 30.

② 陈成文、肖卫宏：《美国社会福利制度及其对中国的启示》，《中南大学学报》2006年第5期。

③ 万俊人：《现代西方伦理学史》，中国人民大学出版社2011年版，第599—600页。

(3) 个人主义价值观。事物的意义在于实效，个人的意义在于创造。它强调个人的行动和经验，社会只是个人表演的舞台。(4) "行动主义" 实践观。它所追求的是一种实际的、动态的变化，而不是静止不前的或遥不可及的实践。(5) "民主主义" 政治观。它始终宣扬平等、民主、公平，将实用至上的思想渗透在美国生活的方方面面。用实用主义伦理思想的这些特征来解释罗斯福新政，就会显得尤为自然。美国政府之所以开始关注家庭领域，开始把财政的部分支出给予个人家庭，都是受到这种哲学思想的影响。因为这些家庭政策的制定和实施可以暂时缓解公民个人的就业和家庭生活压力过大的问题，在一定程度上可以缓和社会矛盾和资本主义大危机对美国造成的巨大影响。这些政策注重"实用性"、体现和尊重"个人价值"、具有一定的多元性和相对性，在一定程度上体现了资本主义国家的民主主义。"解决问题"成为实用主义哲学影响下美国政府行动的宗旨，政府开始注重公民的个人利益、家庭的利益，这样才能和其标榜的"民主"相一致。也是在这个时期，美国政府开始制定和实施家庭政策。

20 世纪 50—60 年代，是美国福利政策逐步发展不断变革的时期，也是美国政府对家庭政策的广泛干预阶段。随着美国民权运动的兴起和经济的进一步发展，社会公平和公民权利等价值观念逐步成为影响社会政策的因素，又促使政府推行更多的社会措施。在这个时期，美国政府对家庭政策的干预不断扩大，内容也涉及食品、医疗、公共卫生等多个领域。例如 1965 年建立的医疗补助体系①，由联邦政府对州政府的非固定拨款解决福利计划的部分支出，州政府再对收入低、财产少的家庭提供医疗补助，"医疗保障计划"也于 1968 年立法。再比如食品券补助，也是实物补助的形式，以配发食物兑换券的形式给低收入个人和家庭的补助。美国政府对家庭政策的干预进一步扩大，是受到当时红极一时的"新功利主义"道德伦理思想的影响。

所谓功利主义，就是以人类行为的功利效果为道德价值基础和评判标准，强调行为的实际效果和最大价值，它以最大幸福和利益最大化为原则。"新功利主义"是伦理学家在重新挖掘功利主义这一传统理论的同时，运用现代哲学方法对其重新论证和解释的过程。这个时期的美国所盛

① 陈成文、肖卫宏:《美国社会福利制度及其对中国的启示》,《中南大学学报》2006 年第 5 期。

行的就是这种“规则功利主义”，它以美国伦理学家布兰特（Richard B. Brandt）等人为代表。[①] 他们认为人类行为是具有某种共同特征和规则的，道德判断不应该以某一特殊行为的功利结果为标准，而应以相关准则的功利效果为标准。此时的道德行为回答这样一个问题：“对我而言，做什么才是合理的?”人类的行为选择或决定要依照以下五条规则[②]。（一）行为法则。在某一时刻，人类最倾向去做的行为。（二）效率值和行为倾向期望法则。行为不仅仅依赖其行为倾向，还要参照该行为所引发的行为结果的效率值。（三）效果对动机的依赖性法则。人类生理肉欲或刺激对行为结果效率值的影响。（四）行为倾向对表象的依赖性法则。（五）行为倾向与所期望的结果之多元性法则。这些行为准则表现了布兰特的多元论道德评判标准，它不仅包含了利己主义的“个人行为倾向”，也包含了功利主义的“效率值”原则，还包含了功利主义普遍化的“效果论”原则。因此，他的道德伦理规范具有多元化的特征，而非传统的单一原则；他的目标是“最大限度地实现福利”而非“总体福利”；他的最终目的是功利的，但他强调的不是功利本身，而是一种以功利为目的的行为规则系统。用“新功利主义”的道德伦理思想来评判美国政府关于家庭政策的进一步干预，是最为合理的了。美国政府此时的家庭政策不再仅仅是解决问题和缓和危机，而是倾向于怎样才能使政府对家庭政策的干预能够达到最大效率值。因此，此时美国政府加大了对家庭政策的监管和投入，一方面是为了适应经济的飞速发展和缓和种族矛盾，另一方面是为了使政府管理更为合理有效地适应社会发展。

20 世纪 70—80 年代，是美国家庭政策发展逐步走向成熟的时期。这个时期的家庭政策更加注重倡导个人价值和家庭责任，而不是一味地由政府来制定和实施家庭政策。20 世纪 70 年代，家庭政策作为一个研究领域在美国出现。[③] 到 20 世纪 80 年代，美国总统召开了白宫家庭会议，召集专家学者和社会团体专门讨论家庭问题以及政府的应对策略。家庭政策在这个时期不断发展并逐步成熟，是由于美国受到了资本主义第二次世界经济危机的严重影响并出现了一系列的社会问题。1973 年由于石油短缺引

---

① 万俊人：《现代西方伦理学史》，中国人民大学出版社 2011 年版，第 900 页。

② 同上书，第 912 页。

③ Karen Bogenschneider. Family Policy Matters：How Policymaking Affects Families and What Professionals Can Do；*Lawrence Erlbaum*，2002.

发的就业不足、贫困率上升等问题直接引发了美国家庭结构的变化，离婚率持续上升、未婚和单亲妈妈、青少年怀孕和犯罪等问题日益严重。人们重新强调家庭的价值并开始担心政府干预的广泛化会削弱家庭责任和家庭福利功能。美国家庭政策的重心由政府转向家庭，这一全新的转变与当时“正义论”和“人权论”伦理思想是密不可分的。

罗尔斯（John Rawls）的“正义论”和诺齐克（Robert Nozick）的“人权论”，对以往美国的道德伦理思想提出了严峻的挑战。罗尔斯的“正义论”是一种以社会基本结构的正义为最高理想的新契约论，它的道德基础是正义和善，并且始终贯穿着两个基本的论证原则[①]。（1）平等自由对差异原则的优先性。（2）正义对效率和福利的优先性。在正义实施过程中，强调每一个公民应尽的职责和义务。罗尔斯通过对自由、分配、职责和义务三个方面的论证，保证了正义如何建立和实施。在他的道德伦理中，不仅强调了个人的自由、政府如何对资源进行分配，还强调了在整个正义维护过程中个人的职责和义务。这种新的义务论，也就合理地解释了美国家庭政策中，政府不断加强干预和控制的同时，公民个人也开始反思自身，要求加强个人责任和家庭功能的现象。家庭政策的执行不再只依靠政府，个人、家庭、政府和社会组织都将参与进来。

诺齐克在《无政府、国家和乌托邦》一书中表达了自己的“人权论”主张，提倡从绝对的个人权利出发来检验和证明国家的合法性和正当性。正义的首要任务不是权利的社会分配，而是个人权利的社会保障。人权正义的实质就是个人权利的神圣不可侵犯。因此，他的道德伦理包含“个人权利”和“最低限度国家”两方面的内容。也就是说，个人的权利、责任和义务是神圣不可侵犯的，国家只是为了保障个人权利提供一种合理的保护，即“守夜人”的作用。在论证过程中，诺齐克还提出一种“资格理论”，即关于个人对财产所有权和分配正义的“个人资格”。这些都是在论证“人权”的合理性和不可侵犯性。他的道德伦理更为强调个人权利，一定程度上弱化了国家的权利和职责。这也是资本主义经济发展到垄断阶段后，国家垄断和政府干预太强的结果。当国家的干预广泛化之后，人们便开始思考个人的权利和个人家庭的功能。这也是美国家庭政策研究由国家转向个人的原因。

---

① 万俊人：《现代西方伦理学史》，中国人民大学出版社2011年版，第953页。

二 21世纪美国家庭政策的新特点及其道德伦理背景

21世纪，美国家庭政策所涉及的领域不断增加，包括婚姻、生育、儿童照顾、家庭暴力、休假和贫困补助等方面。例如2006年布什总统启动了“健康婚姻倡议”，该政策试图利用“赤字削减法案”的1.5亿美元拨款，为家庭和个人提供婚姻教育，对公众进行健康婚姻观念的宣传，支持相关研究，这些都是为了促进家庭和谐和通过加强父亲的责任来提高儿童福利等。[①] 家庭问题成为热门的政治问题，对家庭政策的研究也进入一个新的阶段，表现出以下三个特点[②]。（1）家庭问题日益突出，客观上对家庭政策提出了强烈的要求。（2）选民感到政治领袖远离群众，要求政治家制定更亲民的政策。（3）随着政策专家对家庭科学以及政策过程的理解不断加深，家庭政策的建构也不断成熟。越来越多的专家、学者开始对家庭政策领域进行专门研究，并陆续出版著作。美国家庭政策发展的这些新特点是与美国道德伦理的发展密不可分的，尤其是美国轰轰烈烈的女性主义运动在思想和学术领域的发展，为美国的道德伦理思想注入了新的血液，提供了新的视角。

21世纪的美国道德伦理开始趋于多元化，其中最为特别的是女性主义学者在第三次女性主义运动浪潮中提出的“关怀”伦理和“差异”伦理。第三次女性主义运动涉及思想道德与学术研究领域，作为一种新的力量对原有的社会意识形态进行了批判和重建。以一种全新的道德伦理学视角，女性主义学者在关于个人和家庭方面提出了前所未有的观点。例如，吉列根（Carol Gillgan）和诺丁斯（Nel Noddings）的“关怀”伦理是在女性的独特气质和体验中提出的。吉利根在其《不同的声音》一书中详细论述了她的“关怀”伦理，她强调“关怀”更加注重具体的人的渴求、需要和利益，而非传统道德中绝对的公平正义。“关怀”是一种情感伦理，突出道德主体的主动性和被关怀者的平等性，是道德主体对“善”的自我朝向和追求。它追求的是一种人与人、人与社会之间以关怀为基础

① Http：//www. acf. hhs. gov/healthymarriage/about/misson，2009. 09. 16.

② 何欢：《美国家庭政策的经验和启示》，《清华大学学报》2013年第1期。

的、理想的平等关系。

当今世界日趋全球化和多元化，在这种时代背景下后现代女性主义者伊丽格瑞（Luce Irigaray）建立了强调多元化的性别“差异”伦理学。她在《性别差异伦理》一书中提出应该打破传统男性的“同一性”（Sameness）思维，建立关注差异、多元化的思考方式和伦理模式。她关注“他者”，认为“他者”不是客体对象，而是同样具有主体性的。在伊丽格瑞的理论中，“他者”不仅指女性，还包括独立于自身之外的其他事物，例如自然和社会中的弱势群体。她的性别差异伦理学提倡“自我之爱”、“同等之爱”和“他者之爱”，希望在“爱”中人类能够处理好男女两性的关系，自我与“他者”的关系，普通群体与弱势群体的关系，人类与自然之间的关系。因为只有自我和“他者”都处在这种和谐平等的伦理关系中时，才能重新建立起一个更为真实的、更为普遍的文明世界。这些道德伦理思想也对新时代美国家庭政策的制定起到了广泛的影响。

三 结论

基于以上分析，本文得出以下几点结论：第一，家庭政策具体内容的制定和实施是受到当时社会盛行的道德伦理思想影响的。一个社会的经济发展水平和道德伦理环境是影响社会家庭政策制定的重要因素。美国家庭政策发展的前三个阶段，就其阶段特征和当时的道德伦理特征对照而言，足以说明道德伦理对家庭政策制定的重要影响。第二，道德伦理思想的多元性影响了家庭政策的广泛性。21 世纪美国家庭政策内容的不断丰富，服务对象的多元化特征，就是受到了多元的道德伦理思想影响，尤其是从女性主义视角来提倡的“关怀”伦理和“差异”伦理的影响。第三，美国家庭政策发展的道路和模式以及其与道德伦理思想的紧密关系，对我国现阶段家庭政策的制定和实施有着很好的启示作用。在改革开放和经济飞速发展的今天，中国的家庭模式也存在着类似的种种问题，比如养老问题、儿童问题、婚姻家庭问题等。美国的发展经验告诉我们，良好的道德伦理思想是制定家庭政策的社会基础。因此，在提倡社会主义和谐社会和努力实现个人中国梦的今天，家庭政策的制定和实施是不容忽视的。同时也一定要在这一主题思想下进行，才能有效地解决中国社会所面临的家庭问题。

德国对家庭政策的调整策略研究

谷劲松*

摘　要：德国对家庭政策的调整在某种程度上是根据欧盟相关经验而制定与实施的。本文首先回顾了欧盟在性别平等方面取得的部分成果，主要集中在《罗马条约》签订后以及2006—2010年之间的两个阶段。其次对德国家庭政策调整及其成效方面考察，主要包括对家庭结构变迁的政策干预、家庭政策有关育婴假及养老体系的具体内容。第三介绍了德国针对妇女所受暴力的调查。本文旨在总结欧洲特别是德国在家庭政策的调整方面所做出的探索及取得的成效，以期能作为我国制定符合我国特点的相应政策时的借鉴。

关键词：性别平等；家庭政策；家庭暴力

家庭政策是一个反映社会的政治、经济、文化、人口等结构的重要因素。研究家庭政策的调整策略，不仅对研究社会的变迁、发展有帮助，而且为我国相关政策的制定提供了参考。同时，使读者了解其他国家处理家庭问题的思路，以便进行国际间的比较。

一　欧盟在性别平等方面取得的部分成果

欧盟委员会就业、社会发展与机会平等部部长 Belinda Pyke 在 2008

---

* 谷劲松，中华女子学院经济系讲师。

年1月指出，1957年的《罗马条约》[1] 中已经明确提出了男性和女性在就业市场中应该被平等对待的原则。而这一原则被欧共体国家所遵循，目标是为了促使男女两性在任何领域获得相等的权利与对待。这一原则也被称为“性别主流”（Gender Mainstreaming），已经在很多问题上达成了共识，包括“工资平等”“产假和育婴假”“就业初期的平等对待”“工作条件”等。两性的平等同时体现在生产领域，也为竞争力的提高和改善提供了良好的平台。为了进一步使得生产潜力最大化，提高女性在劳动力市场的参与程度以及消除女性与男性在工作领域的不平等是至关重要的。而要真正达到这些目标的话女性要做到经济独立。同样地，如果能达到这些目标，贫困风险将会降低，持久的经济和社会保障系统的根基也会更巩固。

2006年3月欧盟委员会制订了一份女性与男性平等的路线图，列出了到2010年预计实现的目标，共分为六部分：（1）女性与男性都获得经济上的独立，我们的目标是至2010年女性就业率应该达到60%而且力争做到同工同酬（尽管欧洲立法强调工资平等，但实际上女性平均工资要比男性少15%），而欧盟委员会不久也会颁布有关条款进行相应的解释；（2）更好地协调工作、私人生活以及家庭生活，强调的是男性承担更多的家庭责任、更好地利用灵活的工作时间；对于孩子的照顾提供更好的保障，目标是至2010年帮助至少33%的3岁以下儿童以及至少90%的3岁至学龄前儿童获得更好的照顾；（3）女性获得与男性平等的参与政治上的以及经济上的决策权；（4）清除性别的暴力和人口贩卖；（5）在社会上树立各个领域的性别榜样：教育、文化、就业市场、媒体等；（6）推动欧盟以外地区的性别平等。

除此之外，德国家庭、老人、妇女与儿童部性别平等部门负责人Eva Maria Welskop-Deffaa女士也指出，德国宪法中明确规定，努力实现真正的男女平等。而从欧盟的层面讲，我们也可以从条约中找到相应的条款，比如在《罗马条约》。1967年，欧洲煤钢共同体、欧洲经济共同体、欧洲原子能共同体的机构合并，统称欧共体。（这是欧洲一体化的重要步骤）其50周年纪念日签署的《柏林宣言》中（由欧盟总统默克尔、欧盟委员

---

① 《罗马条约》（*Treaty of Rome*），1957年3月25日，在欧洲煤钢共同体的基础上，法国、联邦德国、意大利、荷兰、比利时和卢森堡6国政府首脑和外长在罗马签署《欧洲经济合作条约》和《欧洲原子能共同体条约》，后来人们称这两条约为《罗马条约》。同年7月19日到12月4日，六国议会先后批准，条约于1958年1月1日生效。

会主席巴罗索及欧盟内阁总理 Poettering 共同签署）提到：将来在欧盟实现男女平等具有非常重要的意义。“欧盟的居民十分幸运的走在一起……我们将一起实现我们共同的理想：坚持以人为本的中心……女性和男性享有共同的权利。”

二 德国家庭政策的调整

（一）德国家庭结构的变迁

一个国家的出生率已经成为重要的经济区位因素，政府不得不通过养老金政策、医疗照顾政策、人口政策、家庭政策等社会政策的调整来进行干预。

德国家庭结构的转变，其具体表现如下。一是婚龄期的男女性初婚人数持续下降。根据德国法律，初婚年龄女性为 18 岁，男性为 21 岁，特殊情况下也允许男子 18 岁结婚；但是，现实中，青年初婚平均年龄上升，婚龄青年初婚人数下降，而且全国结婚绝对人数，每年也在下降。二是不以生育为动机的“非婚生活联合体”或“非婚同居”生活方式蔚然成风。三是离婚人数持续上升，德国的婚姻与家庭存在严重的危机。四是完整家庭数量下降，单亲家庭数量不断增加，其中不乏身患重病、有残疾者和鳏寡孤独老人。他们特别依赖于法律上的社会福利保险以及社会援助。

为了促进人口增长，自 2003 年开始，德国成立了“家庭政策联盟”，也就是德国政府和经济界齐心合力，实施一系列促进家庭人口增长的刺激计划，共同创造有利家庭的工作环境。2006 年 9 月，德国政府出台了一项鼓励双职工夫妇多生育、促进家庭人口增长的法规，规定在 2007 年 1 月 1 日当天或之后出生的孩子都可享受这一福利。新政策的目的是使年轻的父母免于经济压力，安心在家抚养小孩，也是为了鼓励德国夫妇多生育。①

① 张敏杰：《德国家庭政策的回顾与探析》，《浙江学刊》2011 年第 3 期。

（二）德国家庭政策的调整——以育婴假及养老体系为例

1. 德国育婴假

在德国，“育婴假”（Elternzeit）指的是新生儿出生后其父母享受的不带薪的假期。

1986 年德国基督教民主党（CDU/CSU）领导的政府逐步兑现其竞选承诺，延长父母育儿假期。在 1986 年到 1992 年间，该假期被延长了近四倍，由最初的 10 个月延长至 36 个月。假期补助的领取期限由 10 个月延长至 24 个月。①

2007 年以后德国对“育婴假”做出了部分修订，增加了相应条款。如：此假期受法律保护，在此期间雇主不能无故解雇休此假期的员工。母亲和父亲都可享受此假期至孩子年满三岁，父母双方可以共同休此假期，但前提是父母应自己照顾及教育孩子并与孩子共同生活。居住地必须在德国境内，同时在此期间父母不能从事全职工作，即每周工作时间不能超过 30 小时。同时，还允许父母定期给工作单位打电话询问或是拜访其工作单位，以使得父母在育婴假之后不致于对其原有的工作感到陌生。

在德国，学生以及私营业主也可享有此假期。

在育婴假期间，父母也可以参加进修（Fortbildung），包括公司内部的培训或是参加社区学校的课程，比如一些可以获得证书的课程或者对之前的知识的强化课程，甚至可以重新学习一门新的课程。远程课程也是政府十分提倡的形式。当然，进修的时间与地点要依育儿的具体时间表而定。对于很多父母，尤其是母亲来说，在育儿假之后重新回到原先的工作岗位是十分困难的，因为大部分母亲在此期间没有时间在原单位做兼职。有一部分母亲在育儿假之后会选择创业，所以在此期间如果能进修而后获得一个证书对于今后找工作是有很大帮助的。

规定上来说，所有在家养育三岁内婴幼儿的人士都可以享受育儿假。包括亲生父母、养父母、祖父母、亲生父母的亲戚（如姐妹、叔父、姨母等），当然都是要具备一定的前提条件的。比如如果新生儿由亲生父母的姐妹照顾，前提是其亲生父母死亡、残疾、或者是患有重病等。而相应

---

① 宋卫清、[德] 丹尼尔·艾乐：《福利国家中的社会经济压力和决策者—— 德国和意大利家庭政策的比较研究》，《欧洲社会政策研究》2008 年第 6 期。

的育儿假由育儿的人士享有。

一般来说，育儿假一共有三年时间，但实际上有很多人士只先用了一年或两年，而把第三年假期留到在孩子上学时才用。第三年可以延到孩子8岁时使用。最多的情况是，母亲会在第一年或是直到孩子的哺乳期过后休此假期，第二年由父亲休此假期。

育儿假要在休假期的前八周进行申请。

如果在第一个孩子的育儿假期间父母又有第二个新生儿，要休完第一个孩子的假期，之后才开始休第二个孩子的假期。

法律上讲，在育儿假期修满后雇员可以回到原单位就职。然而，由于公司本身原因，现实中会有一些偏差。比如雇员可能会被赋予一个新的职位、承担新的工作，但此新职位工作不能比原先的差，薪资水平必须保持与原职位或工作一致。

"育婴假"补助[①]：如果父母双方共同抚养孩子最多可得到14个月的补助，单方抚养最多可得到12个月的补助。在特殊情况下，此项补助也可以延长至24个月，但补助的总额不变，只是每月的补助会减半。

此项补助会根据父母每月平均工资分为不同等级，通常来说是平均工资的67%，（但如果母亲之前没有工作可获得每月300欧元），最高每月可获得1800欧元。如果父母双方年收入超过50万欧元或单亲家庭年收入超过25万欧元的将得不到此项补助。

根据德国政府推动和通过的一项全国性扩大儿童看护服务体系的法案（Tagesbetreuungsausbaugesetz），从2005年起德国政府每年提供15亿欧元给地方政府，用以扩大针对0—3岁年龄组儿童的日间托儿机构，同时为3—6岁年龄组的孩子们提供非全日制的儿童看护服务。[②] 2007年德国政府又决定到2013年，将接收未满3岁孩童的保育园数量增加到3倍。这些保育园未来可以容纳35%这个年龄段的孩子。而且对于入不了保育园的家庭也有家庭内的保育支援政策，可以拿到150欧元的现金补助。同时，法律将承认父母有将未满3岁的孩子送入保育园的权利。这些政策标志着德国家庭政策的决定性转变。

---

① Elterngeld，自2007年1月1日起实行，即2007年1月1日以后出生的孩子享受此补助，之前叫作教育补助Erziehungsbeihilfe。

② （宋卫清等，2008：117）

2. 德国的养老保障体系

养老保障体系一直是德国社会保障体系一个重要的组成部分。为了更好地保障老年人的利益，经过多年的努力，德国已经构建起一个从履行国际公约到国内立法、从基本法到部门法的多层次、多方位的法律体系。

德国作为欧盟中的一个核心发达国家，其开始面临“银色浪潮”的社会问题的时间比中国要早很多。根据2004年10月德国联邦统计局发布的数据，2004年初，德国人口8250万，占东扩了的欧盟25个成员国总人口数的18%。其中，15岁以下人口所占比例仅为14.7%，而65岁以上的则为18.2%。由此可见，老年问题在德国也是不能被忽视的。①

德国一直是世界上出生率最低的国家之一。20世纪末，在德国人口中，非德国国籍的妇女生育率为1.9，德国国籍的妇女生育率为1.2，低于1.4的平均值。而造成低生育率的原因包括历史原因及社会改革原因。其中，历史原因包括两次世界大战、1932年的世界经济大萧条以及1989年两德统一。进一步说，两次世界大战以及经济大萧条导致适婚年龄的人口减少，但同时外来劳工的数量反而增多（如为了战时武器的制造或填补战力的不足），而很多劳工在战争之后就在德国安家落户，有的甚至举家迁到了德国，在德国生儿育女；两德统一使得原东德及很多东欧国家的人口由于经济原因进入德国，而当时德国的移民及难民政策并不像现在那样严格，使他们相对容易成为德国公民。当然也包括一些文化传统或社会原因导致生育率下降。社会改革原因则可总结为养老、医疗及保障制度的推行，具体来说，社会保障体系越完善，由于因疾病或年龄而导致死亡的人数少于之前，想要孩子的人群也就越少，因为他们不一定要由自己的孩子来照顾他们。德国老龄人口的发展趋势为，至2050年，60岁以上的人口将会增加1000万。而根据联合国最近发表的人口项目预测，德国人口在20世纪前50年和后50年的年平均增长率将分别是－0.08%和－0.16%，2100后开始回复缓慢到正增长。由于德国人生育数量逐年递减，人口总量不断下降，统计学家估计，德国人口到2050年将减少到6000万，人口总数下降25%。②

① 湘君：《德国的老年人保障立法及其实施》，http：//www.cnki.com.cn/Article/CJFDTotal-RENQ200606015.htm（2012－05－13）。

② Birg，H. Dynamik der demographischen Alterung：Bevoelkerungsschrumpfung und Zuwanderung in Deutschland，*Aus Politik und Zeitgeschichte* B20. 2003.

德国老年人的社会保险资金主要通过征收保险费筹集，但是国家也提供津贴；国家对老年公务员、战争受损害者和士兵、因接种疫苗受损害者和因暴力行为受损害者进行供养，供养资金由国家从税收资金中支付；如果人们不能从社会保险或官方供养中获得待遇或者获得的待遇不能满足人们的需要，那么他们将通过社会救济获得，而社会救济资金会从国家税收中支取。

德国的退休保险体制实行的是“转摊法”，就是用目前正在工作的一代人缴纳的退休保险金来支付退休人员的退休金。按照一般规律，最合理、有效的比例应该是每三个在职员工养活一个退休人员。

一般认为，德国政府通过“四大支柱”来保证老年人养老的权益。第一支柱是社会基本养老保障。所有的雇员都要参加养老保险，保险金会在每月的工资中扣除。第二支柱是私人养老金计划。员工在岗时，由雇员、企业主分别缴纳一部分钱。雇员用这些钱可以进行投资，获取的收益和本金都进入雇员的个人账户。个人更换工作时可以带走，但不允许提前支取。第三支柱是个人储蓄。如果个人平时固定每月存入一定的数额，政府将会给予政策上的优惠。银行也会定期有一些相应的产品来刺激个人储蓄的积极性。从这个方面讲，政府实际上还是鼓励公民进行个人储蓄的，当然是在自愿的基础上。第四支柱是援助计划。对老年人实施各种优惠政策，如减低房租、贷款等。此外还有住房基金、民间援助、针对老年人的监护法等。

三　德国针对妇女所受暴力的调查

2012 年，德国政府网站公布了针对妇女所受暴力的调查结果。此项研究共收集了 10264 份访谈记录，时间是从 2007 年的 2—10 月，访谈对象是德国境内的 16—85 岁的妇女。

基于此项研究，最主要的暴力形式包括：身体暴力、性暴力、性骚扰及精神暴力。身体暴力包括不同的手段，如扇耳光、暴踹或是用物体击打、暴打、掐脖子甚至用枪威胁。除身体上的暴力形式外还包括对女性的性暴力，比如刑法上定义的相关犯罪形式（如强奸、猥亵或其他形式的利用肢体进行的强迫、威胁等形式）的性犯罪。

分析结果：1. 37% 的受访者承认从 16 岁起受到过至少一项上述身体上的暴力；2. 13% 的受访者承认从 16 岁起经历过上述刑法上定义的相关犯罪形式如强奸、猥亵或其他形式的利用肢体进行的强迫、威胁等形式的性犯罪；3. 40% 的受访者从 16 岁起受到过身体暴力、性暴力或二者兼有。4. 58% 的受访者受到过性骚扰；5. 42% 的受访者称受到过不同形式的精神暴力：羞辱、诽谤、威胁、中伤或所导致的精神摧残；6. 25% 左右的德国女性受到过现在的或曾经的男性或女性熟人的身体或性暴力。

综上所述，可以得知在当今的德国社会，大概 1/2 或是 1/3 的女性在其成长过程中都经历过身体暴力，1/7 的女性经历过熟人或是陌生人的性暴力。研究还表明，在 16—85 岁的与同伴生活过的女性中至少 25% 受到过身体暴力（23%）或是性暴力（7%）。而在这 25% 的女性当中，64% 的女性身体曾经受伤，从皮肤青紫到骨折、可见的伤口、头部或脸部受伤等。

相关数据：

（1）女性遭受的暴力大部分发生在与之生活的同伴之间，大部分发生在居住地点。（2）所有形式的暴力都可以导致身体的、心理的、健康上的问题。（3）及时的帮助、干预以及预防是必不可少的。（4）当前情况已经有所改善，但更多的是在警方处理案件时，而法庭介入时的改善并不明显。（5）帮助和预防的手段应更加完善：研究表明，那些分居的或者离婚的女性受到身体或性暴力的可能性更高。

对于家庭暴力来说，

（1）精神和性暴力是家庭暴力的主要形式；（2）在寻求帮助时会遇到内部的和外部的阻力：女性的自暴自弃、独立自主能力的缺乏、对于“母亲角色”的承认、罪责的分担（注：觉得遭受暴力是自己的错）等。

四　研究结论与启示

本文首先回顾了欧盟在性别平等问题上所取得的成果，之后从三个方面对德国家庭政策进行了探讨，分别是家庭结构的变迁、部分家庭政策的调整、政府的一项针对妇女所受暴力的调查。结果表明，德国政府正是根据不同时期的不同特点，同时结合历史经验与相关有针对性的研究成果，对家庭结构、家庭政策做出了符合社会发展的决定，从而在保持了社会良性、稳定的发展，并在某些领域如性别平等提出了其他国家能够借鉴的经验。

参考文献

[1] Die Verteilung macht's-Gleichstellung und soziale Gerechtigkeit durch geschlechtersensible Haushalte, Europaeische Fachkonferenz der deutschen EU-Ratspraesidentschaft. 07. Jan. 2008.

[2] "Lebenssituation, Sicherheit und Gesundheit von Frauen in Deutschland Ergebnisse der repraesentativen Untersuchung zu Gewalt gegen Frauen in Deutschland", gebnisse der repraesentativen Untersuchung zu Gewalt gegen Frauen in Deutschland, 2012.

倡导以工作—家庭平衡为基础的公共政策

佟　新*

摘　要：职业女性不断面临工作和家庭平衡的挑战。本文力求从积极角度将家庭和工作的矛盾视为挑战，寻找公共政策和各方面的积极应对。从性别分工和时间成本角度重新认识这一主题核心问题，强调赋予家庭和家务劳动更重要的意义，将人类的生产和再生产工作视为同等重要。引入关怀经济学的概念是在于强调人类社会发展到重视关怀的阶段。在家庭内，鼓励男性加入到家务劳动中，实现家庭内的性别革命；在公共领域，我们倡导公共政策向家庭友好型转变。

关键词：公共政策；工作和家庭的平衡时间分配；关怀经济学

一　问题的提出

中国——无处不在的发展主义和效率主义，使人们面对了如下问题：要求过多的雇主、工作过度的雇员和被忽视的家庭、人们为平衡工作和家庭而焦虑的情绪。这一问题的出现意味着我们要反思和改变已有的生活方式。工作和家庭的平衡是与现代性生产方式和生活方式相关的问题，人类完整的生活正被工作至上的伦理所左右；目前，到了我们反思这种工作伦理的时候了。更好地平衡工作和家庭，并能够充分享受具有精神意义的生活是进行这一研究的重要目的。

工作和家庭的平衡（balance of work and family）是一个世界性问题，是每个人都会遇到并要做出选择的问题。在我国，有关工作和家庭的平

* 佟新，北京大学社会学系教授。

衡，需要从三个方面加以研究。（1）转型视角。计划经济体制下，我国形成了一整套以单位制为主的支持人们工作和家庭的制度，城镇中的双职工家庭是普遍的生活方式。但市场化给国人的工作和家庭带来了重要变化，需要研究当前人们平衡工作和家庭的状况。（2）性别视角。工作和家庭平衡的问题有性别差异，因为“男性挣钱养家、女性照顾家庭”曾是传统社会家庭的生存模式，当女性也开始进入到“挣钱养家”的行列中，呈现出两性不同的行为策略。我们至少可以从三个方面来考察：一是在工作中，两性如何承担起有关加班、出差、异地工作等压力，如何处理内在的晋升需求和积极回应工作安排。二是人们要承担起家庭责任，必须要照顾年老的父母、生病的爱人、年幼的孩子以及一定要参加的家长会、生日聚会等，两性的家庭承诺与时间安排是怎样的？三是人们要担当起因无法有效分配时间和情感而产生的压力、焦虑和无力感，要为处理自身的不良情绪做出积极的情感努力。（3）从公共政策的角度，倡导组织机构和国家出台“家庭友好型工作场所和家庭友好型公共政策”（family-friendly workplace and family-friendly policy）。平衡工作和家庭的任务应当通过个人、家庭、组织和国家的努力来共同承担。

回顾已有研究，国外社会学界对此已经形成了重要成果①。人们越来越清楚地认识到，两性的平等发展和共同承担责任是解决问题的关键。一项以 89 个国家的数据为基础的研究表明：“当妇女地位与权力较高时，该国家总的生活质量也较高；当她们的地位与权力较低时，所有人的生活质量也较低。”②

我国学界也对相关问题的研究积累了一些成果。首先，在概念层面，有学者指出，要分清“抚养”和“就业”的不同。“抚养”与经济收入分不开，城镇大部分家庭的固定经济收入是通过就业获得，但就业同时具有多重目的，如追求事业、实现自我价值、扩大社会圈子等。只有承担了“抚养”的家庭经济责任才算是扮演了“抚养”角色③。在中国传统农业社会，无论男女都在承担抚养的角色，分工主要是空间的，是屋里屋外的

---

① 佟新：《平衡工作和家庭的个人、家庭和国家策略》，《江苏社会科学》2012 年第 2 期。

② ［美］理安·艾斯勒：《国家的真正财富——创建关怀经济学》，高铦、汐汐译，社会科学文献出版社 2009 年版。

③ 左际平：《改革中城市“家庭抚养”的性别建构》，《清华社会学评论》2000 年第 2 期。

差异；而不是类别的即抚养与持家的差异[①]。第二，要从理解国家与家庭和个人的关系入手理解计划经济时代的工作和家庭。计划经济体制建构了国家与家庭的同构，国家建构了一个重要的概念“国家人”，这个“国家人”的概念是“去性别”的，无论男女都是国家的人，都在工作，都在“为人民服务”，这是两性共有的、首要的社会角色。第三，在传统的性别角色规范下，男人是以社会为主的人，女人是以家庭为主的人，因此女性具有“国家人”和家庭中的“性别人”的双重身份。这一建构较好地保证了国家和家庭利益的一致性，总的社会效益比较高。城镇已婚妇女的付薪劳动和家务劳动都比较繁重，但她们的角色冲突和角色紧张并不明显。这主要是因为计划体制下实施了男女平等的原则，同时在政策层面对城镇妇女的职业角色进行塑造，包括：安置性就业，保障城镇女性毕业后就有工作；男女同工同酬的政策；协调两种生产，推进家务劳动社会化，如托儿所的建设；与工作相关联的保险福利和对职工生活的全方位统管[②]。第四，性别视角的研究。一种“资源理论”认为，夫妻就业对妻子经济资源的影响是两方面的。一方面，妻子的经济资源受“男主外，女主内”的传统观念的制约被打了折扣；但同样的观念也使其不必像丈夫一样为了抚养在工作、事业上拼搏。家务和就业两个劳动领域中的劳动同工不同酬的现象说明资源是性别化的。丈夫的资源主要来源于经济地位，妻子的资源更多的是从家务中提取。没有恪守传统观念的丈夫和妻子会受到配偶或社会的惩罚。事业型的女性会被认为“不顾家”、“没有女人味”。而事业上不如愿的丈夫也会被指是“没能耐”“没出息”，从而鼓励妻子、丈夫向不同的劳动领域投资。当然，这是在夫妻双方信奉传统文化的背景下[③]。第五，社会主义的男女平等的文化和宣传赋予了女性新的社会位置和社会角色，女性实践了角色转型，产生了女性去性别化的工作者形象——“铁姑娘”[④]。第六，市场转型的研究。市场体制的发育过程中，单位体制被打破，集体主义的抚养观被个人主义的抚养观取代，生育、养

① ［美］罗丽莎：《另类的现代性——改革开放时代中国性别化的渴望》，黄新译，江苏人民出版社2006年版。

② 左际平、蒋永萍：《社会转型中城镇妇女的工作和家庭》，当代中国出版社2009年版。

③ 左际平：《从多元视角分析中国城市的夫妻不平等》，《妇女研究论丛》2002年第1期。

④ 金一虹：《“铁姑娘”再思考——中国“文化大革命”期间的社会性别与劳动》，《社会学研究》2006年第1期。

育成为纯私人的、需要由每个家庭自我承担的责任。随着市场经济的发展，学龄前儿童的抚育模式转向以市场理性选择为主的家庭和个人责任，独生子女政策更进一步强化了母亲与孩子成长优劣间的关系，工作着的母亲深感压力，母亲角色与职业角色间的冲突加剧①。第七，倡导政府出台积极的公共政策来支持家庭。目前，我国政府对为有家庭责任的男女工人提供平等就业机会和平等待遇问题的认识不足，实施基本公共服务的内容没有深入到家庭照顾的层面，在解决工作和家庭冲突中没有承担起应有的责任，传统的性别观念影响了政府有关制度的设计，我国相关的公共服务和公共政策存在明显不足②。

二 时间成本与个人和家庭策略

建立新型的生活方式要求我们积极的处理时间问题。时间约束理论认为，现代社会，时间有如下特性：第一，时间具有不可替代性，由此产生了时间成本问题。“时间成本”是指在同一时间内能完成的事是以该时间内不能完成的另一件事为代价。生育的代价是生育和养育时间内失去的学习或晋升的可能性。加班收益是以减少休闲或陪伴家人为代价。第二，存在“有效时间”（time availability 或 available time）问题，即人们在单位时间内做的事情有效率或价格差异，工作时间的价格由工资决定；家务劳动时间是不值钱的；学习时间有利于未来发展。夫妻间工资的效率影响其家务时间安排。第三，时间是可安排和计划的。平衡工作和家庭的关系成为分配时间的问题，在工作时间和家务时间的竞争中，工作占据优先位置。

有调查显示，20 世纪 80 年代，法国人一天平均可自由支配的时间估计为：就业男性 3. 8 小时、就业女性 2. 8 小时、无业女性为 4. 4 小时。③

我国国家统计局自 2003 年后进行了一系列的时间利用统计，出版了

---

① 佟新、杭苏红：《学龄前儿童抚育模式的转型与工作着的母亲》，《中华女子学院学报》2011 年第 1 期。

② 刘伯红、张永英、李亚妮：《工作和家庭的平衡：中国的问题与政策研究报告（2008）》，国际劳工组织课题，2008 年。

③ ［法］罗歇·苏：《休闲》，商务印书馆 1996 年版。

“2008 年中国人生活时间分配的调查数据”①，为国人生活时间分配的研究奠定了基础。这一调查将时间分配为有酬劳动时间、无酬劳动时间（可理解为是家务劳动时间）、学习培训时间、用餐时间、休闲娱乐时间（其中包括看电视的时间、健身锻炼时间、社会交往时间、阅读图书报刊时间、使用互联网时间和棋牌游戏时间）和睡眠休息时间。调查显示，（1）男性每天从事有酬劳动的时间为 6 小时，女性为 4 小时 23 分，比男性少 1 小时 37 分钟。（2）男性每天用于无酬劳动的时间为 1 小时 30 分钟，女性为 3 小时 54 分，比男性多 2 小时 24 分钟。（3）男性用于休闲娱乐的时间为 4 小时 11 分钟，其中看电视 2 小时 11 分钟，其他休闲娱乐活动 2 小时；女性用于休闲娱乐的时间为 3 小时 35 分钟，其中看电视 2 小时 1 分钟，其他休闲活动 1 小时 34 分钟。

研究时间分配应注意的问题是：（1）时间分配边界的模糊性。例如一边看电视一边打扫卫生；一边做着饭，一边上网找资料用于工作等。同时，休闲时间也并不只是消费，也用来从事与工作相关的各类活动。Hochschild 提出了“时间捆绑”的概念。她认为，人们并不只是在他们休闲时间里承担生产性活动，而且还在生产时间内进行休闲，工作中的休闲能够缓解工作压力。② 问题，这些状况难以将时间进行清晰的分析，对边界重叠现象进行分析蕴含了社会学的想象力。（2）时间边界的模糊直接导致政策难题。如在上班的途中顺路送孩子上幼儿园，这算工作时间还是家庭时间？一旦出现交通事故，如果按照上班途中理解是可以享受工伤保险的；但如果按家庭时间来理解则不能享受工伤保险。（3）家务劳动是否是劳动？小时工在他人家中的家务劳动可以获得劳动报酬，但在自家的相同劳动则无报酬可言。家务劳动是一项重要研究，由于篇幅所限，将对家务劳动的社会学研究另作表述。

如何平衡工作和家庭不仅是时间分配问题，更是人们对生活中“哪些是重要的事”的理解和态度问题，正是在这一态度基础上，人们才能选择并安排出生活的优先次序，时间观是人们价值观的重要组成部分。同时，平衡工作和家庭还与人们如何看待我们的家人和后代，以及子女与个

---

① 国家统计局社会和科技统计司编：《中国人的生活时间分配（2008 年时间利用调查数据摘要）》，中国统计出版社 2009 年版。

② Hochschild, A. R., *The Time Bind*, New York: Metropolitan, 1997.

人、家庭与国家的关系关联。

首先，是公私领域二分的理念。作为一种文化观念，现代社会建构出来了“私领域或家庭领域”（家庭生活）的概念，将其与工作的公共领域相区分。有学者指出，家庭领域的构成至少有三部分，一是以所谓“就业者”的名义要求免于家务劳动的理想工人；二是以所谓“丈夫的权利和职责”为由以符合工作的理想；三是母亲的生活应当围绕着提供照顾性工作。由此，家庭领域的事情就不单单是由个人来定义，而是由社会制度来规定和人类全部现实的表述。正是这样的理念，才使得工作和家庭相分离，家庭生活是工作世界之外的；工作世界则是丰富多彩的，是大规模的生产、科层制组织以及等级化的。①

正是在公私二分的观念之下，老人照顾和孩子抚养的工作被视为个人的事，是个人责任，要个人花时间、精力和情感来解决。因此，平衡工作和家庭之事也便成为了个人之事。事实上，在社会主义计划经济时期的中国，曾经打破了公私二分的方法，解放妇女进入工作领域的同时建立了社会化的抚养体制，孩子是祖国的“花朵”是社会广泛共识。可以说，至少有两类国家与个人不同关系取向的抚养观，一类是纯私人的、个体化的抚养观；还有带有公共性、集体主义的抚养观。②

其次，工作至上的理念和时间的商品化。进入工业社会后，现代性的时间观充斥于生活的方方面面，工作在人们生活中获得了至上地位。经济学观点认为，工作和非工作时间是相互竞争的。资本主义的工作理论则是强调工作至上的道德。从资源角度看，时间最为公平的，每个人都拥有一天 24 小时。德鲁克强调，时间的供给丝毫没有弹性。不管对时间的需求有多大，供给绝不可能增加。时间也没有替代品，高效的管理者和他人最大的区别在于，他们非常珍惜时间，并能够很好地安排自己的时间。他的时间管理的药方是：要随时记录自己时间的使用情况，要尽量多地腾出整块而不是零星时间来应付最重要的工作，要尽量消除浪费时间的活动。

“时间就是金钱”是时间商品化的典型代表，这意味着时间被视作商品，可以“被购买”。服务业的兴起正得益于人们以金钱换时间的理念，

① Williams, Joan C., *Unbending Gender: Why Work and Family Conflict and What to Do About It*, New York: Oxford University Press, 2000.

② 参见佟新、杭苏红《学龄前儿童抚育模式的转型与工作着的母亲》，《中华女子学院学报》2011 年第 1 期。

各种劳务被社会化为可交换的时间。

个人和家庭在应对工作和家庭平衡的问题上发展出不同的观念和策略。至少存在三种工作和家庭之关系的观念，一是冲突观；二是适应观；三是平衡观。冲突观认为，工作和家庭是冲突的，一般人们会采取市场和自我牺牲的办法来解决困境。适应观认为，个人和家庭有能力有效地整合工作和家庭的需要，通过在时间和收入上做出理性安排，协调各种关系，有效利用时间。平衡观认为，家庭生活具有重要性，应倡导改变工作至上的态度，求得工作和家庭的平衡，并相信工作的满足感和家庭生活的满足感来自于工作和家庭的平衡发展。为家庭这一共同体的活动安排出时间，以分享家人的快乐。它要求我们重新反思，确立工作的意义是为了更好的生活。

三　关怀经济学与家庭友好型公共政策

关怀经济学要求打破传统的统治关系的思维，力求冲破公私领域二元分割的思维惯性，赋予关怀工作应有的价值。这一理念倡导工作组织中性别之间、上下级之间和工作与环境之间的伙伴关系。正是这一理论的倡导者艾斯勒在《国家的真正财富》一书中所说：

> 我们的目标不是建立一个只有妇女做关怀工作的社会，而是一个妇女有平等的工作机会而男女共同在家中分担关怀责任的社会。换句话说，这个目标是要经济与社会体系不再把妇女排除于传统上只留给男子的领域之外，不再把关怀和给予关怀看成只适于妇女或被鄙视的“娘娘腔”男子。①

这意味着人的解放需要一次革命性的思想转变，要全方位建立起多元的平等伙伴关系。政府与工作组织亦在出台各种政策来帮助人们平衡工作和家庭。因此那些由政府和工作组织制定的有利于“工作和家庭的平衡”

① ［美］理安·艾斯勒（Riane Eisler）：《国家的真正财富——创建关怀经济学》，高铦、汐汐译，社会科学文献出版社2009年版，第67页。

的政策被称为“家庭友好型政策”（family-friendly workplace and family friendly policy）。

第一，要在工作组织层面创新的家庭友好型工作环境中。不少工作组织制定了“家庭友好型工作环境”的制度，包括弹性工时、可以带孩子的食堂等，这些政策提升了员工对公司的奉献。[①] 总体而言，公司的家庭友好型工作环境主要包括：工作计划、地点和工作时间的弹性；为照顾孩子和家庭的带报酬或不带报酬的休假和照顾依赖者从事工作的政策，如可带孩子来工作、照顾基金和社区服务。有研究认为，家庭友好型工作环境有六个。（1）对抚育者照顾政策，特别是对照顾员工孩子提供的幼儿园、可带孩子上班的政策。（2）弹性工资开支，当家庭遇有临时需要时可以支付所需。（3）弹性工时。（4）家庭休假。（5）电脑办公。（6）家属福利。如在医疗、出差等方面的福利。

目前，具有社会责任的企业正在努力提供家庭友好型的政策，以此提升组织的竞争力和可持续发展，调查表明，采用家庭友好型政策获得了许多益处。这些政策树立了企业良好的形象，这吸引了最优秀的员工进入组织，并稳定的在组织中工作。公司优秀的公众形象也稳定地提升股票价格。同时，这些弹性政策的实施为公司中较高职位者带来了更高的工作满意度、工作承诺。其原因在于，它直接作用于人们有关回馈的规则，面对公司提供的福利会使从业者提供更好的回报和对组织的归属感。[②] 目前，《工作的母亲》（Working Mother's）杂志每年评出100个提供友好型工作环境最好的企业，其中，包括大家熟悉的公司，如微软、IBM、麦当劳等。

第二，倡导出台平衡工作和家庭的公共政策。平衡工作和家庭政策（Work-Family Policy）是以公共政策的方式实施一整套措施，帮助员工管理工作与家庭之间的生活。这些政策主要的内容以家庭照顾计划——婴幼儿照顾、老人照顾和病人照顾等。许多国家从法律上制定了工作组织必须提供的家庭友好型制度。如美国的《家庭和医疗假期条例》要求，所有雇用50个人及以上的公司要向员工（不分男女）提供12周的假期和津

---

① Blair-Loy, M. and A. S. Warton, Organizational commitment and constraints on work-family policy use: Corporate flexibility policies in a global firm. *Sociological Perspectives*, 2004, 47: 243—67.

② Lambert, Susan J.. Added Benefits: The Link Between Work-life Benefits and Organizational Citizenship Behavior, *Academy of Management Journal*, 2000, 43: 801—815.

贴，以实现人们要照顾新生婴儿和患病亲属的工作。在德国，对此能享受有 14 周的带薪休假。

四 我们需要一场有国家公共政策支持的家庭内的革命

当女人像男人一样进入工作领域时，产生了新型的家庭——双职工或双事业家庭，在双职工家庭中，女性通过与配偶共同承担社会劳动获得了公共领域与男性平等的权利，实现了女性参与社会生产的革命；但家务劳动依然主要由女性承担，意味着男性参与到家务劳动的革命尚未完成①；有学者称其为“延迟的革命”（stalled revolution）②。家庭内的革命将是个持续的过程。

有学者乐观地看到，工作的男女的无报酬劳动时间正趋于接近，随着妇女广泛的就业，新一代的妇女们会通过新的性别社会化形成平等的性别意识形态。③ 这样的研究论题不是在简单地回答谁在做家务的问题，而是反思一场深刻的性别革命如何透过国家力量来实现。这一目标是实现家庭内的性别平等。

今天，欧美国家的学者更多地将视野扩展至国家，透过公共政策来改变工作—家庭的结构关系，从观念上不再将工作和家庭视为矛盾和冲突的对立关系；而是寻找工作和家庭的平衡发展，建立工作—家庭的理想型（work-family ideals）。对欧美 20 个国家 1965—2003 年间，男性参与无报酬劳动情况的分析表明，“关爱背景”（care in context）对男性参与家务劳动有重要意义。国家层面女性就业水平的提升、产假的时长、男性休产假的资格和国家层面的女性工作的小时数直接影响了男性在家庭中照顾性工作的增长④。有学者直接提出“我们能够完成这场家庭内的革命吗?”

---

① Rube Hornsteinand M. Wolf, *Revolution Postponed*: *Women in Contemporary China*, Stanford: Stanford University Press, 1989, p. 7.

② Hochschild, Arlie. *The Second Shift*. New York: Viking, 1989.

③ Gershuny, Jonathan. *Changing Times*: *Work and Leisure in Postindustrial Society*. England: Oxford University Press, 2000.

④ Jennifer L. Hook “Care in Context: Men's Unpaid Work in 20 Countries, 1965—2003”, *American Sociological Review*, Vol. 71 (August, 2006). pp. 639—660

的问题，强调几十年来工作场所的性别平等与日俱增，但家庭内部性别平等的滞后变化，并将这一滞后状态归结为工作场所的性别规范和政策约束。经验研究发现，男人和女人具有在家庭中创造性别平等关系的能力，但工作场所的制度约束使传统性别关系模式难以改变。工作场所的制度约束包括各种影响到未婚男女在进行工作和家庭安排时的偏好，这些偏好受到相关政策和组织环境的影响，如鼓励长时间投入的晋升制度、缺少工时弹性、性别收入差、产假制度等。改变这些制度约束会产生两种结果，首先，不论教育水平的差异，男女都能够选择在工作和家庭中的平等的性别关系，并多数人已经做出这种选择。第二，通过支持性的工作和家庭政策的干预来免除制度约束时，对女性处理工作和家庭这一结构关系的绩效方面作用更大①。因此，工作场域提供性别友好型的支持工作和家庭平衡的政策是实现这一性别革命的关键。

当将性别友好型的公共政策引入研究时，家务劳动的性别分工就不再是私人领域夫妻分工的问题。今天我国城镇双职工家庭中的男性和女性有能力或有部分已经选择合作型家务劳动模式；如果我国的公共政策能够将生育保险扩大至全体女性、将产假资格扩大至父母、将义务教育扩大至婴幼儿阶段，那么劳动性别分工的传统观念将改变、两性将会更均衡地承担家庭—工作的责任。由于资料不足，无法很好的测量到工作场所的性别规范和国家公共政策的变化带来的家务劳动分工的改变，但国际经验表明，在诸多框架中要优先考虑国家政策和工作领域对家庭传统性别分工的作用。对家务劳动的研究应回到国家、工作组织与家庭和个人的关系框架下，反思公共政策和工作领域的性别文化改变的作用。

五　中国的经验与研究

当面对中国人有关平衡工作和家庭的相关经验时，我们发现，中国计划经济时期的相关经验和市场转型都值得深入讨论。

① David S. Pedulla and Sarah Thébaud, "Can We Finish the Revolution? Gender, Work-Family Ideals, and Institutional Constraint", *American Sociological Review*, Vol. 80 (1, 2015), pp. 116—139.

（一）计划经济与工作家庭平衡

计划经济时代建立起众多平衡家庭与工作的公共政策。理解计划经济时代，我国劳动者如何平衡工作和家庭一定要回到当时的国家、妇女解放的意识形态、话语和与此相关的制度设计上。

从国家的角度看，计划经济时代，在家国同构的治国方针下，国家按照"国家人"和男人以社会为主，女人以家庭为主的"家庭人"的双重身份来建构城镇男女、两性的性别角色。由于这一建构较好地保证了国家和家庭利益的一致性，其产生的总的社会效益是比较高的。[①]

国家通过妇女解放的话语作用于女性对工作和集体生活（家庭之外生活）的态度和理念。出现了计划经济时代的"铁姑娘"[②]和妇女们的"心灵的集体化"[③]，这些以全新的文化赋予了女性新的社会位置和社会角色。虽然对此评价不一，但不可否认，它使中国女性实践了传统角色的转型。

计划经济时代创造女性高就业局面是依赖于城市中逐渐发展起来的单位制体制和以其为基础的国家扶助型学龄前儿童抚育模式。从这一意义上说，学龄前儿童抚育成为国家（单位）福利的一部分，虽然福利水平较低，但其定位是社会主义制度下的家国一体的父爱主义福利模式，也与"低工资高就业"的用工模式相匹配。这种模式为城市女性的广泛就业和职业发展提供了可能，使工作着的母亲在家庭角色和职业角色间的冲突得到了很大缓和。

社会主义计划经济的建设中，建构了一整套有关孩子是祖国的花朵与未来的观念，孩子不再是个人的私有财产，而是国家未来栋梁的思想认识。1951 年，中央人民政府颁布了劳动保险条例，在企业中推行项目相当齐全、费用全由企业负担的劳动保险制度等一系列的职工福利。这些职工福利包括解决职工日常生活中的现实问题，如工间就餐、宿舍、上下班交通、子女入托入学、业余文化生活以及家庭发生意外灾害等。对从事劳

① 左际平、蒋永萍：《社会转型中城镇妇女的工作和家庭》，当代中国出版社 2009 年版。

② 金一虹：《"铁姑娘"再思考——中国"文化大革命"期间的社会性别与劳动》，《社会学研究》2006 年第 1 期。

③ 郭于华：《心灵的集体化：陕北骥村农业合作化的女性记忆》，《中国社会科学》2003 年第 4 期。

动的妇女，在其怀孕和分娩的时候，给予一定的物质帮助。劳动保险制度规定，女职工生育给产假56天，产假期间照常发工资。从相关研究看到，计划经济时代的企业、事业单位和国家机关职工福利包括：减轻职工的生活负担和家务劳动，为其提供各种便利条件而兴办的部门，如，食堂、托儿所、幼儿园、浴室等。这些费用是从职工福利基金中支付。以国营企业单位为例，1969年财政部规定，提取相当职工工资总额的11%，作为职工福利基金。这都印证了计划经济时代学龄前儿童抚养所经历的独特的企业国家支持，这种抚养模式与当时中国大环境中的单位制紧密联系，是"供给制"的产物。总之，计划经济时代，学龄前儿童抚育工作是作为公家事务，使工作着的母亲获得了可能的职业发展空间。随着市场经济的发展，学龄前儿童的抚育模式转向以市场理性选择为主的家庭和个人责任，独生子女政策更进一步强化了母亲与孩子成长优劣间的关系，工作着的母亲深感压力，母亲角色与职业角色间的冲突加剧。①

（二）市场化与工作和家庭平衡

中国的改革是一个不断将生产、劳动力以及服务市场化的过程，改革开放之始，出现了有关"妇女回家"和"女性阶段性就业"的广泛讨论。但总体上，效率观念和夫妻共同发展事业的观念具有社会普遍性，由此，平衡工作和家庭也成为每个人需要付出努力的事情，并开始有学者讨论工作和家庭的平衡问题。②

有研究指出，在市场化条件下，政府积极出台社会政策，为实现有家庭责任工人的就业和生活权利提供了重要保障。但也应当看到，政府对为有家庭责任的男女工人提供平等就业机会和平等待遇问题的认识不足，实施基本公共服务的内容没有深入到家庭照顾的层面，在解决工作—家庭冲突中没有承担起应有的责任，传统的性别观念影响了政府有关制度的设计。中国的社会发展特别是相关公共服务的发展还存在明显不足。③

政府、工作组织和个人都在为平衡工作和家庭做出努力，工作/劳动

---

① 佟新、杭苏红：《学龄前儿童抚育模式的转型与工作着的母亲》，《中华女子学院学报》2011年第1期。

② 金一虹：《独立女性：女性与社会》，中国劳动社会保障出版社2008年版。

③ 刘伯红、张永英、李亚妮：《工作和家庭的平衡：中国的问题与政策研究报告（2008）》，国际劳工组织课题，2008。

社会学需要全面地对我国平衡工作和家庭的现状、理念、群体分化和社会政策进行理论研究。我们倡导：（1）进一步加大宣传，使更多的男性加入到家务劳动中来，建立起合作式的家务劳动分享模式。（2）组织应给予工作着的父母们，特别是0—3岁的父母们以婴幼儿福利支持。（3）政府要加大力度建立公立托儿所和幼儿园，将幼儿园教育（3—6岁教育）纳入国家公共教育的范畴。

浅议职业女性平衡工作家庭冲突之策略

唐娅辉*

摘　要： 工作与家庭关系是一种相互竞争时间、精力投入的竞争性关系、冲突关系。本文运用工作—家庭冲突理论模型，认为工作—家庭冲突是由工作和家庭层面的角色压力引起的角色间冲突，在某些方面是不相容的。即工作—家庭冲突对于个人的角色期望是不同的，个人在完成这些角色要求的任务时，由于时间、精力和不可控因素的影响，出现了工作—家庭之间关系的不协调和不匹配。冲突的前因变量表现为工作层面的变量、家庭层面的变量和人口统计学变量。冲突的后果变量体现为工作层面的后果、家庭层面的后果和个体健康层面的后果。工作—家庭冲突存在着明显的性别差异。所以需要从组织干预、个人应对、家庭支持等层面实行平衡策略，缓解女性的角色冲突，提高女性的工作绩效和家庭的生活质量。

关键词： 职业女性；角色冲突；平衡策略

随着人类社会的进步与职业多样化程度的提高，越来越多的女性走进职场，她们在为社会作出贡献的同时，其知识水平、技能水平和能力水平也得到了相应的提高。但是，她们在此过程中出现了工作—家庭的冲突现象。如果这种冲突不能得到有效的缓解，不仅会影响女性的工作绩效和家庭的生活质量，而且也会在很大程度上影响到组织竞争力的提高。基于此，如何解决工作—家庭冲突，由冲突到平衡显得十分的重要。

---

* 唐娅辉，湖南省妇女干部学校教授。

一　工作—家庭冲突理论释义

作为一个职业女性，她需要在工作和家庭两个领域中扮演不同的角色，而社会对不同的角色有着不同的期待。当女性面对有分歧的角色期待而无法调和时，就必然产生了工作与家庭的冲突。工作与家庭关系是一种竞争与冲突的关系，即在时间与精力投入上的竞争和冲突。这种冲突分为与家庭需求相关的家庭干扰工作的“家庭—工作冲突”、与工作需求相关的工作干扰家庭的“工作—家庭冲突”两个方向。本文主要是从工作—家庭冲突理论来分析现代职业女性的角色冲突问题。

从国外来看，对于工作—家庭冲突的研究始于20世纪五六十年代。早期的研究多以角色本身作为问题的研究重点，女性在职业方面的问题成为主要的研究对象。Kahn等（1964）学者认为，角色是个体以特定的社会身份在社会结构或社会组织中的某个位置上所应该有的或者是社会所期望的行为表现。而所谓的角色冲突是基于各种角色及角色之间同时存在数种不相容的压力，从而致使一个角色顺从另一个角色更加困难，角色之间的转换难以顺利实现。所以，Kahn等认为，角色冲突是由客观环境因素及主观期望或心理因素构成的。因客观环境造成的冲突发生于个体所处环境中，是实际可验证的状况，主观期望或心理因素带来的冲突是个体内在心理所能感受到的冲突。

Kopelman（1983）等在有关学者的研究基础上提出一个以角色间冲突为重心的模型[①]。见图1。

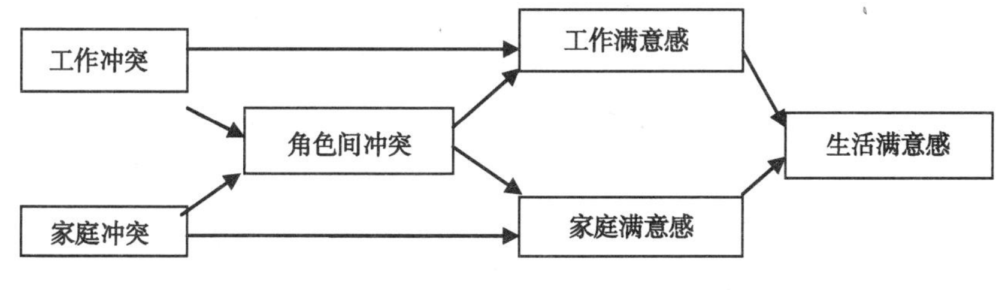

图1　角色间冲突模型

① 李贵卿：《工作—家庭冲突的理论模型和研究发展》，《软科学》2007年第4期。

在角色间冲突模型中，工作冲突是指个体在工作中因角色不相容带来的困惑与压力；而家庭冲突则是个体在家庭领域中因角色不相容而出现的困惑与压力；所谓的角色之间的冲突指的是个体因一个角色压力与另一个角色压力的不相容造成的。不管怎样，工作冲突和角色之间的冲突会共同影响工作的满意感；同理，家庭冲突和角色之间的冲突则会影响家庭的满意度并最终影响个体与家庭的幸福指数。

二　工作—家庭冲突各种变量模型分析

有关工作—家庭冲突的研究，大多都把研究的重点放在影响冲突的因素和由冲突而带来的结果上。研究认为，各种变量的聚集引发了工作—家庭的冲突，而前因变量是引起工作—家庭冲突的原因变量（见图 2）。

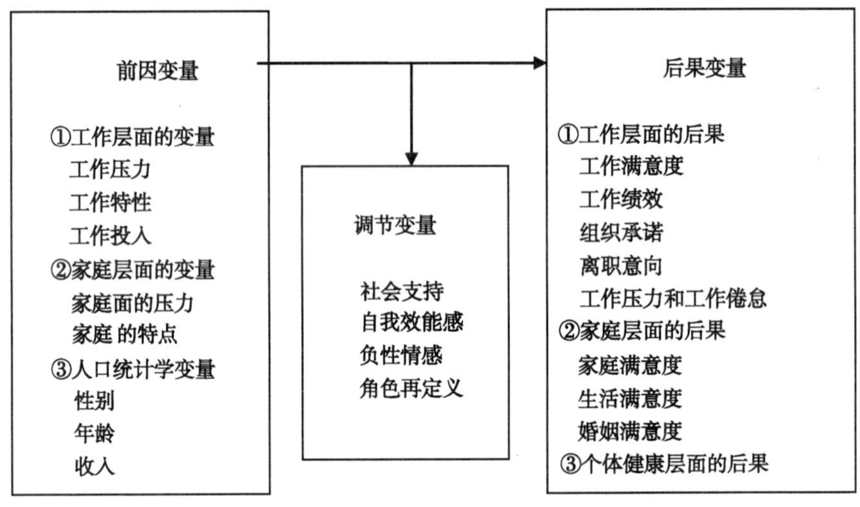

图 2　工作—家庭冲突的前因、后果和调节变量模型

第一，工作—家庭冲突的前因变量包括三个维度。

一是由工作压力、工作特性和工作投入组成的工作层面的变量。角色个体在工作过程中会因为角色的模糊、角色之间的冲突以及各种角色的负荷而产生的紧张感是谓工作压力；不同的工作对于工作时间、工作需求和工作资源等有着不同的要求，由此反映出的就是工作特性；而工作投入是角色个体在工作过程中的专心程度以及时间、精力的投入程度。如果工作压力大、工作标准要求严、工作的投入程度高，那么，工作—家庭冲突明显甚至白热化。

二是家庭层面的变量。它涵盖了家庭成员的角色模糊、角色负荷，家庭成员的数量、结构、年龄，家庭成员的和谐程度等。体现的是家庭的特点、家庭的需要因素对工作的要求和影响，如果男女中的某一方在家庭中的角色负荷太重，势必会加重工作与家庭的冲突。

三是从人口统计学的视野看性别、年龄、收入等变量在工作—家庭冲突中的影响。研究发现，女性比男性经历了基于工作上的需求而使她们投入家庭的时间、精力有限而带来的工作—家庭冲突、家庭—工作冲突。这两种冲突在女性身上同时并存。

第二，工作—家庭冲突的后果变量也涉及工作、家庭、个体健康等三个层面。

工作—家庭冲突体现在工作层面上，主要包括角色个体对工作的满意度如何？工作的绩效如何？组织的承诺如何？个体的在职与离职意向如何？面对工作压力的表现如何？工作是否倦怠等。许多研究表明，职业女性面对的工作压力既是工作—家庭冲突的前因变量也是其后果变量。

工作—家庭冲突体现在家庭层面主要包括家庭成员对家庭的满意度、生活满意度和婚姻满意度等。一般情况下，工作—家庭冲突大，会减少家庭、生活的满意度以及婚姻质量下降。

因为工作—家庭冲突的后果不仅影响角色个体的工作状态，影响家庭生活质量，同时会使个体产生紧张、沮丧等负性情感，从而影响角色个体的身心健康。研究发现，如果职业女性感觉到工作—家庭冲突较大，她的主观幸福感就会降低，而生理症状、倦怠感、消极情绪等的程度就会提高。

第三，工作—家庭冲突的调节变量包括社会支持、自我效能感、处理策略、负性情感、角色再定义等层面。

如何调节工作—家庭冲突，在原因变量和结果变量之间起连接、传导和转化作用的变量就是调节变量，它包括支持性的工作环境和家庭环境，即组织支持、家庭支持、同事支持和上司支持等。

自我效能感是一个人对于自己完成某件事的信心，面对工作—家庭冲突，采取积极有效的处理策略，能解决或缓解工作—家庭冲突。

三 工作—家庭冲突的性别差异分析

传统社会的家庭是丈夫在外学习与工作，妻子在家主持家务生育子女。而现代社会中女性已走出家庭走上了社会，双职工家庭非常普遍，这种生活方式之所以被大多数女性所认可，一是因为政府的倡导，二是参与社会发展是法律赋予女性的权利和义务，三是经济收入可以带来经济上的安全感，维持女性所希望的生活标准，提高女性的经济地位。但由此也引发了职业女性的工作—家庭冲突。

在有些专家的论著中，认为 Higgins & Duxberys（1991）在 Kopelman 的研究基础上提出了一个更为完整的工作—家庭模型①（见图 3）。在 Higgins 的模型中，以夫妻双方均有工作为研究对象，试图在每一个路径中考虑性别差异的影响。

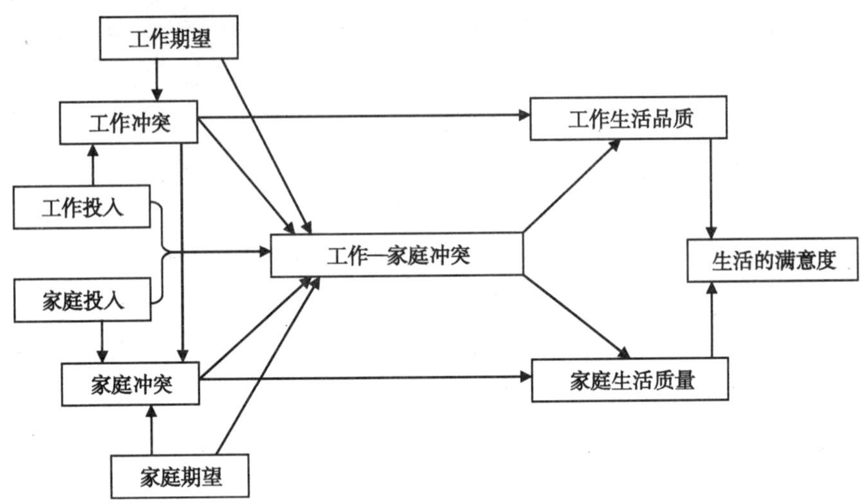

图 3 工作—家庭冲突模型

第一，工作投入与工作冲突有显著的正相关关系，在这对关系中，男性的相关性程度高于女性；

第二，家庭投入与家庭冲突有显著的正相关关系，在这对关系中，女性的相关性程度高于男性；

① 李贵卿：《工作——家庭冲突的理论模型和研究发展》，《软科学》2007 年第 4 期。

第三，工作投入与工作—家庭冲突有显著的正相关关系，在这对关系中，女性的相关性程度高于男性；

第四，家庭投入与工作—家庭冲突有显著正相关关系，在这对关系中，男性的相关性程度高于女性；

第五，工作期望与工作冲突的相关性程度女性高于男性；家庭期望与家庭冲突的相关性程度女性高于男性。

第六，工作期望与工作—家庭冲突的相关性程度男性高于女性；家庭期望与工作—家庭冲突的相关性程度是女性高于男性。

第七，工作冲突与家庭冲突的相关性程度男性高于女性。

第八，工作冲突与工作—家庭冲突的相关性程度男性高于女性；家庭冲突与工作—家庭冲突的相关性程度是女性高于男性。

对工作—家庭冲突的感知存在着性别差异的原因来自于传统性别文化中的角色分工与角色期待。

在封建社会形成的以“男主外、女主内”为特征的“男性中心”的传统社会性别文化并没有因政治经济制度、社会意识形态的改变而消失，相反通过几千年的积淀而根植于人们的思想、行为、理念、生活方式之中，男强女弱、“贤妻良母”仍是社会对男性和女性的不同期待和要求。

依据这种传统的性别角色分工，衡量男性是否成功的标准与他们的工作事业紧密联系在一起，通过对男性失败施加压力，迫使男性把工作放在第一位，而将家庭需求放在从属的位置，其主要精力和时间都投入到工作之中，通过学习博取功名来获得社会地位，通过赚钱养家来实现自我在家庭中的价值。社会的期望带来的压力使男性较难平衡工作与家庭之间的关系，增加了他们的工作—家庭冲突感知。但是，男性被允许将工作外溢到家庭冲突中，利用家庭时间来减少工作角色的压力，同时男性的“养家糊口”的家庭期望被修正以适应男性工作角色的需求。

对于女性而言，传统性别文化并不认可女性的社会角色，认为是一种非传统的角色，而做贤妻良母被习惯地、刻板化地认为是女性的应然之事，是传统的角色使然。由此，过多的工作需求和投入使女性家庭角色的扮演不如人意，家庭冲突是工作—家庭冲突的来源，女性比男性更容易让家庭角色干扰工作角色，所以更容易感知到工作—家庭冲突。于是，社会通过强化女性的家庭角色以及女性自我调整自己的事业抱负，以减少工作需求从而满足家庭需求。

可见，工作家庭冲突感知的性别差异受传统性别文化中的角色分工与角色期待的影响。

四　平衡工作—家庭冲突的社会支持策略

帮助职业女性实现工作与家庭之间的平衡，职业角色与家庭角色的平衡，需要采取各种措施来解决工作—家庭冲突。

社会支持是指个体感知到的来自外界的关心和支持。如果从社会支持分类的方式来看，它分为主观体验到的支持、客观支持、对支持的利用度等三个维度。

主观体验到的支持主要是情感上的支持，是女性在社会中是否受到尊重、是否被支持、是否被理解的情感体验与满意程度。女性作为一个独立的个体，如果对角色压力的体验不同，说明其认知的方式和自我效能感也不同，所以，在相同的角色压力之下，有的女性不堪重负，有的却工作热情不减。客观支持主要来自社会、同事、家庭成员的支持。同时，女性对支持的利用度较差。由于女性囿于角色之间的转换，使她们难以从家庭之外拓展立体式的人际关系网，缺乏可靠的社会支持系统，“女人的事情女人自己办”，这样由人际关系及其处理方式导致的压力便不言而喻了。可见，建立社会支持网络，对平衡工作—家庭冲突是非常必要而且具有重要的意义。

1. 实施组织干预

构建相关的制度是实施组织干预的具体表现如下。

第一，实行家庭友好政策/计划。

家庭友好政策/计划是政府、企业、社区等为拥有家庭的社会成员提供帮助，从而使个人更好地发挥其角色作用，家庭更好地履行家庭职能的制度体系。它不仅包含了医疗保险、带薪休假等传统的福利，更包含了对家庭支持起到重要影响的因素，如稳定的工作和足额的薪水。近年来，越来越多的政府、社会组织和企业意识到工作—家庭平衡的重要性，大力推行家庭友好政策或工作/生活平衡计划。如微软（中国），摩托罗拉（中国），惠普（中国），宝洁（中国）等企业都非常重视制定家庭友好政策/计划。各国、各地区、所出台的家庭友好政策/计划名目繁多，表1所列的家庭友好政策/计划对缓解职业女性的工作—家庭冲突较为有效。

表 1　家庭友好政策/计划项目

政策	福利	服务
兼职工作 工作分享 弹性工作时间 远程办公 允许突发情况下带孩子上班	婴儿/儿童现场接种疫苗 育儿讲座 带薪假期 提供产假 提供度假费用等 领养援助 弹性福利 托儿中心的费用折扣 家庭日等	哺乳/育婴室 儿童/老人照顾咨询 哺乳支持计划 看护援助 老年病咨询 老年照顾场所 搬迁帮助 提供有关工作/生活的内部网 办公场所的健康/美容服务

一是在有条件的地方或单位对确有困难的女性实行弹性工作制，允许她们在非常时期以灵活多样的方式完成其工作任务，从而尽可能减少角色冲突。一是弹性工作时间。如哺乳期的女性可以提前或者推迟上下班；可以适当延长产假等。二是弹性工作安排。例如在怀孕或家庭发生紧急情况时可以请假离开工作岗位而不影响薪水。三是弹性工作地点。职工可以借助互联网实现远程办公，在家里既完成了自己的工作又照顾了家庭。这种弹性工作制虽然能满足部分角色困难的女性之需求，但弹性工作制会对女性职业生涯的发展带来不利，有可能导致女性面临更多的职场问题，如收入差距、贫穷与玻璃天花板现象等。所以，工作—家庭冲突以及由此引发的压力问题在根本上是一种文化建构和社会建构，我们需要的是突破传统的文化假设，从文化、管理实践与工作流程上进行改革，一劳永逸地解决女性的工作—家庭冲突问题，这不仅使女性受益，也会对用人单位的长期效率有利。

二是增加职工福利。对大多数家庭来说，如遇重大事故家庭经济就会陷入困境。由此，用人单位可以通过提高生产率来增加员工福利。如，为家庭困难的职工提供经济帮助；为职工及亲属办理医疗保险；对重症病患职工亲属的护理费用给予适当补助等。

三是提供家庭成员照顾服务。对职业女性而言，需要照顾的小孩和老人，是导致女性角色冲突的主因。因此，政府、社区、企业有必要对职业女性提供支持政策，如设立托儿所和老年人看护护理中心，切实解决职业女性的后顾之忧。

四是建立用人单位和女职工亲属之间的紧密联系。工作—家庭冲突在很大程度上是由于女性需要处理和家庭成员之间的关系才导致在时间、压力和行为等方面的角色冲突。因此，用人单位要建立起和女职工亲属之间的紧密联系，如，邀请女职工家属参加单位的集体活动等，使他与她共同分享成功的喜悦、知晓工作中的困难；或以优惠补助的形式邀请女职工亲属随行参加职工的旅游或其他活动。

五是提供心理咨询服务。世界卫生组织的调查数据显示，女性心理疾病的发生率高于男性。而在女性人群中，职业女性的发病率高于非职业女性。而在中国，整个社会对心理问题的重视与干预程度明显不够，各用人单位更没有将职工的心理问题纳入人力资源管理的范畴。但事实表明，随着社会竞争的日趋激烈，职工的工作压力持续增大，尤其是女性因工作和家庭冲突引发的心理不适问题越来越突出。因此，社会需要重视人们的心理问题，为在职职工特别是女职工提供心理支持服务，营造和谐舒适的工作环境，减少角色冲突。

第二，提供文化支撑。

首先，面向全社会广泛深入地宣传先进的性别文化，引导人们摒弃传统落后的男尊女卑的妇女观，树立文明进步的男女平等观，构建健康、和谐的性别关系；改变人们特别是传媒对传统角色分工文化的复制与强化，通过宣传践行先进性别文化的人和事，树立一批角色多样化的性别形象，使先进性别文化更生动，更具有引导性，促使先进性别文化在群众的自律行为中养成；强化政府对妇女发展的责任与义务，促进社会性别意识的主流化，保证政策的出台体现出性别平等与公正。

其次，弘扬先进的家庭文化。通过开展“五好文明家庭”创建活动，倡导尊老爱幼、男女平等、夫妻和睦、勤俭持家、邻里团结的文明生活方式。通过宣传文明和谐的家庭、鲜活感人的家庭关系，让人们信赖、模仿，使先进性别文化成为人们自觉的选择，从而为女性缓解工作—家庭冲突提供文化支撑。

2. 加强家庭支持

作为职业女性能得到来自家庭的关心与支持是非常重要的支持源，对缓解工作—家庭冲突至关重要。

首先要构建和谐的夫妻关系。长期以来，父权文化被女性主义者认为是女性受压迫的根源，男性受益的始作俑者。但事实是父权文化在压抑、伤害女性的同时，也压抑和伤害着男性，男性在获得利益的同时也付出了代价，也同样受到了刻板的性别印象的局限和束缚。很显然，女性要从传统性别角色的定型中走出来，就必须和男性携手合作，结成亲密的伙伴关系，这在一定程度上可以削减男权文化意识，同时也能克服女权主义的偏激和片面性，在社会上形成和谐的性别关系，在家庭中形成和谐的夫妻关系，共同消减因家庭压力带来的家庭—工作冲突。

其次，对家庭角色再定义。家庭角色再定义是指女性与家庭成员沟通，改变他们对自己角色的期望，获得家庭成员特别是配偶的理解和支持。毋庸置疑，对职业女性而言，工作之外的时间几乎花费在操持家务、教育孩子、照顾家庭上。这项繁重、累人又枯燥的家务活消耗了女性的时间和精力，加剧了女性多元化角色的困惑，提升了家庭与工作冲突的程度。所以，实现家务劳动社会化是职业女性的迫切需要。然而，当家务劳动更多的还是由女性承担的情况下，通过与配偶之间的沟通，在相互理解和支持的前提下，对于家务进行重新分工，由夫妻共同来承担家庭劳务，这能有效地减轻夫妻双方由于角色冲突而导致的工作—家庭冲突，促进夫妻双方在工作上取得更好的成绩，在夫妻生活中更加和睦，家庭的幸福指数不断提高。

3. 提升个人能力

组织的干预、家庭的支持只是缓解工作—家庭冲突的外在因素，而女性自身的应对能力才是缓解工作—家庭冲突的根本，所以，缓解职业女性工作—家庭冲突，关键是职业女性的角色再定义、应对方式的提升和自我效能感的提高三个方面。

首先，通过角色的再定义让女性重新认识自己对家庭、对工作应承担的责任，应投入的时间和精力。角色的再定义分为结构角色再定义和个人角色再定义。结构角色再定义是指女性通过沟通改变社会与他人对自己的期望，让这种期望与自己的目标趋向一致，从而对自己承担的角色任务进行重新分析和调整。如在工作中加强与领导、同事或下属的沟通，让他们了解自己所承受的角色压力，获得他们的支持与帮助；加强与家庭成员的沟通，改变他们对自己的期望值，获得他们的理解和支持。个人角色再定义所改变的是自己对期望的知觉，而不是来自于他人的期望。如对自己所扮演的各种角色按照重要性程度重新排序，对重要的角色需求优先予以满足；对于角色进行分离和转换，即在履行某种角色的职责和义务时，迅速抛开对于前一种角色的认知，从而避免一个角色对另一个角色的干扰，有效地缓解多元化角色带来的冲突与压力，从而平衡工作家庭关系。

其次，通过提升应对方式使女性处理好多重角色带来的矛盾与冲突。一是注重“四自”精神的培养，提高应对角色冲突的能力。自尊就是要充分肯定自我的价值，维护自己的人格尊严；自信就是要了解自己，恰当的评估自己，这是女性走向成功的精神支柱；自立是女性要独立于社会，充分展示人生价值的体现；自强就是要努力进取，成为生活的强者。只有这样，才能更好地处理多重角色带来的困惑。二是强化自我激励，正确处理职业生涯中的坎坷。在女性的一生中，要经历不同的生活周期，困难与挫折是不可难免的，加之当今社会竞争激励、生活节奏较快，由此带来的矛盾与冲突更加普遍且更加尖锐，因此，培养乐观自信，自我激励的生活态度有助于角色的转换。三是合理宣泄，缓解角色冲突。通过向亲朋好友倾诉，得到他（她）们的理解、同情、开导和安慰；通过哭泣将不愉快的情绪直接外露，有如释重负之感；通过写日记将不便对他人表露的事情用日记发泄出来，起到宣泄的作用。女性在一生中会遇到诸多高兴、痛苦、悲伤的事，必须学会面对，只有如此，才能拥有完美、幸福的人生。

再次，通过提高自我效能感来缓解女性工作—家庭冲突。所谓女性的自我效能感是女性在践行某一行为之前，对自己完成该行为所具有的信念、判断及自我感受。如果女性自我效能感强，那她感知到的工作与家庭角色间的冲突就少，处理工作与家庭矛盾的能力就强。自我效能感强的女性，能较好地处理事业与家庭的矛盾，做到“鱼”和“熊掌”兼得。

21 世纪，随着社会生产力的发展，那种在一个组织或单位中渡过女性全部职业生涯的假设已经成为过去，职业流动成为常态，这将为女性平衡多元化的角色创造了机会和条件，越来越多的女性可以将职业决策与家庭的需要联系起来，达到工作与家庭的平衡与完美结合。

法国家庭政策及其对支持妇女平衡工作家庭的作用

和建花*

摘　要：法国的家庭政策在欧洲较有特色，法国政府及其在家庭政策方面的重要合作伙伴家庭社团联盟甚至认为，法国是欧洲唯一在严格意义上实施家庭政策的国家。然而，法国家庭政策体系概貌如何？这些政策对帮助有家庭责任的工作者特别是妇女平衡工作与家庭有着什么样的定位、所起作用如何？这在中国还鲜为人知。为此，本文介绍了法国家庭政策的概念、目的及其在帮助父母缓和工作与家庭冲突中所起的作用，展示了法国家庭政策的制定和执行机制及其历史演变过程，探讨了法国家庭政策对中国的启示，以及别国的一些有益理论研究和实践经验，对于中国政府制定有利于男女共同发展及家庭和谐的社会政策，建立中国的家庭政策体系起到一定的参考作用。

关键词：法国；家庭政策；工作与家庭平衡；男女共同发展

从前只被看作是私人领域范畴的家庭问题，特别是乳婴幼儿的照看问题，已被一些发达福利国家作为公共领域的问题加以关注和干预。其背景一方面是由于社会经济的发展需要劳动力资源，另一方面，这种倾向也与当前社会的认识和观念的变革密切相关。这些意识变革包括社会公正和社会公平思想、特别是性别平等观念的日益深入人心，以及对可持续性发展和未来人力资源重要性的认识的加深。因此，作为社会政策里一个重要分支的家庭政策的理论和实践，在这些国家也就得到了较大发展。各国在制定具体的家庭政策时，虽然出发点和着眼点不尽相同，但缓解父母特别是

* 和建花，全国妇联妇女研究所国际妇女研究室副研究员。

妇女工作和家庭生活的矛盾是其中的一个重要目标。

法国的家庭政策在欧洲较有特色。法国政府及其在家庭政策方面的重要合作伙伴之一的家庭社团联盟甚至自豪地认为，法国是欧洲唯一的、在严格的意义上实施家庭政策的国家。欧共体虽然在一些涉及社会和家庭保障的问题上，如在有关社会保障体制以及工作与家庭生活冲突的调和问题上，有一些基本的合意，但没有制定一个统一的家庭政策，因为很难有一个超越国家层次的家庭政策。法国的家庭政策与其他多数欧洲国家的政策相比，概念较为明确、发展历史较长、制度相对完善、政府的重视程度较高，其在缓减妇女工作与家庭生活的矛盾以及对人口增长的贡献方面所起的作用也较大。关于最后一点的佐证是法国从 1994 年开始，其生育率就一直保持上升趋势，在 2005 年达到了 1.94，维持了欧洲国家中较高的水平。法国的家庭政策在近来成为日本研究和借鉴的对象。日本的研究认为，法国的出生率上升主要贡献力量是家庭补贴、育儿服务设施的强化以及对妇女分娩后的就业支持等细致周到的针对就业夫妇双方的制度。日本内阁府于 2006 年 6 月通过了一个关于新少子化对策的决议，目的在于系统全面地治理育儿支持环境，以提高生育率，其蓝本便是法国的育儿支持政策。①

法国家庭政策体系的概貌如何？这些政策在调和妇女工作与家庭生活的冲突方面的目标和作用是怎样的？这在中国鲜为人知。尽管发达国家的家庭政策也不可能完全解决父母特别是妇女的家庭与工作之间的矛盾，加上各国的国情不同，中国也不适合照搬国外的家庭政策。然而，福利国家的一些有益的理论研究和实践经验，对中国缓解妇女工作和家庭生活的矛盾，从而优化妇女的就业环境、实现妇女对经济建设的参与和促进男女平等基本国策的贯彻，仍然会有一些借鉴意义，对中国建立起严格意义上的家庭政策体系也有一定的参考价值。

一　法国家庭政策概念、国家和家庭关系概念及家庭政策的目的

法国家庭政策主要涉及儿童照看、老龄人口和残疾人照顾三大领域。

① 「新しい少子化対策」、内閣府网站（www8. cao. go. jp/shoushi/taisaku. pdf）；少子化対策：内閣府、仏独の育児支援制度などを調査，毎日新聞、2005 年 5 月 4 日。

尽管家庭政策也涉及残疾人和老人照顾，但儿童照看问题是近年来法国家庭政策的热点和核心问题。为此，本文所提到的家庭政策在这里是指涉及儿童及其父母的政策。

1. 法国家庭政策的定义

笔者从法国的有关研究中，摘取了一个关于家庭政策的较具有代表性、符合法国目前的社会状况和当代思潮的定义，表述如下："家庭政策是引导或促进就业的社会政策。家庭政策通过为父母提供既适合其收入来源又适宜于儿童发展的儿童照看机构以及支持父母在工作和看管孩子之间做出自己的选择，以推动就业中男女两性间的平等，并使家庭生活和职业生活的冲突得到一定程度的调和。"① 这个定义诠释了当代法国家庭政策的主要目标和内涵。在这里，我们可以明显地看到，家庭政策被定位为是为促进就业和推动男女平等服务的工具。家庭政策的目标就是通过健全儿童照看体制等来缓减家庭生活与职业的矛盾，促进就业，实现男女两性的平等。

2. 对国家和家庭关系的理解

我们将引用法国政府的一段描述，来进一步透视法国对家庭中公私领域的定位，以及对国家与家庭的关系解释："家庭在表面看来属于一个私领域的范畴。当它涉及夫妇间婚姻关系的确立，结婚后要不要孩子等个人的选择时，的确是私人的事情。然而，家庭同时也是一个公共领域的概念，因为家庭状况的演变将对社会产生多重的影响。这也正是国家为什么要关注和干预家庭事务的原因所在。"② 可见，以前被作为只是私人领域范畴的家庭问题已被政府作为公共领域问题加以关注。

在法国，对家庭的这种公共关注和干预要比对其他公共领域的事务晚得多。从 19 世纪开始，首先是一些家庭联合组织（社团）和企业主开始关注一些贫困家庭出现的问题。直到今天为止，在法国家庭政策的制定过程中，也仍然继承了这一传统，即一些家庭社团组织以及社会合作伙伴在其中扮演着十分重要的角色。从 20 世纪 30 年代开始，法国才有了真正意义上的家庭政策，当时政策的主要目的有三个：为了促进后代的繁衍；为了保证家庭与家庭之间在某种程度上的平等；为了保证建立在婚姻制度之

① http://www.oecd.org/department/0，2688，en_ 2649_ 34819_ 1_ 1_ 1_ 1_ 1，00.html.

② www.vie-publique.fr/dossier_ polpublic/famille/index.shtml.

上的家庭模式稳定。其后，随着社会的发展，这样的目标导向也产生了一些变化。其一是随着贫困的扩大，社会需要产生把目标转向贫困家庭并对他们进行一定补偿的政策。在反对社会不平等的战争中，贫困家庭的问题也就成为家庭政策所无法绕开的问题。其二是作为起到稳定和促进某种家庭模式作用的国家，也不得不在家庭模式的变革中改变自己的角色，从过去强加于社会某种家庭模式的角色转变为随着社会和家庭的演变而充当裁判员的角色。法国同时也面临必须彻底改变家庭的法律体制的局面，特别是从20世纪60年代开始，对家庭成员之间的平等、特别是男性和女性之间的平等的倡导和普及，对儿童权益的重视，新的配偶缔结方式的出现，等等，都是促使国家对家庭的角色和作用发生变化的主要因素。目前，有一些观点甚至让人们意识到，家庭不仅仅产生社会问题，需要社会和政府来协助解决，家庭同时也是一种解决社会问题的措施和方法。由此推论，在经济和社会发展的过程中，国家和社会也不应该忘记家庭应该享有的权益。在这样的思维模式下，家庭和国家的关系就变得更加密切和具有互益性了。

3. 对法国家庭政策方向和目的的认识

法国家庭政策的内涵、范畴和方向，是随着社会的演变和研究者之间相对不同的理解而变化的。实际上，基于最初含义上的家庭政策的目的还远远没有定型，其方向自20世纪30年代以来，一直在不断变化和调整。政府基于不同的时期、不同的当局和不同的财政预算的限制，总会优先其中一两个目的，或增添新的方向。除前面提到的法国家庭政策的三个最初目的外，也有一种观点认为，法国的家庭政策主要有三个目的：促进世代的繁衍；对家庭负担进行补偿；减少收入差距。第三种观点则将家庭政策的目的细分为5个，并认为欧洲各国尽管在家庭政策内容上各不相同，但其目的与法国大致相似，即：允许家庭拥有他们所想要的儿童的数量；促进儿童发展；支持妇女参与职业活动；参与有孩子的家庭的反贫困战争；推动男女平等①。这一观点渗透了一些新理念，而且看起来更加全面。通过反观上述关于家庭政策的定义，不难发现家庭政策的定义和概念的内涵反映着时代的脉搏。今天，法国家庭政策的目的不仅反映了反对家庭之间的不平等和反贫穷的思想，也反映了男女

① http：//www. unaf. fr/article. php3？id_ article =2198.

平等思想和促进妇女参加职业活动的理念。此外，也有一个观点认为当今法国的家庭政策的变化显示出一个特点，即家庭政策与人口政策之间的界限越来越模糊不清。

二 法国家庭政策在调和工作与家庭生活冲突问题中所起的作用

1. 工作与家庭生活平衡问题的背景及其在家庭政策中的重要性

从20世纪60年代开始，大量的法国妇女以做全职工作的方式进入劳动力市场。法国是个农业国家，因此虽然在世纪初就有1/3的妇女参加工作，但很多工作属于家庭经营的范畴。自60年代以来，最初在工业领域，后来在服务业等其他领域，掀起了女性工作的浪潮。加上女性运动的影响，女性取得独立的愿望得以强调。与妇女就业率上升同时而来的是妇女就业压力的加大与育儿之间矛盾的激化。自20世纪70年代以来，父母特别是妇女的工作与家庭生活之间的冲突及其调和问题便显现为一个社会问题，并从80年代起成为公共议题。

对大多数父母来说，能够养育自己的孩子并能拥有一份职业，是人生的重要目标。然而，这样的目标之间往往容易造成相互的冲突。因此，大多数父母也就面临着一个问题，即能否找到某种在工作与家庭生活之间取得平衡的生活方式，特别是找到适宜的儿童照看方式。对于政府来说，其责任就在于通过制定能够缓减父母工作与家庭生活的矛盾的家庭政策，特别是包括提供适宜的、能够满足父母需要的儿童照看方式，来帮助父母实现人生中的两个重要目的，即参与现代生活中极为重要的社会活动而又能够同时养育好子女。法国政府（不仅法国，其他很多欧洲国家也如此）在历史发展的过程中逐渐意识到了这一问题的重要性，并把它作为国家的责任，把帮助父母平衡工作与家庭生活的关系作为家庭政策的重要目标。这些国家意识到父母不仅在儿童养育中扮演着极为重要的角色，而且他们的职业参与能够促进社会和经济的发展。如果父母不能取得他们所期望的工作和家庭生活之间的平衡，父母就会从劳动力市场中退出，经济的发展就会因此受到阻碍。

据统计,[①] 在40年间（1960—2000年），妇女的就业率从40%上升到了80%。在1995—2000年，有一个3岁以下幼儿的母亲的就业率也有所上升（77%—80%）。总括起来，6岁以下幼儿58.6%生活在双亲都工作的家庭中。然而，妇女仍然是最易受失业威胁的群体。主要表现为以下方面：（1）妇女的失业率比男性高，在1998年，男性失业率为10.2%，女性为13.8%。（2）结构性不平等。大多数妇女限于30余种的工种，且基本局限于那些被称为“女性化”工种的领域，如健康、教育、秘书、服务业等。而男性有300种左右的工种可供选择。另外，性别歧视没有减少，工资差别依然存在，工资性别差为10%到15%。（3）妇女被迫接受部分时间的工作，而且工作时间越来越弹性化。（4）十几年来，夜间工作的妇女成倍增长。

2. 法国父母的性别角色和家务分担

在法国，母亲“在场”和“母子关系”仍然是儿童发展和教育的主流概念，与此相并行的还有“妇女对家庭和家务的责任”的概念，它的力量在今天仍然足够强大。这些思想正是在家庭和工作领域导致男女两性之间不平等的基础。

长期以来，在家庭里，妇女不仅为儿童服务，也为配偶免费服务。这种家庭内的工作不仅包括清洁整理和养育孩子，也包括小型的生产或者是丈夫的生产性工作（农业、小买卖）的免费助理。虽然由于劳动机械化和食品工业化，家务劳动在法国正在演变。然而，家务劳动仍然是看不见的、贬值的，需要重复的、而且很少有趣的工作。妇女在其花费时间来自于牺牲精神的动力以及受到外部因素的强迫。

法国人谈论“分担家务”由来已久，然而实际上，家庭内的劳动很少在男女两性之间得到真正的分担。根据INSEE 1998年关于“时间分配”的问卷调查结果显示[②]，妇女继续维持着80%的家庭服务。10年之内，男性参与家务劳动的时间总共才增加了10分钟，等于1年增加1分钟。而1985—1998年其增幅还更小：13年才增加了10分钟。如果没有外面的工作，有1—3个孩子的妇女每天做4—8小时的家务，如果有工

① F. Leprice, L'accueil des jeunes enfants en France, Rapport pour le Haut Conseil de la population et de la famille, novembre 2002.

② INSEE, *Enquête emploi du temps*, 1998—1999.

作，做4—5小时的家务。没有孩子的男性为家务贡献的时间是2小时9分（他的伴侣做4小时），然而，如果有了两个孩子，男性只贡献1小时30分（他的伴侣贡献6小时40分）。除了家务外，男性参与照顾孩子的情况如何？一个CNRS的研究证明①，母亲在这方面贡献的时间是父亲的两倍多：一周25.37小时，父亲12.41小时。在家庭作业的辅导上母亲也比父亲多，母亲为10%，父亲为6%。

3. 法国的儿童照看政策及其对工作与家庭生活的冲突所起的重要作用

婴幼儿照看问题，是家庭政策中一个十分重要的内容，国家在此问题上承担着十分重要的责任。

法国所采取的儿童照看政策经历了不断地调整和变化的过程。在20世纪60年代，很多法国妇女从事全职工作。当时的法国是欧洲少见的妇女就业环境较好的国家之一，这在很大程度上应该归功于法国当时有一个较好的接收婴幼儿的体制：3岁以上的幼儿可以上幼儿园，而从2岁开始，有"集体托儿所""儿童花园"等机构容纳婴幼儿。然而，这样的美好势头没有能够维持很久。伴随着20世纪80年代的经济危机、失业、以及个人自行解决问题思潮的抬头，使得对于执政当局而言价钱太高的集体照看服务（除幼儿园外）的飞跃发展开始受到阻碍，个体照看的方式却得到了发展。

从当时法国的形势来看，有三个趋势导致了对3岁以下婴幼儿照看方式的进一步发展的需要：儿童出生率的增高；妇女就业率的增加；父母对家庭外的照看方式的偏好和需求。由于法国接收3—6岁幼儿的教育机构—幼儿园是免费的（虽然不是义务教育），因此，法国实际上需要解决的儿童照看问题基本上只涉及0—3岁的乳婴幼儿。

据2001年1月的统计②，法国有约450万6岁以下的幼儿，其中230万为3岁以下的幼儿。在3岁以下的幼儿中，约100万（43.5%）主要被他们的父母特别是母亲照看。而免费的幼儿园也成为父母借助的一种极好手段，由于一些幼儿园可以从2岁开始接收幼儿，所以大约有25万的

① CNRS, *Le monde*, 27/05/2000.

② Bilan mensuel de statistiques, INSEE, janvier 2001 et statistiques de la DREES et de la CNAF, 31 decembre 2001.

2—3 岁的幼儿被接收在那里接受教育。至少有 100 万 3 岁以下的幼儿需要在他们的父母工作期间需要得到照看。大约 25 万（11%）的幼儿在集体托儿所或家庭托儿所被照看，约有 50 万（22%）的被个人照看，这种个人照看方式指或由一个国家认可的“母职助理”（assistante maternelle agrée）照看，或在家里雇佣一个保姆（garde à domicile）照看。尽管国家为家庭提供的多种儿童照看补贴在一定程度上弥补了不少家庭的育儿成本，但仍然有 30 万的 3 岁以下的幼儿（13%）由于通过国家不承认的照看方式（如邻里之间或家庭之间的互助、雇黑工照看等）被照看，而无法享受任何来自国家的育儿津贴。

近几年来，法国政府已经意识到公共照看 0—3 岁幼儿问题的重要性，也掌握了 0—3 岁幼儿的基本照看情况以及目前的公共照看机构的数量无法满足父母的实际需求的状况，并已经采取了一些重要措施，如建立公共照看幼儿机构发展专项基金，扩大托儿所的收容能力，采取实际措施鼓励企业，特别是贸易和运输业的企业建立托儿所等。与其他许多国家相比，法国政府为调和妇女工作与家庭生活的矛盾作了不少努力，也取得了一些成果。然而，要真正满足法国妇女和家庭的实际需要，还需要不断完善家庭政策体系，使其更加全面、细致和统一。

三　法国家庭政策的制定者和执行者

法国家庭政策的制定者和执行者们在每年一度举行的国家家庭问题讨论会上聚首。这个讨论会由政府来组织，其召开的义务是通过法律固定下来的。这些有关部门和人员在家庭政策的制定中都扮演着重要的角色，并有着各自独特的发展史。

1. 家庭政策制定和执行的总负责人

家庭政策制定和执行的总负责人是社会、工作及社会团结部部长。有时也可能有一个部长代表或者政府的秘书长来协助管理涉及家庭问题的所有资料和文件。1939 年，当时的政府任命了第一位政府中专门负责家庭的秘书长。这一任命标志着自 20 世纪 30 年代开始法国政府就已经在关注家庭事务。

2. 跨部门家庭问题委员会和跨部门代表团

1998 年，与家庭问题和家庭政策有关的一些政府组织部门如法律、经济和住房相关的部门，在合议的基础上通过法律规定的形式，成立了跨部门家庭问题委员会和跨部门代表团，共同参与家庭政策的制定和执行。

跨部门家庭问题委员会负责决定政府部门家庭政策的大方向。而跨部委代表团（DIF）的任务则有四个：激活和协调政权机构及部长们在家庭政策领域的行动；参与对家庭政策的定义和文件起草；组织跨部门的具体工作，联合所有家庭政策领域内涉及补助金的所有类型的家庭政策的合作者；组织和运作所有必需的咨询、协调每年的家庭会议的准备工作。由于跨部委代表团还维持着与家庭及家庭政策有关的研究领域的密切合作联系，也由于这个组织本身也在进行研究，跨部门代表团对制定服务于家庭的家庭政策有着很大贡献。

跨部委代表团主要的具体工作领域为：执行全国统一协调的家庭政策，以保证政策切实满足家庭的需要，特别是达成所有为家庭服务的机构之间最优的协调；促成所有类型的儿童照看形式的发展，以回应家庭的需求，并促成专业儿童照看者的雇佣、培训、职业化培养，以使家长的不同选择能够有效实现；通过与全体合作者的直接联系，来建立父母诉求网络，以便使父母能够有倾诉、倾听和对话的渠道；对制定既考虑到儿童的权益，又尊重家长的义务和权利的家庭法律作出贡献；通过与国家教育部的直接联系，改善家庭与学校之间关系；支持企业建立组织和机构，以便使企业的雇员更好地调和家庭生活和工作之间产生的矛盾，或者补偿家庭的育儿负担（儿童照看方式，家庭服务等）；健全家庭政策体系，使其惠及青春期少年及他们的家庭；对父母进行互联网知识的培训，使他们掌握互联网的安全知识，保证儿童上网的安全；保证家庭部部长在国际视野中的代表性，以便推广国际中特别是在欧洲范围内法国式的家庭和家庭政策的概念。

3. 一些特别权利机构或组织

另外，其他一些在家庭政策的某些方面有着特别权利的机构或组织，也在不同的历史时期得以创立并得到了发展：它们或是用于咨询和协商，如居民和家庭高级顾问委员会、家庭调解咨询国家顾问、儿童保护者等协会；或者本身有独特的职能，如国际收养使团等。

4. 家庭补贴出纳处

家庭政策中特别重要的方面是实施财政转移。除了从国库方面采取措施以外，大部分对家庭的财务帮助是通过社会保障体系中的家庭分支来实现的。法国社会保障体系是基于1945年10月4日的法令建立起来的，其目的是由国家来覆盖全体社会成员可能遭遇到的社会风险。社会保障有四个分支，家庭是其中之一。这一分支由公共行政机构——家庭补贴国家出纳处（CNAF）负责。家庭补贴出纳处是经营公共服务的私营机构，由于家庭事务的特殊性以及这个机构在补助出纳方面的发展史，它成为区别于社会保障出纳处的机构，提供家庭补贴服务、向集体机构提供财政补贴、并为不同组织代理其他补助金的工作等。

5. 社团协会（UNAF）

最后还必须指出社团协会的作用。最早的这种协会创建于19世纪，其主要目的和作用是向国家政权部门表达家庭利益上的愿望，并提供相当数量的服务和补助金。从1945年始，家庭社团协会的全国联合会（UNAF）成为法定的垄断性家庭代言人。全国联合会（UNAF）下辖100个省级的联合会（UDAF）和66个代表不同倾向性和特点的活动团体或群众组织。大约2.5万个家庭代表出席国家的、大区域的、省级的和地方的涉及家庭的会议。在省一级，联合会（UDAF）代理不同的服务和补助金工作（监控主要的保障措施和社会补助金、对家庭经济提出建议、调停家庭问题等），这些工作都是国家指令执行的。

四 法国家庭政策的历史演变和国家家庭问题讨论会

1. 法国家庭政策的重要演变线索

法国的家庭政策经历了几个重要的历史演变和转折时期。（1）第一个转折时期是1938年。从1938年开始，首次实施了真正意义上的家庭政策，其主要目的在于提高出生率。1938年对家庭补贴制度进行改革；1939年首次建立国家层面的家庭秘书处；1941年建立家庭咨询委员会，负责就家庭政策的发展问题向国家提出建议。（2）第二个转折时期是1945年。战争一结束，当时的政府就着手建立社会保障系统，并着重调动财政力量来使家庭受益。1945年，国家承认家庭社团协会的全国联合会（UNAF）及其下辖的省级联合会（UDAF）的法律地位；政府设立家庭与人口高级咨询委员会；改组政府组织机构和家庭补贴出纳处的机构设置。1949年，家庭补贴出纳处被作为一个社会保障系统面向家庭的机构，其独立性受到法律保护。（3）第三个转折时期是20世纪60年代。从那时开始，家庭政策发生了一些根本的变化。由于一些法律的修改，如1970年通过的配偶权力法和1970年通过的离婚法，家庭内部个人的状况发生了很大变化，法律强调和维护已婚夫妇之间的平等地位以及妇女的工作权利。在那个时期，对家庭的补贴发放已经逐步从帮助和保护家庭转变为修正社会的不平等。(4）第四个转折时期是1981年。当时，密特朗作为社会党候选人当选总统，他对家庭政策进行了重大改革。时任国家团结部部长的尼古拉负责了这场改革的实施。密特朗政府修改的家庭政策主要包括提高对家庭的补贴额度和简化管理制度，希望通过各种补助金来缓和由于家庭的大小和收入的差距所带来的社会不平等状况，促进社会公平与社会和谐。这一改革涉及在不把某种家庭模式优先化的前提下发挥社会团结的作用。(5）第五个转折时期是1995年希拉克当选总统后。从1995年开始，政府实行了一系列社会保障系统的改革，深刻影响到社会保障系统家庭领域的运转。从1997年始，政府实施的改革则可以理解为部分补助金的调转和新机制的建立。在1999—2000年间，经过1999年的法律部长及2000年家庭和儿童部长的推动，政府进行了家庭法的修改。近年来，法国的家庭政策仍处于不断改革之中。

2. 国家家庭问题讨论会

1981年末，当时的法国总统密特朗宣布建立定期召开国家家庭问题讨论会的制度。第一届国家家庭问题讨论会便于次年召开，并在此后得以定期召开。然而，直到1994年7月，涉及家庭政策的各部门在此会议中的基本责任和权力才以法律的形式被明确规定下来："政府每年组织一个全国的家庭问题的会议，邀请家庭社团组织和有资格的组织机构来参会。"自此，家庭会议的义务被法律约束，成为政府有关部门的部长和所有经济、社会合作者们共同探讨家庭问题、起草家庭公共政策的时机，也成为政府显示它的家庭政策大方向以及展现家庭政策的进步、并使社会合作者能把握家庭政策的发展趋势的机会。除了第一总理和相关的部长之外，家庭问题讨论会汇聚了家庭社团协会全国联合会（UNAF）内所有家庭社团组织和家庭运动组织、社会保障机构、社会合作者、议员、以及有资格的人员，这就促使不同的有关社会合作部门之间取得协调，对家庭问题形成统一的公共政策。

虽然每年的家庭会议都有一些具体政策出台，但限于篇幅，以下将简短地介绍其中一些涉及协调家庭生活和职业的矛盾、特别是婴幼儿照看政策的主要内容：（1）1995 年和 1996 年的会议主要就家庭政策的大方向问题进行了交流和思考。当时的会议没有宣布任何惠及家庭的财政保证。然而，这次交流显示了政府在家庭补助金的征税问题上的退让，并设置了 5 个关于重大家庭问题的思考小组，以便准备一个全面的家庭政策。1997 年的会议决定优先那些与调和职业与家庭生活有关的措施（强化儿童照看的整体部署，尝试新的照看方式；给予家庭选择职业与家庭生活时间的权利）。准确的预算和现实主义精神是这次会议的主要词汇。一些财政措施得以宣布，但更主要还是停留在“非货币”的家庭政策的范围内。（2）1998年的家庭会议是一次经过长期的思考、行动和协调过程之后的总结性会议，在财政上除了采取惠及低收入家庭等一系列措施外，协调家庭生活和职业的问题得到了强调。这一年的会议由于宣布了政府基于收入的一般政策而备受瞩目。会议还决定建立一个家庭问题的跨部门代表团，以便保证家庭政策能够长久地作为一个公共政策得到重视，保证家庭政策的现代化和纳入机制。（3）2000 年的会议以法律形式规定建立婴幼儿照看事业专项基金；同法律规定建立重病儿童看护假的补贴；妇女的职业复归活动补贴等。（4）2001 年的会议的主要措施，有对父母的养育责任分担的支持，包括创立父亲职假；发展父母和儿童可以共同度过时光的儿童照看机构；缓和家庭生活与职业的矛盾，包括婴幼儿照看事业专项基金的运营；对低收入家庭及有残疾儿童家庭的支援等。（5）2003 年的会议围绕三个主题展开讨论：简化和改善对有年幼孩子的父母的补贴制度；开展家庭服务；扩充婴幼儿照看机构，使其增加托儿所可以接收儿童的数量；对母职助理的职业进行强化培训和使其正规化等。

五　法国的家庭政策对中国的启示

笔者的观点，法国的家庭政策在以下几方面是比较成功的。

1. 3—6 岁幼儿的免费教育制度。这使得几乎所有这个年龄段的幼儿的照看和教育得到了制度上的保障。从而缓和了 3—6 岁幼儿的家庭的育儿与工作的矛盾，促进了妇女的就业。

2. 对家庭的不同形式的育儿补贴不仅减轻了父母的经济负担，而且使父母在一定程度上可以选择不同的儿童照看方式，同时，这也在一定程度上起到了缓冲父母特别是母亲的职业与家庭生活矛盾的作用。

3. 法国较为系统的家庭政策，包括育儿补贴、公共托儿机构的充实完善、对产后妇女的职业回归的支持等，都在一定程度上创造了育儿的有利环境，从而使法国的总和生育率继续位居欧洲各国的前列。

然而，法国的家庭政策也存在不少问题，今后的前进方向也值得探讨。近几年来法国相关领域和团体内的研究小组和研究者对3岁以下幼儿的照看问题的研究也有所增多，他们从不同的视角提出了很多见解。总体来讲，从缓和父母特别是母亲的职业与家庭生活的矛盾的角度和支持妇女就业的角度来看，法国涉及3岁以下幼儿的照看问题的家庭政策还不尽人意，不能充分满足职业妇女的需要，如集体托儿所数量还十分有限；有的政策不利于妇女就业，有的甚至曾经被证明阻碍了妇女的就业（“用于教育的父母补贴”）。

从法国通过制定家庭政策来缓和父母特别是母亲的职业与家庭生活的矛盾、促进妇女就业的做法来看，中国有必要重新反思托幼服务的双重任务特别是解除妇女后顾之忧的任务，探讨目前的托幼机构体制改革给家庭和幼儿的母亲带来的影响，也有必要思考如何建立中国的家庭政策体系。

参考文献

[1] Cillio Konrad C., *La conciliation de la vie professionnelle et de la vie familiale: nouveaux enjeux, nouveaux débats, nouveaux acteurs*, octobre 2001.

[2] Commaille J., Strobel P. et Villac M., *La politique de la famille*, Collection Repères, Editions La Decouverte, Paris, 2002.

[3] CREDOC, *Enquête sur l'accueil des jeune enfants, conciliation vie familiale-vie professionelle*, Paris, juin 1998.

[4] DREES, *L'activite professionelle des femmes après la naissance de leurs deux premiers enfants, l'impact de l'allocation parentale d' éducation*. n°37, novembre 1999.

[5] DREES, *L'allocation parentale d'education: entre politique familaile et politique pour l'emploi*. n°569, février 1998.

[6] DREES, *Les modes de garde et d'accueil des jeunes enfants*, Collection statistique n°1, juin 1998.

[7] DREES, *Conciliation vie familiale et vie professionnelle*: *les déterminants du recours aux modes d'accueil*, Collection statistique, juin 2005.

[8] F. FENT, F. LEPRICE, L. PERIER, *Les modes d'accueil des jeunes enfants*, *supplement* au n°2229 des Actualités Sociales Hebdomadaires du 21 septembre 2001.

[9] Giampino, S., *Les meres qui travaillent sont-elles coupables*?, Albin Michel, Paris, 2000.

[10] J. DOMON, *Les opinions des Français sur l'accueil des jeunes enfants* d' après les enquête ralisees par le CREDOC, in Solidarite et sante, Etudes statistiques, n°3, 2000.

[11] Leprince F., *L'accueil des jeunes enfants en France*, Rapport pour le Haut Conseil de la population et de la famille, février 2003.

[12] M. CLEMENT, A. STRASSER, P. MIDY, Conférence de la famille 2003: rapport du groupe de travail "familles et entreprises", Ministère Délégué a la famille, février 2003.

[13] M.-Th. HERMANGE, Ph. STECK, L. HABERT, Conférence de la famille 2003: rapport du groupe de travail "prestation d'accueil du jeune enfant", Ministère Délégué a la famille, février 2003.

促进工作家庭平衡的国际经验及对中国的启示

张永英*

摘　要：经过国际妇女运动和联合国长期以来坚持不懈地努力推动，保障有家庭责任的男女劳动者平等机会和平等待遇已经成为国际社会的共识。相关国际文书中对平衡工作与家庭做出相关规定与要求，各国也都制定了相关法律政策，并采取了各种积极措施，促进有家庭责任的男女工人享有同等的就业权利和平等待遇。国际文书和世界各国促进工作家庭平衡的政策措施主要包括四个方面：一是在劳动力市场上反对基于家庭负担的就业歧视；二是为由家庭责任的男女劳动者提供适当的家庭照顾假期，以使其在承担家庭责任的同时能够追求职业发展；三是大力发展家庭照顾的公共服务，以减轻有家庭责任劳动者的工作和家庭冲突；四是倡导男女共同承担家庭责任，以提高男女平衡工作家庭的能力。

关键词：工作；家庭；性别平等

经过国际妇女运动和联合国长期以来坚持不懈地努力推动，保障有家庭责任的男女劳动者平等机会和平等待遇已经成为国际社会的共识。相关的国际劳工公约、《消除对妇女一切形式歧视公约》、第四次世界妇女大会《行动纲领》及其后续成果文件、《千年发展目标》等与性别平等有关的国际文书中，都对平衡工作与家庭做出相关规定与要求，各国也都制定了相关法律政策，并采取了各种积极措施，执行国际文书的要求，促进有家庭责任的男女工人享有同等的就业权利和平等待遇。本文主要回顾有关工作家庭平衡的国际文书及各国执行国际文书的状况与经验，以为中国促

* 张永英，全国妇联妇女研究所副研究员。

进工作家庭平衡的相关法律政策的完善提供参考和借鉴。

有关平衡工作与家庭的国际文书主要分为如下四类：一是相关国际劳工公约与建议书，主要包括：第111号《就业和职业歧视公约》及其建议书（1958年）对禁止基于生育的就业歧视做出要求；第156号《有家庭责任的男女工人平等机会和平等待遇公约》（1981年）及165号同名建议书，对各国保障有家庭责任的工人的平等就业权利和机会、反对就业歧视，以为平衡工作和家庭创造条件等提出要求。二是《消除对妇女一切形式歧视公约》及其相关一般性建议，对于禁止基于生育的就业歧视及平衡工作与家庭的措施做出规定。三是第四次世界妇女大会行动纲领及其后续成果文件，将平衡工作与家庭作为妇女与就业领域的主要战略目标之一，要求各国政府、企业和非政府组织及工会等采取积极措施，保障有家庭责任的男女工人在平衡家庭生活的工作条件下促进职业发展。四是千年发展目标，其相关战略目标和具体指标中对平衡工作与家庭的相关内容设置了目标要求。

国际文书和世界各国促进工作家庭平衡的政策措施主要分为如下四个方面：一是在劳动力市场上反对基于家庭负担的就业歧视；二是为有家庭责任的男女劳动者提供适当的家庭照顾假期，以使其在承担家庭责任的同时能够追求职业发展；三是大力发展家庭照顾的公共服务，以减轻有家庭责任劳动者的工作和家庭冲突；四是倡导男女共同承担家庭责任，以提高男女平衡工作家庭的能力。

一　反对基于家庭负担的就业歧视

国际文书和许多国家的法律政策中强调，家庭负担不应成为被解雇的理由，同时为有家庭负担的男女工人提供就业保护。

反对基于家庭负担的就业歧视。第156号《国际劳工公约》第8条规定："家庭负担本身不应成为解雇的理由"，第165号建议书指出"为了在各国政策范围内促进男女工人机会平等和待遇平等，应采取并实施若干措施，以防止基于婚姻地位或家庭负担的直接或间接的歧视"。"有家庭负担的工人在职业准备、获得职业、职业范围内的晋升及职业保障等方面应享有与其他工人平等的机会和待遇。"同时重申"婚姻地位、家庭状况或家庭负担本身不应构成不予就业或解雇的正当理由。”

强调要对有家庭责任的男女工人提供就业保护。第111号公约提出，会员国应与雇主组织和工人组织协商确定“为适合某些人员特殊需要而制定的其他专门措施应不被视为歧视，这些人员由于诸如性别、年龄、残疾、家庭负担，或社会或文化地位等原因一般被认为需要特殊保护或援助”。第165号建议书强调“为了实现男女工人之间切实有效的平等而采取的特殊措施不应视为歧视”。并提出了对有家庭责任的男女工人提供就业保护的具体措施，包括职业培训和就业服务等。比如，建议书中规定：“应根据国家政策和惯例，使有家庭负担的工人能够享受职业培训的便利，如果可能的话，还应给他们安排带薪金的教育假期，以利用这些便利。”“使有家庭负担的工人享有必要的服务，以便他们能够获得就业或者重新获得就业；这些服务应包括对工人免费的职业培训、咨询、信息和安置服务，此等服务应当由受过适当训练的职员调配并能够充分满足有家庭负担工人的特殊需要。”

在有父母假或者其他假期的国家，一些国家就业保护不仅适用于母亲，还适用于其他人。在智利，如果母亲去世，孩子的父亲可以享受剩余的“产假”，并且在产假到期后的一年之内不被解雇。在马其顿，如果母亲不享受的话，父亲可以休产假，并且在这一休假期间不被解雇。在蒙古国，单亲父亲在孩子3岁以前不能被解雇。在爱沙尼亚，禁止雇主终止怀孕妇女或者养育3岁以下儿童的工人的就业合同①。

二 提供家庭照顾假期

为了促进工作家庭的平衡，国际文书和各国法律政策为有家庭责任的男女工人提供了包括父母假、父亲假及其他照顾家庭的假期。

1. 父母假

第165号建议书和191号建议书对于父母假都有规定。第165号建议书明确：“在紧接着产假的一段时期内，父母双方有一方可以获得休假

① International Labour Office Geneva. *Maternity at work：a review of national legislation*（second edition）. Geneva：ILO，2010：p. 65.

(父母假),而不致被取消职业及由受保障职业所产生的各项权利。”而第191号建议书亦明确“在产假结束后的一段时间内,就业母亲或是孩子的就业父亲应有权享受父母假”。北京行动纲领也要求各国政府:“通过制订法律、提供奖励和(或)鼓励,确保男女都有机会享有工作保障的育儿假和育儿福利。”关于父母假的时间长短、休假时间和条件,国际劳工公约没有作出具体规定,而是交由各国政府根据国家法律、条例或者其他惯例决定。比如第165号建议书指出,各国“可通过法律或法规、共同协定、工作条例、仲裁的裁决、法院的判决或这些办法的结合;或以任何其他经考虑本国条件符合本国惯例的适当方式”予以决定。

在169个国家中,有66个国家有父母假的规定,其中绝大多数是发达经济体、东欧和中亚国家,在其他地区很少见①。父母假一般是作为父母的共享假期,但主要是妇女使用,男人很少用,尤其是无酬假期更是如此。

各国父母假制度,包括休假资格、是否付酬、时间长短、使用的灵活性、需要照顾的孩子年龄以及是否可以在父母间转让等,都有很大不同。大体上说,父母假比产假长,但津贴较低甚至没有津贴。在几个国家,集体谈判协议取代或者扩展了法律有关父母假的规定。66个国家中有超过一半(36)的国家是带薪的,除了智利和古巴外,全都是发达经济体、东欧和中亚国家。其中仅有18个国家规定了现金津贴相当于以前收入的2/3及以上,其他国家的津贴水平更低。津贴通常是由社会保险体系和国家税收支付的,其数额与收入并不挂钩②。在比利时和英国,每个父母都有独立的权利享受至少3个月的父母假。根据1996年的欧盟指令,欧盟成员国应当提供至少3个月的父母假,这一个人权利直到孩子8岁之前都可以行使。关于可以享受父母假的孩子的年龄,国家之间也有很大差异:布基纳法索是6个月,智利和韩国是1岁,丹麦是9岁③。

通常来说,妇女更有可能在产假结束之后休父母假,尤其是在父母之间共享休假的情况下。这种趋势会削弱妇女在劳动力市场上的竞争力,加

---

① International Labour Office Geneva. *Maternity and paternity at work*: *Law and practice across the world*. Geneva: ILO, 2014: p. 64.

② Ibid., p. 65.

③ International Labour Office Geneva. *Maternity at work*: *a review of national legislation* (second edition). Geneva: ILO, 2010: p. 52.

剧工作场所和家庭内部劳动分工的性别不平等。

2. 父亲假

随着对父亲在照顾幼儿方面的作用日益重视，越来越多的国家规定了父亲假。在可以获得信息的167个国家中，有78个国家有法定的父亲假。不同国家父亲假的持续时间从1天到3个月不等。父亲假通常是带薪的，由雇主提供，或者通过社会保险体系提供，或者是二者的结合。不过也有一些国家的立法没有规定带薪的父亲假。在冰岛，父亲有一个独立的、不可转让的休假配额。产假和父亲假加起来总共是9个月，分成三份，三个月保留给母亲，三个月保留给父亲，剩下的三个月父亲和母亲之间可以分配。欧盟成员国被鼓励在孩子出生或者收养时，给予就业男性个人的、不可转让的父亲假。在这期间，其就业权利受到保护。父亲假的休假时间与母亲休产假同时。比如在丹麦，父亲在孩子出生后14周内有权享受14天的带薪父亲假。爱沙尼亚也提供14天的带薪父亲假，可以在母亲产假期间或者孩子出生后两个月之内使用。在斯洛文尼亚，父亲在孩子6个月之前可以享受15天的带薪父亲假，并且在孩子3岁之前还有另外75天的假期。而在非欧盟国家，不可转让的父亲假则没那么普遍。比如在智利，父亲在孩子刚出生的那个月有5天的假期（其中1天用于孩子出生三天之内，另外4天用于孩子出生1个月之内）。

表1　各国立法中有关父亲假的规定

国家	规定
非洲	
阿尔及利亚	3天的带薪父亲假
喀麦隆	最长10天的带薪特殊家庭假
吉布提	3天的带薪父亲假
埃塞俄比亚	意外或者严重事件时给予5天的无酬假期
肯尼亚	2周带薪父亲假
马达加斯加	10天无酬家庭事假
卢旺达	4天父亲假
塞舌尔	4天带薪假期，为了“值得同情的理由”
南非	3天带薪家庭责任假
坦桑尼亚	3天的带薪父亲假
多哥	最长10天的带薪假，为了“与家庭直接相关的事件”

续表

国家	规定
突尼斯	私人部门 1 天父亲假；公共部门 2 天父亲假
乌干达	生产后的 4 个工作日带薪假期
亚洲（东亚、东南亚、南亚、太平洋地区）	
阿富汗	可用于生孩子的 10 天的基本假期（无酬）
柬埔寨	为了家庭事件的 10 天特殊假期
印度尼西亚	妻子生孩子时给予 2 天带薪假
缅甸	6 天的临时假期可用于父亲照顾其生孩子的配偶
菲律宾	已婚工人享有 7 天带薪父亲假
越南	工人允许因为家庭理由的无酬假期
中欧、东南欧（非欧盟）和独联体国家	
阿塞拜疆	妻子休产假时，男性有 14 天的无酬假期
波黑	7 个工作日的带薪父亲假
克罗地亚	因为个人理由有 7 天的带薪假期
马其顿	最长 7 天的带薪假期（取决于集体合同）
发达国家和欧盟	
比利时	10 天带薪父亲假
爱沙尼亚	14 个自然日
芬兰	18 天带薪假期
法国	11 天带薪父亲假，再加上 3 天因为家庭理由的带薪假期
匈牙利	5 天父亲假
冰岛	为父亲保留的 3 个月带薪父母假
拉脱维亚	10 个自然日
荷兰	两天带薪父亲假
新西兰	两周无酬父亲假（如果雇佣时间在 6 个月以内则为一周）
挪威	为父亲保留的 10 周带薪父母假
葡萄牙	5 天带薪父亲假
罗马尼亚	5 个工作日的带薪父亲假
斯洛文尼亚	90 天父亲假（15 天用于孩子 6 个月以内，其余用于孩子 3 岁之前）

续表

国家	规定
西班牙	4 周带薪父亲假
瑞典	10 天带薪父亲假，加上为父亲保留的 2 个月带薪父母假
英国	2 周带薪父亲假
中东	
沙特阿拉伯	1 天带薪父亲假
拉美和加勒比地区	
阿根廷	2 天带薪父亲假
巴哈马	1 周与家庭相关的无酬假期
巴西	5 天带薪父亲假
智利	5 天带薪父亲假
哥伦比亚	8 天带薪父亲假
危地马拉	孩子出生时有 2 天假期
巴拉圭	2 天带薪父亲假
乌拉圭	公务员有 3 天父亲假

Sources：ILO Database of Conditions of Work and Employment Laws on Maternity Protection （2009） and ILO NATLEX.

3. 照顾家庭所需的其他假期

国际劳工公约还对照顾家庭所需的其他假期作出了规定。比如第 165 号建议书规定“有与未独立子女有关的家庭负担的男女工人，均可以在子女生病时获得准假”。“有家庭负担的工人在其另一需要照料和养活的直系家庭成员生病时，可以获得准假。”关于休假的持续时间和条件，也由各国以适合本国国情的适当方式确定。

一些国家没有规定专门的父亲假，而是提供了一般紧急假期或者家庭假，可以由新生儿的父亲使用。在克罗地亚，工人因个人原因有 7 天的带薪假期。这种类型的假期在非洲国家普遍使用，包括吉布提、马达加斯加、塞舌尔、南非和多哥等。比如，马达加斯加劳动法典中没有规定父亲假，但它规定了法律覆盖的所有工人每年都有 10 天的家庭事件假期。阿富汗、柬埔寨、缅甸和越南等国家也有类似的规定①。美国 1993 年制定的《家庭及医疗休假法》规定，雇佣工人数达 50 人以上的雇主，应对其

① International Labour Office Geneva. *Maternity at work*：*a review of national legislation* （second edition）. Geneva：ILO，2010：p. 45.

正式员工提供每年 12 周的无薪休假，以使他们有时间去照顾自己的新生婴儿、患病的配偶、子女、父母等近亲属，雇主不得干涉员工的这种无薪休假权，更不得对其加以歧视或进行解雇①。

三 发展有关家庭照顾的公共服务

根据国际文书的要求，国家应在为有家庭责任的男女工人提供幼儿照顾及家务劳动的公共服务方面承担主要责任。

一是政府在社区规划中考虑有家庭责任的工人的特殊需求。第 165 号建议书要求各会员国，"与有关的公共组织和私人组织特别是雇主组织和工人组织合作"，收集和公布有关就业或正在寻找职业的有家庭负担工人数目以及其子女和其他需照料的受赡养者的数目和年龄方面的适当的统计材料，并通过对本地社区进行专门的系统考察，弄清他们对保育及家庭服务和便利的需要和偏好，通过在地方社区中鼓励和促进确立系统发展保育及家庭服务和便利的规划，来保证托幼及家庭服务和便利适合上述需要和偏好。

二是组织和鼓励公共组织和私人部门发展托幼和家庭服务业。第 156 号公约要求各会员国：应采取一切符合其本国条件和可能的措施，"以发展或促进社会服务，包括公共服务和私营的服务，如保育事业及家庭服务和便利"，并按照灵活的方针使其得到发展，或免费或根据工人的支付能力适当收费，以满足不同年龄的子女、其他需要照料的受赡养者和有家庭负担的工人的需要。第 165 号建议书要求各国政府通过在地方社区中鼓励和促进确立系统发展保育及家庭服务和便利的规划，来保证托幼及家庭服务和便利适合有家庭负担的男女工人的家庭照顾需求和偏好，并进一步指出，各国政府"应采取一切符合各国情况和可能的措施发展受到适当管理和监督的家务女佣和家庭保育服务，此类服务能够在必要时给有家庭负担的工人提供按工人支付能力合理收费的适当服务"。"促进能够在社区中提供服务的公共行动和私人行动，如适应工人需要的公共运输、工人住宅中的水和能源的供应以及配有节省劳力的器具的住房等。"消歧公约第

① 孔静珣：《美国妇女就业问题研究》，《中华女子学院山东分院学报》2010 年第 2 期。

十一条要求缔约国“鼓励提供必要的辅助性社会服务，特别是通过促进建立和发展托儿设施系统，使父母得以兼顾家庭义务和工作责任并参与公共生活”。

一些国家，包括哥斯达黎加、埃塞俄比亚、墨西哥和南非等通过提供公共托幼服务来支持最弱势群体的工作家庭平衡需求。不过，140 个国家中仍有 1/3 的国家没有关于这些公共服务或者补偿学龄前儿童照顾成本的补贴的国家立法。即使存在相关计划的地方，其覆盖面也有不足。甚至在高收入国家，低收入家庭的儿童获得正规托幼服务的机会比来自富裕家庭的儿童机会要少。不过托幼政策的世界性趋势是政府更多地承担起了对幼儿照看与教育的责任。政府在制定政策时的首要目标仍然是缓解父母尤其是母亲工作与家庭生活之间的矛盾和冲突。这也就意味着公共托幼机构尽管也担负着教育幼儿以使其获得良好发展的任务，但其首要任务仍然是缓和父母特别是母亲工作与育儿的冲突①。比如在智利，面向最贫困地区 3 个月到 2 岁幼儿的免费公共托儿所的数量从 2005 年的 14400 所增加到 2008 年的 64000 所②。实行收费合理的高质量幼儿照料可以减轻很多人面对的结构性障碍，尤其是那些低收入的和可能无法负担其他托幼方式的人员。二是鼓励企业采取平衡工作与家庭的措施。如匈牙利 2007 年开始实行“启动附加计划”（StartPlusProgramme），对雇主雇用因照料子女中断就业的妇女，其社会保障缴费可获得补贴③。

发展社区服务是减轻家庭照顾负担的有效策略之一。世界上各个国家和地区对于社区照顾服务的提供日益给予重视。比如 2008 年 10 月，香港开展了一项邻里支持儿童照顾项目，组成了“社区中心儿童照顾团队”负责照顾 3—6 岁的孩子和“家庭儿童照顾团队”负责照顾 3 岁以下的孩子。项目执行者还培训妇女成为家庭照顾的承担者，使她们可以在家庭中

---

① 和建花、蒋永萍：《从支持妇女平衡家庭工作视角看中国托幼政策及现状》，《学前教育研究》2008 年第 8 期。

② 国际劳工局：《工作中的平等：不断的挑战》（国际劳工大会第 100 届会议局长报告），2011 年，日内瓦，第 25 页。

③ International Labour Office Geneva. *Maternity and paternity at work*：*Law and practice across the world*. Geneva：ILO，2014：p. 45.

照顾邻居的孩子，并帮助社区中心照顾团队的工作[①]。

四 倡导男女平等承担家庭责任

联合国相关公约和文书都对于男女平等承担家庭责任的宣传倡导给予了高度重视，各个国家也积极采取行动，改变性别分工的定性观念，倡导男女平等承担家庭责任。

第165号建议书要求各国政府采取适当措施，“促进这一方面的教育，以鼓励男女双方共同承担家庭负担，使有家庭负担的工人能够更好地协调他们的工作和家庭负担”。《消歧公约》第五条规定：“缔约各国应采取一切适当措施：（a）改变男女的社会和文化行为模式，以消除基于因性别而分尊卑观念或基于男女定型任务的偏见、习俗和一切其他方法。（b）保证家庭教育应包括正确了解母性的社会功能和确认教养子女是父母的共同责任，但了解到在任何情况下应首先考虑子女的利益。”北京行动纲领要求各地方政府“制订政策，特别是教育政策，改变强调男女分工的观念，以宣传分担家务责任的概念，特别是分担照顾子女和老年人的责任”。“通过创新的宣传运动以及学校和社区教育方案，设计和提供教育方案，以提高对于男女平等和男女在家中非陈规定型的作用的认识。”世妇会5周年成果文件指出：“妇女还继续承担过重的家务职责以及照顾小孩、病者和老年人。有必要通过适当的政策和方案，特别是有关教育的政策和方案并酌情通过立法手段，一贯地解决这种不平衡的现象。为了在公共和私人领域建立完全的伙伴关系，必须要使妇女和男子能够兼顾并公平分担工作责任和家庭责任。”

一些国家和地区还通过修改相关的法律政策，来推进家庭责任方面的性别平等。比如欧洲法院（ECJ）2010年9月对Alvarez诉Sesa Start Espana的裁决扩大了欧洲关于工作与家庭平衡问题的内涵。法院发现西班牙的一项关于父母可每天离开工作1小时喂养9个月以下婴儿的法律，与保护平等相关法律不一致，因为父亲一方只有在母亲也工作的情况下才

① 香港特区政府：《执行北京宣言行动纲领和第二十三届特别联大成果文件的亚太地区政府问卷的报告》，2009年，香港。

有这种权利，而母亲一方却可以离开工作岗位而无论父亲的就业状况。法院明确判决，协调有子女劳动者的工作与家庭生活的就业政策，如西班牙的喂养法等，必须按照《欧洲理事会平等待遇指令》平等适于用父母双方。这样，男性将更经常地与妇女自由分享哺育幼儿的责任，从而提高男女确保工作与家庭平衡的能力[①]。

五 对中国的启示及建议

国际文书和各国法律政策中有关促进工作家庭平衡的规定，对中国有如下启示：

首先是明确有家庭负担的男女工人平等机会和平等待遇及反歧视的立场。要保障有家庭负担的男女工人在就业中享有平等机会和待遇，在劳动力市场上不要受到歧视；同时为了保证有家庭负担的男女工人真正享有平等机会和待遇，还要采取一些暂行特别措施，对其进行就业保护。

其次是强调促进工作家庭平衡的国家责任。在国家、市场、家庭、个人等不同的主体中，国家应当承担促进工作家庭平衡的首要责任。国际文书中对于国家的责任都作出了突出强调。国家要对有家庭负担的男女工人的同等机会与待遇提供法律保障，要监督和鼓励雇主执行国家法律政策，并采取家庭友好的措施减少员工的工作家庭冲突，还要倡导和鼓励家庭内部平等分担家庭责任。

再次是男女平等承担家庭责任。长期以来，妇女一直是家庭责任的主要承担者，面临着比男性更为严重的工作家庭冲突。只有打破这种传统的性别分工和性别角色定型，使男女平等分担家庭责任，才能真正实现有家庭负担的男女工作的机会平等和待遇平等。

基于国际文书的要求和各国的经验，对于中国促进工作家庭平衡提出如下政策建议：

一是进一步在法律中明确基于家庭负担的就业歧视的内容。建议在劳动法、就业促进法的修改中明确基于家庭负担的就业歧视的范围和表现；

① 国际劳工局：《工作中的平等：不断的挑战》（国际劳工大会第100届会议局长报告），2011年，日内瓦，第26页。

在相关法律法规中明确就业保护的定义、内容，扩展其适用范围，使尽可能多的劳动者都能够包括进去。

二是制定和完善有关父母假的规定。建议中国相关国家立法和政策中明确父亲假或者父母假的定义、期限、资格及其他相关问题，以推动男女共同承担家庭照顾的责任。

三是进一步加强在托幼等公共服务提供方面的政府责任。建议加大政府对于公共托幼设施的投入，鼓励社区和企业兴办收费合理的、高质量的托幼和养老设施，减轻劳动者的家庭照顾负担。

四是减轻家务负担，倡导平等承担家庭责任。一是建议大力发展以社区为基础的公共服务和家庭服务，包括托幼、养老以及家政服务，以满足有家庭责任劳动者的家庭照顾和家务劳动需求，缓解工作和家庭冲突。二是大力倡导男女平等承担家庭责任。通过在全社会的宣传，推动改变传统的性别分工和定型观念；提倡男女共同分担家务，鼓励和支持男性承担更多家庭照顾的责任。

城镇已婚女性的工作与家庭冲突研究

——基于时间利用的分析*

杨玉静**

摘　要：本文利用第三期中国妇女社会地位调查资料，从时间利用的视角分析了城镇已婚职业女性工作与家庭冲突状况。研究发现，婚姻和生育是女性平衡工作与家庭关系面临的巨大挑战，工作时间的刚性减少了女性对家庭的时间投入，城镇已婚在业女性比男性面临更大的工作与家庭冲突，公共服务的供给可在一定程度上缓解这种矛盾和冲突。在政策方面建议推动用人单位公平对待职业女性，有条件地实行弹性工作制；政府要增加公共服务供给，提高服务水平；同时倡导男女共同承担家庭责任。

关键词：城镇已婚女性；工作与家庭；时间分配

一　研究背景

马克思主义妇女观认为，妇女走出家庭参与社会劳动是妇女获得解放的先决条件。20 世纪 60 年代，在西方女性解放运动的推动下，越来越多的女性走入社会，拥有了工作的权利，但是既有的家庭分工模式并没有发生根本的改变，女性仍然被期待为家务劳动的主要承担者，这样便使女性背上了工作与家庭的双重负担，正如 Hochschild 在《the Second Shift》所

---

* 基金项目：国家社会科学基金重大项目“新时期中国妇女社会地位调查研究”（项目编号：10@ZH020）。

** 杨玉静，全国妇联妇女研究所副研究员。

分析的那样，女性完成了家庭之外的工作后，还要继续做家里的工作，像个倒班的工人[①]。进入21世纪，Kingston对于妻子这一角色意义的探讨再次引起了人们对于女性工作与家庭冲突的关注[②]，如何把有效的时间和精力分配到工作和家庭之中成为一个重要的研究议题。

在中国，解放后走出家庭参加社会工作的职业女性同样也面临着双重角色的矛盾和压力，但在计划经济时期，不论城市还是农村，国家都提供了较好的社会福利和公共服务，如托儿所、幼儿园、单位的哺乳室、公共食堂、福利分房等，这在一定程度上缓解了职业女性的工作与家庭冲突。改革开放后，随着经济体制转轨，单位办社会的体制不复存在，许多家庭服务的功能转嫁到家庭本身，女性要承担更多的家庭照料责任。虽然中国的生育率一直在下降，家庭规模减小，家务劳动的社会化程度在提高，但由于老龄化、家庭照顾的市场化和私人化，对独生子女的高期望，传统大家庭支持可获得性的降低，对生活质量的追求等社会和经济因素的存在，家庭照料的负担并没有减轻，职业女性的工作与家庭冲突更加明显，甚至有部分女性在生育以后无法兼顾工作与家庭而退出劳动力市场。第三期中国妇女社会地位调查数据显示，目前在家料理家务的女性之所以没有从事有收入的工作/劳动，77.1%的认为并不是她们不想出去工作，一个主要原因是“家里有孩子需要照顾”，“家里有老人/病人需要照顾”也是一个重要原因；另外67.5%的已婚女性目前或曾经因结婚生育/照顾孩子、照顾老人/病人、支持配偶发展等“家庭原因”而中断职业发展[③]。

职业女性工作与家庭的冲突客观存在，在人的时间和精力有限的情况下，这种冲突直接体现在时间分配上就是工作时间与家务劳动时间以及休闲时间、睡眠时间的相互挤压。从时间利用的视角分析城镇已婚女性的工作与家庭冲突，对于了解职业女性的双重负担状况、为促进女性平衡工作与家庭提供政策依据具有重要意义。

---

① Hochschild, A. R. (with Anne Machung). *The Second Shift: Working Parents and the Revolution at Home*, New York: Viking Penguin, 1989.

② Kingston, A.. *The Meaning of Wife: A Provocative Look of Women and Marriage in the Twenty-first Century*, Farrar, Straus and Giroux, 2005.

③ 杨玉静、郑丹丹：《婚姻家庭中的妇女地位》，载于宋秀岩主编《新时期中国妇女社会地位研究》，中国妇女出版社2013年版。

二 相关研究回顾

对工作与家庭冲突研究比较多的是在管理学领域，国内外学者对工作家庭冲突的前因后果，以及公司企业应对工作家庭冲突的举措等方面进行了许多研究。已有的研究发现，家庭生命周期、家庭结构、组织管理实践、性别、人格、产业制度环境、社会文化等都会对工作家庭冲突产生影响；工作与家庭冲突最终会影响个体和家庭的健康，导致各种负面组织行为并影响组织绩效；面对影响组织绩效的负面组织行为，组织会设计多种人力资源管理策略，如时间管理、弹性工作制、家庭照顾福利、培育工作—家庭文化等，并将它们正式化与制度化，降低员工的工作—家庭冲突水平①。

伴随工作—家庭冲突研究的同时，平衡工作与家庭的研究则强调工作和家庭之间的相互促进与和谐共融。针对女性所面临的工作与家庭冲突，有研究者从对国外相关政策的分析，提出了帮助女性平衡工作与家庭的政策需求和建议。和建花、蒋永萍从支持妇女就业、平衡妇女家庭与工作矛盾的角度出发，分析了世界发达国家家庭政策加强政府对公共托幼事业的责任的发展趋势，并探讨了中国市场经济环境下托幼政策与托幼现状，对完善公共服务政策提出了建议②。刘伯红、张永英、李亚妮通过对中国人口、家庭发展与变化趋势及家庭照顾特点分析，解释了女性工作与家庭关系的冲突的原因，并从政府责任、公共政策、立法、社会风尚、统计与研究等方面提出平衡女性工作与家庭的政策建议③。

西方学者对于已婚女性时间分配的研究更多地侧重家庭的性别分工。

① 张勉、魏钧、杨百寅：《工作和家庭冲突的前因和后果变量：中国情景因素形成的差异》，《管理工程学报》2009 年第 4 期。

② 和建花：《法国家庭政策及其对支持妇女平衡工作家庭的作用》，《妇女研究论丛》2008 年第 6 期；和建花、蒋永萍：《从支持妇女平衡家庭工作视角看中国托幼政策及现状》，《学前教育》2008 年第 8 期。

③ 刘伯红、张永英、李亚妮：《从工作与家庭的平衡看公共政策的改革与完善》，《中华女子学院报》2010 年第 6 期。

性别角色理论①和相对资源理论②都从家庭内部分工解释了已婚女性的时间分配；之后的社会性别理论、互动理论和综合理论把对已婚女性时间分配的原因分析由家庭内部上升到更加宏观的社会体制层面③④。利用2000年中国妇女社会地位调查福建省数据，石红梅探讨了已婚女性的时间配置问题，发现已婚女性的时间配置受到社会文化观念、家庭的经济状况和人口特征及个人的经济状况和人口特征的综合影响⑤。基于对职场女性领导者的访谈资料，陈雪飞、张妙清就女性领导者如何融合家庭内外进行了跨文化的比较研究，发现中外女性领导者在管理时间的方式、对自己家庭角色的描述以及影响她们感知工作—家庭冲突的因素等方面存在差异⑥。

已有研究对本文具有很多借鉴意义，鉴于实证研究的缺乏，本文将在现有研究的基础上，利用调查数据分析女性工作与家庭冲突的状况和趋势，为相关政策的制定提供依据。

三 数据与方法

时间挤压是现代社会劳动制度对劳动工人进行管理的一个结果，由于农村在业女性大多从事的是农业劳动，没有进入现代企业管理体制，其劳动时间具有灵活性的特点，在时间分配上，工作与家庭的冲突程度不及城镇职业女性，所以本文只对城镇在业女性进行研究。另外，由于婚姻对女性时间分配的影响较大，进入婚姻意味着家庭劳动的增加，工作时间与家务劳动时间、休闲时间的挤压可能会更加明显，所以本文重点关注城镇已

---

① Parsons Talcott and Bales Robert F.，*Family*：*Socialization and Interaction Process*，London：Routledge and Kegan Paul Ltd.，1956.

② Blood Robert O. Jr. and Wolfe Donald M.. *Husbands and Wives*：*The Dynamics ofMarried Living*，Illinois：The Free Press of Glencoe，1960.

③ Maret，E. & Finlay，B.. The Distribution of Household Labor among Women inDual-earner Families，*Journal of Marriage and Family*，1984.

④ Edwards，J. R. & Rothbard，N. P.. Mechanisms linking work and family：clarifying the relationship between work and family constructs，*Academy of Management Review*，2000.

⑤ 石红梅：《已婚女性的时间配置研究》，博士学位论文，厦门大学，2006年。

⑥ 陈雪飞、张妙清：《女性领导者融合家庭内外的跨文化比较》，《妇女研究论丛》2011年第2期。

婚在业女性的工作与家庭冲突。

本文的数据来源于全国妇联和国家统计局联合开展的三次中国妇女社会地位调查。1990 年、2000 年和 2010 年三次调查均对时间利用进行了调查，但三次调查的方式略有不同，为便于比较，本文只考察城镇在业者在工作日的时间分配情况，并将时间分为五类：（1）用于生存和发展的工作/学习时间，即有酬劳动时间；（2）工作/学习往返路途时间，即通勤时间；（3）用于再生产的家务劳动时间，即无酬劳动时间；（4）用于身心发展的休闲娱乐时间；（5）因生理需要而产生的睡眠时间。

本文将运用交互分析的方法探讨近 20 年来城镇在业者各类时间分配的变化趋势及性别差异；分析不同女性群体工作与家务劳动时间分配模式的不同；针对城镇已婚在业女性所面临的工作与家庭平衡问题提出合理化建议。

本文选取 1990 年、2000 年和 2010 年 18—64 岁城镇在业者样本，样本分布状况见表 1。其中分别有 2940 个、6030 个、6071 个已婚样本。

表 1　　1990—2010 年 18—64 岁城镇男女在业者样本状况

	总样本	男性	女性
1990 年	3397	1848	1549
2000 年	6961	3424	3537
2010 年	7230	3992	3238

四　描述性分析结果

20 年来，随着经济发展以及人们生活方式的变化，城镇在业者的时间分配方式也发生了变动，不仅男女两性之间存在一定差异，不同女性群体之间也存在时间利用的不同，工作与家庭的冲突程度亦表现出不同的变化和差异。

1. 二十年来城镇在业者时间分配的变动趋势及性别差异

从图 1 可以看到，城镇在业者的各类时间分配呈现出“三升两降”的趋势。随着经济的快速发展，工作占用了人们越来越多的时间，特别是最近 10 年，城镇在业者的工作时间增加了 27 分钟；同时由于城市的扩张、道路的拥挤、房价的上涨，居住地与上班地点的分离，人们用在工作路途上的时间也增加了，尤其是最近10年增加的较多；虽然睡眠时间也有所上升，但三个时点的数据均显示不足8小时；家务劳动时间的减少并没有带来休闲娱乐时间的增加。

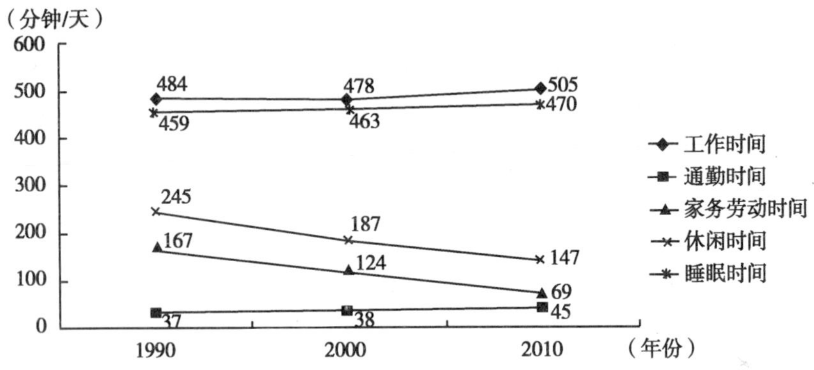

图1　1990—2010年城镇在业者时间分配的变动趋势

分性别来看，两性时间利用的变动趋势与总体一致，也是“三升两降”，但是两性对各类时间的分配有较大差异，男性用在有酬劳动上的时间始终超过女性，而女性花在无酬家务劳动上的时间大大超过男性，休闲时间却比男性少。值得注意的是，2010年城镇女性在业者的工作/学习时间比10年前增加了39分钟，大于男性工作/学习时间增加的幅度（13分钟），但女性用于家务劳动的时间仍多于男性；两性用于有酬劳动的时间差异在减小，但用于无酬劳动的时间仍相差一个小时，说明虽然女性的工作负担在加重，但仍然要承担主要的家庭照料责任，“男主外、女主内”的家庭分工模式依然没有根本改变（见图2）。

对于已婚者来说，夫妻处在同样的家庭生命周期，如果都在劳动力市场中，他们的时间分配又会有哪些不同呢？对比图2和图3可以发现，城镇已婚在业男性的工作/学习时间和家务劳动时间几乎没有什么变化，但女性已婚者的工作/学习时间减少了，家务劳动时间增加了，说明婚姻对于城镇男女在业者时间利用的作用不一样。

2. 婚姻对两性工作与家庭时间分配的不同影响

从2010年调查数据来看，处于不同婚姻状态的城镇在业女性的时间分配存在较大差异。表2显示，与未婚女性相比，在睡眠时间差异不大的情况下，由于已婚女性要在家务劳动方面花费更多的时间，因而减少了工作/学习时间和休闲时间，已婚女性的工作/学习时间比未婚女性少29分

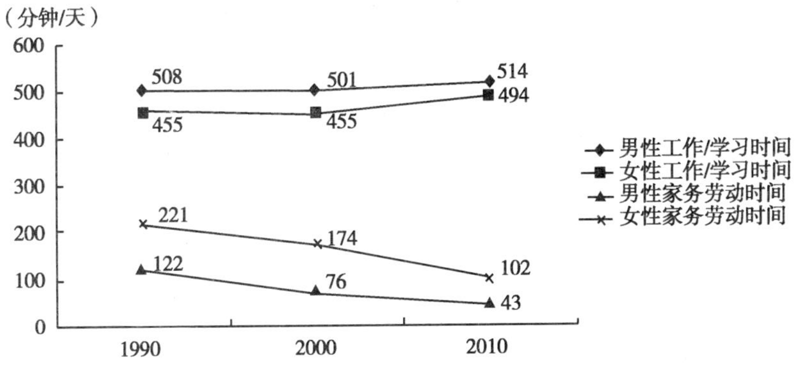

图 2　1990—2010 年城镇在业者工作/学习与家务劳动时间的性别差异

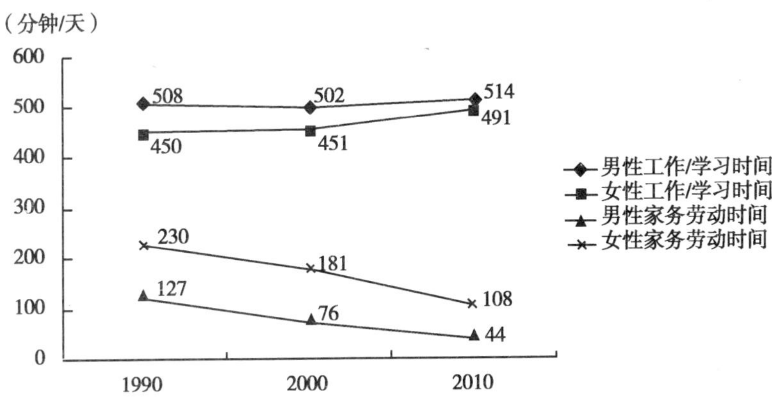

图 3　1990—2010 年城镇已婚在业者时间利用的性别差异

钟，但家务劳动时间却多 64 分钟，工作与家庭的冲突更多；由于没有配偶一起承担家庭责任，离婚和丧偶女性的家务劳动时间均高于已婚女性；另外，离婚女性的工作时间略高于已婚女性，其工作与家庭的时间冲突可能要更大些，但这并没有减少她们的休闲时间，离婚女性的休闲时间比已婚女性多 9 分钟，她们牺牲了更多的睡眠时间。

从性别差异看，婚姻对于男女两性的时间分配起着不同的作用。未婚男女的工作/学习时间没有差异，未婚女性的家务劳动时间仅比男性多 17 分钟，但已婚女性的家务劳动时间比男性多 64 分钟，而工作/学习时间则少 23 分钟；不管处于哪种婚姻状态，女性的家务劳动时间均比男性多，在平衡工作与家庭时间的过程中，她们牺牲了更多的休闲时间。

表2　2010年不同婚姻状况的城镇在业者时间分配的性别差异

单位：分钟/天

	未婚		已婚		离婚		丧偶	
	男	女	男	女	男	女	男	女
工作/学习时间	520	520	514	491	512	493	470	484
通勤时间	54	53	47	41	46	42	40	33
家务劳动时间	27	44	44	108	68	114	103	122
休闲时间	163	157	156	132	164	141	136	138
睡眠时间	475	476	470	473	453	449	464	451

3. 生育对女性平衡工作与家庭时间的影响

对于在业母亲来说，对未成年子女的照料要花费她们大量的时间和精力，处在不同家庭生命周期的在业女性所面临的工作与家庭冲突也不尽相同，其中生育是女性平衡工作与家庭面临的巨大挑战，有无未成年孩子、孩子的数量以及年龄不同，在业母亲在工作与家庭的时间安排上也会有所不同。

表3显示，家里未成年孩子越多，在业母亲的家务劳动时间越多，睡眠时间越少；有一个孩子的在业母亲比没有孩子的女性家务劳动时间增加30分钟，睡眠时间减少了31分钟；但是，她们的工作/学习时间和休闲时间并没有减少，在业母亲只是牺牲了更多的睡眠时间。而有两个和三个及以上孩子的在业女性家务劳动时间明显增多，工作/学习时间明显减少，休闲和睡眠时间也显著减少。

表3还显示，有0—2岁孩子的城镇在业女性工作时间最少，睡眠时间也较少（不足8个小时），家务劳动时间较长，这可能是因为孩子在3岁之前需要更多的家庭照顾，女性因怀孕、产假、哺乳等需要而减少了工作时间；有3—5岁孩子的在业母亲家务劳动时间最少，睡眠时间最多（8.2小时），还可以把较多的时间投入到工作/学习中，这可能是因为托幼服务替代了部分家庭照料的功能，在一定程度上缓解了在业母亲的工作与家庭冲突；孩子上小学乃至中学以后，在业母亲的工作/学习时间和家务时间都增加了，她们或许是双重负担较重的一个群体。

表 3 2010 年未成年孩子的数量、年龄与城镇在业母亲的时间分配

单位：分钟/天

		工作/学习时间	家务劳动时间	休闲时间	睡眠时间
孩子数量	没有孩子	493	76	133	501
	一个孩子	495	106	135	470
	两个孩子	473	128	123	469
	三个及以上孩子	475	127	116	454
孩子年龄	0—2 岁	489	100	124	466
	3—5 岁	493	90	122	494
	6—12 岁	500	110	115	477
	13—17 岁	497	114	133	465

已婚女性与丈夫处于同一家庭生命周期，同样外出工作，但生育对两性时间利用的作用却存在较大差别。2010 年调查数据显示，不管家里有几个未成年孩子，也不管这些孩子的年龄有多大，在业父亲的家务劳动时间都没有多少差异，家有不同年龄孩子的在业父亲工作时间也没有差异（见图 4）。

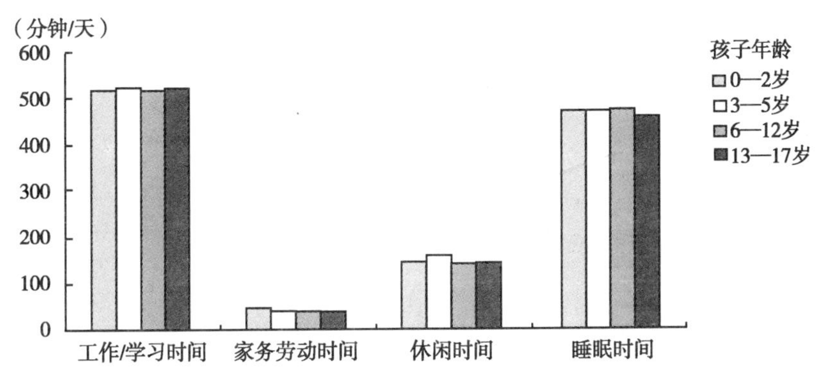

图 4 2010 年未成年孩子的年龄与在业父亲的时间分配情况

4. 不同职业发展环境中的已婚女性工作与家庭时间利用差异

现代工作制度极大地影响了人们的时间管理方式，职业发展环境不同，人们对各类时间的分配也会有所不同，不同职业、不同单位类型和不同单位所有制中的已婚女性工作与家庭时间结构呈现出不同特征。

从表 4 可以看出，各类负责人的工作/学习时间最长，平均每天 8.4

小时，睡眠时间最短，只有7.4小时，但休闲时间最长；相对来说，女性专业技术人员的工作/学习时间较少，家务劳动时间还比各类负责人少10分钟，工作与家庭的冲突相对较小；生产运输工人的工作/学习时间和家务劳动时间都比较长，工作与家庭时间的分配模式与各类负责人相似，但休闲时间却比各类负责人少32分钟，她们的工作与家庭冲突相对较大。从总劳动时间（含通勤时间）来看，生产运输工人最长，其次是各类负责人，再次是商业服务业人员。

表4　　2010年城镇不同职业已婚女性的时间利用状况

单位：分钟/天

	工作/学习时间	通勤时间	家务劳动时间	休闲时间	睡眠时间
各类负责人	503	42	104	155	446
专业技术人员	485	48	94	131	479
办事人员	501	44	96	128	483
商业服务业人员	493	35	117	132	466
生产运输工人	499	43	109	123	477
农业生产人员	393	43	138	146	474

表5显示，在党政机关/人民团体和事业单位工作的已婚女性工作与家庭时间结构类似，工作/学习和家务劳动时间均比较长，但党政机关/人民团体女性的休闲时间长，睡眠时间短，事业单位女性则相反。在社会团体及基层自治组织工作的已婚女性工作/学习时间和睡眠时间均最短，休闲时间和家务劳动时间均最长。单位类型为个体工商户的已婚女性通勤时间最短，但工作与家务时间都比较长。

表5　　2010年城镇不同单位类型已婚女性的时间利用状况

单位：分钟/天

	工作/学习时间	通勤时间	家务劳动时间	休闲时间	睡眠时间
党政机关/人民团体	503	48	108	140	468
社会团体及基层自治组织	474	40	124	157	464
事业单位	500	46	101	125	486
企业	492	46	97	127	471
民办非企业	484	47	113	129	486
个体工商户	501	36	110	130	470

从表6可以看到，在睡眠时间差异不大的情况下，港澳台/外商投资经济单位女性的工作/学习时间和通勤时间最长，家务劳动和休闲时间最短，工作与家庭时间的矛盾较为突出；而集体经济单位女性的情况正相反，工作/学习和通勤时间最短，家务劳动和休闲时间最长；国有和私营/个体经济单位女性的工作与家庭时间结构差异不大。

表6　　2010年城镇不同单位所有制已婚女性的时间利用状况

单位：分钟/天

	工作/学习时间	通勤时间	家务劳动时间	休闲时间	睡眠时间
国有经济	495	45	102	133	478
集体经济	466	42	124	154	472
私营/个体经济	498	46	100	121	474
港澳台/外商投资经济	514	63	88	118	477

5. 城镇已婚在业女性工作与家庭时间分配的地区差异

中国的地区发展差异较大，京津沪和东、中、西部的城市化发展水平不同，人们的生活方式也有很大差别，对各类时间的分配存在一定差异。表7显示，东部和西部女性的工作/学习时间较多，而城市化发展水平较高的京津沪地区，女性的工作/学习时间与中部女性一样，但京津沪女性的通勤时间却最长，分别比中部和西部女性多21分钟和19分钟，这可能与大城市交通拥堵、居住地与工作地点距离较远等因素有关。西部女性的家务劳动时间最少，比京津沪女性还少1分钟。相对而言，除了通勤时间较多、睡眠时间较少以外，京津沪地区已婚在业女性的总劳动时间最少，工作与家庭时间的冲突并不明显，这似乎并不符合该地区经济发展水平和城市化程度较高的特点；从各类时间的分配看，东部地区女性的工作与家庭关系较为紧张。

从性别差异看，京津沪女性的家务劳动时间与男性差异最小，中部地区男女家务劳动时间相差最大；西部男女两性的工作/学习时间相差最少，男性比女性多15分钟，而京津沪地区两性的差异最大，男性的工作/学习时间比女性多34分钟。

表 7　　2010 年不同地区城镇已婚女性的时间状况　　单位：分钟/天

	工作/学习时间	通勤时间	家务劳动时间	休闲时间	睡眠时间
京津沪	484	59	102	136	463
东部	495	42	108	123	478
中部	484	38	114	142	462
西部	493	40	101	133	478

五　总结与讨论

已婚女性参与市场劳动后，具有与男性相同的时间构成模式，但在传统家庭分工模式没有根本改变的情况下，已婚女性的时间分配不仅仅涉及个体的发展，还涉及家庭的健康发展。通过对已婚女性的时间分配进行研究，不仅可以反映女性个体生活方式的变迁和现状，也可以反映女性在平衡工作与家庭关系中所面临的困境与挑战。鉴于农村女性的主要劳动参与模式是农业劳动，其劳动时间具有灵活性、分散化的特点，本文仅对城镇已婚在业女性的各类时间分配状况进行了研究。

比较三个调查时点的数据发现，20 年来，特别是近 10 年来城镇在业群体的工作/学习时间、通勤时间和睡眠时间增加了，家务劳动时间大大减少，但休闲时间并未增加；性别比较发现，男性的有酬劳动时间始终多于女性，而女性的无酬劳动时间也一直比男性多，虽然近 10 年女性的工作/学习时间与男性的差距缩小，但家务劳动时间的差距仍然较大，与男性相比，已婚在业女性的双重负担更重，双重角色的冲突更强烈。

处于不同婚姻状态的在业女性时间分配模式存在较大差异，已婚女性和离婚女性的工作与家庭时间冲突较为明显。婚姻和生育对男女两性时间利用模式的作用不尽相同，已婚在业女性牺牲了更多的休闲时间来平衡工作与家庭；未成年孩子的数量和年龄对在业母亲的时间分配影响较大，但对在业父亲几乎没有什么影响；孩子越多，在业母亲的家务劳动时间越长，但只有一个孩子并不会减少女性的工作/学习时间；在业母亲的工作与家庭时间冲突最多的不是在孩子幼儿期，而是在孩子上小学以后。

从职业和单位环境看，女性专业技术人员的工作与家庭时间冲突较小，各类负责人和生产运输工人的工作与家庭关系较为紧张，但各类负责人有较多的休闲时间，相比而言，体力劳动者的负担较重；党政机关/人民团体和事业单位已婚女性工作/学习时间较长，其工作时间的刚性在一定程度是减少了对家务劳动时间的投入，社会团体及基层自治组织已婚女性的工作/学习时间最少，家务劳动和休闲时间最长；不同所有制性质的单位对员工的时间管理模式也不同，相对来说，港澳台/外商投资经济单位女性工作与家庭时间的矛盾较为突出。

另外，城镇已婚在业女性时间分配的地区差异在一定程度上反映了经济发展水平和城市化程度与个体时间分配的相关联系，东部地区女性的工作与家庭关系较为紧张，但中西部女性的工作与家庭时间分配与京津沪地区并没有明显差异，宏观经济发展环境与个体时间分配的关系还需进一步研究。

时间是一种财富和资源，各类时间的分配和管理模式既反映了个体处理工作和家庭关系的一种能力，也在一定程度上反映了社会发展水平和政府公共服务的水平，时间利用状况也是福利的基础和制定相关公共政策的依据。工作与家庭是人生的两个重要领域，已婚在业女性平衡工作与家庭需要更多的政策支持。

本文的研究发现，婚姻和生育是在业女性平衡工作与家庭关系面临的巨大挑战，这也是劳动力市场性别歧视的主要原因，但进入婚姻以及生育本身并不会大大减少女性的工作时间，而只是增加了她们的家务劳动时间，为了平衡工作与家庭，女性往往会牺牲自己的休闲时间。因此，政府及其他社会力量需要推动用人单位在就业、晋升等方面减少对女性的隐性歧视，这是缓解女性工作与家庭压力的一个重要前提。另外，用人单位工作时间的刚性会大大减少女性的家务劳动时间，造成工作与家庭关系的紧张，因此建议用人单位在一定条件下实行弹性工作制。

随着家庭规模缩小和家庭功能的弱化，缓解女性工作与家庭冲突需要政府进一步完善公共服务，增加家庭照料服务的供给和水平，尤其是要对有未成年孩子的家庭提供更多的支持和帮助。此外，在家庭中倡导男女共同承担家庭责任，鼓励男性与女性共同分担家务劳动和照料孩子，对于女性平衡工作与家庭关系也具有非常积极的意义。

守望或逐梦：工作—家庭平衡状况的性别差异及影响因素研究

姜佳将*

摘　要：工作—家庭平衡正日益成为一项重要的社会政策和公共管理议题。本研究以第三期中国妇女社会地位调查浙江省数据为例，对工作—家庭平衡状况的性别差异及影响因素进行研究。结果显示，工作时间、家庭支持和性别观念是影响工作家庭冲突的三大主要因素，且均对工作—家庭冲突具有正向影响。工作时间增长、拥有家庭支持和持现代观念者，其感知到的工作家庭冲突越强烈。对男性而言，教育程度、工作时间和性别观念对男性产生工作—家庭冲突感知有显著影响；对女性而言，教育程度、工作时间和家庭支持对女性产生工作—家庭冲突感知有显著影响。

关键词：工作—家庭平衡；性别；影响因素

一　引言

工作和家庭是当今社会绝大多数人生活中最为重要的两个领域，因两者对个体角色要求的冲突性和不可调和性而被大部分研究者认为是相互冲突的，成为影响福利获得的一种新社会风险。在欧洲，从20世纪80年代起就开始关注工作—家庭冲突现象及两者如何平衡的问题，并积极调查和

---

* 姜佳将，浙江省社会科学院社会学所助理研究员。本文系浙江省社会科学院一般课题《工作—家庭平衡状况的性别差异及影响因素研究》的研究成果，本论文获浙江省社会科学院重点学科（发展社会学）资助。本文的研究数据来源于第三期中国妇女社会地位调查浙江省数据，感谢全国妇联妇女研究所和浙江省妇联提供相关资料和数据。

探索工作—家庭冲突的现状、前因、后果及相关影响因素。随着社会转型的进一步深入，经济社会新常态不断出现，我国也同样面临工作—家庭冲突这个新的社会问题，工作—家庭平衡问题已成为新常态下社会政策的新议题。

第一，家庭结构转变和人口老龄化加重家庭照顾责任。随着社会转型和经济转轨，中国的人口和家庭结构发生了变化，城乡人口流动、家庭规模小型化以及人口老龄化等加重了传统家庭的照顾责任①。可以说，近几十年来我国家庭在面临更大照顾责任的同时，自身的功能却不断弱化，导致整个社会缺乏拥有足够时间的照顾者，老年人和儿童都无法获得合理的照料，工作—家庭之间的冲突日益明显。

第二，性别意识提升和劳动力结构变迁加剧责任分担矛盾。随着工业化的推进和社会性别意识的提升，女性出于满足自身及家庭经济需要或出于实现自我发展的愿望，大量进入劳动力市场参加有报酬的劳动；另一方面，男性也被要求承担更多的家庭责任和照顾职责。因而，当女性由过去单一的家庭角色逐渐发展到需要扮演各种社会角色同时兼顾家庭角色，当男性由过去单一的社会角色逐渐发展到需要更多承担家庭责任时，在时间和精力有限的情况下，男女两性均肩负有薪劳动和家务劳动双重负担，家庭责任如何在不同成员之间分配成为困扰家庭成员尤其是女性的现实问题。

第三，全球市场环境和竞争压力凸显工作—家庭平衡压力。全球经济一体化进程的加速使得市场竞争日趋激烈，企业开始倡导工作至上伦理和加班文化，从而表现为劳动者的工作压力增大和工作时间延长。从各种统计数据和研究来看，中国劳动者实际的平均日工作时间和周工作时间均超过国家法律规定。可见，在组织环境日趋复杂的背景下，人们一方面必须面对工作时间延长和工作压力增加的现实压力，另一方面产生了对更灵活的工作方式的现实要求和对工作—家庭平衡的现实需求。

可见，随着越来越多国家、组织和个人的关注，工作—家庭平衡正日益成为一项重要的社会政策和公共管理议题。在新常态背景下，当工作—家庭冲突作为一种新社会风险出现并日益普遍化时，社会政策就应该对这

① 刘伯红、张永英、李亚妮：《工作和家庭的平衡：中国的问题与政策研究报告》，2008 年。

种新社会风险保持足够的敏感，并及时回应相应的社会需要。① 综上所述，为了解处于社会转型期的我国在业人口的工作—家庭冲突状况的性别差异及相关影响因素，本文以浙江省为例，利用第三期中国妇女社会地位调查之浙江省数据进行研究分析。

二　理论视角与研究假设

工作—家庭冲突的定义最早由 Kahn 等人（1964）提出，他们认为工作家庭冲突是指角色间在某种程度上不得同时兼顾而产生的冲突与压力，主要指工作和家庭角色。由于关注焦点不同，形成了工作—家庭冲突的多种研究视角。

角色冲突理论（Role Conflict）关注于角色卷入问题，研究的焦点问题是工作和家庭卷入对工作—家庭冲突形成的作用。角色冲突理论认为，由于个体所拥有的时间、精力和能力等资源表现为一定的稀缺性，一种角色责任的履行可能会影响到另一或多个其他角色责任的履行，来自工作和家庭两方面的压力和矛盾使得工作或家庭角色运用起来变得困难②。如职业女性因为加班不能够陪自己的孩子和丈夫的压力，就是女性在工作角色和母亲角色的冲突。也就是说，工作家庭冲突是个体有限的时间精力无法同时满足工作和家庭双重需求的结果，因而工作时间和家务劳动时间成为引发工作家庭冲突的基本因素。国内外诸多研究者探索了工作时间、家务劳动时间与工作家庭冲突之间的关系，但结论存在分歧③④；对工作时间与工作家庭冲突之间关系的性别差异也结论不一，如有研究者认为女性在

① 岳经纶、颜学勇：《工作—生活平衡：欧洲探索与中国观照》，《公共行政评论》2013 年第 6 期。

② Greenhaus，J. H.，Beutell，N. J.，Sources of Conflict between Work and Family Roles，*The Academy of Management Review*，1985，10（1）：76—88.

③ DiRenzo，M. S.，Greenhaus，J. H.，& Weer，C. H. Job level，demands，and resources as antecedents of work family conflict，*Journal of Vocational Behavior*，2011，78：305—314.

④ Major，V. S.，Klein，K. J.，Ehrhart，M. G. Work Time，work interference with family，and psychological distress，*Journal of Applied Psychology*，2002，87（3）：427—436.

工作域的时长增加时更容易感受到工作对家庭的冲突[①②]，但也有研究者认为不存在性别差异。因此，本研究提出如下假设：

H1：工作时间对工作—家庭冲突具有正向影响。即工作时间越长，工作—家庭冲突越大。

H2：工作时间对工作—家庭冲突的影响存在性别差异。即女性在工作时长增加时更容易感受到工作对家庭的冲突。

H3：家务劳动时间对工作—家庭冲突具有反向影响。即家务劳动时间越长，工作—家庭冲突越小。

H4：家务劳动时间与工作—家庭冲突的影响存在性别差异。即女性在家务劳动时长增加时更不容易感受到工作对家庭的冲突。

社会支持理论（Social Support）主要从调节和缓解工作—家庭冲突问题出发，从社会支持、组织支持、家庭友好、家庭支持型领导行为、家庭支持等具体支持方式入手探讨缓解工作—家庭冲突的途径。社会支持主要是指来自组织的支持和家庭的支持。组织支持表现在对员工幸福感的关心，同时企业也愿意提供资源来满足员工的某些需要，具体的形式主要包括弹性的工作制度、福利服务及上司支持等；家庭支持表现在家人的理解和支持，能够很大程度上降低其来自家庭方面的压力[③]。例如，如果丈夫在家庭中较多地替妻子分担一些责任，妻子的工作压力就会降低。由于数据的局限性和代际支持的中国特色，本研究不考虑组织支持对工作—家庭冲突的影响，只考虑家庭支持的影响。因此，提出如下假设：

H5：家庭支持对工作—家庭冲突具有反向影响。即所获得的家庭支持越多，工作—家庭冲突越小。

H6：家庭支持对工作—家庭冲突的影响存在性别差异。即女性获得的家庭支持越多，更不容易感受到工作对家庭的冲突。

文化相关理论（Culture）视角引入多种文化要素，主要涉及对性

① 金家飞、刘崇瑞、李文勇、Patricia Mary Fosh：《工作时间与工作家庭冲突：基于性别差异的研究》，《科研管理》2014 年第 8 期。

② Gutek, B. A., S. Searle and L. Klepa, "Rational Versus Gender Role Explanations for Work-Family Conflict", *Journal of Applied Psychology*, 1991, 76 (4), pp. 560—568.

③ Carlson, D. S., Kacmar, K. M., Williams, L. J., Construction and initial validation of a multidimensional measure of work-family conflict, *Journal of Vocational Behavior*, 2000, 56.

别观念、跨文化、个人主义和集体主义等问题的关注。在传统文化的影响下，人们认为男性和女性应该是分工明确的，男性要承担主要的工作任务，而对家人的照顾，整理家务等是女性的主要责任①，因而她们就越容易受到工作对家庭的干扰，即，来自传统性别观念和家庭的压力，使女性更容易体验到工作家庭的冲突②。Powell 和 Greenhaus③ 也发现工作家庭关系的性别差异不再单纯体现为生理差异，性别角色态度（gender-role attitude）更深入地揭开了工作家庭关系中性别差异的神秘面纱，进一步诠释了工作家庭关系的性别差异。因此，本研究提出如下假设：

H7：性别观念对工作—家庭冲突具有正向影响。即持传统性别观念者，工作—家庭冲突越大。

H8：性别观念对工作—家庭冲突的影响存在性别差异。即女性的性别观念越传统，更容易感受到工作对家庭的冲突。

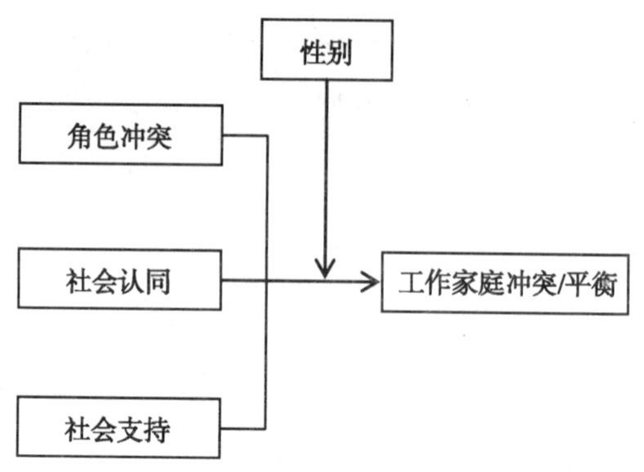

图1 工作家庭冲突/平衡的理论框架

① Gutek, B. A., S. Searle and L. Klepa, "Rational Versus Gender Role Explanations for Work-Family Conflict", *Journal of Applied Psychology*, 1991, 76 (4), pp. 560—568.

② Duxbury, L. E. and C. A. Higgins, 1991, "Gender Differences in Work-Family Conflict", *Journal of Applied Psychology*, 76 (1), pp. 60—74.

③ Powell, G. N., & Greenhaus, J. H. Sex, gender, and the work-to-family interface: Exploring negative and positive interdependences, *Academy of Management Journal*, 2010, 53 (3): 513—534.

三 数据处理与模型分析

（一）数据来源

本研究使用2010年全国妇联和国家统计局共同完成的“第三期中国妇女社会地位调查”之浙江省数据。本次调查以2010年12月1日为时点，调查采用了按地区发展水平分层的三阶段不等概率（PPS）抽样方法，调查共回收个人问卷3264份。为了更好地分析城乡家庭工作—家庭冲突及平衡的状况，本文把研究对象确定为18—65周岁、已婚、有工作的且调查时点处于为工作日的在职男女，样本共计1171人。其中男性649人，占55.4%；女性522人，占44.6%。

（二）变量界定

关于工作—家庭平衡，Greenhaus和Beutell① 提出了两个具有指向性的概念，即因工作方面的要求而产生的工作家庭冲突为工作—家庭冲突；因家庭方面的需要而产生的工作家庭冲突为家庭—工作冲突。本调查分别设计了“因为工作太忙，很少管家里的事”和“为了家庭而放弃个人的发展机会”来测算“工作—家庭平衡”和“家庭—工作平衡”，数据显示（如表1所示），男性偶尔/有时/经常感到“因为工作太忙，很少管家里的事”的比例为61.9%，偶尔/有时/经常感到“为了家庭而放弃个人的发展机会”的比例为24.0%；女性偶尔/有时/经常感到“因为工作太忙，很少管家里的事”的比例为53.3%，偶尔/有时/经常感到“为了家庭而放弃个人的发展机会”的比例为29.3%。即，被调查者无论男女感知到的工作—家庭冲突均高于家庭—工作冲突；男性被调查者所感知到的工作—家庭冲突高于女性，而女性被调查者所感知到的家庭—工作冲突高于男性，且差异均显著。由于现实中女性因家庭放弃个人机会的情况下，很有可能已放弃就业机会辞职在家，即退出了劳动力市场；负有家庭照顾责任的女性也可能会寻求非正式就业或者工作要求并不高的职位，以避免参与

① Greenhaus，J. H.，Beutell，N. J.，Sources of Conflict between Work and Family Roles，*The Academy of Management Review*，1985，10（1）：76—88.

劳动与照顾家庭发生冲突①。因此，为避免测算上的误差，本文将以工作影响家庭即工作—家庭冲突/平衡为例，分析工作—家庭平衡状况的性别差异及相关影响因素。

表 1　工作家庭平衡的性别差异　单位：%

	工作—家庭平衡		家庭—工作平衡	
	男	女	男	女
从不	38.1	46.7	76.0	70.7
偶尔	27.1	25.5	16.9	17.4
有时	17.3	15.3	5.5	9.4
经常	17.6	12.5	1.5	2.5
合计	100.0	100.0	100.0	100.0
N	649	522	649	522

注：$\chi_1^2 = 11.106$，df. =3，$P < 0.05$，$\chi_2^2 = 8.338$，df. =3，$p < 0.05$。

本研究的变量界定如下：

因变量。根据问卷中“因为工作太忙，很少管家里的事”的问题，将其界定为因变量——工作—家庭冲突。该问题的回答有四个选项：从不、偶尔、有时、经常。在模型分析中为二分因变量，将偶尔、有时、经常选项合并，“0”表示为没有工作—家庭冲突，“1”表示有工作—家庭冲突。

自变量。从角色冲突、家庭支持和性别观念三个方面测量影响工作—时间冲突的相关因素。（1）角色冲突，主要由工作时间和家务劳动时间测量。其中，工作时间指有收入的工作/劳动/经营活动时间；家务劳动时间指受访者在受访前一天用于家务劳动（含做饭、清洁、照顾家人、日常采购等）的时间。回答格式为填写××小时××分钟，但在编码时折合成分钟。

（2）家庭支持。家庭支持主要通过“最后一个孩子3岁以前白天主要由谁照顾”来测量，该问题的回答有四个选项：自己、配偶、父母和其他。在模型分析中，“0”表示没有家庭支持，将配偶和父母合并为“1”表示有家庭支持，将“其他”设置为缺失值。

---

① Yi, C. C. & Chien W. Y., The Linkage between Work and Family: Female's EmploymentPatterns in Three Chinese Societies. *Journal of Comparative Family Studies*, 2002, 33 (3): 451—474.

（3）性别观念。即对性别分工的态度。有学者将其区分为传统主义取向和现代主义取向①。本文以“男人应该以社会为主，女人应该以家庭为主”进行测量，该问题的回答有四个选项：非常同意、比较同意、不太同意、很不同意。在模型分析中，“非常同意”与“比较同意”经合并为“同意”类别，表示传统性别观念；“不太同意”与“很不同意”合并为“不同意”类别，表示现代性别观念。

控制变量。Mark Tausig 和 Rudy Fenwick② 的研究显示：“有无子女”与“工作—家庭平衡”的程度有关联，“有子女”与低“工作—家庭平衡”显著相关。除此之外，研究结果还显示：年轻且受过良好教育的人感受到了更多的“工作—家庭失衡”。因此，将年龄、家庭子女结构和受教育程度作为控制变量，其中，家庭子女结构包括孩子数量和最小孩子年龄结构，最小孩子年龄结构分为无孩子、有 6 岁以下孩子和 6 岁及以上孩子。

表 2 为模型分析变量的基本特性。

表 2　研究变量基本特征与描述

变量		男性（N = 649）		女性（N = 522）	
		频次	比例	频次	比例
工作—家庭冲突	从不冲突	247	38.1	244	46.7
	偶尔/有时/经常冲突	402	61.9	278	53.3
家庭支持	没有家庭支持	59	9.7	274	56.5
	有家庭支持	549	90.3	211	43.5
性别观念	传统性别观念	386	60.7	264	51.4
	现代性别观念	250	39.3	250	48.6
家庭子女结构	没有孩子	18	2.8	12	2.3
	有 0—6 岁子女	117	18.2	118	22.7
	有 6 岁及以上子女	509	79.0	390	75.0

① Greenstein, T. N. Husbands' participation in domestic labor: Interactive effects of wives' and husbands' gender ideologies, *Journal of Marriage and the Family*, 1996, 58, 585—595.

② Mark Tausig, Rudy Fenwick. Unbinding Time: Alternate Work Schedules and Work-Life Balance, *Journal of Family and Economic Issues*, 2001, 22 (2): 101—119.

续表

变量		男性（N=649）		女性（N=522）	
		频次	比例	频次	比例
教育程度	初中及以下	416	64.1	320	61.3
	高中/中专	135	20.8	84	16.1
	大专及以上	98	15.1	118	22.6
		平均值	标准差	平均值	标准差
工作日工作时间（分钟）		510.5	125.7	504.8	130.8
工作日家务劳动时间（分钟）		30.5	45.1	84.5	65.0
年龄（岁）		44.1	9.1	40.3	8.3
家庭子女数		1.3	0.6	1.3	0.6

（三）模型分析

分性别的以工作—时间冲突为因变量的二分类对数回归分析，其结果见表3。

表3　　分性别工作—时间冲突的 Logistic 回归分析

	总体（N=1157）	男性 M（N=680）	女性 F（N=477）
女性	-0.337*		
年龄	0.001	-0.004	0.000
教育	0.413***	0.319**	0.544***
子女数量	-0.174	-0.143	-0.144
最小孩子年龄结构	0.353	0.337	0.133
工作时间	0.002**	0.002*	0.002*
家务劳动时间	0.001	0.001	0.001
家庭支持	0.220*	0.171	0.225*
性别观念	0.166*	0.218*	0.100
常数项	-2.738*	-2.005*	-2.256*
log pseudolikelihood	1327.113	779.434	542.539

注：（1）参照类：教育程度：初中及以下；家庭子女结构：有0—6岁子女；家庭支持：无父母/配偶支持；性别观念：传统性别观念者；（2）* $p<0.05$，** $p<0.01$，*** $p<0.001$；（3）模型分析时，对数据进行了加权。

总体而言，角色冲突理论（工作时间）、社会支持理论（家庭支持）和文化相关理论（性别观念）都不同程度地影响了男女两性的工作—家庭冲突感知，具有较强的解释力。具体而言，工作时间对工作—家庭冲突具有正向影响。即工作时间越长，工作家庭冲突越大，H1 得到验证。家庭支持对工作—家庭冲突具有正向影响。即所获得的家庭支持越多，工作家庭冲突越大，H5 验证不通过，且得到反向结果。性别观念对工作—家庭冲突具有正向影响。即性别观念越现代，工作家庭冲突越大，H7 验证不通过，且得到反向结果。

分性别而言，以男性为样本的模型发现：本人的教育程度、工作时间和性别观念对男性产生工作—家庭冲突感知有显著影响。而年龄、子女结构、子女数量、家务劳动时间和性别观念皆对男性工作—家庭冲突的感知没有显著作用。具体的发现为：（1）男性中教育程度越高者，越容易感受到工作—家庭冲突。（2）男性中工作时间越长者，越容易感受到工作—家庭冲突。（3）男性中性别观念越现代者，越容易感受到工作—家庭冲突。

以女性为样本的数据模型发现：本人的教育程度、工作时间和家庭支持对女性产生工作—家庭冲突感知有显著影响。而年龄、子女结构、子女数量、家务劳动时间和性别观念皆对女性工作—家庭冲突的感知没有显著作用。具体的发现为：（1）女性中教育程度越高者，越容易感受到工作—家庭冲突。（2）女性中工作时间越长者，更容易感受到工作—家庭冲突。（3）女性获得的家庭支持越多，越容易感受到工作—家庭冲突。

男女两性的数据模型对比发现：（1）工作时间对工作—家庭冲突的影响不存在性别差异。即男女两性在工作时长增加时均更容易感受到工作对家庭的冲突。（2）家庭支持对工作—家庭冲突的影响存在性别差异。即女性获得的家庭支持越多，更容易感受到工作对家庭的冲突。而男性在家庭支持上差异并不显著。（3）性别观念对工作—家庭冲突的影响存在性别差异。即男性获得的家庭支持越多，更容易感受到工作对家庭的冲突。而女性在性别观念上差异并不显著。

表 4　　假设检验结果

假设	检验结果
H1：工作时间对工作—家庭冲突具有正向影响	通过
H2：工作时间对工作—家庭冲突的影响存在性别差异	不通过
H3：家务劳动时间对工作—家庭冲突具有反向影响	不通过

续表

假设	检验结果
H4：家务劳动时间与工作—家庭冲突的影响存在性别差异	不通过
H5：家庭支持对工作—家庭冲突具有反向影响	不通过，反向结果
H6：家庭支持对工作—家庭冲突的影响存在性别差异	部分通过
H7：性别观念对工作—家庭冲突具有正向影响	不通过，反向结果
H8：性别观念对工作—家庭冲突的影响存在性别差异	部分通过

四　研究结论与对策建议

1. 研究结论

综上所述，研究结果表明：第一，总体而言，被调查者无论男女感知到的工作—家庭冲突（工作干扰家庭）均高于家庭—工作冲突（家庭干扰工作）；分性别而言，男性被调查者所感知到的工作—家庭冲突高于女性，而女性被调查者所感知到的家庭—工作冲突高于男性。

第二，工作时间、家庭支持和性别观念是影响工作家庭冲突的三大主要因素，且均对工作—家庭冲突具有正向影响。工作时间增长、拥有家庭支持和持现代观念者，其感知到的工作家庭冲突越强烈。

第三，对男性而言，本人的教育程度、工作时间和性别观念对男性产生工作—家庭冲突感知有显著影响。具体来说，教育程度对工作—家庭冲突有正向影响，教育程度越高者，其感知到的工作家庭冲突越强烈；工作时间对工作—家庭冲突具有正向影响，即工作时间增长，工作家庭冲突越强烈；性别观念对工作—家庭冲突具有正向影响，即持现代性别观念者感知到的工作—家庭冲突越强，这可能是由于持现代性别观念者对性别平等和家庭照顾的责任意识更强，对于工作—家庭平衡的意识也更为强烈，因而其感知到的工作—家庭冲突也就越大。

对女性而言，本人的教育程度、工作时间和家庭支持对女性产生工作—家庭冲突感知有显著影响。具体来说，教育程度对工作—家庭冲突有正向影响，教育程度越高者，其感知到的工作家庭冲突越强烈；工作时间对工作—家庭冲突具有正向影响，即工作时间增长，工作家庭冲突越强烈；家庭支持对工作—家庭冲突具有正向影响，即有家庭支持者更容易因为工作而影响家庭，这可能是由于有家庭支持者拥有父母/配偶支持作为后盾，可以不受或少受家庭束缚而投入工作，但由于女性对家庭责任、子女照顾的意识较为强烈，当其将大量时间投入工作时，对于家庭照顾的时间相应减少，而受传统性别意识和性别角色的影响，其主观上的内心焦虑感反而增加，因而其感知到的工作—家庭冲突也就越大。

第四，男女两性对比发现：（1）工作时间对工作—家庭冲突的影响不存在性别差异。即男女两性在工作时长增加时均更容易感受到工作对家庭的冲突。（2）家庭支持对工作—家庭冲突的影响存在性别差异。即女性获得的家庭支持越多，更容易感受到工作对家庭的冲突，而男性在家庭支持上差异并不显著。（3）性别观念对工作—家庭冲突的影响存在性别差异。即男性持现代性别观念者，更容易感受到工作对家庭的冲突，而女性在性别观念上差异并不显著。

本研究的不足在于由于数据的局限性无法对家庭—工作冲突的性别差异与影响因素进行分析；对于文化相关理论的验证主要采用了性别意识这一单一指标，因而无法检验其他文化因素如传统儒家文化等对于工作—家庭冲突的影响；此外，对于社会支持理论只验证了家庭支持对于工作—家庭冲突的影响，而没有验证组织支持、政府支持等其他社会支持的影响，有待于下一步继续深入研究。

2. 政策建议

研究的实践启示和政策建议如下。第一，政府应提供强有力的政策支持和财政支持，尽快将保育事业、养老事业和家庭服务事业纳入到政府的公共服务范畴，在协调工作和家庭矛盾的基本公共服务中发挥主导作用，建立和完善涉及工作时间、休假政策、儿童照顾和其他社会基础设施的关爱家庭、以人为本的家庭政策，大力发展多种形式的家庭照顾服务。①

第二，推动弹性工作制和员工救助等工作家庭平衡计划的出台和实施。弹性工作制是指在规定的任务和时间条件内，员工可以自主、灵活安排自己工作的时长、工作地点、工作方式的一种方法，具体措施包括：弹性工作时间、弹性工作地点、远程办公、兼职等。员工救助计划是指企业在员工家庭和心理上提供相应的帮助，以提高员工的工作效率和工作场合

① 刘伯红、张永英、李亚妮：《工作和家庭的平衡：中国的问题与政策研究报告》，国际劳工组织，2008 年 5 月。

的氛围。

第三，倡导“社会性别平等”“男女共同承担社会责任和家庭责任”的社会风尚。通过各种传媒和教育，消除一直存在于中国社会的根深蒂固“男主外、女主内”的陈旧定型观念，倡导男女共同承担家庭责任和社会责任的文化。

中国家庭主妇的社会地位及对策研究

鲁雪儿　骆晓戈[*]

摘　要：提倡男女平等是我国一贯执行的政策，为了提高妇女地位，我国政府采取了很多措施，也取得了不少成绩。但现实中中国社会仍存在着对女性选择全职母亲家庭主妇的不理解和非议，究竟新时代女性如何走出社会对家庭主妇的曲解并实现自我价值证明母亲劳动的价值与家庭主妇的存在意义，本文通过对中国家庭主妇的社会地位分析并提出对策。

关键词：中国家庭主妇；社会地位；对策研究

家庭主妇，简称主妇，是已婚妇女从事的一种职业岗位（不固定），指全职照顾家庭、不外出工作的妇女。服务对象是家庭的成员，包括丈夫、儿女，与夫家成员同住的还要照顾夫家的成员。但是这种职业不是由人力市场招聘来的，而是直接由其在婚姻生活中所扮演的角色决定。劳动报酬表面是无偿的，实际上家庭主妇隐形地享有遗产分配权、离婚妇女权益等，受到《婚姻法》的保护。

社会地位简称“地位”。社会成员在社会系统中所处的位置。一般由社会规范、法律和习俗限定。它常用来表示社会威望和荣誉的高低程度，也泛指财产、权力和权威的拥有情况。

本文将从中国家庭主妇社会现状及对策研究两个部分来论述。

* 鲁雪儿，湖南商学院文学院学生；骆晓戈，湖南商学院文学院教授。

一 中国家庭主妇的社会地位

（一）当今老年妇女的社会地位

首先，我们不妨看看当一位中国女性从事家务劳动几十年后，步入老年的境况：据湖南女子学院王凤华及周红金教授的研究①，2013 年以湖南老年妇女（65 周岁以上）人群的社会支持的调查状况为例，发现有以下五个方面的特征：

1. 养老金来源：高达 62.0% 的老年妇女的生活来源依赖配偶，家庭成员或者政府/社团的资助和补助。相比之下，老年男性 66.8% 的经济来源是政府发放养老金；

2. 医疗保障：53.6% 的老年女性医疗费用是由家人和女儿负担。这完全可能造成老年妇女有病拖着不治疗，小病拖成大病，甚至放弃治疗，64.4% 的老年男性医疗费用由自己的单位及个人长期支付并在退休后享有的医疗保险来埋单。

3. 社会参与程度大大低于男性的同时，承担家务劳动的程度却大大高于老年男性，受传统男女社会分工模式的影响，老年男性得到配偶照顾的达到 72.1%，而老年女性得到配偶照顾的仅仅为 21.1%，大部分的老年妇女退休不下岗，充当儿女家庭的孙子的照料者角色，据统计城市老年妇女 79.5% 和农村妇女的 84.4% 承担帮儿女照看小孩的家务劳动，有城乡比例分别为 54.8% 和 54.3% 的老年妇女帮儿女照料日常生活。从以上的数据不难看出，老年妇女与老年男性相比，生活上更是面临着照顾与被照顾的角色冲突。

4. 生活方式较男性更为单一，由于中国的老年妇女用于经济活动、锻炼、看电视，听收音机读书看报的时间均少于男性，精神慰籍不足，觉得自己没有用，当然除了传统的性别分工之外，社区老年人活动场所和组织资源缺乏也是重要原因。

5. 但是对于中国老年女性而言，下岗回家做家庭主妇，侍候上班族，

---

① 王凤华、周红金：《性别视角下湖南老年妇女社会支持现状及对策研究》，载湖南省女社会科学工作者协会“女性发展与中国梦”研讨会优秀论文选编，2014 年 6 月。

待在家里做家务，被看成没有工作，没有地位，命苦，成为没有独立的经济能力，必须依附丈夫子女抚养，是很没面子的事情。

（二）城市青年女性中家庭主妇的分类分析

2005年，上海市妇联的调查发现，在1000名女性受访者中有10%的人不愿工作。在年龄30岁到39岁之间的女性中，该比例上升到14%，她们称主要担心无法协调好家庭责任和工作间的关系。中国人民大学劳动人事学院教授潘锦棠解释说："一般而言，婚后的女性会降低职业期望值，而男性恰好相反。但受过良好教育的女性婚后就放弃工作是一个新现象，从20世纪90年代中国转向市场经济时开始出现。"据潘教授介绍，中国实行计划经济期间，政府控制着包括就业和销售渠道在内的所有环节，营造了一个压力较小的环境，但也随之产生了女性劳动力就业率高达80%的反常现象，这是全世界绝无仅有的。市场经济改变了一切。20世纪90年代出现市场竞争后，许多人失去了工作，其中60%为女性。

市场压力使一些女性离开工作岗位，年轻妈妈为了工作，将孩子留给其祖父母照看。与前几代女性不同的选择，现在有女性为了照顾孩子而选择辞职或者请假回家。最近几年，希望利用一两年长假在家照顾新生孩子的中国妈妈们随处可见，而她们的决定也受到中国法律保护①，中国一家门户网站对8000名中国女性的调查发现，43%的受访者表示希望辞去工作后全身心照顾孩子。许多城市女性公开声称渴望退出职场。美国有线电视新闻网2011年3月8日报道题为《中国女性选择退出职场》中指出：2010年底，中国媒体对全国各地2万名女性进行的调查发现，竟有40%的人表示希望成为家庭主妇，只有38%的人希望成为职业女性，其他人则称无所谓。这与几十年前妇女积极走上社会，主动谋求社会对自身价值实现的年代截然不同，她们关注孩子的精神健康和学业表现，她们认为需要有更多的时间陪孩子，这使得某青年一代父母辞去工作，尤其是初为人

① 《中华人民共和国人口与计划生育法》（发布单位：全国人大常委会，施行时间：2002年9月1日）第26条规定：妇女怀孕、生育和哺乳期间，按照国家有关规定享受特殊劳动保护并可以获得帮助和补偿，国务院《女职工劳动保护规定》第9条和原劳动部《问题解答》第14条规定精神，哺乳期应为12个月，即从婴儿出生之日起至满1周岁。目前在中国，单位一般可准新生儿妈妈1—2年育儿假，期间按照基本工资的60%—70%发放津贴。

母的女性。

当然，我们不否定，在消费文化影响下成长的年青女性仍然会有一些人抱着“嫁汉嫁汉穿衣吃饭”的旧观念，带着找个男人有靠山有人养的目的，选择全职主妇这一社会角色。

同时也要看到，在中国转向市场经济之后，附属企业的公共育儿托幼机构纷纷解散，使得处在生育哺育阶段女职工难以兼顾母亲和职业女性的双重身份，而当下处在生育期的女性是实行一胎化人口政策后出生的，人口出生率的下降，家长比较重视孩子的成长和培养，也给这一代年青的母亲留下童年记忆，由此中国家庭主妇的升温是一个复杂系统。需要认真的调查研究和分析。

对于城市青年女性中家庭主妇比例呈现上升趋势，我们认为至少有这样三类情况。

第一类：家庭主妇兼顾家庭创业。

有这样一则事例：浙江双枪竹木有限公司董事长叶丽榕女士 1995 年与丈夫做筷子创业起家①，叶女士在谈到创建双枪品牌的初衷，说起这样一个故事，起因是当时丈夫的哥哥向他们夫妇借 5 万元想作为本钱做竹木工艺筷子，她与丈夫商量，应该考查一下筷子的市场，与其借钱给哥哥，还不如合资办公司共同经营。从此，她开始涉足竹木工艺筷子行业。起步资金两千元是借来的。到今天这个公司产品品牌的占有率在同行业里占到 20% 到 30%，零售总额超过 10 亿元。在 2002 年到 2004 年，公司在行业中的领头地位已经奠定，而这家“夫妻店”已经形成现代化公司的管理规模，这时，新的问题摆在面前，叶女士觉得还是像夫妻创业初期那样，一商量工作问题就夫妻各据己见争吵不休，是不利于公司发展的。当时为了支持丈夫，淡化公司的家族气氛，叶丽榕决定选择离开公司。离职初期，叶女士内心迷茫，生活一下子空闲，反而让她感到无所适从，她给自己充电，重新学习，学会放松，重塑人生心态，她开始背起行囊独自旅游，后来怀孕了，从怀孕生育到儿子三周岁，叶女士选择做全职太太，儿子三周岁之后，她开始将新的职业规划定位在女性健康产品研发，再度创业。如今，一边做着女性健康产品的叶女士不仅开辟了自己人生的新天

① 《从美丽家庭主妇到魅力事业女强人》，http://video.baomihua.com/10354084/1852163?ptag=vsogou.

地，同时也以良好的心态支持丈夫的事业，对公司运营适当提出自己的见解。这样的人生经历说明，在中国现阶段的社会结构下，女性以主妇身份踏入创业之路，可能比较便利地得到家庭支持和家族资源，在妥协中求发展，如同凤凰涅槃一般，叶女士的人生智慧在于：她渴望自主创业同时又协调好公司与家庭关系，既是一位成功的女企业家也是婚姻美满的家庭主妇，是兼顾家庭与创业的范例。

类似叶女士夫妇这样的夫妻店，夫妻作坊的微小企业，在中国是很多的，他们成为活跃在城乡经济发展中的“中国制造”生力军。

第二类：消费文化影响下的男主外女主内模式。

消费文化是指导和调节人们在消费方面的行动和关系的原则、思想、愿望、情绪及相应的实践的总称。其主要原则是追求体面的消费，渴求无节制的物质享受和消遣，并把这些当作生活的目的和人生的价值。

2010 年热播的电视剧《蜗居》，以大都会海萍和海藻的姐妹俩大学毕业后谋求发展为主要情节线索，描写刚刚大学毕业的一双姐妹，成了房奴、官员腐败和第三者插足等社会问题的牺牲品。在大学毕业之后，姐妹俩都选择了留在大城市，尽管两人选择的道路截然相反，但姐妹俩的出发点都是：作为小镇上出名的国家名牌大学毕业生，她们都渴望得到成功的人生。因此，不论是《蜗居》里姐姐海萍的打拼、俭省，还是妹妹海藻的轻轻松松傍大腕，都在别无选择地追求这让“千军万马”认定的同一种人生价值观。在信仰和道德教育缺席的情境下，消费文化成为海萍这一代都市青年女性的生活主导。《蜗居》中有一段姐夫苏淳面对小贝，也可以说是两个男人面对面时掏出的心里话：“唉，这个啊！你只有在婚姻走过一个阶段以后才会明白，……你要是看过铜上长的锈，你就明白我的意思了。男人就是铜，女人就是锈，最终，锈会把铜的颜色全部覆盖，阵地全失啊！”（第 15 集）在消费文化的引导下，在海萍夫妇的身上看不到青年夫妇平等互敬，伙伴关系的奋发向上的理想情爱之光，在一连串的牢骚争吵中，他们之间相互打磨和斤斤计较替代了彼此的理解，沟通与尊重。表面上，苏淳对海萍顺从，似乎他们的性别模式从男女平等演绎成了女主男从。实际上，这一对夫妇骨子里隐藏着隔膜和不合。消费文化下“自由恋爱”性别模式已不存在了。女人是锈，这锈不仅仅吞噬男人的事业和理想，同样，在夫妻之间的性别平等的伙伴模式也冰消雪融了。在消费文化的引导下，女人成了自身不会发光发热的寄生虫。是只会捏算老公口袋有几个钱，只会依附男人呵斥男人，蚕食男人，是男人身上的斑斑锈迹。在传媒中被广泛流传的一个名词“小三”往往是对这一类女性的不屑和鄙视。

第三类：重视母职和家务劳动，主妇也是人生价值体现。

1999年在上海评选优秀母亲时，有这样一个真实的事例。有一位袁女性在16年前产下一女婴，先天性少了半条胳膊，当时遇到工厂破产，她作为工厂的一名质量检查员，下了岗，回家当了一位全职妈妈。为了抚养和教育好这位残疾孩子，袁女士学习儿童心理学，学习使用电脑，因为女儿爱好书法，她又学会了裱字画。她的女儿成为上海市一所重点中学品学兼优的好学生，她也成为社区服务的积极分子，她为社区的家长学校作过上千场报告，为许多残疾孩子教育做过辅导，将她如何培养残疾孩子的体验和经验推而广之，你不得不说，母亲当到这个份上，对社会的贡献不亚于大学教授。然而令人费解的是在评选优秀母亲时，仍然有不少人对于她至今没有到社会供职领取一份工薪，提出质疑，说她靠男人养活，不能算优秀母亲，这一场评选因为对什么是好母亲的标准产生歧义，袁女士最后落选①。

即使当代社会变得逐渐容易接受多样化的价值观，也能够坦然面对女性角色的转变，部分女性得到了丈夫对她们离职决定的支持，在当全职主妇同时兼顾轻松的居家职业，如网络远程工作，网上商店或炒股等，以避免完全依赖丈夫们的薪水，一定程度上实现经济独立。但许多女性发现，来自家庭内部的压力仍然非常大。首先，与父母很难就此进行沟通，家长不能接受女儿成为家庭主妇的现实，认为是对女性接受教育投资的浪费；其次，压力也会来自于孩子，如果其他孩子发现某个孩子的妈妈没有工作时，孩子就会感到丢脸。

或许中国关于“成功”的定义，在短期内不可能发生变化，但眼下的中国年轻一代女性生活变得多元，2010年中国政府规定城市职业男性的未就业妻子应同样享受职业女性的生育保险和福利。在许多人看来，这已经是支持家庭主妇提升社会地位和社会保障的一个政策性突破。

---

① 骆晓戈：《性别的追问：母亲，这个职业》，http：//www.luoxiaoge.com/Read.asp?id=274。

（三）城市家庭主妇人群的新趋势

在一份针对大学生对毕业后职业女性和家庭主妇的态度的调查问卷中，针对女大学生提出的：你认为对于一个女人来说，最重要的是什么。调查结果如下[①]：女大学生大多数仍是认同职业女性而不赞成成为家庭妇女的，学习的目的就是为了将来找到好的工作，有稳定的收入，生活富足，但是，在家庭与事业产生矛盾时，却只有0.86%的受调查者选择了顾全事业，38.79%选择尽量平衡事业与家庭，面对婚后生育后代的问题，53.45%的女大学生选择暂时放弃工作成为家庭主妇。这种对于职业和家庭的矛盾冲突，在即将踏入社会面临家庭责任的一代女性身上表现突出，中国女性仍然很难接受自己成为家庭主妇，“没有收入”就是被视为“没有价值”，仍然是中国女性对人生和职业的自由思考和选择。

调查显示，男性在对于找女朋友和选择伴侣的目的方面都表现出了十分的大度与理解，即“伴侣只需要体贴我，理解我，关心我就可以”。是否做全职母亲家庭主妇并不重要，“女汉子”的形象成为最受男性欢迎的伴侣角色，一定程度上也反映了男性对“有志女性”的欣赏和接纳。

然而据2010年中国家庭主妇互联网调查结果报告显示，中国城市家庭主妇中的青年女性尤其是受高等教育的女性所占有比例在攀升[②]，如图1所示。

从以上数据分析不难看出中国青年一代女性中的家庭主妇人群较以往的家庭主妇不那么一样，她们学历高，收入高，依托上网社交，购物，甚至分享育儿经验，营造环保有机低碳消费，成为当下不可低估的社会力量。

更引人注意的是，近些年里城市家庭主妇人群合作联盟参与环保生活的新趋势。

在《有机会，中国有机生活第一平台》是这样报道台湾地区主妇联盟的发展轨迹的；这是一群由台湾家庭主妇结社的民间环保公益社团，她们响亮地提出“让主妇的购买力量改变社会”。

---

① 《广商三水校区大学生对毕业后职业女性和家庭主妇的态度问卷》，问卷星网站，http：//1. sojump. com/jq/61943. aspx。

② 《2010年中国家庭主妇互联网调查结果报告》，豆丁网，http：//www. docin. com/p－84667797. html。

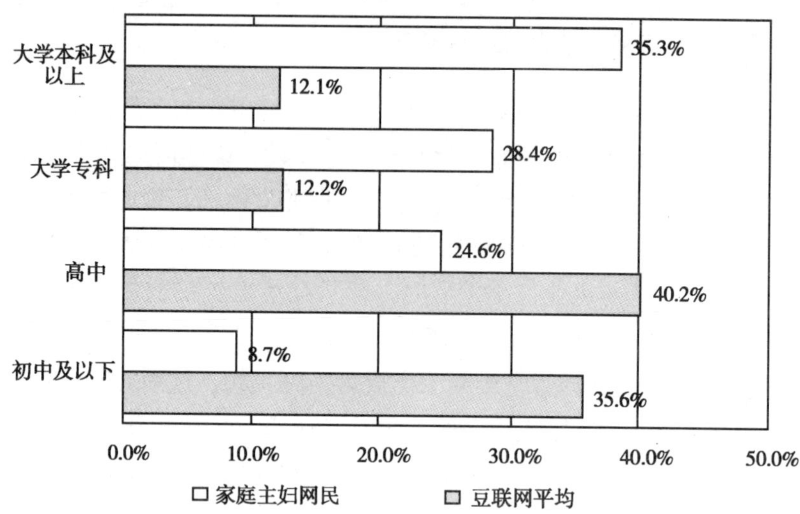

图1　2010 年中国家庭主妇网民受教育水平分布情况

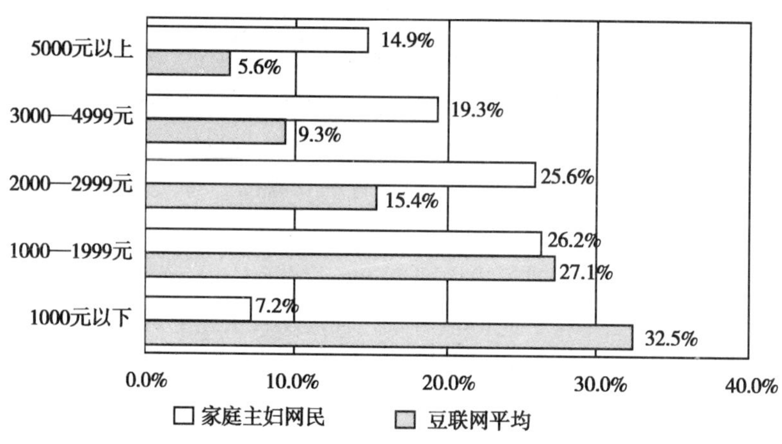

图2　2010 年中国家庭主妇网民月收入分布情况

“市面上黑心商品到处泛滥，当妈妈发现食物有问题，内心非常矛盾，担心孩子吃少了长不大，多吃一口又怕中毒。20 世纪 90 年代之初，当台北很多妈妈一起讨论这个矛盾时，一个机缘诞生了，大家想一起来买好东西，一起来找好生产者，就此缔造台湾共同购买运动。”陈秀枝讲起话来双手握拳，言简意赅。她是台湾主妇联盟生活消费合作社（以下简称“主妇联盟合作社”）的第三任“理事主席”。1991 年台湾主妇联盟环境保护基金会成立消费质量委员会，两年后，消费质量委员会第一次以

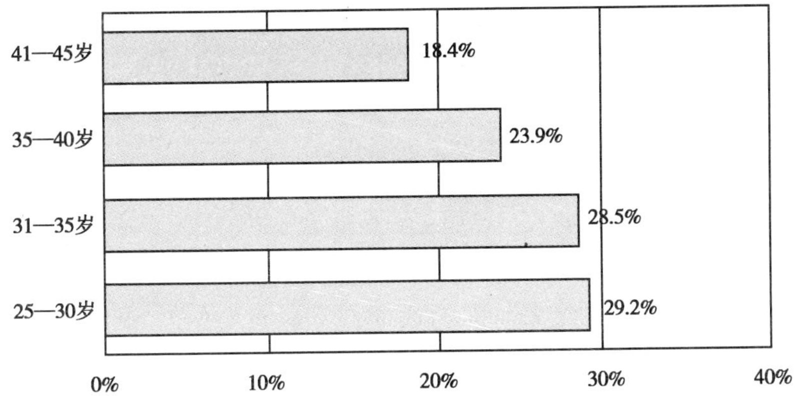

图 3　2010 年中国家庭主妇网民年龄分布情况

“共同购买”集结“消费者力量”，共同寻找生活必需品，直到 2001 年，台湾主妇联盟生活消费合作社正式成立，力推共同购买运动。“主妇联盟合作社”如今拥有 32000 多名社员，即 3 万多户家庭参与，10 多万人获益，不愧是近 10 年来台湾杰出的“社会企业”。

“我们要健康，台湾要美丽!”陈秀枝说，这是共同购买运动的理想。①

“主妇联盟合作社”诞生在台湾地区，并强有力地引领着有机消费合作运动，正是这个契机，让一批批的女人开始打破所谓家庭主妇属于私人空间的身份限定，涌进公共社会大舞台!

由此可见，活跃的信息经济和网络电子商务，无疑给青年一代的家庭主妇提供更多居家创办微型企业的空间和可能。传统中国自先秦以来，妇女都是与男子同样的纳税人，有专家考证，在西晋时期，妇女以纺织品和棉花作为纳税物品，折算为当时的货币，是男子以谷物交税的 3—4 倍，有着悠久男耕女织传统中国妇女在历史上尽管身份都是“家庭主妇”同时，也是家庭与社会经济活动的参与者②。中国传统文化中有着重视家庭经济的历史积淀与文化氛围，这些都有助于主妇家庭创业。

---

① http: //www. yogeev. com/article/20110. html.

② 夏增民:《中古时代女性赋税负担蠡测》,《华中科技大学学报》(社会科学版) 2009 年第 5 期。

二 提升中国家庭主妇的社会地位的对策研究

（一）美国家庭妇女现状及公共政策比较

在美国，中产阶级家庭的已婚主妇是很常见的。丈夫在外工作，妻子待在家里做家务，照顾孩子，她们的地位并不比职业妇女差。究其原因，即是经济。美国每年的退税丰厚。无收入的家庭成员越多，退税金额就越大，这无疑是给赚钱的那个人省了不少税金。普通美国家庭的劳动量比中国大，几乎都是住在独立的两三层楼的小别墅中，并且都有一个不小的院子，且美国法律规定13岁以下的孩子是不能单独待在家里，不能没有成年监护人，如果夫妻双方都外出工作，势必要将小孩子送去托儿所一类的地方，就需要花费不少的金钱。所以，如果妻子不上班，又省出了“日照料”（day care）的费用，家庭主妇在美国社会还是比较有市场的。

例如在美国马里兰州的格林贝尔市格林贝尔（Greenbelt）社区，不仅仅所有的业主都是社会管理委员会的董事成员，同时，社区的人文社会科学研究经费以项目招标的形式面向所有的住户，包括家庭主妇（男），格林贝尔社区的活动中心艺术工作室，同样优先本社区的住户们，包括家庭主妇（男），居家全职做家务的男女都能与职业男女一样拥有权力去申报公共的研究经费，得到支持研究的社会资源。

同时，社区活动中心推出的活动安排，摆在首位的就是，方便居家照顾小孩的全职或半职的妈妈爸爸们社会交往和结伴出游活动。

另外，在美国政府的税收政策方面，从事家务劳动者也一样照章纳税，并享受与职业女性一样退休，养老，医保等社会福利待遇。

（二）与日本家庭妇女现状及公共政策比较

日本在平均寿命、教育、收入等指数上都位列世界前茅，但是女性的社会就业率和参与程度却被认为是在发达国家中最低的，然而这并不代表日本女性的社会地位是最低的，相反，在历史和社会、文化等因素的交替作用下，日本的“家庭主妇”在社会上已经成为一个职业种类，社会普遍认为家庭主妇所从事的家务劳动、抚育子女等工作也是具有经济价值的劳动。日本企业每月要补助已婚男员工2万日元（约合1500元人民币）

“家庭津贴”，很能反映出整个社会对家庭主妇的认可。日本的家庭主妇一般都是高学历，并且受过高等教育几乎成为担任一个出色的家庭主妇的必要条件。日本家庭主妇的生活有三方面内容：持家、育儿、照顾丈夫。其中育儿最重要，日本人常自豪地说，日本没有文盲，就是因为有一支家庭主妇这样的“教育大军”。在日本，如果丈夫同意，公司会把工资直接汇入妻子的银行卡里。公司鼓励员工这么做，认为这样的人才是好员工。所以，日本家庭主妇握有经济大权，日本男人退休后甚至会被嫌弃“笨重而没有用”，遭到妻子的抛弃。整个社会对家庭主妇是持认可和支持态度的。因此，在日本“家庭主妇”成了女人最向往的职业。

三　提升中国家庭主妇的社会地位的对策

对策 1：法律支持

在国内现有法律法规的基础上借鉴学习外国法律法规。在韩国，有明确的法律规定保障家庭主妇的权益。家庭妇女享有育儿休假工资及奖金的相关福利待遇，既保障了劳动者的基本生活，同时又使得主妇们可以安心养育婴幼儿①。在欧美国家，家庭主妇作为一种社会职业，能够得到与职业女性同样的社会支持。

根据国情推出新的法律法规保障家务劳动工资化。我们认为给家务劳动付酬，打破人口生产属于私领域是关键。我们呼吁为家务劳动付酬不分性别。为家务劳动计酬这不仅仅是女性权益，家务劳动不是女性的专利，如同在其他职业劳动一样，男女均可从业，男性从事家务劳动也应当获得合理报酬。全职妈妈和全职爸爸的家务劳动都应当得到报酬，得到应有的尊重。其次，家务劳动工资化，有清晰的法律条文规范也是为婚姻解体时，对家务劳动付出方作出经济补偿，提供法律依据。

对策 2：社会支持

按社会学学术上较为正式的定义，它是指一定社会网络运用一定的物质和精神手段对社会弱势群体进行无偿帮助的行为的总和。依据社会支持

① http：//oneclick. law. go. kr/CSM/OvCnpRetrieveP. laf? csmSeq = 644&ccfNo = 3&cciNo = 1&cnpClsNo = 2.

理论的观点，一个人所拥有的社会支持网络越强大，就能够越好地应对各种来自环境的挑战。目前在中国，家庭主妇能获取的社会支持和社会资源都十分稀缺。为此，我们有如下呼吁。

首先，主流舆论支持尊重家务劳动“男女都一样”，提倡家务劳动是男女自主选择而不是女人“天职”，不是女人“与生俱来”的唯一选择，幸福家庭需要女主人付出辛勤劳动，同样需要男主人更多投入家庭，而不是女性放弃职业。打破“男主外、女主内”的家庭分工，“家务劳动”应当提倡“男女都一样”，因此社会舆论有必要对家务劳动的付出方给予更多的理解、支持和肯定。其次，倡导和支持主妇（主男）社会组织，为其提供项目经费资源和发展平台鼓励家庭主妇（主男）参加社区公益活动，自主组织互助联盟形式多样的民间社团；再次，考虑到家庭主妇（主男）在目前的社会结构中处于边缘人群，应当为家庭主妇（主男）提供心理咨询服务和必要的社会工作者服务。

结语：武汉大学社会学系教授、武汉大学妇女与性别研究中心学术委员会主任罗萍教授在2014年《中国妇女报》发表《摈弃“公”“私”两分理论　正视人口生产社会价值》[①] 的论文，我们赞成罗萍教授的观点，父权文化否定或贬低人口生产的社会价值，是通过将两种生产“公”“私”两分实现的。父权文化将人类社会的两种生产“公”“私”两分，将主要由男人从事的物质生产与社会公共事务划归“公”领域，赋予其社会价值；将主要由女人担负的人口生产与家务劳动划归“私”领域，人为规定为无社会价值。“公”“私”两分理论，其实质是将两个性别划入两个领域，赋予两种价值。以此形成公与私、男与女的二元对立；既而抬高“公领域”，贬低“私领域”，赋予“公领域”社会价值，否定“私领域”的社会价值，最终起到抬高男人贬低女人的作用，为歧视、压迫妇女提供理论根据与物质基础。我们不难看到这种公私内外领域的划分，使得许多擅长家务劳动的男性愿意走入社会公领域的第三产业从事烹饪，护理，水电维修，导游导购一类职业，并卓有成就，而不愿意接受“家庭主男”这一身份。真正提升中国家庭主妇的社会地位，必须从问题的

① 《摈弃“公”“私”两分理论　正视人口生产社会价值》，《中国妇女报》2014 年 8 月 26 日第 B1 版：新女学周刊知道_ 中国妇女报，http：//paper. cnwomen. com. cn/content/2014 - 08/26/008144. html？ sh = top。

症结下手，消除父权文化下对家务劳动和家庭主妇的歧视，才能真正实现英国著名历史学家汤因比教授所预言的“社会上今后也自然会出现很多优秀的母亲，我们不能等闲视之。因此，为了造就优秀的母亲，社会应使这种男子生理上不可能做到的母亲的职业对妇女产生巨大的魅力，母亲的职业是非常光荣的，报酬应该是很多很多的”①。

参考文献

［1］全国妇联妇女研究所：《2006—2007 年：中国性别平等与妇女发展报告》（妇女绿皮书），社会科学文献出版社 2008 年版。

［2］《中国性别平等与妇女发展报告》，2007 年第 3 期。

［3］国家统计局数据。

［4］胡澎：《家庭主妇：推动日本社会变革的重要力量》，《博览群书》2008 年第 12 期。

［5］箫春乐：《日本的现代家庭主妇》，《世界文化》2010 年第 9 期。

［6］张艳红：《家庭主妇回归家庭必要性和可行性探析》，《南财经政法大学思想政治理论教研部》2012 年第 7 期。

① ［英］汤因比。

城镇就业人员平衡工作与家庭研究

——以“80后”为例

杨 慧*

摘 要：妇女能否得到必要的社会支持，对于平衡工作与家庭，促进妇女职业发展，具有重要意义。“80后”已普遍进入就业、生育高峰期，其工作家庭平衡问题值得深入关注。本文基于第三期中国妇女社会地位调查数据，运用描述性统计分析和二元Logistic回归分析方法，对城镇“80后”进行了深入研究。发现城镇“80后”男女工作冲击家庭均大于家庭冲击工作。男性比女性更多“因工作太忙而很少管家里的事”；无论男女，工作时间越长，工作冲突家庭的风险越大；与有0—2岁孩子的“80后”相比，有3—5岁孩子的“80后”男女，家庭冲突工作的风险显著降低。建议政府在全面深化改革过程中，从支持妇女平衡家庭与工作的视角，重新审视目前的托幼政策及其影响，在制定新型托幼政策时纳入性别视角。

关键词：工作冲突家庭；家庭冲突工作；城镇“80后”

一 研究背景

在我国市场经济改革过程中，劳动力市场供大于求，就业机会竞争激烈。与此同时，政府和社会减少了对托幼事业的投入，托幼机构的福利性质也趋于淡化，政府几乎没有针对3岁以下婴幼儿提供任何公共服务，使得有婴幼儿的女性工作冲突家庭日益严重。部分女性在无法调和工作家庭

* 杨慧，全国妇联妇女研究所助理研究员。

矛盾的情况下，只能造成职业中断，对女性职业发展产生了严重影响。促进男女在工作与家庭责任的平衡，既是《北京行动纲领》之“妇女与经济领域”的战略目标之一，也是《中国妇女发展纲要（2011—2020 年）》之“妇女与环境”的战略目标之一。

“80 后”是伴随我国计划生育政策出生成长的、颇受关注的一个群体，目前已普遍进入就业、生育高峰期，高达 37.96% 的“80 后”目前有 6 岁以下婴幼儿需要照料。在公共托幼机构供不应求的情况下，我国城镇“80 后”平衡工作与家庭的总体状况如何？究竟有多大比例的“80 后”会为了家庭而放弃个人发展机会，抑或由于工作太忙而很少管家里的事？政府在加快社会事业改革过程中，如何为社会提供多样化服务，满足“80 后”平衡工作家庭的需求？政府和用人单位应如何在全面深化改革、实现人的全面发展过程中，按照《北京行动纲领》及《中国妇女发展纲要（2011—2020 年）》的相关规定，为“80 后”更好地平衡工作和家庭责任创造条件？

二 文献回顾

20 世纪 60 年代以来，国外已经围绕工作冲突家庭开展了很多研究。Greenhaus（1985）等认为个体所拥有的时间、精力有限，在同时扮演几个角色时，一种角色责任的扮演可能会影响另一个或多个其他角色，而来自工作和家庭的压力，会使得工作或家庭角色协调起来较为困难。据此提出因工作需要而产生的工作冲突家庭（work-familyconflict），以及因家庭需要而产生的家庭冲突工作（family-work conflict）两个具有指向性的概念。

我国对工作冲突家庭的研究开始时间较晚，直到 2002 年中国科学院心理研究所陆佳芳等才通过“工作家庭冲突的初步研究”拉开了国内研究的序幕。此后，国内学界对工作冲突家庭进行了较为广泛的研究。

目前，已有学者对教师、科研人员、企业家、企业员工、营销人员等不同人员的工作冲突家庭方式、影响因素，以及对包含工作冲突家庭管理方式、组织支持和公共政策的应对策略进行了较为系统的分析。另有学者把工作冲突家庭作为自变量，研究了工作冲突家庭对工作态度、工作业绩、离职意愿和主观幸福感的影响。

对上海、成都142位企业员工调查发现，员工总体工作冲突家庭状况处于中等偏下水平（林锡栋，2008）。对山东省620位家电行业销售人员的调查表明，工作安排、个人价值取向、家庭支持和用于家庭的时间对工作家庭平衡有显著影响（房祥翠，2012）。

对工作家庭冲突现状的研究发现，托幼园所短缺、社会支持不足，在一定程度上加剧了女性的工作家庭冲突，减少了女性的就业机会。在2010年城镇18—29岁女性中，有0—6岁孩子的女性在业率（64.2%）比未婚或已婚未育女性低8.4个百分点。83.3%的未就业女性不是不想工作，而是由于照料3岁以下的孩子影响了工作（蒋永萍、杨慧，2013）。另有调查发现北京、上海分别有24.8%和23.9%的家长曾经有过找不到托儿所的经历（和建花、谭琳、蒋永萍，2008）。

在工作家庭冲突的性别差异方面，对浙江省企业家研究发现，男性与女性一样可能经历工作家庭冲突，男性企业家更多寻求支持策略，女企业家更多依靠自己（王华锋，2009a）。企业家的工作家庭冲突程度越高，就越可能通过追求事业方面的报酬，来弥补在家庭投入方面的不足，即工作家庭冲突将会对企业家的创业绩效产生正面影响（王华锋，2009b）。对来自北京科研单位、金融行业和高新技术行业的427位有孩子需要照料的被访者调查发现，男女员工的工作家庭冲突都高于家庭冲突工作，男性员工的工作冲突家庭和家庭冲突工作的比例都大于女性（陆佳芳等，2002）。对安徽青阳县200名中学教师研究也发现，男性教师的工作家庭冲突大于女性教师（章翠娟、杨静，2014）。

在工作家庭冲突的组织管理方面，组织对员工工作家庭冲突的管理途径包括实行弹性工作时间制，为员工设计更为灵活的职业生涯发展通道，向员工提供幼儿照顾费津贴等相关福利待遇，建立符合员工情感需求的组织文化（阮班红，2013）。此外，对武汉市142位被访者研究发现，单位上司和同事的支持有助于平衡工作家庭（唐汉瑛，2008）。

以上研究成果对于认识我国就业人员工作家庭平衡问题具有很好的参考作用，对于本文具有很好的借鉴意义。然而，受调查数据的影响，以往研究多属于区域性调查结果，样本量也偏小，对于全国的代表性受到很大限制。此外，以往研究没有对被访者的年龄进行控制，被访者的年龄从18岁到60岁不等。众所周知，处于不同年龄、不同生命周期和职业生涯的被访者，面临的工作家庭平衡问题各异。对于目前已普遍进入就业创业与生育高峰期的“80后”，近四成有6岁以下孩子需要照料，其工作家庭平衡状况如何，主要影响因素包含哪些？现有研究无法回答。

三 数据与方法

（一）数据情况

中国妇女社会地位调查是全国妇联和国家统计局联合开展的重要的国情、妇情调查，第三期中国妇女社会地位调查以2010年12月1日为调查时点，在全国范围内采用省、县、村/居委会三阶段PPS抽样方法，通过调查员和被访者面对面的问卷调查，共获得来自31个省区市的29696份有效问卷。此次调查数据质量高、代表性强，能够较好满足本研究的需要。

本文的研究对象需要同时满足以下三个条件：一是出生年份在1980—1989年，二是调查访问地点在城镇，三是调查时处于在业状态。根据上述三个筛选条件，共筛选出符合条件的城镇“80后”2035位，男女分别占45.98%和54.02%。男女在平均年龄上没有显著差异，在受教育程度、婚育状况和就业状况三个方面差异显著（见表1）。

表1 样本构成情况 单位：%

		男	女	Pearson χ^2	渐进 Sig.（双侧）
平均年龄（岁）		26.04	26.20	1.662（F值）	0.197（显著性）
受教育程度	初中及以下	22.76	26.39	12.281	0.002
	高中/中专	27.88	21.38		
	大专及以上	49.36	52.23		
婚育状况	未婚	48.34	36.40	83.415	0.000
	已婚未育	17.65	12.74		
	有0—2岁孩子	21.71	24.02		
	有3—5岁孩子	10.05	19.11		
	有6岁以上孩子	2.25	7.73		

续表

		男	女	Pearson χ^2	渐进 Sig. （双侧）
平均年龄（岁）		26.04	26.20	1.662（F 值）	0.197（显著性）
就业状况	目前在业	90.17	75.43	89.642	0.000
	曾经在业	3.31	14.74		
	从未在业	6.52	9.83		
样本量（人）		936	1099		

资料来源：根据第三期中国妇女社会地位调查原始数据计算得来。

（二）研究方法

在测量工作家庭平衡过程中，第三期中国妇女社会地位调查包含了工作冲突家庭和家庭冲突工作两个方面，调查的问题如下：

近年来，下列情况在您身上发生过吗?

表 2

	从不	偶尔	有时	经常	C8b
A 因为工作太忙，很少管家里的事	0	1	2	3	A
B 为了家庭而放弃个人的发展机会	0	1	2	3	B

考虑到“有时、经常”工作冲突家庭或家庭冲突工作，将会给个人和家庭发展带来不利影响，为了便于分析，本文将“有时、经常”选项进行了合并，赋值为 1。将小概率事件的“偶尔”和“从不”进行合并，赋值为 0。

在研究方法中，首先使用分性别比较分析方法，展示具有不同婚育状况的“80 后”男女工作冲突家庭和家庭冲突工作现状；此后，使用 Logistic 回归分析方法，研究有孩子的“80 后”工作家庭平衡的影响因素。

模型 1 的因变量为工作冲突家庭，模型 2 的因变量为家庭冲突工作。在两个模型构建过程中，分别考察了个人因素、组织因素和家庭因素对工作家庭平衡的影响。其中，个人因素包括性别、年龄、受教育程度和职业类型 4 个变量，组织因素包括单位类型、所有制、工作时间、路途时间 4 个变量，家庭因素包括孩子年龄、家务劳动时间和孩子在 3 岁前的主要照料者 3 个变量。两个模型的自变量均为性别、家务劳动时间和工作时间，控制变量均为其他 8 个变量。

相关分析表明，工作冲突家庭和家庭冲突工作两个因变量与性别、年龄、单位类型、工作时间、路途时间、孩子年龄、家务劳动时间和孩子在3岁前的主要照料者8个自变量显著相关，虽然与受教育程度、职业类型、单位所有制3个自变量的相关程度并不显著，但作为就业人员的重要基础变量，仍然需要纳入模型。

（三）研究假设

一般而言，受“男主外、女主内”传统性别角色分工的影响，男性作为养家者，更多在外边打拼而很少管家里的事情。女性即使就业，也则更多地操持家务，甚至包揽家中洗衣做饭带孩子的家务劳动。因此，本研究提出第1个假设：男女在工作冲突家庭方面存在显著差异，其中，a男性更容易因工作太忙而很少管家里的事，b女性更容易因家庭而影响工作。

时间是稀缺的宝贵资源，在劳动时间既定的情况下，工作时间越长，越有可能产生对家务劳动时间的挤压，进而会造成家务劳动时间不足。反之，家务劳动时间越长，越有可能产生对工作劳动时间的挤压，最终导致因家庭而放弃个人的发展机会。因此，本文提出第2个研究假设：工作时间与家务劳动时间显著相关，a工作时间越长，越有可能造成工作冲突家庭；b家务劳动时间越长，越有可能造成家庭冲突工作。

四 主要发现

（一）描述性研究发现

1. 工作冲突家庭

1/3左右的“80后”因工作而影响家庭。第三期中国妇女社会地位调查数据显示，在工作冲突家庭方面，分别有40%以上的“80后”男性和近32%的“80后”女性有时或经常“因工作太忙，很少管家里的事”，男女具有显著性差异（Pearson χ^2 =12.93，渐进Sig.（双侧）=0.000）。

未婚未育“80后”工作冲突家庭情况不存在性别差异。分不同婚育状态来看，在“80后”男女没有孩子拖累的未婚未育阶段，男女因在工作冲突家庭的比例差距并不太大，尤其是在已婚未育阶段，分别有1/3的

“80 后”男性和女性会“因工作太忙，很少管家里的事”。

有 0—2 岁孩子的“80 后”男女工作冲突家庭的性别差异明显。“80 后”男女工作冲突家庭的比例在有孩子后会发生较大变化，尤其是在有 0—2 岁孩子的“80 后”中，男性会有接近半数的人“因工作太忙，很少管家里的事”，该比例较已婚未育的“80 后”男性提高了近 10 个百分点。女性“因工作太忙，很少管家里的事”的比例明显下降，比已婚未育的“80 后”女性降低了近 10 个百分点。“80 后”男女在有 0—2 岁孩子阶段工作冲突家庭一升一降的背后，体现了女性在照顾孩子方面承担了更多责任。

在孩子 3 岁以后女性工作冲突家庭的比例明显提高。在孩子满 3 岁时，幼儿园就可以普遍接收这一年龄的孩子，绝大部分有 3—5 岁孩子的年轻母亲，白天可以通过幼儿园对孩子的照料减轻家庭照料负担，如果“80 后”的父母能够帮助接送孙辈，“80 后”女性就可以拿出更多的时间投入工作，“因工作太忙，很少管家里的事”的比例也会明显提高。与此同时，男性却“因工作太忙，很少管家里的事”的比例先降后升，可能与他们承担了一部分接送孩子的任务有关，具体原因有待进一步分析。

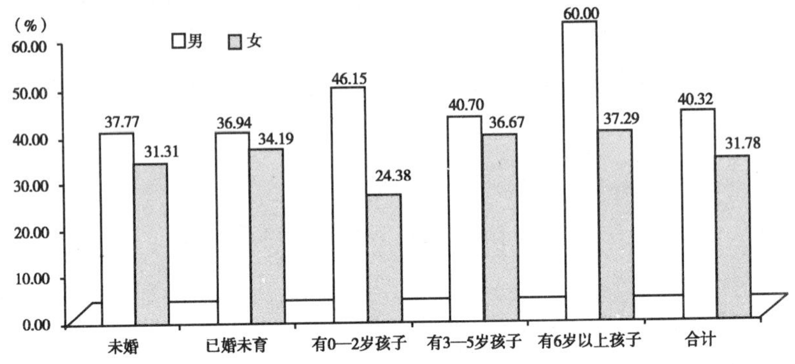

图 1 分性别“因工作太忙，很少管家里的事”的比例

注：鉴于有 6 岁以上孩子的“80 后”样本量较少（其中男性 20 人，女性 59 人），数据稳定性受到影响，故本文不再做专门分析，以下同。

2. 家庭冲突工作

1/10 的“80 后”因为家庭而影响工作。在家庭冲突工作方面，分别有 10% 职业“80 后”男女有时或经常“为了家庭而放弃个人的发展机会”，女性“为了家庭而放弃个人的发展机会”的比例高出男性 3 个百分点以上，男女具有显著性差异［Pearson χ^2 = 5.199，渐进 Sig.（双侧） =

0.023]。尽管如此，孩子不是造成家庭影响工作的唯一原因。分婚育状况看，即使是对于没有孩子的未婚或已婚未育女性而言，仍然有10%职业的“80后”女性会“为了家庭而放弃个人的发展机会”，同类男性的比例在4%—6%。

0—2岁孩子是影响“80后”职业发展的重要因素。对于有0—2岁孩子的“80后”而言，确实会有1/6左右的“80后”男女有时或经常“为了家庭而放弃个人的发展机会”，这一比例不仅在各个婚育状况中所占比例最高，而且男女比例相差无几。这种现象至少可以说明两个问题：一是很多用人单位不愿意招聘女性的理由是，认为女性结婚生育后就会把精力转移到家庭，实际上“80后”男性也同样会在孩子较小时，为了家庭而放弃个人的发展机会，由此可见，用人单位应对性别歧视进行反思；二是与以往50后、60后和70后各代相比，部分“80后”男性确实在“男主外、女主内”传统性别角色分工方面有所进步，工作之余愿意为孩子留出一定时间，愿意减轻妻子的家务负担，男女共主内外，从而使得男女在“为了家庭而放弃个人的发展机会”的性别差异比50后至70后更小。①

在孩子3—5岁后，“80后”男女“为了家庭而放弃个人的发展机会”的比例明显下降，而且女性的下降幅度大于男性，基本恢复到生育前的水平（见图2）。此外，对比图1、图2发现，“80后”工作冲突家庭程度大于家庭冲突工作，这在“80后”男性中表现得更为明显。

（二）回归分析结果

表2显示，在控制其他因素的情况下，模型1“因工作太忙而很少管家里的事”显示，相对于男性而言，女性较少“因工作太忙而很少管家里的事”并具有显著意义。换言之，如果以女性做参照组，那么男性“因工作太忙而很少管家里的事”的发生风险是女性的2.04倍，验证了本研究提出的研究假设1a。而在模型2中，与男性相比，虽然女性更可能为了家庭而放弃个人发展机会，但由于Sig. =0.468而不具有显著性，即在“80后”为了家庭而放弃个人发展机会方面，并没有因为性别而产

① “50后”、“60后”和“70后”女性“为了家庭而放弃个人的发展机会”的比例分别为16.71%、18.47%和20.08%，同类男性对应的比例分别为8.94%、13.71%和13.52%。

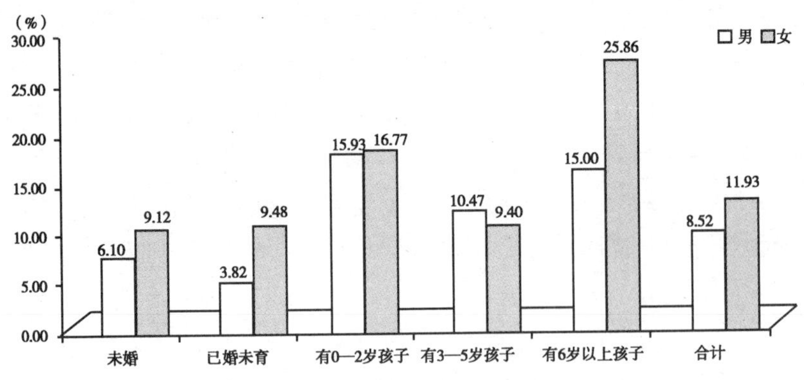

图2　分性别“为了家庭而放弃个人的发展机会”的比例

生明显差异，研究假设 1b 未能通过验证。

在模型 1 中，无论男女，工作时间越长，越可能因为工作太忙而很少管家里的事。每天工作时间增加 100 分钟，因为工作太忙而很少管家里的事的风险就会提高二成，验证了本研究提出的研究假设 2a。而在模型 2 中，家务劳动时间越长，造成为了家庭而放弃个人发展的机会就越少，在 $p<0.1$ 水平下，每天家务劳动时间增加 100 分钟，因为工作太忙而很少管家里的事的风险就会减少三成，该发现之所以有悖常理，导致研究假设 2b 未能通过验证的原因，主要与因工作冲突家庭而中断工作后，无法包含在本研究的样本之中有关。在控制变量的影响方面，与负责人和专业技术人员相比，生产运输工人的工作冲突家庭风险明显降低，可能的解释是生产运输工人的工作时间更为固定，有明显的上下班时间，并且由于倒班原因，加班可能性较小，一般都能够按时下班，由于工作太忙而很少管家里的事的风险也会随之明显降低。

单位类型和所有制性质对家庭冲突工作具有显著影响。相对于其他单位而言，机关事业单位就业人员为了家庭而放弃个人发展机会的风险比企业及其他类型单位低 2/3 左右，而对于国有单位就业人员，为了家庭而放弃个人发展机会的风险比非国有单位高 85% 以上。众所周知，除了机关事业单位是国有单位的重要组成部分，国有企业也是国有单位的重要组成部分。本研究之所以出现机关事业单位和国有单位对家庭冲突工作影响的方向各异，可能与在国有企业就业的人数、特别是在国有企业就业的女性人数（93 人）较少有关。具体原因有待进一步分析。

特别值得一提的是，孩子 3 岁前白天主要由谁照料，对于“80 后”

男性有显著影响。如果孩子是由妻子照料，即如果“80后”夫妻属于传统型“男主外，女主内”角色分工，“80后”男性虽然会为了养家而更加努力工作，但是为了减轻妻子的照料负担，他们会比由其他人照料孩子的“80后”男性减少1/3左右的工作冲突家庭可能性。由此可见，公共托幼服务不足，不但影响了女性的职业发展，也会在一定程度上减少男性的工作冲突家庭的可能性、进而影响他们的职业发展。此外，相对于有0—2岁孩子的“80后”而言，有3—5岁孩子的“80后”，出现家庭冲突工作的风险明显下降。换言之，只要幼儿园能够接收孩子，“80后”的家庭冲突工作的情况就会达到明显缓解。

表3　　工作家庭平衡的影响因素回归结果

	模型1（工作冲突家庭）		模型2（家庭冲突工作）	
	Beta	Exp（B）	Beta	Exp（B）
性别（男）	-0.712**	0.491	0.221	1.248
工作时间	0.002	1.002***	0.001^	1.001
家务劳动时间	-0.001	0.999	-0.003^	0.997
年龄	0.057	1.058	0.086	1.090
受教育程度（初中及以下）				
高中/中专	0.070	1.072	0.225	1.252
大专及以上	0.146	1.157	-0.012	0.988
职业类型（负责人及专业技术人员）				
办事人员	-0.183	0.833	0.234	1.263
商业服务业人员	-0.314	0.731	-0.417	0.659
生产运输工人	-2.616**	0.073	-0.479	0.619
单位类型（企业及其他）				
机关事业单位	0.163	1.178	-1.090**	0.336
所有制（非国有）				
国有	-0.273	0.761	0.616*	1.852
路途时间	0.002	1.002	-0.007*	0.993
孩子年龄（0—2岁）				
孩子3—5岁	0.226	1.254	-0.881**	0.415
孩子6岁及以上	0.306	1.358	0.159	1.172
孩子3岁前的照料者（父母及其他）				
妻子	-0.406^	0.666	0.455	0.123

续表

	模型 1（工作冲突家庭）		模型 2（家庭冲突工作）	
	Beta	Exp（B）	Beta	Exp（B）
常量	-2.584	0.075	-4.096	0.017
Nagelkerke $R^2 \times 100$	16.91	14.25		
N	505	505		

说明：*** 为 p<0.001，** 为 p<0.005，* 为 p<0.05，^为 p<0.1。

五　结论与讨论

（一）主要结论

城镇“80 后”工作冲突家庭程度大于家庭冲突工作，前者是后者的 3 倍左右。分性别和婚育状况来看，“80 后”工作冲突家庭情况在未婚未育不存在性别差异；在孩子 0—2 岁时，女性工作冲突家庭情况明显减少，男性明显增加，男女在该阶段的工作冲突家庭存在明显的性别差异，体现了女性在照顾孩子方面承担了更多责任，这种责任使得女性减少了工作投入，降低了职业发展速度；在孩子 3 岁以后女性工作冲突家庭的比例明显提高，基本恢复到生育前的水平。

在家庭冲突工作方面，孩子不是造成这一冲突的唯一原因。即使是在未婚未育阶段，仍然存在一定比例的家庭冲突工作情况。但是有 0—2 岁的孩子确实影响了“80 后”的职业发展，该影响随着孩子在 3 岁入园后而明显减少。

回归分析结果表明，相对于女性而言，男性更多“因工作太忙而很少管家里的事”，男女具有显著性差异。而在工作时间方面，无论男女，工作时间越长，工作冲突家庭的风险越大。在家务劳动时间方面，家务劳动时间的长短，却不会增加家庭冲突工作的风险，该发现之所以与经验相悖，可能主要与部分“80 后”女性，在无法调和工作冲突家庭时，中断工作、回归家庭，不在本研究的样本之中有关。与有 0—2 岁孩子的“80 后”相比，有 3—5 岁孩子的“80 后”，家庭冲突工作的风险显著降低，验证了描述性统计分析中初步得出的结论。

（二）政策讨论

在全面深化改革过程中，政府应该从支持妇女平衡家庭与工作的视角，托幼政策及现状进行了重新审视，在制定托幼政策时纳入性别视角，既要考虑促进儿童的发展，又要考虑母亲的就业及其职业发展，为减轻妇女的育儿负担、促进妇女就业、增进家庭和谐提供支持。

基于上述分析，政府应通过新建扩建公办托幼园所，规范托幼市场，加强对商业性托幼园所的服务质量与收费标准的管理，增强托幼园所的服务功能，解决青年女性的孩子照料与工作冲突问题。

同时，政府应增强用人单位履行社会责任的意识和能力，倡导用人单位善待有家庭责任的男女员工；鼓励用人单位实施家庭友好型人力资源开发型战略，设立弹性工作制度，增加对有照顾责任的男女员工的组织支持，为年轻父母提供照料孩子的缓冲机会。

通过大力发展家庭服务业，促进家务劳动社会化，提倡有家庭责任的男女共同承担孩子照料责任，为青年女性的工作家庭平衡创造有利条件，降低女性因生育而中断工作的风险，促进职业男女共同发展。

参考文献

[1] 房祥翠：《家电行业营销人员工作家庭平衡研究》，学位论文，扬州大学，2012 年。

[2] 和建花、谭琳、蒋永萍：《托幼作为一种公共服务的现状、问题及对策——社会性别视角的分析和思考》，载《2006—2007 年：中国性别平等与妇女发展报告（妇女绿皮书）》，社会科学文献出版社 2008 年版。

[3] 蒋永萍、杨慧：《第四章妇女的经济地位》，载宋秀岩主编的《新时期中国妇女社会地位调查研究》（上卷），中国妇女出版社 2013 年版。

[4] 林锡栋：《企业员工工作家庭冲突、归因方式及工作倦怠的关系研究》，学位论文，华东师范大学，2008 年。

[5] 陆佳芳、时勘、John J. Lawler：《工作家庭冲突的初步研究》，《应用心理学》2002 年第 2 期。

［6］阮班红：《员工工作与家庭冲突的管理方式探究》，《中国科技投资》2013 年第 17 期。

［7］唐汉瑛：《企业员工的工作与家庭平衡》，华中师范大学博士学位论文，2008 年。

［8］王华锋：《企业家的工作—家庭冲突及其处理策略与创业绩效关系研究》，浙江大学博士学位论文，2009 年。

［9］王华锋：《企业家的工作与家庭处理策略及其有效性研究》，《绍兴文理学院学报》（自然科学版）2009 年第 3 期。

［10］章翠娟、杨静：《中学教师工作与家庭冲突调查——以安徽青阳县为例》，《云南社会主义学院学报》2014 年第 12 期。

［11］Greenhaus，J. H.，Beutell，N. J.. Sources of conflict between work and family roles. A *Cademy of Management Review*，1985（10）.

女职业人发展的几个问题

——生命周期视角看两性差异

李　宁*

摘　要： 女性职业发展与男性存有性别差异；从生命周期理论视角分析，作为家庭成员家庭生命周期与女性成长联系更为紧密，此过程不仅要完成生育任务，还要发展个人事业。不同的选择，决定了女性自我发展的策略和状况。受社会文化传统影响，女性在担负沉重家庭工作的同时，遭遇与男性职场的多种困难与不公，形成影响女性职业发展的几个问题。

关键词： 职业发展；女性生命周期；两性差异

一　生命周期及女性职业生涯

1. 生命周期与其相关概念

生命周期是人所经历的生长、成年和老年的过程，其基本涵义可以通俗地理解为“从摇篮到坟墓”的整个过程。最早的研究集中在 20 世纪 60 年代美国的哈佛大学和俄亥俄州大学等高校。（周志强，2011：103）一般情况下，一个家庭的生命周期，是从一对青年男女结婚建立家庭开始，然后生育繁衍，抚育儿女成人，到这对夫妻生命结束，家庭解体为止的全部时间过程。家庭社会学研究中一般把家庭生命周期划分为形成、扩展、稳定、收缩、空巢和解体六个阶段。家庭生命周期（family life cycle）的每个阶段以及全部过程都可由夫妻年龄或者结婚时间的长短来表示。按中

---

* 李宁，北京行政学院社会学教研部副教授。

国城市人口的平均结婚年龄与人口的平均寿命来计算，城市人口的家庭生命周期大约是50—60年左右（刘宝驹，2000：33）。

职业生命周期的概念起始于20世纪60年代的职业生涯，有关职业生涯阶段的划分的研究最早是由美国的职业学家Supper（萨柏）以人类的发展阶段为基础，把职业生涯发展划分为四个阶段：自我评估考察、角色扮演、探索职业方向的试探阶段（25岁以前）；找到适合职业寻求有所建树的创立阶段（25—45岁）；维持和巩固自己已有地位的维持阶段（45—65岁），准备离开工作岗位开始退休的衰退阶段（65岁以上）。萨柏认为可以根据年龄将人生阶段与职业阶段相匹配，且每个阶段各有其发展任务（赵富强等，2010：49）。

职业生命周期理论主要体现在对职业生涯发展理论的研究中。国外职业生涯发展理论主要分为三个部分：第一，职业生涯的发展理论——年龄阶段理论；第二，职业生涯的发展理论——职业锚理论；第三，职业生涯的发展理论——职业选择理论。

年龄阶段理论：各种职业生涯发展阶段理论都假设生命的发展阶段和职业的发展阶段是高度相关的，所以他们都是以年龄作为划分职业生涯发展阶段的一个重要依据。除萨帕外另一位学者格林豪斯，研究人生不同年龄阶段职业发展的主要任务，并将职业生涯发展分为五个阶段。

（1）职业准备，典型年龄段为0—18岁，主要任务是发展职业想象力，对职业进行评估和选择，接受必要的职业教育。（2）进入组织，18—25岁为进入组织阶段，主要任务是在一个理想的组织中获得一份工作。（3）职业生涯初期，处于此阶段的典型年龄是25—40岁，学习职业技术，提高工作能力；了解和学习组织纪律和规范，逐步适应职业工作，适应和融入组织；为未来职业成功做好准备。（4）职业生涯中期，40—55岁是职业生涯中期阶段。主要任务是对早期职业生涯重新评估，强化或转变自己的职业理想；选定职业，努力工作，有所成就。（5）职业生涯后期，从55岁直至退休为职业生涯后期 。继续保持已有的职业成就，维持自尊，准备隐退。

职业锚理论：（又称职业定位）理论。职业锚理论产生于在职业生涯规划领域具有“教父”级地位的美国麻省理工大学斯隆商学院、美国著名的职业指导专家埃德加·H. 施恩教授领导的专门研究小组，是从对该学院毕业生的职业生涯研究中演绎成的。职业锚，是人们选择和发展自己的职业时所围绕的中心。职业锚强调个人能力、动机和价值观三方面的相互作用与整合。在20世纪90年代，施恩教授将职业锚归纳为八种类型：(1)技术/职能型；(2)管理型；(3)自主/独立型；(4)安全/稳定型；(5)创造型；(6)服务型；(7)挑战型；(8)生活型。

职业选择理论：职业选择是指人们从对职业的评价、意向、态度出发，依照自己的职业期望、兴趣、爱好、能力等，从社会现有的职业中挑选其一的过程，职业选择的目的在于使自身能力素质和职业需求特征相符合。具体包括特质—因素理论和人格类型理论，人格类型理论是在特质—因素理论基础上加以发展。其核心均强调人与职业之间的匹配（宋斌，2009：194—195）。

2. 女性职业生涯发展模式与特点

对于不同国家的女性而言，其职业生涯发展模式往往不同。有研究者将女性职业生涯发展模式归为以下四种：一阶段模式（倒L形模式），即女性从参加工作一直持续到退休，如中国女性；二阶段模式（倒U形模式），女性结婚前职业参与率高，结婚特别是生育后参与率迅速下降，男性挣钱养家，女性做家庭主妇，如新加坡、墨西哥的女性；三阶段模式（M形模式），女性婚前或生育前普遍就业，婚后暂时性中断工作，待孩子长大后又重新回到职场，如美国、日本、法国、德国等的女性；多阶段模式（波浪型模式），多次阶段性就业，女性根据自身的状况多次进出职场，如北欧国家的女性。

对于单个职业女性而言，其职业生涯通常呈现出“两个高峰和一个低谷”特点。“两个高峰”中的一个“高峰”是指在女性就业后的6—8年左右，即女性就业而未生育前；另一个“高峰”是在36岁以后的十余年间，此时孩子基本长大或可托人代管，女性自身精力仍充沛、阅历渐丰富，女性事业辉煌通常在此时期。“一个低谷”是指在这两个高峰之间，通常是生育和抚养孩子的8年时间，女性的职业生涯发展处于停滞甚至下跌阶段。

国内女性职业生涯发展的现状：目前的研究主要集中在三个方面：①两性职业生涯发展的平等问题；②职业生涯中两性差异的问题；③如何促进女性职业生涯发展的问题。

与男性劳动力就业相比较，女性劳动力的就业特征主要体现在以下几个方面：(1)女性劳动力的就业呈“M形”；(2)女性婚后的劳动就业取决于家庭整体效用最大化；（3）女性就业带来的双重角色冲突。“上海市妇女社会地位调查”结果显示，在家庭和事业难以兼顾时，56%的女性不知如何选择，26.7%的女性选择牺牲事业，13.8%的女性选择牺牲家庭，62.5%的女性希望能兼顾事业与家庭。这意味着女性将为此而付出更大的代价及由此而可能存在着劳动效率的波动（李爱莲，2008：75）。

二　女职业人的家庭伴随

由于我国多数女性就业特点，家庭构成研究女性职业发展的不可或缺的内容。

家庭生命周期是一个复杂的人口统计学细分变量。在家庭生命周期的每一阶段，家庭的人口组成、年龄、家庭收入、家庭负担、家庭需求、家庭关系及家庭行为均存在显著不同的特征（于洪彦等，2007：46）。影响家庭生命周期的因素有以下内容：（1）婚姻模式。在人们寿命长度一定时，早婚将提前家庭生命的起点，整个家庭生命周期将会延长，相应地各阶段的比例也会发生变化，而晚婚则相反。（2）生育模式。晚育的家庭使婚后无孩阶段延长，少生育的家庭会使生育阶段和中间阶段缩短，而使其他阶段延长，早生多生则会出现相反情况。在生育子女数量一定时，扩大生育间隔也会延长生育阶段而相应缩短了其他阶段。（3）生活方式。尤其在农村，由于传统的大家庭观念，更由于经济生活的“反哺模式”——老人依靠子女赡养，所以我国农村家庭“空巢”现象并不多见。在发达的资本主义国家，“空巢”现象与核心家庭现象是同样普遍的。（4）人口寿命及男女死亡年龄差别的影响。家庭成员的寿命长，家庭生命周期的下限就晚，男女寿命的差距大，鳏寡阶段就长（李珍等，1984：13）。

研究显示，20世纪50年代以来，女性大量进入公共劳动领域，女性的角色发生了很大的变化。2004年中国就业总人口中有44.8%的女性就业人口。但是在家庭这个私密的领域内，两性的分工模式并没有发生太大的变化，女性依然是家务劳动的主要承担者。在女性角色发生改变的过程中，男性不会轻易地甘心失去原来对女性的支配权，因此两性之间的博弈、对抗和矛盾便不可避免。女性角色变迁所带来的自主性的提高和角色紧张，对家庭的影响具体表现在如下几方面。

第一，离婚。妇女在家庭和工作中的双重角色会使妇女感受到角色紧张和压力，而这就可能成为夫妻关系不稳定的重要原因。第二，部分女性事业上的成功以对家庭角色的放弃为代价。一项对女性劳动时间的研究发现，尽管社会经济发展水平不断提高，但是女性家务劳动时间依旧多于男性。另据统计，在80年代，城市妇女每天要花5—6个小时做家务劳动。进入90年代后，由于劳动制度的改革以及家庭生活不断现代化，城市妇女家务劳动时间有所减少，每天家务劳动在3.5—4个小时（李晓社，2002：25）。第三期中国社会妇女社会地位调查主要数据报告显示，2010年城乡女性每日用于家务劳动的时间分别为102分钟和143分钟，而城乡男性每日用于家务劳动的时间分别为43分钟和50分钟（郭慧敏等，2013：5）。目前大龄剩女（被目前中国社会戏称为“学历高、收入高、年龄高”的“三高”女性）和不生育的丁克家庭的数量一直在增加，许多著名的女性或者事业成功的女性，更有可能面临婚姻和家庭角色的缺失或者解体（或独身，或结婚而不生育，或者晚育）。第三，家庭暴力的增加。女性参加工作带来了女性与男性平等的意识，而家庭建立的基础是传统的性别分工模式。所以，女权张扬的同时就意味着男权的衰落（王纪芒，2011：17）。

三　女职业人的发展问题

从入职起，女性就逐渐进入人生发展中结婚、生养小孩，照顾老人等任务最繁重阶段，集中表现为工作—家庭关系的平衡与冲突。围绕职业家庭，职场里形成与男性不同的职业女性独有的几个问题。

1. 兼顾事业家庭的女性工作家庭冲突明显，影响身心健康

以事业与家庭并重的女性通常是组织优秀的中层管理者，她们大多处在26—40岁之间。这些女性具有较强的工作能力，只是为了家庭不愿意继续晋升到更高级的管理职位，或成为事业型女性，但是，她们的能力可能已经超过了目前从事的中级管理岗位的工作。对家庭事业并重型女性来说，消极的家庭工作渗透关系导致了工作家庭冲突。这种冲突就是个体在工作和家庭之间进行时间分配、空间划分、行为模式塑造、角色预期及情绪溢出与补偿时产生的不同角色间相互竞争性的关系。工作与家庭冲突的

根源在于人的资源和精力有限（王朝霞等，2010：122）。

工作家庭冲突表现在内外三个方面。（1）外显性冲突。首先，角色期望上的冲突 妇女承担着社会物质生产和人类自身生产的双重任务。其次，行为方式上的冲突。职业女性从家庭到岗位和从岗位到家庭，每天都要实现角色转换，再次，时间和空间上的冲突。（2）内隐性冲突。首先，女性自我角色认定与实施能力的冲突。其次，女性自我的角色期望与男人对女性角色期望的冲突。（3）女性自我心理与生理之间的冲突（李燕青，2012：178）。

由于工作—家庭冲突对职业女性的健康影响更为明显，过度的工作—家庭冲突会损害女性的生理健康，导致女性的自我苦恼、工作倦怠感和工作与家庭领域中消极情绪提升，进而导致个人生活中出现诸如酗酒与药物使用、精神压力、情感困惑、婚姻和家庭问题、饮食失调、经济压力、分居/ 离婚、子女教育、悲伤/损失、人际关系失调、失望、愤怒、生理疾病、交流障碍、失业等问题。近日发布的 2012 中国城市居民健康白皮书显示，职业女性身心健康问题堪忧，85% 的城市职业女性患有不同程度的亚健康，尤其是白领职业女性（许沁，2013）。

国外 Kahn（1964）最先提出，认为工作家庭冲突是指来自工作和家庭两方面的压力在某些方面不可调和时产生的一种角色交互冲突。工作家庭冲突划分为三种类型：基于时间的工作家庭冲突，基于压力的工作家庭冲突和基于行为的工作家庭冲突。在此基础上 Greenhaus 进一步指出工作家庭冲突是双向性的即：因工作方面的要求而产生的工作—家庭冲突和因家庭方面的需要而产生的家庭—工作冲突，是被后来很多学者广泛采纳和引用的概念。大多研究者都接受了 Greenhaus 等人依据双向性特征对工作家庭冲突结构所作的二分法观点，但有研究表明，在实际生活中人们往往较少涉及家庭—工作冲突，且有研究表明人们体验到的工作—家庭冲突是家庭—工作冲突的三倍（曾晶晶，2012：57）。

男性和女性在许多方面都有差异，有学者就国外关于工作—家庭冲突性别差异的研究进行分析与总结，得出以下判断：工作—家庭冲突程度的性别差异：在冲突的程度上，不少研究都发现女性的工作—家庭冲突高于男性。有研究者指出，这是因为对男性和女性而言，将工作和家庭联系起来的意义有所差异，在社会化的过程中，女性很自然地与母性角色联系在一起，女性员工面临来自家庭的事务和压力更多，因此，女性家庭对工作的冲突比男性更高。而男性则被期待扮演工作者的角色，往往会把更多的时间和精力放在工作上，把家庭和工作联系起来，会对男性产生一种协同效应，他们的工作对家庭的冲突更高。但是，关于工作—家庭冲突程度的性别差异的研究结果并不完全一致，一些研究发现，男性和女性的工作—家庭冲突无差异。

工作—家庭冲突对家庭方面影响的性别差异：关于工作—家庭冲突对家庭影响的研究主要集中在冲突对家庭和婚姻满意度的影响上。很多研究都证实，工作—家庭冲突都会降低员工的家庭满意度和婚姻满意度，且不存在性别差异。但是工作家庭冲突对男性和女性家庭的影响持续时间长短不同，肯恩（Kinnunen）的研究发现，女性员工的工作—家庭冲突能够显著预测一年后作为父母的压力（parental distress）及幸福感，而男性的工作—家庭冲突则不能。因此，工作—家庭冲突对男性和女性的家庭生活都有显著的负面影响，但是对女性影响的持续时间比男性要长。

工作家庭冲突对工作方面影响的性别差异：在面对工作—家庭这一似乎是不可调和的矛盾时，与男性相比，女性更可能因为配偶的原因而做出自己工作上的牺牲。一项关于已婚员工的调查发现，由于男性投入到家庭上的时间不足以弥补女性因工作而带来的家务劳动时间的减少，因此不少女性选择了兼职工作。而男性很少因为自己的家庭原因做出工作上的改变。瑞茨（Reitzes）等人关于家庭因素对男性和女性在退休时间的不同影响的调查也证实了这一点。他们发现，如果配偶生病，家庭需求增加，则对女性员工更可能选择提前退休。因此，工作—家庭冲突对男性、女性员工的工作和家庭都会带来明显的消极影响，但是对女性的持续时间更长，面对工作—家庭冲突时，女性更可能做出工作方面的妥协（刘三明等，2013：118）。

职业女性工作家庭冲突的压力源研究发现：工作时间的规律性是产生压力的主要因素。收入比率也是产生压力的主要因素，个人收入占家庭总收入40%—60%的女性/角色模糊程度最高。导致职业女性工作—家庭冲突的最主要压力源是工作负荷，其次为工作投入、配偶压力、家庭投入及家庭满足感。其中工作投入与家庭干扰工作呈显著负相关，即职业女性对工作的投入越大，其家庭生活对工作的影响越小。这是因为对工作的投入本身就是一种对角色分配的态度，将工作角色作为自己首要角色的职业女性显然会在分配其时间和精力时偏向于事业，而她们的家务劳动往往会由父母、公婆或保姆等人承担。因此她们的家庭对工作不会产生很大的影响

(吴谅谅，2003：46)。

2. 事业型女性遭遇“玻璃天花板”“死巷”“玻璃峭壁”

选择不同目标决定女性感受和职业发展，以事业为重型女性对组织来说都具有特定的价值。数据显示，在40岁的经理人中，90%的男性经理人有孩子，而女性经理人有孩子的比例仅为35%。对这些事业型女性而言，最大的回报不是来自物质奖励，而是为她们清除通向高级管理岗位的人为障碍。

德勤咨询公司1991年的调查显示，女性离职的原因不是照顾家庭的需要，而是她们认为在男性占统治地位的组织中，没有更大的事业发展空间。对于以事业为重型的女性来说，职业发展压力主要是角色压力，产生的主要原因包括职务变动、工作安全性和受挫的抱负心三个方面。女性管理者尤其是以事业为重型的女性管理者通常是组织中的极少数，还可能是高级管理层中唯一的女性。越到高层，女性的压力和责任也越大。这将使得这些优异的女性通常会有孤独感和疏远感，在男性主宰的组织文化中，她们的行为自由受到约束，缺乏安全感。(王朝霞等，2010：122)

在中国当下社会语境中，女性的职业发展生涯中还存在着较强的“玻璃天花板”(glassceiling)、“死巷”(blind pass)、“玻璃峭壁”(glass cliff)等效应。“玻璃天花板”是指即使在同一个岗位上，女性得到升迁的机会也小于男性，尤其是位于中层职位的女性很难晋升到高层。“死巷”是指由于女性聚集在晋升机会较少的岗位上（如技术要求低的初级岗位、内容简单的服务岗位等），所以升迁机会小于男性。“玻璃峭壁”是指女性被任命到领导职位后，会遭到较男性领导者更多的挑剔、不信任甚至是排斥，她们在领导职位上面临更大的困难。这些不同程度表明性别歧视在一定程度上阻碍了女性在职业领域正常的向上流动（邓子鹃，2013：116)。同时，拥有不同的人力资本和政治资本的个体，其晋升机会并不相同。越是接近职业阶层的顶端，女性得到晋升的概率越是降低，而在市场化程度较高的单位，女性从业者得到提升的可能性较大。相反，在市场化程度较低的单位如党政机关中，女性得到晋升的可能性较低(王存同等，2013：22)。

3. 女职业人年龄、家务、婚姻状况等方面对事业的负面影响

按人力资源理论而言，年龄尤其对处于技术管理岗位有积极影响。但通过对第三期中国妇女社会地位调查数据的分析发现，尽管机关事业单位

女性与男性在受教育程度和健康状况方面相差无几，但是她们的实际退休年龄明显低于同龄同类男性。不仅如此，她们的实际退休年龄还明显低于政策退休年龄。机关事业单位女性的实际退休年龄平均为 51.66 岁。退休年龄偏低给机关事业单位女性带来的不利影响（1）女性工作年限短、退休前工资基数低。从初次参加工作的年龄看，机关事业单位男女分别为 20.21 岁和 20.13 岁，几乎没有差别，但是由于退休年龄不同，使女性退休时的工龄明显比男性短。（2）女性退休金少、性别差异大，特别是女性高级职称专业技术人员的退休金仅占同类男性的 87.64%，（3）女性发展机会少、人力资本浪费严重。本项调查分析发现，在担任过各级领导/负责人的机关事业单位退休人员中，女性担任过科级及以上和处级及以上职务的比例分别比男性低 17.05 和 6.51 个百分点（谭琳等，2013：16）。

在研究行政干部更高行政级别地位获得的影响要素及作用于两性时的表现特征，学者发现：不论男女，家庭责任承担越多，越不利于其更高行政级别地位的获得，而性别角色认知越趋向于现代，越利于更高行政级别地位的获得。家庭责任对于女性干部更高行政级别地位获得的影响甚于相应男性干部的影响。研究发现，在控制其他要素的情况下，以家务劳动为表征的家庭责任承担对于行政干部局级及以上行政级别地位的达成有显著负面影响。对于女性而言，家务劳动承担每增加一个分值，则其行政级别是局级及以上而不是副科级的几率就下降约 20%，对于男性而言，约下降 12%，可见家务劳动对于女性行政地位达成的影响要大于相应男性的影响（刘爱玉等，2013：54）。

除此而外，职业女性由于历史、社会、人文的各种原因，其职业道路较男性将更加坎坷并充满曲折。例如，婚姻状况对女性职业发展道路有决定性的影响，婚姻状况对女性职业发展影响较男性大得多。多数女性根据家庭收入，配偶工作状态决定自己对职业的选择和投入。这些均是造成女性就业面窄，发展速度缓慢；就业总量低于男性；各行各业的成功人士在男女数量和比例上相差悬殊；女性的职业生涯相对比较起伏波动，具有更强的不稳定性等问题的影响因素。

与男性相比，女性职业发展中，家庭是构成男女职业差异、也是影响两性职业发展的重要原因。女性从工作伊始，与男性一起贡献职业旺盛精力，但是家庭出现后，伴随家庭生命周期的各自阶段，受社会组织家庭自身等因素的影响，女性会出现明显调整或转型，形成与男性很不相同的发展职业的特点。不同的选择，无论事业型、家庭型、还是兼顾型，决定了女性自我发展的策略和状况。但是受社会文化传统影响，女性在担负沉重家庭工作的同时，遭遇与男性职场多种差异与不公，形成影响不同类型的女性职业发展的不良外部环境，不同程度干扰了女性职业发展。因此，重视和加强女性职业生命周期的各项研究，不仅限于女性自身素质能力，还要注意研究包括不同年龄段的女性发展选择、生育前后的职业女性状况、社会性别带来的职业发展困惑；女性职业家庭生命周期特点；女性生命周期特点等内容，以便为职业女性更好发展提供理论支持和对策建议。

参考文献

[1] 邓子鹃：《近10年国内女性职业生涯发展研究综述》，《妇女研究论丛》2013年第5期。

[2] 郭慧敏等：《劳动时间权利的性别差异》，《妇女研究论丛》2013年第1期。

[3] 李爱莲：《女性劳动力就业：特征、问题与措施》，《理论探索》2008年第1期。

[4] 李晓社：《论城市妇女双重劳动角色的冲突》，《漳州职业大学学报》2002年。

[5] 李燕青：《现代化进程中女性的职业角色与家庭角色的调适》，《沈阳工程学院学报》（社会科学版）2012年第4期。

[6] 李珍等：《家庭生命循环初探》，《社会》1984年第3期。

[7] 刘宝驹：《现代中国城市家庭结构变化研究》，《社会学研究》2000年第6期。

[8] 刘爱玉等：《人力资本、家庭责任与行政干部地位获得研究》，《江苏行政学院学报》2013年第3期。

[9] 刘三明等：《国外工作—家庭冲突性别差异研究综述》，《妇女研究论丛》2013年第5期。

[10] 宋斌等：《国外职业生涯发展理论综述》，《求实》2009年第1期。

[11] 谭琳等：《她们缘何要求与男性同龄退休？——基于第三期中

国妇女社会地位调查数据的分析》,《妇女研究论丛》2013 年第 2 期。

[12] 王朝霞等:《女性管理者的职业发展与工作家庭平衡策略》,《中华女子学院学报》2010 年第 2 期。

[13] 王存同等:《"玻璃天花板"效应:职业晋升中的性别差异》,《妇女研究论丛》2013 年第 6 期。

[14] 王纪芒:《女性的角色变迁及其对婚姻家庭的影响》,《山东女子学院学报》2011 年第 6 期。

[15] 吴贵明:《女性职业生涯发展研究综述》,《福建商业高等专科学校学报》2004 年第 2 期。

[16] 吴谅谅等:《职业女性工作家庭冲突的压力源研究》,《应用心理学》2003 年第 9 卷第 1 期。

[17] (记者) 许沁:《8 成多职业女性患有亚健康》,《新闻晚报》2013 年 6 月 21 日。

[18] 于洪彦等:《中国家庭生命周期模型的构建及实证研究》,《管理科学》2007 年第 12 期。

[19] 赵富强、陈耘:《面向职业生命周期的知识型员工需求模型构建》,《劳动保障世界》2010 年第 8 期。

[20] 曾晶晶:《工作家庭冲突研究综述》,《现代商贸工业》2012 年第 1 期。

[21] 周志强:《生命周期视域下的本科生学业生涯阶段演进研究》,《现代教育管理》2011 年第 11 期。

美国、德国与瑞典三国生育社会保障立法比较与借鉴

唐　芳[*]

摘　要：各国由于受传统价值观念和人口政策等影响，生育保障立法呈现不同的模式，对实现性别平等、进而促进妇女发展目标也不同。本文以美国、德国与瑞典三国生育社会保障立法模式为探讨对象，着重从保障生育安全和性别平等价值的实现分析三国制度的利弊，并指出鉴于生育的社会价值和社会性别平等理念的实现，一国的生育保障立法应首先体现社会责任，应该尽最大可能生育成本社会化，国家应为全体国民提供生育社会保障。保障的范围从原来的怀孕与分娩阶段扩展至育儿阶段，生育社会保障的主体从母亲到父母。保障的内容不仅包括休假及其福利，还应该包括育儿措施以及灵活就业权利，给予家庭和女性更多的自主选择的空间，以促进妇女的发展。

关键词：生育社会保障；价值；生育安全；性别平等

自古至今，生育对于女性来说都具有重大意义。女性独特的生育功能不仅给女性带来孕育生命的幸福，也同时带来一系列的挑战。女性作为生育活动的主要承担者，付出了大量的时间、精力，甚至因此丧失一些学习提高、职务升迁或改善职业地位的机会。不仅如此，我国的传统文化赋予女性在生育后的特殊的位置和意义更使得职业女性丧失了与男性职工的平等性。为了促进性别平等，实现女性发展，截至 2012 年，全球共有 167 个国家和地区设立生育社会保障制度。生育社会保障法律制度是调整国家在女性生育时为其及其家庭的生活和需要予以物质保障和社会服务中所产生社会关系的法律规范总称。由于各国受传统价值观念和人口政策等影

---

* 唐芳，中华女子学院法学院副教授。

响，生育保障立法呈现不同的模式，对实现性别平等、进而促进妇女发展目标也不同。在此本文仅以美国、德国、瑞典为例讨论三种不同模式对生育保障制度基本价值目标实现的影响。

一 美国

（一）美国生育保障制度的价值取向

美国属于“自由的福利制度国家”①，其深受“强调工作伦理和私人领域重要性”的主流价值观影响，② 及其推崇个人自由和个人主义，奉行“优胜劣汰、适者生存”原则的社会达尔文主义，认为社会给每个人都提供成功平等机会，导致贫穷的责任不在社会而是个人，因此只是从人道主义出发关怀无法生存的“贫穷者”。这种价值观也影响了美国生育保障制度价值追求。美国观念认为女性生育是家庭私事，生育作为社会再生产主要是自己的家庭的选择和责任，国家的职责只是“帮助人数众多和贫困家庭，并推定母亲承担养育孩子主要责任和父亲承担挣工资主要责任。”③生育的保障应该首先由家庭承担，只有在家庭没有能力承担之时，国家对此进行援助，因此儿童照顾历来甚至更多依赖私有化的家庭和市场。在生育安全保障方面，美国提供给生育妇女社会保障极少，在健康保障和收入保障方面主要通过社会生育救助制度实现。但美国对于性别平等甚为重视，其主要依据反歧视法实现对孕期妇女的保护，包括1964年《民权法》、1978年《怀孕歧视法》等，社会保障立法很少，主要的法律是《育儿和家庭医疗休假法》。美国是世界上没有国家层面立法规定为女性提供带薪休假的五个国家之一，也是唯一的发达国家。

① ［丹麦］考斯塔·艾斯平—安德森：《福利资本主义的三世界》，郑秉文译，法律出版社1990年版。

② 毕天云：《社会福利的文化透视：观点与简评》，《社会学研究》2004年第4期。

③ Julia S. O'Connor, Ann Shola Orloff and Sheila Shaver. States, Markets, Families: Gender, Liberalism and Social Policy in Australia, Canada, Great Britain and the United States. supra note 18, at 66.

（二）美国立法主要内容

1. 美国生育救助制度相对比较完善，既包括健康保障又包括收入保障。20 世纪 80 年代末 90 年代初，国会通过一系列的法令，要求各州将医疗救助拓展到所有孕妇及其孩子身上，各州要为所有低于贫困线 133% 的妇女及其 6 岁以下儿童提供医疗服务。其中母亲只可以得到与怀孕相关的服务，而儿童可以得到所有的医疗服务。医疗救助人群包括：家庭收入低于联邦贫困线 133% 的 6 岁以下儿童和怀孕妇女。医疗救助包括现金补助和医疗服务两个方面。1963 年只有 63% 的孕妇能够得到孕期医疗照顾，到 1976 年上升至 76% 。这种卫生医疗服务的提高使得婴儿死亡率在 1965 年和 1988 年之间降低 49%[①]。同时政府实施“妇女、婴儿和儿童特别补充食品计划”，主要面向低收入而且缺乏营养的人口提供，主要包括以下人群：孕妇、哺乳期妇女、哺乳期后妇女、婴儿、五岁以内儿童。[②] 资格要求包括：居住要求、收入要求和有营养风险。居住要求被援助者需在本州申请。

2. 性别平等法。1964 年美国通过《民权法》，该法第 7 条规定，“雇主基于性别对雇员和就业申请人进行限制、隔离和分类为违法”[③]。1978 年 10 月 31 日，美国通过了《怀孕歧视法》（*The Pregnancy Discrimination Act of 1978*），怀孕歧视也构成性别歧视的观点最终得到立法认可。该法案在《民权法》第七章 701 条下增加 k 款，“即：术语‘由于性别’或‘根据性别’包括但不限于由于或者根据怀孕、分娩或者相关的健康状况；受怀孕、分娩或者相关的健康状况影响的女性应当在所有与雇佣相关的目的中被同样对待，包括根据附加福利项目接受的好处，就像其他没有受此影响的人在他们有能力工作或无能力工作时一样。”[④]

3. 1993 年通过的《家庭与医疗休假法》（*The Family and Medical Leave Act*，FMLA）是美国目前主要生育社会保障法。根据该法，女雇员有权享

---

① Howard Jacob Karger.：*American social welfare policy*：*a pluralist approach*，Boston：Allyn and Bacon，2002，p. 327.

② 李超民：《美国社会保障制度》，上海人民出版社 2009 年版，第 368 页。

③ 孙文恺：《法律的性别分析》，法律出版社 2009 年版，第 138 页。

④ 郭燕军：《发展中的美国女性就业权平等保护》，华东政法大学博士学位论文，2010 年，第 154 页。

有产假，但必须符合下列条件：（1）为雇主工作的员工有50人以上；（2）已与同一雇主工作至少12个月（或不连续）；（3）在过去的12个月内已至少工作1250小时。依据该法规定，不仅女性每年有12周不带薪产假，而且男性也可以休12周育儿假，同时生病的雇员也可以休12周病假。从其上述规定可以看出：美国对劳动者生育保障的主体不仅包括女性也包括男性，保障内容仅有育儿假，并无收入保障。

（三）美国生育保障制度价值目标评析

美国的生育社会保障制度从保障水平来看，生育社会保障明显不足。背后的理念反映是否认生育的社会价值，生育保护成本家庭化。其所追求的性别平等是建立在形式平等基础上，采取性别中立的态度，虽有社会性别意识，但并没有解决生育与女性就业冲突问题。

美国作为20世纪60年代女权运动兴盛之地，许多女权主义者认为女性在就业领域受到歧视是因为传统性别刻板印象——女性是家庭照顾者，男性是养家糊口的人，以往生育保护立法实际是强化女性作为家庭照顾者的形象，不利于男女性别平等。同时反对雇主对怀孕妇女给予不利待遇，并认为是一种歧视，其主张通过平等保护法对怀孕女性予以保护。《怀孕歧视法》禁止雇主对怀孕女工差别对待，但同时也反对给怀孕女性优待。尽管最高法院在 California Fed. S & L v. Guerra（479 U. S. 272）案认为《怀孕歧视法》在修改第七条时并没有禁止给予怀孕职员的优惠待遇，被《怀孕歧视法》修正的第七章和加利福尼亚有关产假的立法都是为了实现一个共同的目标，第七章的目标就是“实现就业机会平等，移除过去挡在特定群体面前的就业障碍，给予这个群体的雇员优惠待遇。正如《怀孕歧视法》的发起人、参议员威廉姆斯（Williams）所言：该立法背后的全部要点就在于保障女性在工作场所完全地、平等地参与的基本权利。”① 加利福尼亚州法第12945（b）（2）条目也是为了促进平等的就业机会，保证女性不因怀孕而失去工作。但是美国立法者担心单独给予女雇员产假会违反《民权法案》，因为产假其实质是给予女雇员照顾婴儿的假期，单独给予妇女产假会加深“妇女是家庭照顾者、男性是养家者的性别刻板

① 郭燕军：《发展中的美国女性就业权平等保护》，华东政法大学博士学位论文，2010年，第156页。

印象”，违背性别中立原则。所以在育儿假立法过程中，立法会议员认为颁布性别中立的法规可以打击对妇女的歧视：由于在我们社会中男性和女性有不同角色，家庭照料主要责任往往落在妇女身上，而这个责任对工作女性影响比对男性的影响更甚；适用于某一性别的就业标准，有严重的潜在鼓励雇主对该性别员工和应聘者的歧视。换句话说，只保留给妇女提供生育休假的政策，会鼓励雇主歧视妇女①。因此，立法者认为，如果要求雇主对所有医疗情形提供休假的，而不只是怀孕女性，并且男女都可以休假，雇主就不太可能对怀孕妇女歧视，因此根据平等保护原则要求国家的法律保持性别中立。

为了避免雇主对怀孕女性歧视，其用心良苦将病假与产假融为一体。但是从实施效果来看，立法不仅没有实现“性别平等”的价值目标，反而产生许多问题：

1. 病假和产假混为一体导致病假滥用产生，反而增加雇主成本。因为雇员只要凭借医疗认证书，都可以以此名义每年享有 12 周休假。医疗和生育的性质显然不同，前者更具有私人性，而生育具有社会性，而且也不是所有疾病都需要 12 周休假。

2. 虽然《家庭与医疗休假法》规定使得男女雇员皆可获得无薪休假权，休假的男女雇员比例都有所提高，并且男性的权利得到重视。但是由于无薪休假，在现实生活中，由于就业连接收入，对于家庭来说一般是收入较低的一方休假，在大多数家庭中母亲的收入低于父亲收入，所以往往由母亲休假，所以这一规定并未扭转母亲在劳动力就业市场的劣势。即使在家庭中母亲的收入高于父亲，由于传统观念的压力，父亲未必会休假，最终还是母亲休假。② 因此雇主很容易识别雇员中休假群体，还是会对生

① Suk，Julie C.，“Are Gender Stereotypes Bad for Women? Rethinking Antidiscrimination Law and Work-Family Conflict.” *Columbia Law Review*，2010，111，1.

② 根据 BLS 的调查，在公部门方面，女性申请产假人数比例由 1990 年的 53%，1993 年的 68%，至 1996 年的 80%，有大幅增加趋势。至于男性父亲假申请人数，由 1990 年的 82%，至 1993 年的 86% 与 1996 年的 87%，人数增加比例不大。在私部门方面，亦明显可见大公司女性产假受惠人数比例增加颇巨，由 1990 年的 52%，增加为 1996 年的 68%；小公司中的女性申请产假人数比例则不若前者之大，仅由 1990 年的 32%，上升为 1996 年的 37%。至于父亲假人数比例，不分公司规模大小，增加幅度皆仅有 2%—3%，明显地较产假人数比例增加幅度低得多（大公司父亲假人数由 1990 年的 85%，增加为 1996 年的 87%，小公司男性父亲假人数则是由 1990 年的 61%，上升至 1996 年的 64%）。

育女性产生就业歧视。

3. 无薪休假条件的设定导致员工之间待遇的不公平性，中低收入家庭难以获得生育安全保障。休假适用条件严格限制雇员权利的实现，特别是贫困群体很难休产假。2001 年美国劳工部发布《平衡家庭需要与雇主需要：家庭休假与医疗假调查》显示：在 1999—2000 年美国只有 10.8% 的企业，实行了《家庭与医疗休假法》的相关规定，受到该法保障职工占总数的 58.3%，公司企业受到该法保护的职工总数为 8890 万人，这种差异显示，美国的小企业很多，而大多数人是小企业雇佣的。所以立法规定的企业规模标准需要改变。受该法保障的有资格的职工只占美国被雇佣职工的 61.7%。另外，还有 2150 万职工，约占职工总数的 14.9%，虽然受到该法的保障，但由于达不到法律规定的工龄和工作小时的标准，所以，20% 的该项法律保障的职工，在调查期间并没有享受带薪离职休假的资格。还有 3360 万人，约 23.3% 企业没有参加这项保障[①]。Chuck Halverson 发现美国男雇员之所以很少休父母假的原因："根据美国劳工部调查发现，大约 88% 的雇员认为他们需要休假，然而不能真正休假的原因是因为假期期间雇员是无薪的，如果休假期间雇员没有相应经济补偿，很难维持家庭生活的支出。这个问题可能在男雇员身上体现得更为突出，因为在双薪制的家庭中，父亲的收入一般都会高于母亲的收入，在家庭收入中占有比重较高。在这种情形下，女性分娩后需要一段的时间恢复自身的身体状态，因此合理的选择是父亲继续上班，给予母亲双倍的休息时间，与此同时新生孩子能够至少得到母亲的亲自照顾。""对低收入家庭的男雇员来说，家庭医疗休假法只是一个具有象征性意义的法律，没有发挥什么帮助作用。"[②]

因此美国的法律基础建立在女性具有同男性一样解决家庭与工作冲突能力的基础上。法律的逻辑是，一个女人不应该面临工作和家庭的冲突，女性有权利证明她们的工作领域大展身手无家庭负担。"可具有讽刺意味的上述鼓励雇主聘用怀孕女性的做法加剧而不是减轻工作—家庭冲突。许多雇主为了避免"反向歧视"的"罪名"，而不愿实施减轻女性家庭与工

① 李超民：《美国社会保障制度》，上海人民出版社 2009 年版，第 383 页。

② Chuck Halverson. From Here To Paternity: Why Men Are Not Taking Paternity Leave Under The Family And Medical Leave Act. *Wisconsin Women's Law Journal*, 2003（18）.

作冲突的措施。就业歧视法消除性别定型观念，目的是提高妇女的机会，以“证明”自己的勇气，而忽略他们这样做能力的性别障碍。在这种立法体制下，缺乏家庭照顾的支持，传统的体制必然会导致母亲退出劳动力市场。在美国，目前有一个趋势，许多高层次的专业女性退出劳动力市场全职照顾孩子，社会学家、法律学者和记者都试图解释这样的事实：年龄在25—54岁女性劳动市场的参与率在1994年趋于稳定并开始下降，2000年发表的一项研究显示，在对“选择退出”妇女的广泛采访的基础上形成的结论是，美国工作场所的要求和他们希望花在孩子身上的时间不兼容。因此就业性别平等并未实现，生育与就业冲突也未解决。上述性别平等价值目标没有考虑女性和男性的生理差异和社会文化差异，对那些不得不按照男性标准工作的女性造成了更大的压力。忽视只有女性才能怀孕分娩这一男女不同的真实的生理差异，否定女性就业与生育面对的冲突，就不能真正解决生育和就业冲突，实现性别平等。

二 德国

（一）德国生育保障制度的价值取向

德国生育保障制度特点是主要通过社会保险制度对全体生育女性进行保障，保障内容很全面，已将生育健康保障覆盖全体国民。在解决女性生育与就业冲突时，早期阶段主要强调母亲的传统角色——照顾孩子，并给予相应的社会保障收入，以显示性别平等，但是这种模式不利于女性平等就业。为了解决生育与就业冲突，设立父母假，实现父母在育儿方面形式平等，却导致母亲在就业中处于更为不利的地位。

（二）德国生育保障法的主要内容

德国生育保障的法律主要为《母性保护法》和《帝国保险法》。主要内容包括：

1. 产假。产假的适用对象范围：所有雇佣关系中的妇女，包括女性家庭工人（female home workers）和与这些妇女（家庭工人）享有同样权利的妇女（those with the same legal rights as home workers）。产假期间为产前6周，产后8周（产后休假为强制性休假）。在早产或者多胞胎的情况下妇女可以将产假延长至产后 12 个星期。在早产的情况下，产后休假期间将产假没有修完的假期延长。

2. 孕期和产后休假保障。在产前假期间以外，怀孕女工可能无法正常工作，如果医生提供了“女工如果继续工作，母亲或孩子的生命或健康会受到威胁的证言”，女工可以不工作，在分娩后的最初 4 个月的妇女完全有权利不再从事超出他们的能力的工作。法律规定禁止解雇怀孕女雇员和产后未满四个月母亲，只有在特殊情况下，才可以不适用此禁止性规定，例如公司永久停业。

3. 产假期间的经济保障。根据《帝国保险法》，在一般情况下，每一个就业的妇女以及那些登记失业的妇女都有权享有生育补助金。支付生育补助金支付时间为产前 6 星期，产后 8 星期，早产则增加天数。生育补助金的标准为在过去 3 个月前的产前产假期间正常的平均净工资的 100%。不享受生育补助金工人，以及由于就业禁止部分或完全无法工作的工人收到一笔定额补助，至多 210 欧元。雇员工资收入超过每天 13 欧元（或计算的基准期为 210 欧元）的情况下，雇主支付额外的工资。由于母亲或孩子的生命或健康构成危险，怀孕工人停止工作，雇主必须支付全部的平均工资。自由职业者、农场主、农场雇员、公务员、申请失业保险金Ⅰ类和Ⅱ类的失业产妇也可以根据医疗保险金的享受标准获得相应的生育保险金。

4. 父母假。父母在孩子满 3 岁之前有权享有不带薪休假。根据《父母津贴和父母休假法》，雇员应在育儿假开始前的 8 周内递交申请，一旦雇员递交申请，雇主不能解雇该雇员。新生儿的父母育儿假为 12 个月。如申请带薪假的是母亲，父亲还可以申请额外两个月的假期，即享有 14 个月的带薪育儿假。如果有权享有育儿假的当事人所供职的公司的人数达到或者多于 15 人，他或者她可以向雇主提出要求缩短工作时间，从事非全日制工作，前提是雇主没有基于经营上的紧急原因而提出异议。

5. 父母假福利。职工在休父母假期间，可以享受联邦父母津贴。父母现金津贴待遇标准为平均月工资收入的 67%，月领取限额限制在 300—1800 欧元之间，可以领取至婴儿满 12 个月为止。父母一方最多可以单独享有 12 个月父母补助金，如果另一方也因为照顾婴儿而放弃或减少工作时间到每星期工作 30 小时以下时则可以获得额外两个月的父母补助。

（三）德国生育保障制度价值目标评析

德国生育保障制度将所有雇佣关系中的妇女作为保障主体，享有生育社会保障待遇比较高。但是受其传统家庭观念和人口政策等影响，德国在解决生育与女性就业冲突，实现男女就业平等方面，并未实行价值目标。

德国早期生育社会保障立法深受“女性照顾子女，男性养家糊口”的传统理念影响，侧重对母亲的保护，1979 年德国推行“母亲育儿假”，将新生儿母亲产后休假的期限延长 6 个月，生育津贴的标准为分娩前 3 个月的平均收入。除此之外，母亲在休假期间还有权享有雇主支付的补助金，以弥补女职员分娩前三个月平均收入和生育津贴之间的差额。[①] 这使得雇佣生育女性的雇主用工成本大大增加，使得女性在劳动力就业市场竞争中处于不利地位。自 20 世纪 80 年代后期起，政府生育社会保障政策才具有社会性别的视角，摆脱母亲照顾子女的刻板角色，赋予父亲休假的权利。1986 年《联邦育儿津贴法》生效，新生儿父母亲享有使用父母假的平等权利，这是德国在其历史上首次以法律形式承认父亲在照顾婴幼儿方面的作用。由于德国侧重传统的家庭模式，即父母应将更多的时间和精力用于照顾子女上，为此政府和社会应该为父母们因为照顾子女而无法工作提供物质支持。所以德国在托育设施建设方面存在明显不足。德国生育保障立法对父母的保障，反而导致女性在劳动力市场竞争中处于不利地位，并未实现真正性别平等。21 世纪初，德国改革选择的路径与促进男女两性平等地从事有偿工作和无偿家务劳动这一目标相联系，在缩短父母假长度同时注重为生育家庭提供公共托育服务，从 2006 年起德国政府增加了儿童日间护理机构的建设投入，它标志摒弃早期父母育儿假制度的设计初衷，以帮助全职的父母更好平衡家庭与工作的关系。

三　瑞典

（一）瑞典生育保障制度的价值取向

瑞典模式生育保障制度特点是主要通过社会福利和社会保险制度对全

① 李西霞：《生育假制度比较研究：德国、荷兰和中国》，《妇女社会权利的保护：国际法与国内法视角（上）》，社会科学文献出版社 2013 年版，第 183 页。

体生育女性进行保障，通过社会福利将生育健康保障覆盖全体国民，保障内容很全面。

从实现性别平等的价值来看，瑞典模式的理念与德国不同。立法沿着两条思路进行调整：一是将妇女的一部分家庭责任转移给政府，以赋税的方式，来让社会共同负担儿童照顾的成本，而非将母职及儿童照顾的责任全部交付给雇主以及母亲身上，二是将妇女家庭责任转移一部分给男性[①]，提高共同照顾的价值。国家通过强制性立法规定改变传统的性别分工，促进男女共同承担儿童照料义务，提升共同照顾的价值。

（二）瑞典生育保障立法的主要内容

1. 怀孕补贴。在怀孕期间，工作负担较重或者从事对胎儿有危险性工作的孕妇，可要求雇主为其调换岗位，如果雇主不能为其重新安排工作，孕妇可获得长达 150 天的怀孕补贴（pregnancy benefit）。根据怀孕期间孕妇工作能力下降程度，实行非全日工作，政府分别给予全额、3/4 额、半额、1/4 额补助。若因工作环境危及胎儿安全不得不停止工作，停止工作期间孕妇可以获得全额补贴。在预产期前 10 天，怀孕补贴停止领取。

2. 产假。所有女雇员不论其工作多长时间，都可以享有产假。女雇员在休假前至少两个月应该通知她的雇主，如果她不能够这么做，也要尽快地通知并且也应该告知其休假的时间。

3. 产假期间的福利。医疗保障属于国民福利，受保人不缴费。现金支付通过社会保险，自雇人士也享受现金福利。

4. 父母假。享受待遇资格条件：父母以及父母以外孩子的法定监护人；休假人在休假前至少两个月应该通知她的雇主，如果她不能够这么做，尽快地通知并且告知其休假的时间。有孩子的雇员都有权在孩子满 18 个月以前为照顾孩子而休假（《育儿休假法》第 5 条）。根据《育儿休假法》第 9 条规定，享受育儿休假权利的雇员必须符合下列条件：该雇员已受雇达 6 个月，或者在此前的两年内累计工作时间至少达 12 个月。父母假期限为 480 天。双方各享 60 天，其余时间可以父母自行支配。但单一法定监护人有权享受所有休假。育儿假每年最多分三次休。如果某一

---

① 李慧英：《瑞典：公共政策与女性就业》，《中国妇女报》2005 年 6 月 7 日。

次休假持续到第二年的，将其划归到休假开始的那一年

5. 父母假福利待遇。父母补助金支付 480 天。补助金分为两部分：第一部分支付 390 天的工资 80% 补助，有最高限额限制[①]；第二部分余下 90 天按照统一标准支付。（2006 年之前是每天 60 克朗）。如果没有薪水或是低收入者，则可拿到每天 180 克朗的基本补助金。

6. 非全日制工作。根据《国家保险法》第 4 章的规定，有孩子的雇员在领取 3/4、1/2、1/4 或 1/8 的育儿补助期间，有权相应地分别将其正常工作时间减少 3/4、1/2、1/4 或 1/8。有孩子的雇员为照顾自己不满 8 周岁或已满 8 周岁但尚未上完一年级的孩子，有权减少正常工作时间，最多减少 1/4，但此休假期间不享受育儿补助。

7. 陪产假：父亲有 10 天的陪产假，在婴儿从医院回来后 60 天内可以申请。当母亲是单亲或者没有时，父母补助金时可以转让给他人。

8. 公共的托育服务。为了保障并支持已婚母亲积极就业，瑞典政府通过财政转移支付提供高品质的公共托育服务。在瑞典，生育保障立法的宗旨是保证所有的儿童都有权利享受托育服务。托育服务机构资金主要来源于政府的财政税收，政府为家庭中每个学龄前孩子提供儿童补助交给托育机构，家庭只需缴纳少额的伙食费和管理费，如果家长收入低或者孩子多则可以免交，家庭需要支出的托育费用大约占工资收入的 1/10。此外，托育机构提供的服务是全日制服务，品质高，其开发大量适合儿童特点的各种丰富多彩的活动，促进儿童能力全面发展，满足家长和孩子多方位的需要。

（三）瑞典生育保障制度价值目标评析

瑞典生育社会保障对象覆盖全体劳动者，不仅是正规就业群体，也包括非正规就业人士。国家通过“家庭成本社会化”和“父母共同照顾”实现社会性别平等促进女性的发展。

1. 政府为鼓励妇女就业，将妇女的一部分家庭责任转移给政府，以赋税的方式，来让社会共同负担儿童照顾的成本，而非将母职及儿童照顾的责任全部交付给雇主以及家庭。瑞典与其他发达国家托育服务的显著差异是依赖于政府而非单纯的市场机制。在美国、日本以及西欧等国家，托

---

① 补助金 390 天工资部分最高限额，2003 年为物价基数的 7.5 倍。

育服务依赖市场导向，托育机构的数量和费用都是由市场机制调节，收费标准非常高，远远超过一般家庭所能承受的经济能力，这使得许多家庭被迫进行分工：父母一方选择就业挣钱，而另一方辞职照顾孩子家庭。在传统的家庭和保守的意识形态下，通常的模式是女性照顾孩子家庭，男性出去工作赚钱，不利于女性就业。“家庭成本社会化”对促进女性就业具有积极作用，妇女就业需要社会支持，因为只有女性的就业收入高于家庭支付的照顾孩子成本时，家庭才可能鼓励女性就业。

2. 赋予父亲休假权，将母亲照顾子女的责任转移一部分给父亲①。1974 年瑞典打破传统“母亲照顾子女”刻板模式，首次创立父母社会保险制度，将过去的母亲津贴变为父母津贴，使父亲第一次也享有照顾子女休假的权利。其背后的立法价值理念是打破传统的性别刻板印象，孩子是父母双方的子女，父亲也有照顾子女的权利，因此父亲和母亲双方应该共同享有休父母假的权利。尽管法律赋予父母同等的休假权利，意在实现男女分担家庭责任，避免家庭责任给男女造成就业机会不平等，但是母亲休假天数远远超过父亲的休假。1980 年申请父母补助金的男性仅占申请人数的 5%。② 为什么父亲不愿意休父母假，国外学者研究分析主要有以下三方面原因。

（1）母亲的原因。调查发现，一般是由母亲决定谁休假，通常母亲决定自己大部分时间休假，其次才是父亲。也有学者认为是社会压力造成的，因为依据传统社会观念，一个好母亲必须留在家里亲自照顾孩子。如果母亲像父亲一样早点回归工作，因为她们没有充分利用育儿假，便会认为是“阳刚”和“自私”，不是好母亲。

（2）经济原因。一般父母假补偿都不会达到 100%，瑞典支付津贴补助是工资补偿的 80%，由此导致在家庭中谁赚钱多，谁继续工作，收入少的人休假对家庭来说是有效率的。在一个家庭中，通常母亲的收入要低于父亲，所以通常是母亲休假。

（3）工作环境影响，包括雇主、同事等。如果男性使用父母假，他们从工作场所可能遇到隐性歧视。公司对父亲使用父母假有不同的态度，

---

① 李慧英：《瑞典：公共政策与女性就业》，《中国妇女报》2005 年 6 月 7 日。

② 唐文慧、杨佳羚：《瑞典育婴休假制度之研究：共同照顾的价值》，《政大劳动学报》2006 年第 19 期。

它会影响父亲的休假时间。例如，在管理职位的父亲相比那些在休育儿假时非管理职位受到了支持，这是由于有更多的在公共部门工作的妇女，支持其休父母假。同样，Bygren 和 Duvander 发现在私营部门工作的父亲，在一个男性占主导地位的工作环境，相比其他私营部门是不太可能休父母假。而企业的态度对于男员工是否休父母假具有重要意义。

为了倡导父亲休假，北欧国家出现了“父育假”，即由父亲专享不可转让的假期。父育假最早由挪威在立法中提出，随后被瑞典采用。1995年5月24日瑞典颁布《育儿休假法》，对父母津贴规定有变化，分别为父母双方规定了一个月不可转让的假期，2002年增加为两个月。在父母假中，其中有两个月是父亲专享，不能转移给母亲休假，父亲不使用就失效。从法理看，休假是一种权利而非义务，父亲是否休父育假取决于自愿，国家不能强制。但立法彰显国家的主流价值观，意在推动父亲承担儿童照料义务，分担家庭照料责任，而不仅仅是经济责任。这一规定有利于减轻女性生育的责任，同时也缓解企业对生育女性的歧视。瑞典的生育保障制度有助于解决生育与就业的冲突，促进女性平等就业。瑞典家庭主妇的百分比从1970年的30%，降至1995年的3%。瑞典的父亲们认为，参与照顾孩子是很重要的，数据显示有90%的瑞典父亲休过育儿假。2010年底父亲休育儿假总人数比与2000年12.4%相比，增加了23.1%。

瑞典的生育保障立法的完善与其立法的价值理念是分不开的。性别平等是其整个生育保障制度的核心价值理念。一国立法的价值理念往往取决于执政党的理念。从第一次世界大战开始到2007年，瑞典社会民主党长期在瑞典执政，社会民主党的执政基本理念是致力于建设一个自由、平等和团结为目标的民主社会主义社会。所谓平等是指每个人虽然能力和品质天然有所差别，但人们价值是平等的，社会地位也是平等的，因此国家应该消除社会各种不平等现象实现平等。性别平等是社会平等的重要内容，女性与男性享有平等的就业权是该党制定政策的宗旨之一。

但何为性别平等，各党理解并不相同。在传统保守主义政党看来，男性赚钱养家，女性承担生育照顾子女的责任是天然分工，因此实现性别平等乃是为家庭发放家庭津贴，补贴父母因子女出生带来的损失以及给予女性生育安全的环境。这种价值理念实际将女性从劳动力市场分离出来，损害女性平等的就业权。社会民主党则致力于推行社会性别平等的理念，自20世纪70年代的瑞典平等政策的中心内容就是争取男性对家庭和孩子有关工作的更大的份额。在1972年，瑞典首相奥洛夫·帕尔梅建立男女之间平等咨询理事会，并表示其设立目的是基于平等的需求，改变男女之间状况，使妇女增加有报酬的就业机会，并给男性增加照顾孩子的责任。① 1992年，瑞典资产阶级联合政府开始实施一项“儿童家庭照料津贴”政策，即未满3岁子女的父母在公共保育服务与家庭照顾之间进行拥有选择的权利。如果母亲或者父亲一方选择在家照顾孩子不工作，每月就可以获得政府给予3200瑞典克朗的现金补助。这项政策看似对于儿童的成长非常有利，因为虽然当时瑞典的父母假长达450天，但是假期结束父母都必须重返劳动力市场，而由公共部门统一提供儿童的保育服务。这样父母没有充裕的时间来陪伴儿童的成长，显然不利于儿童的成长，而实行“儿童照料津贴”政策后，父母无须就业，通过领取照料津贴弥补收入的损失，从而能够安心在家陪伴孩子。这项政策也为父母在养育儿童的方式上提供更大自由选择的权利。资产阶级联合政府实施该项政策还有深层次的经济原因就是减轻地方政府的财政负担和管理责任。根据调查显示，地方政府每月为每个儿童提供保育服务的平均花费5200克朗，而同期的“儿童照顾津贴”支付为3200克朗。显然“儿童照顾津贴”实施有助于减少财政支出。但是，这项政策的推出引起了社会巨大争议，因为此项规定有悖于“非家庭化”原则，会引发男女之间的不平等。因为受传统社会角色分工的影响，母亲相对于父亲更倾向于选择照顾儿童，因此申领儿童照顾津贴女性的比例要高于男性，由此导致两个结果：首先，由于津贴的数额不足以完全补偿休假者的工资收入，有可能会造成女性经济地位下降。其次，女性将会重新回到传统家庭的角色，而这对于崇尚性别平等的瑞典社会是无法接受的。因此当1996年瑞典社会民主党重新夺回领导权后就立刻取消了这项规定。②

瑞典福利国家通过“生育成本社会化”，承担起为家庭提供托育服务的重任，将女性从照顾儿童传统的角色中解放出来，促进妇女积极就业而不是操持家务，从而实现女性经济的独立以及男女社会地位的平等。该项制度不仅对实现女性自由和平等有利，对于男性也有利。因为传统“女

① Linda Haas a and C. Philip Hwang: “The impact of taking parental leave on fathers' participation in childcare and relationships with children: Lessons from Sweden”, *Community, Work & Family*, Vol. 11, No. 1, February 2008, 85104.

② 陈维佳：《瑞典福利国家改革研究》，华中科技大学博士学位论文，2011年。

性照顾孩子、男性养家糊口”观念下的制度同样忽视和否定一些父亲的需求，定型了父亲的模式，使父亲丧失自己选择的机会。因此由父亲独享的“父育假”（非父母假）使父亲也能满足照顾子女的需求，它给父亲拥有事业和孩子两个机会，实现家庭与工作平衡。

四　三个国家立法价值的比较与启示

美国否认生育的社会价值，大部分国民生育的风险是由自己承担，并未社会化负担，只给予一小部分贫困的群体最低保障。这就忽视部分非贫困群体在生育时同样可能面对无法承受生育风险，生育保障制度的安全价值并未充分实现。而德国模式和瑞典模式承认生育的社会价值，将安全保障覆盖整个国民，不仅包括正规劳动者，还包括非正规就业劳动者、失业人员等。保障的内容也十分全面，不仅包括健康保障，还包括收入保障和就业保障；既包括怀孕期间的保障，也包括产假之后儿童照顾之保障。

从生育保障制度的性别平等价值方面比较，美国模式虽然特别追求性别平等的价值，甚至也赋予父亲休假的权利，但是忽视男女不同的生理差异，否认社会保护的责任，仅仅依赖“形式性别平等”是不能解决生育与就业冲突、实现男女平等就业。德国模式将实现性别平等价值建立在“实质性平等”理论基础上，肯定男女生理差异，通过社会保障并给女性充分的生育保护，但是由于受其“女性照顾孩子、男性养家糊口”传统观念影响，缺乏社会性别视角，对母亲的过度保护，导致男女劳动力市场上雇佣成本出现显著差异和人力资本收益不同，反而使女性在就业中深受雇主歧视。即使目前父母假立法已经将保障对象扩至父亲，但在传统观念根深蒂固的情形下，如果国家没有通过社会保障措施采取积极行动，也很难实现真正性别平等。瑞典模式以实现社会性别平等为目标，生育保障制度建立在“实质平等”理论基础之上，针对男女不同的生理差异，对生育女性给予特殊保障，同时为了避免雇主歧视，国家更多将其成本社会化。在提供生育保障的同时以社会性别视角，看待男女之间差异，摆脱传统的“女性照顾子女、男性养家糊口”性别刻板印象，在照顾子女方面给予男女同等保障。不仅如此，瑞典更是通过生育保障制度中积极措施，去促使传统观念的改变。事实上，瑞典的社会性别平等价值实质是建立在追求更高的价值—自由基础上，这种自由是国家通过制度的调控帮助人们实现自由，而不是自由主义国家原发的自由。为了实现个体的自由，瑞典除了具有完善的社会保险体系，还为国民构建了一套主要包括疾病照顾、老年照护以及儿童托育等服务在内的高质量的社会服务体系。这些服务以往都是由传统的家庭提供的，导致家庭负担过重，瑞典福利国家通过直接承担照顾儿童、老人和鳏寡孤独者的责任，使“家庭成本社会化”，最大限度地让个人摆脱家庭的束缚，从传统的家庭角色中解放出来，从而实现个体的自由。

综上所述，鉴于生育的社会价值和社会性别平等理念的实现，一国的生育保障立法应首先体现社会责任，应该尽最大可能将雇主个体的责任转由社会承担，生育成本社会化，国家应为全体国民提供生育社会保障，而不是仅仅保障正规就业群体。鉴于生育与就业冲突所导致性别不平等的本质，保障的范围从原来的怀孕与分娩阶段扩展至育儿阶段，生育社会保障的主体从母亲到父母。保障的内容不仅包括休假及其福利，还应该包括育儿措施以及灵活就业权利，给予家庭和女性更多的自主选择的空间，以促进妇女的发展。

中国生育保障的现状及影响因素*

——基于第三期中国妇女社会地位调查的实证研究

黄桂霞**

摘　要：本文以第三期中国妇女社会地位调查中关于生育保障的相关数据为基础，考察中国生育保障的现状，并结合中国妇女生育保障制度政策的发展以及保障水平的影响因素进行分析。分析发现，中国妇女的生育保障受制度政策的影响较大；相关数据显示，十年来，按照国家规定享受产假的女职工比例有了较快增长；产假期间有工资、补贴的比例也有了较大增长，但是水平较低，大部分生育妇女尤其是农村妇女的住院分娩费用仍要自付。

关键词：分娩费用；产假；生育津贴

---

* 自1990年以来，全国妇联每隔十年进行一次全国规模的国情、妇情调查，以2010年12月1日为标准时点，全国妇联和国家统计局联合组织实施了第三期中国妇女社会地位抽样调查。适应国家对民生问题的重视，以及社会保障对妇女发展和地位影响的重要性，第三期中国妇女社会地位调查在第二期基础上新增了妇女社会保障部分的专题调查。主要了解妇女社会保障的基本状况及近十年的发展变化；展示不同阶层、不同地区的城乡妇女以及男女两性在社会保障方面的差异；分析男女两性在社会保障中的性别差异，职业行业分布对社会保险水平的影响；分析影响提高妇女社会保障水平的制约性因素等。

** 黄桂霞，全国妇联妇女研究所副研究员。本文为中国妇女研究会2012—2014年度中国青年学者妇女/性别实证研究项目《生育保险取消户籍限制对女性生育权益的影响》和国家社会科学基金重大项目“新时期中国妇女社会地位调查研究”（项目编号：10@ZH020）的阶段成果。该文的撰写及修改得到了《妇女研究论丛》副主编姜秀花研究员的悉心指导，在此深表感谢。

一 研究背景与分析框架

在社会保障体系中，生育保障与妇女发展密切相关，在妇女研究中，生育保障是妇女解放与发展的重要内容，也是妇女社会地位的重要体现。因此，无论是在社会保障研究中还是在妇女研究中，生育保障都是研究者比较关注的议题。

1. 生育保险制度与相关研究回顾

生育保险不仅是保障妇女权益和地位的需要，也是保障和提高人口素质、保障企业公平竞争、体现女性生育社会价值的有效制度（庄渝霞，2009）。中国的生育保障制度政策，从20世纪50年代的女职工劳动保护条例、90年代的生育保险试行办法到21世纪的中国社会保险法关于生育保险的规定、生育保险办法以及女职工劳动保护特殊规定，有了较大的发展。1994年《企业职工生育保险试行办法》规定，城镇企业为本单位职工缴纳生育保险；之后，有27个省区市相继颁布当地生育保险试行办法。各地生育保险办法虽有差异，但基本都只是覆盖本市城镇户籍职工，不包括占人口80%的农村人口中的农村妇女。2000年城镇职工生育保险覆盖率为26%，2005年有5409万人享有生育保险，占城镇职工数的46%；2010年有13892万人，达到职工总数的95%。[①] 21世纪以来，成都、广州、厦门、威海、北京等市陆续将生育保险覆盖到非本市城镇户籍从业人员，2010年《中华人民共和国社会保险法》将有生育保险男职工的未就业配偶纳入生育保险范围。城镇居民生育费用报销的政策也在2009年出台，农村居民分娩费用报销由新农合支付，尚没有全国统一的政策，各地政策出台时间不同，但基本是近几年才开始执行。其实，作为人口再生产的行为，生育是整个社会的责任，与是否就业无关，与户籍也无关，因此，生育保险发展的方向是覆盖到所有人（潘锦棠，2001）。

中国的生育保险基本是单位负责，企业单方缴纳费用，国家不承担补偿责任。生育保险费用只由企业缴纳，筹资渠道单一，不能很好地平衡企

---

① 国家统计局社会科技和文化产业统计司：《社会中的女人和男人——事实和数据（2012）》。

业利益与职工利益和国家利益的均衡，导致企业负担过重，以及企业招工中的性别歧视，无法很好的保障女性的生育权益，在一定程度上也影响了劳动女性的职业发展。相比于养老保险、医疗保险、失业保险以及工伤保险来说，中国生育保险的政策制定与法制建设最为滞后，法律效力低，各地在具体执行中差异性也较大（张彦丽，2010）。而且统筹层次低，保障水平也偏低，一方面生育补助金和医疗费用给付水平低、给付落实不到位，不能满足生育妇女的实际需要；另一方面享受面较窄，企业缴费水平高，生育率下降，基金滚存浪费（杨连专，2010）。

因此，首先要加快生育保险立法，建立全国统一的生育保险制度，并强化执法与监督。同时，要坚持社会统筹方向，逐步扩大生育保险覆盖面，提高其统筹层次；建立政府、企业、个人共担生育保险资金的筹资机制，实现生育费用共担；还要合理确定生育保险待遇支付范围，待遇水平要与国家的财力、物力相适应，并且逐步提高（胡芳肖，2005）。

2. 分析框架

本文的生育保障除了包括生育保险涵盖的分娩费用报销、生育津贴（产假期间的工资收入或补贴）外，还包括妇女特殊劳动保护的产假时间长短等内容。从制度政策角度来看，生育保障是否覆盖劳动者，是女性能否享受生育保障的前提；而在需要时能否享受相应待遇则是社会保障社会价值的关键衡量指标，妇女生育时的分娩费用能否报销，女职工生育能否按国家规定享受产假和产假期间的生育津贴等生育待遇，是衡量生育保障价值及实施效果的重要指标。21 世纪以来，中国生育保障制度政策有哪些发展，生育保障的覆盖面、保障水平如何，影响因素有哪些，妇女的生育保障权益能否得到较好的维护等，是本文所要考察研究的。

以往研究主要集中于城镇职工生育保险，对现有生育保障制度政策本身以及落实中存在的问题进行了分析，也提出了一些建议，但基本都是定性研究，缺乏定量的支持，本文以第三期中国妇女社会地位调查中的生育保障数据为基础，在印证已有研究中所论述的生育保险覆盖面和保障水平不能满足生育妇女需求的基础上，通过分析不同人群享受生育保障的差异，包括城乡、区域、职业以及年代差异，进一步分析究竟是政策本身的问题，还是贯彻落实中存在的问题，并针对问题提出推动中国生育保障发展、提高生育保障水平的建议与对策。

保障水平的分析主要从分娩费用、产假时间及生育津贴三个方面进

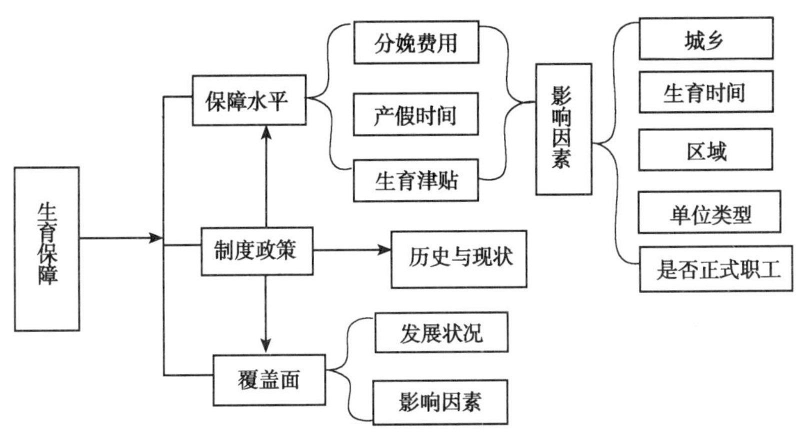

图1　生育保障分析框架

行。影响因素主要从两个方面进行分析：一方面是被调查者的个人特征，包括户籍、年龄（生育孩子的时间）等；另一方面是劳动力特征，包括被调查者的就业身份、是否单位正式员工、所在单位所有制等。从个人特征来看，户籍和年龄差异引起的保障水平差异主要源于制度的发展变迁；从劳动力特征来看，劳动者由于身份不同和所在单位不同导致的生育保障水平的差异主要是制度政策的碎片化所致。

二　中国生育保障水平的现状

本部分主要分析城乡妇女的分娩费用报销差异以及非农就业女性享有的产假时间及生育津贴水平差异，并分析影响因素。调查中，共有22728人回答了“被调查者/配偶生育最后一个孩子时的分娩费用”问题，其中城市占49.3%，农村占50.7%。由于以男性为被调查者了解其配偶的产假时间不能准确反映女性整体状况，未就业人员和农业劳动者没有法定意义上的产假，所以产假时间及产假期间的工资、补贴只针对从事非农就业的已生育女性，共有6687个样本。其中，城市户口占74.6%，农村户口占25.4%。无特殊说明，本文的分娩费用、产假时间及产假期间的收入都是指被调查者/配偶生育最后一个孩子时的情况。

1. 分娩费用报销情况

分娩费用包括产前检查费、接生费、手术费、住院费以及药费等。虽然职工和城镇居民的分娩费用可以由单位或保险基金支付，但仍有很多妇女要自己支付部分甚至全部分娩费用。

分娩费用报销与制度政策的变化密切相关。分城乡来看，城镇女性分娩费用完全报销的比例高出农村女性 21.0 个百分点，农村女性分娩费用全部自费的比例高达 87.0%。从时间来看，女性生育越晚的，分娩费用全部自费的比例越低，部分报销比例越高。2001—2010 年间生育的女性有 25.3% 的分娩费用部分报销，这部分人主要受益于生育保险社会统筹政策的出台。分区域来看，京津沪地区的分娩费用报销情况最好，其他地区相对比较差。这与京津沪城镇就业者比例大、生育保障较好的机关、事业单位和大中型企业相对较多有关。从单位所有制来看，国有单位女职工生育最后一个孩子时分娩费用报销的比例最高，私营/个体全部自费的比例最高，达到 72.9%。同在国有单位，正式职工与非正式职工之间的差异也很大，非正式职工分娩费用全部自费的比例达到 68.1%（见表 1）。

表 1　　分娩费用报销的具体情况　　单位：%

样本变量		全部免费/报销	定额补贴或部分报销	全部自费	N
城乡	城镇	24.3	21.5	53.3	11213
	农村	3.3	7.7	87.0	11515
生育最后一个孩子的时间	2001—2010 年	6.5	25.3	67.5	6125
	1991—2000 年	10.2	12.0	76.7	6004
	1981—1990 年	16.2	7.6	74.3	7163
	1971—1980 年	18.0	6.8	72.2	3072
	1961—1970 年	7.6	5.9	80.5	118
区域	京津沪	37.2	13.3	49.0	1348
	东部	11.5	13.9	73.8	8301
	中部	9.0	12.3	77.1	7136
	西部	10.9	14.4	71.8	5943
单位所有制	国有单位	32.9	26.0	41.1	2252
	城镇/农村集体	20.1	15.6	64.3	613
	私营/个体	11.7	15.4	72.9	1113
	三资企业	15.2	29.2	55.6	169
是否国有单位正式职工	正式职工	41.5	29.4	28.1	1960
	非正式职工	12.1	19.8	68.1	470

2. 产假休假时间情况

十年来，中国女性生育时的产假时间延长，同时，能按照国家规定享受产假的比例也有所提高。调查显示，非农就业女性生育最后一个孩子时享受了90天以上产假的占62.8%；基于一部分女性是在1988年之前生育的，法定产假为56天，共有83.8%的女性的产假时间达到56天以上。

从户口性质来看，非农就业女性中城镇户口女性产假时间明显高于农村户口女性。农业户口从事非农劳动的就业人员基本属于流动人口中的农民工，在城乡二元分割的体制下，即使在城镇就业，与城镇女性在业者相比，流动女性生育时所能享受的待遇依然较差。与国家制度政策发展变化相适应，不同年代生育的女性享受产假情况有着较大差异。1988年新政策规定女性产假时间延长到90天，所以1990年以后生育的女性产假时间集中于90天以上，而1980年以前生育的非农在业女性，产假时间主要集中于56—89天。不同单位就业的女性，在生育时所能享受到的产假时间存在一定差异，国有单位职工的保障水平依然高于其他单位（见表2）。

表2　非农就业女性产假时间享受情况　单位：%

样本变量	少于55天	56—89天	90天以上	N
户籍				
城镇户口	14.5	20.3	65.2	3801
农村户口	49.7	11.3	39.1	515
生育最后一个孩子的时间				
2001—2010年	10.5	6.2	83.3	785
1991—2000年	14.8	10.2	75.0	953
1981—1990年	22.2	23.4	54.4	1080
1971—1980年	26.0	56.4	17.6	413
区域				
京津沪	9.0	36.4	54.6	370
东部	15.4	14.7	69.9	1246
中部	20.8	18.8	60.4	882
西部	22.0	19.9	58.1	749
单位所有制性质				
国有单位	12.5	23.8	63.7	3475
城镇/农村集体	22.7	28.5	48.8	671
私营/个体	21.7	14.0	64.3	1128
三资企业	7.1	13.1	79.8	157

注：由于1961—1970年生育孩子的样本只有5个，不具有统计意义，所以本处未进行分析。

3. 非农就业女性产假期间的工资、补贴享有情况

调查显示，生育最后一个孩子时休过产假的非农就业女性产假期间有工资、补贴的比例为 88.1%。对于有单位的女性，产假期间有工资、补贴的比例为 91.5%，其中产假期间收入与产前差不多或有基本工资的比例为 88.9%，比 2000 年第二期中国妇女地位调查时所在单位提供产假/孕期保健工资的 56.4% 提高了 32.5 个百分点，比 1990 年第一期中国妇女社会地位调查时能在单位享受到产假工资的 32.4% 提高了 56.5 个百分点。

从户籍来看，同样从事非农劳动，农业户口与城镇户口女性产假期间的收入差异较大。从生育时间来看，不同年代生育女性产假期间工资、补贴变化存在一定差异。1971—1980 年和 2001—2010 年间生育的女性产假期间收入与产前差不多的比例超过一半，而 1981—1990 年与 1991—2000 年期间生育的有基本工资或部分补贴的比例相对较高。这与我国工资结构变革以及生育津贴发放标准有关，计划经济时期收入就相当于基本工资，21 世纪以来，企业生育津贴标准是上年度企业员工月平均工资，处于生育期的基本是年轻人，津贴水平会被企业高收入人员拉高。从不同区域来看，京津沪地区的非农就业女性生育最后一个孩子时产假期间能享受工资、补贴的情况最好，西部地区最差。分单位所有制来看，体制内女职工产假期间的工资、补贴情况较好，国有单位的生育津贴水平最高，私营/个体最差。国有（含国有控股）单位正式员工和非正式员工之间也有明显差异，其中与产前收入差不多的正式员工比例是非正式员工的近两倍（见表 3）。

表 3　非农就业女性产假期间生育津贴享受情况　单位：%

样本变量	与产前差不多	基本工资/部分补贴	没有收入	N
户籍				
城镇户口	43.8	33.7	21.3	3801
农村户口	12.9	5.5	79.8	515
生育最后一个孩子的时间				
2001—2010 年	54.0	33.9	11.8	785
1991—2000 年	44.1	41.7	13.7	953
1981—1990 年	49.4	40.7	9.2	1080

续表

样本变量	与产前差不多	基本工资/部分补贴	没有收入	N
1971—1980 年	55.2	33.9	10.4	413
区域				
京津沪	37.8	55.7	6.2	370
东部	51.5	36.6	11.4	1246
中部	53.4	36.7	9.1	882
西部	48.3	35.0	16.2	749
单位所有制				
国有单位	52.8	38.0	9.2	3475
城镇/农村集体	34.6	39.6	25.8	671
私营/个体	25.5	31.9	42.6	1128
三资企业	29.2	41.5	29.2	157
是否国有单位正式职工				
正式职工	63.4	34.4	2.3	2117
非正式职工	35.0	53.2	11.8	471

注：1961—1970 年生育最后一个孩子的样本太少，不具有统计分析意义，故本处未进行分析。

三 生育保障水平的影响因素分析

不同户籍、地区、单位的女性的生育保障享受存在一定程度的差异，究竟是哪些因素影响了女性生育保障的水平，本部分通过二元 Logistic 回归对女性分娩费用、产假时间和产假期间的收入的影响因素进行分析。

1. 分娩费用能否报销的二元 Logistic 回归分析

因变量为分娩费用能否报销，0 是全部自费，1 是有报销，包括全部报销、部分报销及定额补贴。将户籍、生育时间、所在地区和单位所有制纳入模型，对女性生育最后一个孩子时分娩费用能否报销进行二元 Logistic 回归，结果如表 4。

表 4　　**分娩费用的 Logistic 回归**

样本变量	S. E	Sig.	Exp（B）
城乡（城市户口为参照）			
农业户口	0.115	0.000	0.188
生育最后一个孩子时间（2001—2010 年为参照）		0.007	
1991—2000 年	0.092	0.889	0.987
1981—1990 年	0.091	0.005	1.289
1971—1980 年	0.122	0.042	1.281
1961—1970 年	0.685	0.357	0.533
区域（京津沪为参照）		0.000	
东部	0.122	0.000	0.457
中部	0.127	0.000	0.335
西部	0.134	0.000	0.455
单位所有制（国有单位为参照）		0.000	
城镇/农村集体	0.099	0.000	0.438
私营/个体	0.091	0.000	0.347
三资企业	0.187	0.840	0.963
常量	0.134	0.000	3.895
Nagelkerke R^2 = 0.229			
有效个案数			4370

通过二元 Logistic 回归发现，户籍、区域、所在单位所有制对女性生育最后一个孩子时分娩费用能否报销的影响显著，农村户籍的女性分娩费用能够报销的比例仅为相应城市户籍的 18.8%，中部地区女性分娩费用报销比例为京津沪地区相应比例的 33.5%，私营/个体劳动的女性分娩费用报销比例为国有单位相应比例的 34.7%。而生育时间对能否报销分娩费用的影响不显著。

2. 非农就业女性是否按照国家规定享受产假的二元 Logistic 回归分析

因变量为非农就业女性生育最后一个孩子时是否按照国家规定享受产假，0 为不能，1 为能。将户籍、生育时间、所在地区和单位所有制纳入模型，对非农就业女性生育最后一个孩子时是否按照国家规定享受产假进行二元 Logistic 回归，结果如表 5。

表 5 非农就业女性生育时产假享受的 Logistic 回归

样本变量	S. E	Sig.	Exp（B）
户口（非农户口为参照）			
农业户口	0.167	0.000	0.210
生育最后一个孩子时间（2001—2010 年为参照）		0.000	
1991—2000 年	0.155	0.036	0.722
1981—1990 年	0.146	0.000	0.416
1971—1980 年	0.173	0.000	0.262
区域（京津沪为参照）		0.000	
东部	0.166	0.000	0.541
中部	0.163	0.000	0.344
西部	0.175	0.000	0.427
单位所有制（以国有为参照）		0.000	
城镇/农村集体	0.142	0.000	0.526
私营/个体	0.151	0.000	0.492
三资企业	0.450	0.434	1.421
常量	0.195	0.000	30.624
Nagelkerke R^2 =0.118			
有效个案数			3437

通过二元 Logistic 回归发现，户籍、生育时间、所在地区和单位所有制性质对女性生育后能否按国家规定享受产假的影响显著。其中，从事非农劳动的农业户口女性能按国家规定享受产假的可能性仅为非农户口女性的 20.9%，西部地区女性能按规定享受产假的可能性是京津沪地区的 42.7%，私营/个体就业的女性按规定享受产假的可能性是国有单位的 49.2%。

3. 非农就业女性产假期间是否有相应的工资收入或生育津贴的二元 Logistic 回归分析

因变量为非农就业女性生育最后一个孩子时产假期间是否有相应的工资收入或生育津贴，1 为与产前收入差不多，0 为有基本工资/部分补贴或没有收入，将户籍、生育时间、所在地区和位所有制纳入模型，对非农就业女性产假期间的收入是否与产前差不多进行二元 Logistic 回归，结果如表 6。

表 6　　非农劳动生育女性产假期间收入的 Logistic 回归

样本变量	S. E	Sig.	Exp（B）
户籍（城市户口为参照）			
农村	0. 170	0. 000	0. 419
生育最后一个孩子时间（2001—2010 年为参照）		0. 002	
1991—2000 年	0. 104	0. 099	0. 842
1981—1990 年	0. 100	0. 377	1. 092
1971—1980 年	0. 125	0. 021	1. 335
区域（京津沪为参照）		0. 000	
东部	0. 108	0. 000	1. 752
中部	0. 109	0. 000	1. 858
西部	0. 116	0. 000	1. 629
所在单位所有制（以国有单位为参照）		0. 000	
城镇/农村集体	0. 107	0. 000	0. 474
私营/个体	0. 110	0. 000	0. 361
三资企业	0. 226	0. 002	0. 493
常量	0. 117	0. 003	0. 707
Nagelkerke R^2 =0. 102			
有效个案数			3297

通过二元 Logistic 回归发现，户籍、地区与所在单位所有制对非农就业女性生育最后一个孩子产假期间收入是否与产前差不多的影响显著，其中，农村户口女性产假期间收入与产前差不多的可能性是城镇户口的 41. 9%，私营/个体就业的女性产假期间收入与产前差不多的可能性是国有单位的 36. 1%，中部地区女性产假期间收入与产前差不多的可能性是京津沪地区的 1. 86 倍。

四　总结与讨论

从中国生育保障的相关制度政策发展可以看出，妇女的健康与保健得到更多的关注和重视。通过数据分析，我们也可以看到，生育妇女的分娩费用报销、产假时间及产假期间的工资、补贴等的保障水平有了不同的进展。但相对于人们日益增长的生育保障需求来说，现有的生育保障仍存在一些问题，需要不断完善相关制度政策，扩大生育保险覆盖面，提高生育保障水平。

1. 制度政策对女性能否享受生育保障影响较大

从中国生育保障的基本制度和实践来看，户籍是影响生育女性能否享受生育保障的重要因素，城镇就业者的生育保障水平远远高于农村劳动者。从第三期中国妇女社会地位调查数据也可以看到，城镇女性分娩费用完全报销的比例远远高于农村户籍，农村生育妇女只能从新农合中得到分娩费用的定额补贴，而且水平较低。城镇职工能享有的产假和保障母婴健康和生活的生育津贴，农业劳动者也无法享受。根本原因在于生育保险主要针对本市城镇户籍人口，在这样的制度政策下非本市城镇户籍女工不能享受相应的生育保障待遇。所以，即使同样从事非农就业，非农户口女性的产假时间达到国家规定的比例也远远高于农业户口女性的比例，产假期间有工资或补贴的非农户口女性比例是农业户口女性的4倍。消除城乡户籍差异，是建立公正生育保障的一个必要条件。

从分娩费用报销情况来看，自费比例较高，全部报销比例较低的主要原因也是在制度。城镇女性生育时分娩费用自费比例较高的主要原因是，机关/事业单位的非正式员工和大部分企业的非本市户籍员工生育时尚未纳入生育保险，这部分人的分娩费用都要全部自费。城乡居民的分娩费用可以按照规定由城镇居民基本医疗保险与新农合报销或领取定额补贴，但城镇居民生育费用报销政策2009年出台，农村居民可以在新农合报销的时间也较短，大部分人是在新政策出台前完成的生育行为，所以很多城乡女性未能享受生育医疗费用报销待遇。分娩费用全部报销比例低的原因有两方面，一方面近年来自费药种类增加，有些药品不在医保药品目录，只能自费。另一方面，检查项目和支付项目增加，而可报销项目和报销标准未变，比如产前检查的定额报销标准远远不能满足现在医院规定的十几次产检所需的费用，新时期医院的空调费、剖腹产后的止痛药物等都不在报销范围之内，所以全部报销的比例越来越低。

从产假期间收入来看，改革开放前职工收入以工资为主，且女工大多在国有单位，因此，1971—1980年间女性产假期间收入与产前差不多的比例相对较高。改革开放后机关事业单位女职工收入结构变化，由基本工资和各类补贴共同组成，按照政策女职工产假期间只能拿到基本工资，因此，1981—1990 年与 1991—2000 年期间生育的女性产假期间只有基本工资的比例相对较高，占到 38% 以上，而与产前收入差不多的比例降低。随着国有企业改革，由单位提供产假工资的女工比例降低，由社保基金按照上年度月平均工资支付生育津贴的比例提高，2001—2010 年期间生育的女性的产假期间的工资、补贴与产前差不多的比例提高到 54.0%。

2. 职业状况是影响妇女生育保障水平的重要因素

在中国当前，与就业相关的社会保障依然是主要保障依托，劳动者的就业身份、城镇在业者的单位所有制、是否正式员工以及在单位中所处的位置都影响着生育女性的生育保障享受。

第三期中国妇女社会地位调查显示，国有单位女职工的生育保障情况明显好于私营与集体，很多企业为降低社会保险成本，不给女职工提供生育保险，特别是进城务工的女性农民工，不仅没有生育保险待遇，还可能面临着怀孕即被解雇的困境。即使在国有（含国有控股）单位，非正式员工的分娩费用报销和产假期间的收入水平都明显低于单位正式员工，恰恰是这部分劳动者，她们在生育期间更容易遭遇经济困境，更需要相应的生育保险来保障她们的基本生活。

为此，要不断完善生育保障制度，增强生育保障，维护生育女性尤其是农村弱势妇女的劳动和生育权益。生育保障的增强包括两个方面：一方面是生育保险的覆盖面扩大，在现有生育保险基础上，逐渐扩大生育保险覆盖面，将所有在职女工纳入生育保险范围，让失业女工尽快享受生育保险，然后逐步扩展到所有生育妇女，包括城镇未就业妇女和农村妇女，使得生育保障成为公民可以享受的基本保障，不再与职业相关，实现生育保障的全面覆盖。另一方面是生育保险水平的提高。打破职业、行业尤其是就业身份（是否单位正式员工/在编人员）的生育保障界限，消除劳动力市场导致的生育保障水平差异，建立城乡一体化、与职业分离而以公民身份为基础的生育保障制度，并逐步提高保障水平，在提高住院分娩费用报销基础上，不断提高生育津贴水平，尤其是给予城镇失业和未就业妇女以及农村妇女一定的生育补助，使得生育妇女能享受水平相当的保障，更好的保障母婴安全与健康。只有消除户籍、职业特征，妇女只以母亲这个身份来享受保障时，才能实现真正的无差异保障。

参考文献

[1] 国家统计局社会科技和文化产业统计司：《中国妇女儿童状况统计资料》，中国统计出版社 2012 年版。

[2] 全国妇联妇女研究所课题组：《社会转型中的中国妇女社会地位》，中国妇女出版社 2006 年版。

[3]《中华人民共和国劳动和社会保障法规全书》（含相关政策），法律出版社 2013 年版。

[4] 庄渝霞：《透视实施生育保险制度的局势》，《人口学刊》2009 年第 4 期。

[5] 潘锦棠：《生育社会保险中的女性利益、企业利益与国家利益》，《浙江学刊》2001 年第 6 期。

[6] 胡芳肖：《我国生育保险制度改革探析》，《人口学刊》2005 年第 2 期。

[7] 张彦丽：《我国生育保险制度亟需完善》，《中国保险》2010 年第 2 期。

[8] 杨连专：《生育保险立法问题研究》，《人口学刊》2010 年第 5 期。

完善生育保险制度以促进女性兼顾双重职责

刘明辉*

摘　要：本文通过文献比较和案例分析，揭示生育保险与促进女性就业之间的内在联系，阐述一些非公企业排挤怀孕女职工事件频发的现象，源于中国的《社会保险法》排斥部分女性参加生育保险以及不给男性产假待遇的规定，在客观上令企业发生“性别亏损”。提出消除这种制度性歧视，是性别影响评估活动的首要任务。应当提升决策者的性别意识，在生育保险立法中消除对灵活就业人员和男性的排斥以及户籍歧视，以促进女性兼顾家庭和事业双重职责。

关键词：性别歧视；社会保险法；评估

现行中国法禁止就业性别歧视、对怀孕女职工在劳动合同解除和终止等方面实行特殊保护，但现实中未完成生育任务的女大学生、研究生屡遭就业性别歧视，怀孕妇女往往面临“孩子与位子”的艰难抉择，非公企业胁迫孕妇辞职的现象屡见不鲜，导致女职工权益实现与法定“一刀切”的高标准之间形成一道鸿沟而背离立法初衷。因此，有必要对现行法律进行性别影响评估，挖掘就业性别歧视现象普遍存在的制度性根源。本文从案例入手，试图从消除制度性歧视以完善生育保险制度，进而减免企业雇佣女性导致“性别亏损”的角度，探讨促进女性兼顾家庭和事业双重职责的路径。

* 刘明辉，中华女子学院法学院教授。

一　一些非公企业排挤怀孕女职工事件频发的现象

（一）一些非公企业逼迫怀孕女职工辞职以达到规避劳动法的目的

在怀孕女职工试用期满且无严重过错的情况下，我国《劳动法》禁止用人单位予以辞退；甚至在劳动合同期满的情况下，也强令用人单位续延该合同至“相应情形消失时为止”，通常至哺乳期满。如果用人单位违法辞退或者终止怀孕女职工的劳动合同，裁判机构可以依据这位孕妇的意愿，裁决双方继续履行劳动合同或者由该单位支付双倍的解除劳动合同的经济补偿金。一些非公企业为了避免承担此类严重的法律责任，便不择手段地逼迫怀孕女职工辞职以达到规避劳动法的目的。

2010 年，笔者在 12338 全国妇联妇女维权公益服务热线接听的电话咨询中，得知北京一名女性农民工，在一家巴士公司上班，已经与单位签订劳动合同，现在怀孕了，单位却要求其写辞职报告。类似事件具有普遍性。个别雇主为了逼迫怀孕女工自动辞职，甚至让其由秘书职位改为手抄宪法——毫无意义的重复劳动 30 多日。这种雇主用来规避劳动法对孕期女工解雇保护制度的“撒手锏”，曾迫使不少女工就范。因为对于独生子女，优生优育是每个母亲追求的目标，一旦敌对的环境使母亲愤怒、压抑而影响胎儿健康，母亲就会不惜代价地选择逃离。顺驰广州公司某经理几乎每天都来进行所谓咆哮式的“谈话”逼着怀孕女工辞职，当该女工依据《劳动法》争辩时，该经理却说：“劳动法算个屁！（已录音）”可以想见孕妇面对这种咆哮时的心情。而一旦孕妇不堪受辱而不得不在“自动辞职书”上签字，则会面临索赔败诉的法律风险。

上海曾发生“史上最贵清洁工案”，原本担任上海某公司资深策划的杨华（化名），在怀孕后从人事部门接到换岗合同，负责清洁厕所、地面和办公设施，包括每天清洗公司全部 20 多位员工的水杯，媒体认为这是“史上最毒赶人术”[①]。

笔者曾经提供法律援助的怀孕女职工蔺波在孕期被其所在公司增加工作量以致累得昏倒在地铁中。她凭着顽强的毅力在治愈后坚守岗位拒不签

① 周稀银：《“最贵清洁工”实为“最毒赶人术”》，《海峡导报》2007 年 8 月 3 日。

署“自动辞职书”，却被以“私刻公章、侵吞公款”等“莫须有”的罪名辞退了。并且该公司因“性别亏损”，从此不再招外来女。该案历经劳动仲裁、法院一审、二审和再审程序长达4年多。直到2011年12月1日，经过北京市高院法官的耐心调解，蔺波才得到一个妥协后的调解结果：该公司给她一个双方自愿解除劳动合同的证明，她获得8000元补偿。

（二）“赢了官司丢了位子”的尴尬

与蔺波的经历相似，32岁的汪某在某物业公司任会计，她在流产后怀孕，惊喜之余担心受到排挤。2012年该公司发生火灾之后，恶劣的环境令其出现下肢浮肿等病症，汪某根据医生开具的病假证明向公司请假保胎。该公司却以汪某将商户充水卡款据为己有为由做出解除劳动合同决定。该案经过法院审理，虽然否定了汪某侵吞公款的事实，但法官考虑继续履行劳动合同的仲裁裁决难以执行，只能选择调解方式，最终以该公司支付汪某1万多元现金双方达成和解结案。本案汪某不得不放弃继续履行劳动合同的裁决而是选择协议补偿，这在非公企业具有代表性。因为劳动合同当事人双方对合作的依赖性远高于普通民商事合同，即使原告获得胜诉判决，也很难继续履行劳动合同。导致一些女职工在“赢了官司”之后陷入“丢了位子”的尴尬局面。而更多的女职工选择隐忍，而这种隐忍不仅增加了心理压力，而且在客观上怂恿了侵权方变本加厉地实施就业性别歧视。可见，并非法律禁止解雇怀孕女职工即可消除对此类特殊保护群体的就业歧视，相反，法律保护标准越高，越需要减免企业雇佣女性导致“性别亏损”的制度，引导雇主及其管理者自觉承担平等雇佣的社会责任。

二 对《社会保险法》进行性别影响评估及其立法建议

（一）“灵活就业人员”的生育费用也应社会化

生育费用社会化，即生育女职工的相关医疗费用和产假工资的承担主体由其所在单位变为生育保险基金，后者源于统筹地区所有用人单位工资总额的0.5%—0.8%，在北京仅生育津贴一项通常可免除企业为每名生育女职工支付的4万元左右。其实施效果必将因减免企业的“性别亏损”而促进女性就业，这是消除对女性的就业性别歧视的有效措施。

2010年，联合国消除对妇女歧视委员会在审议中国提交的履约报告的《结论性意见》中，提出“很多妇女集中于非正规部门”而缺乏法律保障。不能被强制性纳入社会保障体系是非正规就业区别于正规就业的显著标志。“灵活就业人员”在《社会保险法》中出现5次，该法界定其涵盖无雇工的个体工商户、未在用人单位参加职工基本养老和医疗社会保险的非全日制从业人员，从其中的开放性列举以及各地允许自己缴纳职工基本养老、医疗和失业社会保险全部费用的实际情况来看，还包括“自由职业者”。《社会保险法》赋予所有灵活就业人员参加职工基本养老和医疗社会保险的权利，以身份证号码作为个人社会保障号码，可以直接向社会保险费征收机构缴纳相应的社会保险费。地方政府主管部门则明确规定“无雇工的个体工商户、未在用人单位参加基本养老保险的非全日制从业人员以及其他灵活就业人员可以参加基本养老保险和基本医疗保险。”①但灵活就业人员不能参加城镇职工的生育保险和工伤保险。

笔者对此条款进行性别影响评估，发现这种貌似公正并无性别指向的立法，其实施后果导致女性处于明显不利地位，因而将其定性为一种制度性歧视规定。建议赋予灵活就业人员参加城镇职工生育保险选择权，开通其工作所在地自愿缴费渠道。以减免企业因雇用女性而产生的“性别亏损”。

（二）在生育保险立法中消除户籍歧视

尽管《企业职工生育保险试行办法》（劳部发〔1994〕504号）第2条规定：“本办法适用于城镇企业及其职工。”并未与户口挂钩。但是，鉴于其位阶低、“试行”期过长，实际应用的是地方法规、规章。而地方政府往往首先考虑地方利益，所谓“肥水不流外人田”。因此便出现了个别地方违背上位法的规定，并且至今仍在实施。例如，《北京市企业职工生育保险规定》和《上海市城镇生育保险办法》的适用范围分别限于拥有北京市“常住户口”和上海市“户籍”者，后来均扩及持有“居住证”的外来“精英女”，但是这需要人事部门在极其有限的指标内审核批准，普通农民工不在此项人才引进政策的实施范围之内。

① 《关于落实社会保险法有关问题的通知》（京人社法发〔2011〕196号）。

《社会保险法》中生育保险不与户口挂钩的规定，不仅有利于劳动力的流动，还可以减轻用人单位的负担而促进就业，避免“性别亏损”而有利于遏制单位对外来女的就业歧视。同时，还有利于企业公平竞争，有利于落实对女职工的“三期”保护规定。据此，北京市自2012年1月1日起结束了生育保险中的户籍歧视。之前曾发生一例劳动争议案。2007年，来自上海的邬某在孕期被其所在公司辞退引发劳动争议，笔者曾为她提供法律援助。发现地处北京的用人单位不得不委托其户籍地上海的某劳务派遣公司，以虚假派遣方式为她办理了生育保险手续。邬某在产后从上海的生育保险基金中领取了1.3万余元。更多企业则采取逼迫、引诱孕妇自动辞职的手段规避生育成本。

因为根据《妇女权益保障法》和《女职工劳动保护特别规定》等法律法规的规定，对于不参加生育保险社会统筹的女职工，其所在单位应当承担生育费用。其中几千元的生育医疗费在生育保险待遇中只占较小部分，较大部分负担是产假津贴。多数女职工休产假4个月，部分女职工长达7个半月零8天①。而依据《妇女权益保障法》第27条的规定，“任何单位不得因结婚、怀孕、产假、哺乳等情形，降低女职工的工资”。此处的“工资”取代了《女职工劳动保护规定》中的“基本工资”，意味着全部劳动报酬。在如此长的产假期间，由单位支付工资，再加上日益昂贵的生育费用，外来女集中的单位不堪重负，有的不得不出资购买商业医疗保险。可见，雇佣外来女的单位也受到了歧视，阻碍其参与公平竞争。这已经引发了一系列的违法后果——或者无正当理由不招外来女，或者排挤处于“三期”的女职工，或者不得不搞虚假派遣。也直接影响女大学生就业，例如，很多单位暗箱操作只要男生，有些单位要了女生却有附加条件：“3年内不得怀孕”，“5年内不准生育”。26岁的李某拒签这种不平等合同，但是她跑了许多单位却处处碰壁。一位老总直言不讳地告诉她，你这种年龄是“不受欢迎的年龄”，你想想啊，女性到了这个年龄，结婚

① 《女职工劳动保护特别规定》第7条第1款规定：“女职工生育享受98天产假，其中产前可以休假15天；难产的，增加产假15天；生育多胞胎的，每多生育1个婴儿，增加产假15天。”根据《北京市人口与计划生育条例》的规定，晚育（已婚妇女年满24周岁初育）奖励假30天（也可以由男方享受）。领取《独生子女父母光荣证》的，女职工经所在单位批准，可以再增加产假3个月，但减免3年独生子女父母奖励费。而根据北京市民政局的文件，一方户口在本市的，即可办理《独生子女父母光荣证》。

生育迫在眉睫，工作没多久就要谈恋爱、成家、生孩子、休产假，工资还得照发，用人单位何必找这个麻烦?”可以设想，假如把“工资照发”改成生育保险基金支付，用人单位的态度就会有所转变。

（三）赋予男性生育保险待遇

我国生育保险立法对男性生育待遇的排斥可以追溯到1994年，自1995年1月1日起试行的《企业职工生育保险试行办法》（劳部发〔1994〕504号）规定：为了维护企业女职工的合法权益，保障她们在生育期间得到必要的经济补偿和医疗保健，均衡企业间生育保险费用的负担，由企业按照其工资总额的1%以下向社会保险经办机构缴纳生育保险费，建立生育保险基金。2010年公布的《社会保险法》同样以“工资总额”为缴费基数，令男职工所在单位亦承担生育保险缴纳义务，体现了立法者对生育的社会价值的认可。但《企业职工生育保险试行办法》中的受益对象不含男职工。《社会保险法》汲取河北等地方立法的经验，规定：“职工未就业配偶按照国家规定享受生育医疗费用待遇。所需资金从生育保险基金中支付。”其受益对象有所改变但仍然立足于女性。对于男性本应享有的父育假、节育手术医疗费、节育手术假期及其津贴等生育待遇仍然排除在外，在客观上强化了社会性别角色刻板化传统观念，包括“男主外、女主内”“生孩子是女人的事”等分工模式，忽视了男性在劳动力再生产和育儿中的重要角色。

忽视男性的生育保险待遇，这不仅滞后于国际潮流，而且不符合联合国《消除对妇女一切形式歧视公约》序言中“养育子女是男女和整个社会的共同责任”的理念，容易引起男性提起的性别歧视诉讼。例如，1990年，在加拿大曾经发生Schachter v. R案①，原告认为其作为父亲不能领取育儿假津贴，违反了《加拿大权利与自由宪章》第15条关于两性平等权利之规定，而要求领取育儿假津贴。加拿大最高法院判其胜诉，并命令政府修正该法。因而其《就业保险法》于1991年修正为生父与养父均有权领取育儿假津贴。2000年底，加拿大政府将父母可领取育儿假津贴周数由20周延长到35周。② 这对于我国的生育保险立法，是一种值得

① Schachter v. R. （1990），66 D. L. R. （4th）635，108 N. R. 123（F. C. A）.

② 谢琪楠：《加拿大之育婴假与津贴发放制度》，《政大劳动学报》2006年第20期。

借鉴的经验。而赋予男性的生育保险权利，不仅可以预防出现男性提起的性别歧视诉讼，而且有助于转变刻板化的性别分工模式以及雇主对“女性事儿多”的反感，有利于女性产后的身心复原，亦有利于婴幼儿的健康成长，为适格劳动力的形成奠定基础。而后者则关系到民族的前途和命运可谓意义重大。

2009 年，笔者参与的中央党校课题组曾对北京、江苏、郑州、西安四地所做的近 800 份的问卷调查中，有 89.5% 的人表示赞成有关法律明确规定男性陪产假的内容。凤凰资讯网就此项热点问题所做的调查，获得 94% 以上的支持率。在“男性产假”方面，我国地方人口与计划生育立法中已有规定。至少 26 个省、自治区、直辖市在地方性法规或者规章中规定了带薪的“男方照顾假”或称“配偶护理假”“男方看护假”等。一般在 5—15 天之间，以 7 天和 10 天居多，上海市最少，只有 3 天；河南省最长，为期 1 个月。不过此类带薪假以晚育为前提，旨在落实计划生育基本国策。只有《广东省职工生育保险规定》将男职工看护假期（法定 10 天）的工资纳入生育津贴支付范围，使男女职工及其所在单位均受益，在不增加用人单位负担的同时引领了先进的性别文化。因此，在尚未出台的《生育保险办法》中应当规定：“职工依法休计划生育奖励假期间的工资从生育保险基金中支付。赋予男性应当享有的生育保险权利，并减轻其所在单位负担。”

综上所述，通过上述文献比较和案例分析，可见生育保险覆盖全体职工可以发挥促进女性就业的功能。应当提升决策者的性别意识，在生育保险立法中消除对灵活就业人员和男性的排斥以及户籍歧视，促进女性兼顾家庭和事业双重职责。以此作为政府履行《消除对妇女一切形式歧视公约》、《经济、社会及文化权利公约》和《（就业和职业）歧视公约》的一项政绩，作为迎接世妇会 95 +20 纪念日的一份厚礼。

中国生育保障制度评述

周　旭*

摘　要： 随着我国全面深化改革的深入，产业结构转型升级，第三产业迅猛发展对劳动力需求不断加大，女性劳动力越来越成为我国经济社会发展的重要组成部分，生育保障日益成为摆在政府、企业以及每一个家庭面前的亟待解决的问题。然而在全民生育保障全覆盖的社会大环境下，生育保险由于相比其他社会保险子项，缴费比例低，基金规模小且追求即期平衡。生育保障在学术研究和政府政策研究中往往较为弱势。本文通过简要评述近现代中国生育保障制度的发展历程，分析我国目前全民生育保障制度仍存在许多亟待解决的问题，并提出相应的解决策略。

关键词： 生育保障；全民生育保障；公务员生育；生育医疗

随着我国全面深化改革的进程不断加快，产业结构转型升级，第三产业的快速发展对劳动力需求不断加大，女性劳动力越来越成为我国经济社会发展的重要组成部分，生育保障日益成为摆在政府、企业以及每一个家庭面前的亟待解决的问题。

然而在制度运行过程中，生育保险由于相比其他社会保险子项，缴费比例低，基金规模小且追求即期平衡，且目前在全民生育保障全覆盖的社会大环境下，社会成员能享受到不同程度的生育保障。生育保险在学术研究和政府政策研究中往往较为弱势。本文通过简要评述近现代中国生育保障制度的发展历程，分析我国目前全民生育保障制度仍存在许多亟待解决的问题，并提出相应的解决策略。

* 周旭，淄博高新技术产业开发区地方事业局科员。

一 近现代中国生育保障制度历程

近现代以来，随着现代工业机械化社会化生产的需要，越来越多的女性从家庭走向劳动力市场，参与有薪劳动。这使得因生育带来的种种风险逐渐由单个家庭风险演变成社会风险，不仅影响着家庭的幸福而且更加广泛而深刻地影响着一个国家宏观经济的发展。

世界上最早涉及生育保险立法的国家是德国，1883 年《德国劳工基本保险法》中已经涉及生育保险的相关内容。而亚洲最早对生育保险进行立法的国家是日本，1922 年，日本政府颁布《健康保险法》，是以企业雇员为对象的医疗保险制度，当保障对象发生疾病、死亡、分娩等非职业性事故或伤亡时，向其本人及抚养家属提供经济补偿。

（一）国民政府时期生育保险相关立法

20 世纪初期，源于西方的现代社会保障思想逐渐传入中国，当时国民政府已启动社会保险相关立法，其中亦有涉及生育保险相关立法事项。1929 年，由劳动法起草委员会编纂完成《劳动法典草案》，共分 7 编 21 章 863 条，其最后一编为“劳动保险”，其中由伤害保险与疾病保险两部分组成，疾病保险以“减免劳动者因疾病、分娩或死亡时所受经济上之损害为目的”，编为第 2 章，分总则、被保险人、保险给付、保险人、经费之负担、罚则、诉讼、附则 8 节 116 条。[①]

然而，《劳动法典草案》在当时仅被作为起草劳工法的参考，未经过完整的立法程序，整个法典不具有明显的法律约束力。且“劳动保险”仅作为其中一章节，并非单独的劳动保险立法，加之劳动保险只涉及疾病、工伤、生育等内容，缺少养老、失业等保障险种，使得社会保险制度缺乏整体性、系统性。

20 世纪 30 年代中期，面对国内尖锐复杂的社会问题，国民政府于 1932 年出台《强制劳工保险法草案》，这是第一部社会保险单行法规，以

① 岳宗福、聂家华：《国民政府社会保险立法述论》，《山东农业大学学报》（社会科学版）2004 年第 4 期。

1929 年的《劳动保险草案》为基础，包括伤害保险和疾病保险两种。其中，缴费比例规定："疾病保险由被保险人每月缴纳工资 2%，业主担负 3%。国库及地方金库对于各保险社得酌予补助。"待遇给付规定："被保险人因伤致疾或疾病或分娩及因而死亡时依本法之规定给以医疗费、残废津贴、残废年金、养病津贴、分娩费、生产津贴、丧葬费、遗族恤金。"①

该草案经修订后曾由国民政府行政院通过，并送立法院审议，但由于抗日战争的爆发，国民政府迁移不定，并未能完成立法程序。

虽然，上述两部法典草案中均涉及生育保险相关内容，但在已有的文献记载中鲜有这段时期生育保险的相关实践。

（二）革命根据地解放区政府

在新中国成立之前，中国共产党对关系到劳动者切身利益的劳动保障问题十分重视。1922 年，中国共产党中国劳动组合书记部，开始为改善工人阶级的生活而进行不断的英勇斗争，把劳动保险作为劳动立法运动的一个重要的斗争目标，当年颁布《劳动法大纲》，其中包含生育保险相关内容。1925 年，党召开的第二次劳动大会作出的经济斗争决议案，就对女职工的生育保险问题提出了具体要求。

1931 年 12 月，《中华苏维埃共和国劳动法》颁布，其中第十章是社会保险相关规定，其中对工人、职员生育保障问题有详细的规定。与之前不同的是，此法可对根据地范围内的工人和职员进行劳动保护，是一部可以执行的劳动法律，有实际的政策效果。

解放战争时期，东北行政委员会根据战时经济条件，结合实际情况，于 1948 年 12 月颁布了《东北公营企业战时暂行劳动保险条例》②，并决定于次年 4 月 1 日起，在铁路、邮电、矿山、纺织等七个行业中试行，其中涉及生育补助金、医疗费等内容。随着解放区的不断扩大，多地均参照东北颁布的保险条例结合实际情况实施社会保险办法。这些新中国成立前解放区的劳动保险制度探索为新中国成立后《劳动保险条例》的出台提供了实际借鉴。

① 岳宗福、聂家华：《国民政府社会保险立法述论》，《山东农业大学学报》（社会科学版）2004 年第 4 期。

② 夏波光：《建国前共产党领导下的劳动保险探索与实践——访中国劳动关系学院原工会研究室主任王永玺》，《中国社会保障》2011 年第 8 期。

（三）新中国成立以来的生育保障

新中国成立以来，我国的生育保险制度从时间跨度上大致经历了四个阶段：新中国成立初期生育保障、国家—单位生育保障、经济转轨时期的生育保障、全民生育保障。

1. 新中国成立初期生育保障（1949 年至 20 世纪 60 年代中期）

新中国成立初期，国家颁布一系列法律法规政策，用以维护劳动者的合法权益，其中包括生育保障相关内容。

1949 年颁布，在新中国成立初期起到临时宪法作用的《共同纲领》，在其不同章节规定了生育保障的内容："第一章总纲 第六条中华人民共和国废除束缚妇女的封建制度。妇女在政治的、经济的、文化教育的、社会的生活各方面，均有与男子平等的权利。实行男女婚姻自由；第四章经济政策 第三十二条'……，逐步实行劳动保险制度。保护青工女工的特殊利益……'；第五章 文化教育政策 第四十八条 提倡国民体育。推广卫生医药事业，并注意保护母亲、婴儿和儿童健康。"①

在 1954 年宪法颁布以前，《共同纲领》从建国伊始即以国家根本大法的形式规定全体女性国民享有的生育保障权利。1954 年，全国人大通过新中国第一部宪法，对涉及生育保障内容在内的劳动者权益做出规定："第九十二条　中华人民共和国劳动者有休息的权利。国家规定工人和职员的工作时间和休假制度，逐步扩充劳动者休息和休养的物质条件，以保证劳动者享受这种权利；第九十三条　中华人民共和国劳动者在年老、疾病或者丧失劳动能力的时候，有获得物质帮助的权利。国家举办社会保险、社会救济和群众卫生事业，并且逐步扩大这些设施，以保证劳动者享受这种权利；第九十六条　中华人民共和国妇女在政治的、经济的、文化的、社会的和家庭的生活各方面享有同男子平等的权利。婚姻、家庭、母亲和儿童受国家的保护。"②

然而，在新中国成立初期经济发展水平低，城乡二元分割严重，国家迫切希望建立高度集中的计划经济体制以恢复国民经济发展，维护社会稳定的社会大环境下，这一时期的生育保障被划分为不同的制度，主要包括

① 《中国人民政治协商会议共同纲领》，1949 年。

② 《中华人民共和国宪法（1954）》，1954 年。

企业职工生育保险、机关事业单位生育保障、农村生育保障以及计划生育保障。

（1）企业职工生育保险

从1951年到1953年期间，国务院颁布及修订《中华人民共和国劳动保险条例》（以下称《劳动保险条例》）[①]，其中生育保险作为独立章节，从覆盖范围、筹资机制、待遇申领等各个方面对企业女职工的生育权益做出全面详尽的规定。《劳动保险条例》的颁布不仅标志着我国企业职工生育保险制度的建立，而且其中部分内容即便是今时今日对目前生育保障制度的健全与完善也有很好的借鉴意义。

覆盖范围广。涵盖了正式工、男职工配偶、临时工、季节工、试用工、学徒在内的绝大多数企业职工。对规模在100人以下的企业，条例规定以签订集体合同方式规定之。在新中国成立初期各种所有制并行，用工形式尚不健全的劳动环境下，这一覆盖范围的设计考虑到了社会弱势劳动群体（如学徒、临时工）的劳动权益，体现了以人为本的设计理念。

筹资机制。《劳动保险条例》中规定劳动保险基金按照企业工资总额的3%筹集，其中，30%交由全国总工会，成立劳动保险总基金，作为举办集体劳动保险事业之用；70%由企业工会基层委员会管理，作为该企业劳动保险基金，根据企业实际情况按月结算，其余额全部转入省、市工会组织或产业工会全国委员会户内，作为劳动保险调剂金。这种筹资方式具有一定程度的社会统筹性质，能够平衡企业之间的劳动保险负担。

待遇结构全面。包括生育医疗费用、产假工资、产假、生育补助金。其中，女职工生育医疗费用、产假工资均由行政或资方全额负担；男职工配偶生育医疗费用由行政或资方负担一半；此外，男职工配偶与女职工在生育补助金方面享有同等待遇，由劳动保险基金项发给，从四市尺红布到新人民币四元。

此外，《劳动保险条例》中还对企业设立托儿所、托儿费做出规定："企业有四周岁以内的子女20人以上的应由行政方面或资方负担建立托儿所，托儿饮食费由托儿父母负担，如托儿父母经济确有困难者，得由劳动保险基金项下予以补助，但对每个儿童的补助不得超过托儿饮食费的三分之一。"

---

① 《中华人民共和国劳动保险条例》，1951年。

由此可见，新中国成立初期我国企业职工生育保险待遇的支付来源主要是企业行政或资方负担，劳动保险基金只给付生育补助金，生育保险的社会统筹功能并不明显。

（2）机关事业单位生育保障

新中国成立以来很长一段时期，生育被当做一种医疗过程看待，其待遇支付与其他疾病待遇支付方式趋同。这一时期机关事业单位生育保障主要是以公费医疗为基础。

1952 年 6 月 27 日，政务院发布《关于全国人民政府、党派、团体及其所属事业单位的国家工作人员实行公费医疗预防的指示》，公费医疗在全国广泛建立起来，其中，国家机关工作人员的生育相关的医疗费用也包含在内，完全由国家财政负担，实报实销。①

1955 年 4 月 26 日，国务院发布《关于女工作人员生产假期的通知》，规定："国家机关女工作人员正常生产假期为 56 天，产假期间，工资照发。"② 以及其他生育相关待遇规定。

这两个文件使得国家机关工作人员与企业职工有了基本相同的生育保障。

（3）农村生育保障

新中国成立初期，受到城乡二元分割的社会形态以及国家经济发展水平及战略等多种因素影响，农村生育保障主要以集体互助和家庭保障为主。

随着农村土地改革的不断深入以及农村合作社化程度的不断提高，农村合作社自发探索出一种以合作社社员缴费与合作社公益补助金相结合的农村互助医疗模式，用以分担合作社成员之间的医疗风险，即是以后历史上的"老农合"。1968 年，毛泽东亲自批发了湖北省长阳县乐园人民公社举办的合作医疗经验，称赞"合作医疗好"。从此，合作医疗在强大的政府动员之下开始蓬勃发展。这一时期农村的生育保障主要是"老农合"下的生育医疗费用保障，而无生育津贴、产假等其他生育保障待遇。③

---

① 《关于全国人民政府、党派、团体及其所属事业单位的国家工作人员实行公费医疗预防的指示》，1952。

② 《关于女工作人员生产假期的通知》，1955。

③ 董克用：《中国经济改革 30 年社会保障卷》，重庆大学出版社 2008 年版，第 11 页。

(4) 计划生育保障

新中国成立初期政府通过出台一系列政策性文件规定了计划生育保障的经费来源。例如，1957 年 10 月 12 日，国务院发布《关于职工绝育、因病施行人工流产的医药费和休息期间工资待遇问题的通知》实施计划生育的费用属于医疗保险费用，在劳动保险基金下列支。[①] 1964 年 4 月 4 日，国务院批转《卫生部、财政部关于计划生育工作经费开支问题的规定》将计划生育各项费用纳入计划生育经费、医药卫生补助费或公费医疗经费之中。[②]

新中国成立初期的生育保障覆盖了全体国民，主要包括企业职工生育保险、机关事业单位公费医疗、农村居民“老农合”以及覆盖全民的计划生育公共服务。加之新中国成立初期人均收入差距小、医药价格在国家计划经济体制控制下价格较低，社会不同阶层在生育保障方面的待遇差距并不大，这一状态一直维持到改革开放初期。

2. 国家—单位生育保障（20 世纪 60 年代中期—80 年代中期）

1969 年 2 月，财政部发布《关于国营企业财务工作中几项制度的改革意见（草稿）》，规定“国营企业一律停止提取工会经费和劳动保险金；企业的退休职工、长期病号工资和其他劳保开支，改在企业营业外列支。”[③] 标志着我国生育保障进入单位保障时期。

自此，具有部分社会统筹性质的劳动保险基金消失，1966—1976 年，由于十年“文革”使得政府许多部门工作无法正常开展，全国总工会及各级工会组织受到不同程度的破坏，因而从筹资来源到管理体制，企业完全承担起职工生育保障责任，这为今后城镇经济体制以及劳动体制改革带来的女性就业问题带来了巨大隐患。

机关事业单位工作人员生育保障在这一时期并无大的变化。

然而，这一时期农村“老农合”发展经历了由盛转衰的过程，农村居民生育保障也逐渐从互助医疗转变成了自我保障。改革开放后，农村成为经济体制改革第一站，随着农村家庭联产承包责任制的推行，“老农合”原有的经济基础和组织基础不复存在，计划经济体制下的农村“三

① 《关于职工绝育、因病施行人工流产的医药费和休息期间工资待遇问题的通知》，1957 年。

② 《卫生部、财政部关于计划生育工作经费开支问题的规定》，1964 年。

③ 《关于国营企业财务工作中几项制度的改革意见（草稿）》，1969 年。

级医疗卫生体制”在缺少集体经济支撑的情况下转向医疗市场化发展，鉴于这一时期医药价格仍受到政府定价的严格控制，农村居民生育自我保障的经济负担并不明显，但农村医疗保障机制的缺失为之后医药卫生体制改革埋下了巨大隐患。

3. 经济转轨时期的生育保障（20世纪80年代中期—2003年）

“文革”结束后，国家将工作重心放在拨乱反正，恢复政治、经济、社会等各项社会秩序上来。劳动保险制度受到制度惯性及路径依赖影响，一时难以扭转，只能顺势而为，在原有的制度基础上及时修复，例如1978年国务院颁布《关于安置老弱病残干部的暂行办法》《关于工人退休、退职的暂行办法》，废除了“文革”时期产生的干部终身制，为劳动力市场恢复正常的劳动力再生产扫清障碍。1988年6月28日，国务院发布《女职工劳动保护特别规定》，将产假时间由56天提高到90天。①

这一时期生育保障制度的改革主要体现在企业职工生育保险改革，且改革步伐相对与其他社会保险子项较为滞后，这取决于其所处的社会大环境。

继经济体制改革在农村取得重大成果之后，国家决定在城镇进行经济体制改革，与生育保障有关的改革主要体现在四个方面。

一是城镇经济体制改革。1984年，党的十二届三中全会发布《中共中央关于经济体制改革的决定》，经济体制改革重心由农村转向城市。政府与企业之间关系重新调整，企业由原先按照政府计划指令进行生产，不必担心亏损转为政府放权，企业经营实行独立核算自负盈亏。而计划经济体制下形成的劳动保险单位负责制并未及时配套改革，使得各企业之间劳动保险负担苦乐不均，在生育保险体现为企业为减轻生育保障负担在新招录职工时会减少甚至不录用女性劳动力，在辞退或减员时倾向于女性。这使得劳动保险与经济体制改革不配套最终导致劳动就业领域的不公平进而引发一系列诸如“女性回家”等社会问题。

二是劳动用工体制变革。1986年7月12日，国务院颁布《国营企业实行劳动合同制暂行规定》②，规定新招录的国营企业职工一律实行劳动合同制，自此国营企业不再是铁饭碗。企业和职工在招工与就业方面有了

① 《女职工劳动保护特别规定》，1988年。

② 《国营企业实行劳动合同制暂行规定》，1986年。

双向选择的自由，在改革初期，合同制成为了企业在当时劳动保险制度下为维持企业生存进而清退不具有竞争力员工的一种合法工具。这种各项改革之间的不配套削弱了改革的正义性，引致一系列诸如失业、医疗、养老、生育等社会问题，反过来阻碍改革的深入，是得不偿失的。

三是医药卫生体制改革的市场化改革不彻底。随着农村合作社集体经济的瓦解，原有的农村“三级医疗卫生网络”式微，开始转向商业运作而不具有福利性质。城市医疗卫生基础虽较好，但公费医疗、劳保医疗缺乏费用控制机制，导致政府财政无力负担日益膨胀的医疗费用。1981 年 2 月，国务院批转卫生部文件，允许公立医疗机构对公费医疗和劳保医疗实行按成本收费，对自费医疗部分收费标准不变。1985 年国务院批转卫生部《关于卫生工作改革若干政策问题的报告》[①]，同意鼓励开展社会办医。自此，公立医疗机构顺势而为显示出市场化、商业化的价值取向。然而，这种由医院主导的单方面的改革并不彻底，一方面在于医院并不是独立的市场主体，在人才录用、药品采购、医疗服务定价等各个方面均受到政府管制，不得不依附政府财政生存。随着 1994 年财税分级体制改革，公立医院在经费来源上苦乐不均，进一步致使医疗机构过分追求经济利益。另一方面在于医药市场信息严重不对称，极易出现市场失灵，而政府并未及时做出劳动保险相关制度改革以纠正，使得医疗、生育等相关医疗费用快速上涨，导致看病贵；政府对医疗卫生资源实行严格的准入制度，使得虽然政策鼓励社会资本、民间资本办医，但缺乏必要扶持政策，公立医疗机构“一家独大”，且医疗卫生资源分布不平衡。导致看病难。

四是多种所有制经济体兴起与相关劳动保险法规制定滞后。十一届三中全会之后，国家鼓励多种所有制经济共同发展，中外合资、合作、外商独资企业开始出现。1980 年 7 月 26 日国务院发布《中外合资企业劳动管理规定》要求其参照国营企业标准支付职工的劳动保险费用。[②] 由于当时国营劳动保险制度尚处在单位负责制，且国家缺乏更高层次的立法保障非公有制经济劳动者权益，生育保险缺失。

在城市经济体制改革、劳动用工制度改革、医药卫生体制改革等多重改革影响之下，企业生育保险与其他劳动保险一样，从地方企业、政府开

---

① 《关于卫生工作改革若干政策问题的报告》，1985 年。

② 《中外合资企业劳动管理规定》，1980 年。

始进行自下而上的小范围的自发改革。归纳起来主要有以下两种。①

（1）生育保险基金社会统筹。

1988 年 9 月 1 日，江苏省南通市开始实行《南通市全民、大集体企业生养基金统筹暂行办法》，企业按男女全部职工人数每年一次性向社会统筹机构上缴一定数额的资金，建立女职工生养基金。统筹企业中有女职工生育，其生育医疗费和生育津贴由社会统筹机构负责支付。

（2）夫妇双方所在企业平均分担生育保险费用。

1988 年，辽宁省鞍山市实行《鞍山市保护老人、妇女、儿童合法权益的规定》，该规定要求：生育津贴由夫妻双方所在企业各自承担 50%，若男方在部队、外地或机关工作，由女方单位全部承担。

值得注意的是，当各地自发开始对企业生育保险进行变革的同时，1988 年劳动部下发《关于女职工生育待遇若干问题的通知》（劳险字〔1988〕2 号），规定“职工生育后，由所在单位负担职工的生育产假工资、报销生育医疗费，生育保险的管理由职工所在单位负责”。并于 1988 年 9 月 1 日起执行，固化了单位负责制的企业职工生育保障。

1994 年 12 月，劳动部下发《企业职工生育保险试行办法》，我国生育保险改革逐渐完善，主要体现在四个方面。一是覆盖面广，规定城镇所有企业都应参加职工生育保险；二是基金实行社会统筹管理，筹资方式为单位按比例缴费，个人不缴费；三是社会化管理，生育保险基金由劳动部门所属社保经办机构管理；四是生育保险待遇计发标准改变，生育津贴发放由原来的“产假期间，工资照发”转变为“企业上年度职工月平均工资”。自此，单位保障的企业生育保险制度转变为从筹资、管理、待遇发放社会化的社会生育保险。

《试行办法》亦存在不足之处，例如将原有的男职工配偶生育待遇规定取消，覆盖范围中未将集体经济企业职工纳入等。

在这一时期，机关事业单位生育保障仍旧延续原有的公费医疗制度，1998 年，国务院发布《关于建立城镇职工基本医疗保险的决定》中提出“国家公务员在参加基本医疗保险的基础上，享受医疗补助政策”，2005 年出台的《公务员法》中也对公务员医疗补助做出了明确规定。

随着我国经济体制改革的不断深入，城市失业女性和绝大多数农村女

---

① 潘锦棠：《中国生育保险制度的历史与现状》，《人口研究》2003 年。

性的生育保障问题日益严峻。一方面，城市“低工资，高就业”的就业模式被打破，城市失业问题日益严重，女性劳动者由于受到生育歧视而得不到及时的就业保护，占失业人口很大比重。1999 年出台的《失业保险条例》中尚未明确规定失业女性的生育保障资金来源问题，使得城镇失业女性得不到及时的社会化生育保障，而不得不在失业的同时承担医药卫生市场化带来的高额生育费用。另一方面，农村“老农合”日益衰弱同样给农村生育保障带来了极大的挑战。

除了社会保险方面的政策法规外，国家基本公共卫生服务、妇女发展纲要等相关方面法律法规的出台亦推动着我国生育保障制度的健康发展。

1994 年《中华人民共和国母婴保健法》颁布，其中规定“国家发展母婴保健事业，提供必要条件和物质帮助，使母亲和婴儿获得医疗保健服务；国家对边远贫困地区的母婴保健事业给予扶持。国务院卫生行政部门主管全国母婴保健工作”①。

自 1995 年联合国世界妇女大会在北京召开，我国至今共出台 3 部《中国妇女发展纲要》，其中从社会保障制度设计、生育保障服务、策略及目标等各方面对保障妇女合法劳动权益、维护女性生育健康做出了明确规定。② 例如《中国妇女发展纲要（1995—2000）》中提出“在全国城市基本实现女职工生育费用的社会统筹”。提出改革女职工生育保障制度将女职工生育保险费用由企业管理逐步改为社会统筹管理，并提出将社会统筹逐步扩展到所有企业；《中国妇女发展纲要（2001—2010）》中提出“普遍建立城镇职工生育保险制度，完善相关配套措施，切实保障女职工生育期间的基本生活和医疗保健需求”。《中国妇女发展纲要（2010—2020）》中提出“城乡生育保障制度进一步完善，生育保险覆盖所有用人单位，妇女生育保障水平稳步提高”。“完善生育保障制度。完善城镇职工生育保险制度，进一步扩大生育保险覆盖范围，提高参保率。以城镇居民基本医疗保险、新型农村合作医疗制度为依托，完善城乡生育保障制度，覆盖所有城乡妇女。”

4. 全民生育保障（2003 年至今）

经济体制改革的深入使我国的社会阶层逐渐分化，就业形式也日趋多

① 《中华人民共和国母婴保健法》，1994 年。

② 《中国妇女发展纲要（1995—2000）》、《中国妇女发展纲要（2001—2010）》、《中国妇女发展纲要（2010—2020）》。

样化。在城市有多种所有制下的企业职工、国家机关事业单位工作人员、灵活就业人员、下岗职工及失业人员，在农村则出现富余劳动力大规模向城市迁移的农民工。而除正规就业的机关事业、企业职工外，其他社会群体在21世纪初尚未有制度化的医疗和生育保障。

为此，我国不断探索灵活就业人员、农民工等社会群体的医疗保障制度，并分别于2003年建立新型农村合作医疗制度，2009年建立城镇居民基本医疗保险制度，这两项制度在建立初期即将居民生育医疗费用纳入基金支付范围。随着生育保险制度的不断完善以及统筹城乡居民的基本医疗保险制度的步伐不断加快，我国逐步形成覆盖全民的生育保险制度。

2009年7月31日，人力资源和社会保障部发布《关于妥善解决城镇居民生育医疗费用的通知》，规定“各地要将城镇居民基本医疗保险参保人员住院分娩发生的符合规定的医疗费用纳入城镇居民基本医疗保险基金支付范围。开展门诊统筹的地区，可将参保居民符合规定的产前检查费用纳入基金支付范围”[①]。同年9月10日，下发《关于确定城镇居民生育保障试点城市的通知》将吉林省长春市、江苏省南通市、安徽省马鞍山市、湖南省常德市、广东省惠州市、四川省成都市、陕西省铜川市7个城市作为城镇居民生育保障试点城市。

自此，我国进入全民生育保障阶段。

2011年《中华人民共和国社会保险法》出台，从资金筹集、管理、待遇计发标准等各方面对企业职工生育保险再次明确，并将“职工未就业配偶的生育保险待遇”[②] 重新纳入基金支付范围。

2012年《女职工劳动保护特别规定》将产假时间由90天提高到98天，达到国际劳动组织《生育保护公约》（第138号）的标准。

2012年11月22日，《生育保险办法（征求意见稿）》出台，其中将国家机关、事业单位工作人员纳入生育保险覆盖范围，规定其按比例缴纳生育保险费用。但在具体制度运行过程中尚未有政策出台实施。

① 《关于妥善解决城镇居民生育医疗费用的通知》，2009年。

② 《中华人民共和国社会保险法》，2011年。

二　制度现状及存在问题

目前，我国基本建立起了覆盖全民的生育保障制度，主要包括企业职工生育保险、机关事业单位生育医疗保障、城乡居民生育医疗保障。其中，企业生育保险基金支付生育医疗费用和生育津贴；职工基本医疗保险支付机关事业单位人员生育医疗费用，机关事业单位人员产假期间工资照发；而个体工商户与城乡居民生育医疗费用由各自缴纳的职工、城镇、新农合等基本医疗保险基金支付，且没有国家政策层面生育津贴。

虽然我国基本上建立起覆盖全民的生育保障制度，但是在制度设计和运行过程中仍存在许多问题，需要引起足够的重视。

一是生育保障内涵及外延较为狭隘，且单行立法滞后，不利于女性生育保障权益的维护。目前我国生育保障主要涉及健康与经济保障，对于生育女性的就业权利保障仅限于劳动保护，割裂了三者之间的整体性、协同性，从而在生育保障制度设计中削弱了制度的公平性。且目前生育保障主要依据政府部门规章，立法层次低，内容操作性不强使得女性无法有效维护自身合法权益。

二是女性就业保护政策的缺失导致女性在劳动力市场上受到生育歧视。公平就业是生育保障之根本，就业是女性享受包括生育保险在内的所有社会保险的前提，公平就业能够提高女性生育保障待遇的水平和质量，从现阶段我国生育保障制度设计中不难看出，正规就业女性能够享受到包括产假、生育津贴、生育医疗等较为全面的生育保障，而灵活就业人员及无业人员只能够享受到水平较低的生育医疗保障。

三是全民生育保障制度亟待整合完善。一方面，目前我国尚未将机关事业单位纳入到职工生育保险，个体工作者虽可以参加职工基本养老和医疗，但尚不能参加职工生育保险，这两类人群的生育医疗费用只能通过医疗基金分担，而生育津贴、产假则有巨大差别。另一方面，城乡分割的基本医疗保险制度不利于城乡居民生育医疗保障待遇的统一。这种因制度设计导致的生育待遇的差别亟待通过制度整合来完善。

四是生育医疗费用亟须费用控制机制。这主要是指企业职工生育保险，由于目前实行生育医疗费用定额报销，生育保险基金缺乏对医院过度医疗行为的控制，极易造成职工生育医疗费用负担过重、医疗资源浪费、生育基金使用效率低下。以笔者工作经历为例，一企业职工在一地方三甲医院剖腹产生育医疗费用 1 万余元（其中使用如磷酸肌酸、人血白蛋白等全额自负药品），生育基金定额支付 3500 元医疗费用，外加剖腹产津贴、生育津贴、晚育津贴共计发放 13000 余元，最终生育职工家庭最终仅享受到 3000 余元生育基金。而一农村居民在一外地三甲医院剖腹产医疗费用仅 4000 余元。这一事例说明，生育基金定额报销无法有效控制医院过度医疗行为，极易加重生育家庭医疗负担，导致生育基金使用效率低下，无法有效为生育女职工提供必要的经济保障。

五是生育福利的缺失使得不同制度之间的生育待遇差距过大。目前，能够享受生育津贴的社会群体主要是以工资替代生育津贴的国家机关工作人员和以单位平均缴费工资计发的企业职工，大多数灵活就业人员、城乡居民尚未有任何国家政策层面上的生育津贴。正规就业群体与处于社会弱势的非正规就业、失业群体之间的生育待遇差距过大，不利社会公平。

三 建议

随着我国全面深化改革的进程不断加快，产业结构转型升级，第三产业的快速发展对劳动力需求不断加大，女性劳动力越来越成为我国经济社会发展的重要组成部分，生育保障日益成为摆在政府、企业以及每一个家庭面前的亟待解决的问题。针对上述提出的问题，有以下几条建议。

一是重新审视生育保障的内涵和外延。借鉴国际劳动组织对生育保障的界定，将经济保障、健康保障、就业保障三者作为一整体融入我国生育保障制度设计中，并提高国家生育立法层次，使政策设计更具合理性和可操作性。

二是促进女性公平就业。就业是民生之本，目前，我国女性只有通过正规就业才能获得较高水平的生育保障，通过国家立法、司法、行政执法消除劳动力市场上针对女性的性别歧视，确保女性与男性享有同等的就业机会与就业环境，是生育保障制度能够有效发挥其作用的根本前提。

三是整合我国目前的生育保障制度，将机关事业单位纳入生育保险制度。目前我国机关事业单位已参加除生育保险之外的所有社会保险（职工基本养老保险、基本医疗保险、工伤保险、失业保险），机关事业单位参加职工生育保险不仅能扩大原有制度的统筹范围，增强制度的互济功能，也能进一步减轻政府财政负担，更能彰显国家机关在社会保险改革过程中的榜样作用，树立政府公信力，且整合难度较之养老保险难度小，是一项亟待推进的改革。

四是建立生育保险医疗费用防控机制。在深化医药卫生体制改革的同时，改革生育保险医疗支付方式，鉴于生育医疗费用所含病种较为单一，可以引入医疗支付方式中的DRGs或单病种付费方式，从而控制医院过度引致生育医疗需求，从而防止医疗资源浪费，保障生育保险基金的安全性。

五是尝试建立惠及全民的生育福利制度。随着我国经济实力的不断增强，国民对社会福利的需求不断提高，生育保障作为一项维护人类社会永续发展的社会事业，可以尝试通过社会福利制度安排，对生育家庭进行适当的补助，尤其是目前城乡居民尚未有任何国家层面的生育津贴的情况下，普惠生育福利能够缓解不同群体之间的待遇差距，维护生育公平正义。

我国生育保险制度的历史沿革

——基于社会性别的视角

孙惠夏*

摘　要：我国的生育保险制度自1951年建立至今，经历了新中国成立初期的初步建立与发展、"社会主义改造"和"文化大革命"期间的停滞和倒退、经济转轨时期的恢复、探索、改革和完善三个时期。从社会性别视角对此政策进行审视，发现每个时期的生育保险制度都存在性别问题，主要表现在三个方面：一是覆盖面窄；二是男女有别的责任和权利；三是经济转轨时期，生育保险制度对企业造成了"性别亏损"和"生育成本"，损害了女性的就业权益。我国的生育保险制度存在性别问题一是由于我国的政策决策层缺乏社会性别意识；二是因为对受益人群及其需求的界定考虑不周；另外，生育保险制度只关注女性的实用性社会性别需要，却忽视了男女两性的战略性社会性别需要。

关键词：生育保险制度；历史沿革；社会性别

一　研究问题与背景

生育是具有经济价值和社会价值的行为，生育不仅仅是延续后代的个人及家庭行为，更是与社会各个层面有着密不可分的联系。生育是人口再生产的重要环节，生育的价值被社会的各个领域、各个层面所共享。为保障和补偿生育行为，迄今为止，全世界150多个国家和地区都出台了生育

* 孙惠夏，菏泽学院法律系助教。

保险制度。

生育保险制度是在生育事件发生期间对生育责任承担者给予收入补偿、医疗服务和生育休假的社会保障制度。其具体内容一般包括：（1）生育津贴，即在法定的生育休假期间对生育者的工资收入损失给予经济补偿；（2）医疗护理，即承担与生育有关的医护费用（包括“产前检查费”）；（3）生育补助，如对生育保险对象及其家属（如妻子和儿女）的生育费用给予经济补助，又如“婴儿津贴”和“保姆津贴”等；（4）生育休假，包括母育假（产假）、父育假（母亲产假期间的父亲育儿假）和育儿假（母亲产假后父母双亲任何一方的育儿休假）。[①] 中国的生育保险制度包括了以上全部四项内容。

在我国，生育保险制度有广义和狭义之分。狭义的生育保险制度仅指生育保险制度，即国家和企业为怀孕和分娩的妇女提供医疗服务、生育津贴和产假，以保证她们基本生活的一种保险制度。广义的生育保险制度除了包括狭义的生育保险制度之外，还包括女工劳动保护制度和妇女就业保障制度中关于孕、产妇的劳动保护方面的内容以及计划生育中的生育保障内容。比如，女工劳动保护制度和妇女就业保障制度中的产前产后工时津贴、孕期工作量减免、母婴保护设施、女性就业保障等项目可以包括在广义的生育保险制度中。而计划生育中实施节育（包括绝育）措施的各项费用、独生子女费、女性休假、独生子女母亲延长的产假、晚婚晚育父亲护理假以及各项休假津贴等事项都与生育保险有关。

生育保险制度是对生育行为的保障，保障怀孕和分娩的女性的基本生活，这是社会对生育行为以及女性的必要的尊重，因此，生育保险制度的存在是必要且有益于社会公正的。但值得注意的是，生育保险制度在保障女性权益的同时，也使得女性受到另一种不公正待遇。虽然不同地区、不同单位的具体规定不同，但生育保险制度使得职业女性在生育期间一般都可以享受到3—5个月的带薪休假，而只有一小部分男性可以享受一周的陪产假。对于用人单位，尤其是企业来说，女性员工的用人成本远远大于男性员工。因此，从经济效益的角度考虑，用人单位在招聘员工时，更倾向于招聘男性。同等条件的男性比女性拥有更强的竞争力，甚至一些能力更强的女性仅仅因为性别的原因而在面试中处于劣势。在晋升的过程中，

---

① 潘锦棠：《中国生育保险制度的历史与现状》，《世纪桥》2008年第4期。

生育保险制度对女性的保护同样使得女性处于劣势。

生育保险制度诞生之初存在导致职业性别隔离的现象，虽然至今生育保险制度已经历经了数次改革，但每次的改革都未使得对于女性的保护导致女性受到不公正的待遇这一悖论得到破解。为何生育保险制度会造成职业的性别隔离？应该如何对生育保险制度进行改革才能真正推进性别公正？这是本文将要探讨的问题。

二 我国生育保险制度的历史沿革

生育保险制度在我国建立至今已有六十多年的历史，其演变与经济体制变迁有密切的关系。生育保险制度的历史沿革过程大致可分为三个阶段：新中国成立初期的初步建立与发展、“社会主义改造”和“文化大革命”期间的停滞和倒退以及经济转轨时期的恢复、探索、改革和完善三个时期。

（一）新中国成立初期

新中国成立初期的生育保险制度分为企业职工生育保险制度和机关事业单位生育保险制度两个部分。企业职工生育保险制度由企业缴纳和支付，覆盖面包括城镇企业的正式女工、女性临时工、季节工及试用工。女性临时工、季节工及试用工怀孕的检查费、接生费、生育补助费及生育假期与一般女工相同，正式女工产假期间工资照发，而女性临时工、季节工及试用工产假期间的工资数额为本人工资的60%。机关事业单位生育保险制度的覆盖面包括机关事业单位的所有女职工，其待遇与企业正式女工基本相同。新中国成立初期的生育保险制度中对男性的规定只在于生育补助方面，1951年颁布的《中华人民共和国劳动保险条例》规定“男工人与男职员的配偶生育时，由劳动保险基金项下付给生育补助费，其数额为五尺红市布，按当地零售价付给之”。

（二）“社会主义改造”和“文化大革命”期间

“社会主义改造”和“文化大革命”期间，即60年代初至70年代末，我国的生育保险制度发生了一些变化。私营经济和公私合营经济都转制成了国营经济，市场经济转变成了计划经济，劳动者单位所有制逐步形成。“文化大革命”使这种转变得到了加强。生育保险制度在这种背景下发生了显著变化，由国家统筹变为企业保障，覆盖对象也由于多种用工形式的取消而变为只覆盖机关企事业单位的正式女职工。但这一变化并没有影响城镇女职工生育保险的待遇水平和覆盖范围。

（三）经济转轨时期

“文革”结束后，我国社会经济建设重新步入正轨，20世纪80年代以来，国家出台了一系列法律、办法、通知等来推进生育保险制度的改革。1988年颁布《女职工劳动保护规定》，统一了企业和机关事业单位生育保险待遇，2012年出台的《生育保险办法（征求意见稿）》将生育保险的覆盖范围确定为国家机关、企业、事业单位、有雇工的个体经济组织以及其他社会组织等各类用人单位及其职工。在这一时期，生育保险从企业保险走向社会统筹，1994年劳动部发布《企业职工生育保险试行办法》规定企业按不超过工资总额1%的资金向劳动部门所属的社会保险经办机构交纳生育保险费（职工个人不交纳生育保险费），社会保险经办机构负责生育保险基金的收缴、支付和管理。2012年，人力资源和社会保障部发布《生育保险办法（征求意见稿）》，规定“用人单位按照本单位职工工资总额的一定比例缴纳生育保险费，缴费比例一般不超过0.5%，具体缴费比例由各统筹地区根据当地实际情况测算后提出，报省、自治区、直辖市批准后实施”。在经济转轨时期，生育保险仍然没有覆盖男性。劳动部1994年发布的《企业职工生育保险试行办法》规定，“生育保险筹集资金由企业按照其工资总额的一定比例向社会保险经办机构缴纳生育保险费，建立生育保险基金。”这里的“工资总额”就是指男女职工工资总额。因此，男性也是生育保险费的承担者。然而，在《企业职工生育保险试行办法》及全国绝大多数省份的实施细则中，生育活动中的男性并没有成为生育保险的对象。我国在法律上没有任何相关的条例规定男性享有假期权利。除了生育假期外，我国绝大多数省份生育保险的生育津贴都是给予母亲的，父亲基本上享受不到，只有领取了《独生子女优待证》的，才享有领取3—30天的假期津贴的权利。2011年实施的《社会保险法》明确将“职工未就业配偶”纳入适用范围，规定“职工未就业配偶按照国家规定享受生育医疗费用待遇”。这样一方面将部分非职工女性纳入生育保险范围，另一方面也考虑到了男性的生育角色，男性职工不再因为配偶未就业而使家庭无法享受生育保险待遇。

总的来说，中国的生育保险基本上是一种职工生育保险，其覆盖对象主要是城镇就业女职工，保险待遇也主要是生育医疗费用和生育津贴/产假工资两大项。由于生育保险实施的经济制度背景差异，不同阶段生育保险的覆盖范围、责任主体以及对女性就业和性别平等的影响也随之发生变化。

三　社会性别的分析视角

（一）社会性别理论

1975 年，人类学者盖尔·卢宾在《女人交易：性的政治经济学初探》一文中首次提出了“性/社会性别制度”（sex/gender system）的概念，性指的是人被先天赋予的生理性别、自然性别，是两性的生物差异，分男性和女性；社会性别强调男性与女性之间的差异是后天环境造就的，是社会造成的、基于生理性别之上的思想、观念和行为模式，是后天习得的社会性角色，是由社会建构的差别。

社会性别区别于以人的生物特征为标志的“生理性别”，指的是以社会性的方式构建出来的社会身份和期待。社会性别理论分析了人类社会中两性不平等的实质和根源，认为：男女两性各自承担的性别角色并非是由生理决定的，而主要是后天的、在社会文化的制约中形成的；男女两性在社会中的角色和地位、社会对性别角色的期待和评价、关于性别的成见和对性别差异的社会认识等，更主要的是社会的产物，而且又反过来通过宗教、教育、法律、社会机制等得到进一步发挥和巩固，在国家参与运作下被规范化、制度化、体制化、两极化、社会期待模式化。

社会性别理论认为，不同的社会发展政策对男女带来不同的影响，以往的发展政策有可能以社会发展代替妇女发展目标，因此应该将社会性别观念纳入各项发展决策的主流。

（二）社会性别分析

社会性别分析是以社会性别视角剖析社会的政治、经济、文化、家庭与社会等各个领域的男女不平等现象，寻找深层次的原因，促进社会的可持续发展。具体来讲，是指在特定社会中，通过质疑来分析两性的角色、关系、赋权等问题，打破私人领域与公共领域之间的界限，探讨家庭内部之间的权力关系如何与国际、国家、市场及社区层面的权力关系联系起来。

最常见的是把社会性别分析运用于社会的发展，注重研究具体政策或项目对男女产生的不同影响，并致力于消除发展中的不平等和歧视。① 其分析包括：第一，是否把妇女作为发展的主人赋权于妇女；第二，是否充分考虑了妇女的需求和社会性别利益；第三，是否充分考察到妇女的多重角色；第四，是否强调男性在发展中的参与；第五，是否保障妇女对资源的掌握、控制和使用；第六，是否始终坚持妇女的利益主体地位。

卡洛林·摩塞创立的摩塞框架是社会性别的分析框架之一。她区分了现实性性别需求和战略性性别需求，现实性性别需求是指由妇女已有的性别分工中的具体处境而形成的需求，战略性性别需求是因妇女在男女两性的社会关系中的从属地位而产生的需求。性别平等的实现要求在满足现实性性别需求的同时，着眼于满足战略性性别需求②。实用性社会性别需要指满足这些需要会帮助女性面对她们现时的生活。满足实用性社会性别需要不会对现存的性别分工或者妇女在社会生活中的从属地位构成威胁，虽然这些才是妇女的实用性社会性别需要的起因。战略性社会性别需要指一旦满足妇女的这些需要，她们将可以改变存在于两性之间的权力不平等的关系。满足战略性社会性别需要将帮助妇女实现更大程度上的平等，并且挑战妇女在社会中的从属地位，包括她们的社会角色。满足战略性社会性别需要并不排斥满足实用性社会性别需要，而是强调在性别平等的前提与框架下满足双方的实用性需要。

四 生育保险制度历史沿革的社会性别分析

（一）社会性别意识主流化

1995 年第四次世界妇女会议上提出了社会性别意识主流化（性别平

① 张莹：《社会性别视角应用研究》，知识产权出版社 2007 年版，第 29—32 页。

② 陈方：《全球化、性别与发展》，天津大学出版社 2009 年版，第 103—117 页。

等主流化），又称社会性别意识纳入决策主流。1997 年联合国经社理事会通过了对社会性别意识主流化的一致定义：把性别问题纳入主流是一个过程，它强调应该分析各种领域、各个层面上的所有计划行动，包括立法、政策或项目计划，对女性和男性产生的影响。性别意识主流化更是一个战略，在政治、经济和社会各个领域中设计、执行、跟踪和评估政策和项目时，把对女性和男性的关注、女性和男性的经历作为不可分割的一部分来考虑，以使两性能够平等收益，消除不平等现象，其最终目的是达到社会性别平等。[①] 社会性别视角在很多国家的公共政策和联合国的各个项目中得到了成功的运用。

（二）对生育保险制度的社会性别分析

生育保险作为一项特殊的公共政策，本身就具有性别意义。通过社会性别视角对生育保险制度的历史沿革进行分析，可以发现生育保险制度在其各个历史发展时期造成了怎样的效应以及产生这些效应的原因；可以观察生育保险制度的变革对性别平等有怎样的推动作用。

新中国成立初期的生育保险制度覆盖面包括城镇企业的正式女工、女性临时工、季节工及试用工和机关事业单位的女职工；男职工或男工的配偶生育时，他们可以享受到生育补助费。这一时期的生育保险制度顾及到了所有城镇已就业女性的生育价值，覆盖面相对较广，但仍然忽视了城镇未就业女性以及农村女性生育期间的保障。男性工人或男性职工只能享受到有限的生育补助费，并没有生育津贴和生育假期，男性没有成为生育保险的对象。另外，生育保险金包括在劳动保险金之中，实行全国统筹与企业留存相结合的基金管理制度。此时企业的负担相对较小，并没有出现比较严重的“性别亏损”。生育保险制度的建立对于形成 1958 年前后中国妇女就业的第一个高潮具有不可或缺的积极影响。

“社会主义改造”和“文化大革命”期间，生育保险制度的覆盖对象变为只有机关企事业单位的正式女职工，男职工同样没有享受到生育保险。另外，这一时期的生育保险由国家统筹变为企业保障，各企业只对本企业的女工负责，这导致各类企业生育保险费用负担不均衡，如棉纺类企业女性人员多，生育保险金开支大、负担重，从而造成企业效益下滑，影

---

① 陈方：《全球化、性别与发展》，天津大学出版社 2009 年版，第 53—54 页。

响了企业的正常生存和发展。

"文革"结束后至今，生育保险制度历经了三十几年的改革，发生了一些变化。一方面，女性的产假在1988年由原来的56天增加至90天，2012年又增加至98天。生育保险的覆盖对象扩展到了国家机关、企业、事业单位、有雇工的个体经济组织以及其他社会组织等各类用人单位及其职工。1994年之前，生育保险仍然采取的是企业保险的方式，但由于经济转轨之后，中国的企业逐渐成为自主经营、自负盈亏的经济主体，由企业承担生育保险责任的弊端也日益显现，不同企业的生育成本因女职工比例的高低而不同。很多企业出现了"性别亏损"，它们为了尽量减少这种亏损，有些减少女工的使用，有些在落实企业生育保险规定时大打折扣。这些为追求利益最大化而损坏女性公平就业的权益的行为就构成了20世纪80年代以来女性就业的突出问题。在这种背景下，生育保险基金逐步从企业保险走向社会统筹，对于企业向劳动部门所属的社会保险经办机构交纳的生育保险费数额的规定，也由1994年的不超过工资总额1%逐步降低为2012年的不超过工资总额的0.5%。由企业保险向社会统筹的转变均衡了不同类型企业的生育保险费用的负担，减轻了女性职工比较多的企业的负担。企业缴纳生育保险费的数额的减少同样减轻了企业的生育保险费用的负担，降低了企业的"性别亏损"。在这一时期，男职工仍然没有享受生育假期，同时也缺少生育津贴，只有领取《独生子女优待证》的男职工才能享受3—30天的假期津贴的权利。

总的来说，这三个时期的生育保险制度保障女性劳动者在生育子女而暂时丧失劳动能力时的基本生活和基本医疗保健，它尊重和保护了女性权益，是社会保障制度中最具性别意识的社会政策。但从社会性别视角对此政策进行审视，会发现每个时期的生育保险制度都存在许多方面的性别问题。

一是生育保险制度的覆盖面窄。新中国成立初期，未就业女性和农村妇女没有享受到生育保险；"社会主义改造"和"文化大革命"期间，企业中的女性临时工、季节工及试用工和农村妇女生育的价值都没有得到承认和保护；经济转轨时期，生育保险制度的覆盖面有所扩大，面对机关事业单位及城镇企业的女职工，但是女性群体中的失业人员、无业人员、流动人口、灵活就业人员、自雇者和农村女性，以及不符合计划生育条件的女性，没有被纳入到生育保险的覆盖范围之内，这些家庭的生育行为没有得到补偿和保障，而这些家庭的夫妻双方的需求也自然被忽视了。生育行为本身是没有阶级或阶层差别的，作为一个国家人口延续和再生产的保障，都应该得到补偿。然而，在具体的公共政策中，阶层差别就显现出来了。

二是男女有别的责任和权利。在我国生育保险制度历经的三个时期里，几乎都没有体现出来男性的责任和权利，男性的责任仅仅体现为企业为男性缴纳生育保险金，但男性并没有因为这一责任而享受到津贴和产假待遇。一般夫妻双方中只有妻子能够享受到生育保险中的生育医疗费、生育津贴和产假的待遇；在这种情况下，如果女性没有正式工作，整个家庭就难以享受到生育保险待遇。这种男女有别的制度设计，导致了不良的制度效果，强化了传统的家庭分工。我国生育保险制度中对男性权利和责任规定的缺少，强化了女性的生育角色而弱化了男性的生育角色，男性在抚育婴儿、照顾家庭的领域中不能充分承担责任。

三是损害了女性的就业权益。由于新中国成立初期，生育保险基金实行国家统筹，企业负担较轻，因此并没有造成严重的"性别亏损"；而在"社会主义改造"和"文化大革命"时期，生育保险实行企业保险，女性职工比例大的企业生育保险负担较重，但当时我国的经济模式是计划经济，因此也未对女性的就业造成严重的影响。生育保险制度损害女性就业权益的问题主要出现在经济转轨时期。在这一时期，生育保险基金由企业保险向社会统筹转变，生育保险金由用人单位按照工资总额的一定比例缴纳生育保险费，与用人单位男女职工性别比无关，这在一定程度上避免了企业因使用女工而产生的额外费用。但是，根据我国的规定，只有女性能享受产假，而且企业要担负女性产假期间替代率为100%的生育津贴。这显然增加了企业使用女工的成本。此外，在女性休假期间，企业还需要使用其他员工来代替女职工完成相应的工作，甚至有些企业还面临着女性因生育而辞职造成的损失。"性别亏损"和"生育成本"导致了一系列性别歧视的问题，如女性就业率低于男性、职业发展受到阻碍等。

综上所述，我们可以发现，在生育保险制度的历史沿革中，其覆盖面正逐步扩大，这说明生育保险制度中阶层不平等的现象逐步受到重视；男性的权利和责任一直被忽视；经济转轨时期，生育保险制度开始损害女性的就业权益。

（三）生育保险制度存在性别问题的原因分析

1. 生育性别制度建立过程中缺失社会性别意识

我国目前还没有形成具有社会性别意识的政策环境，政策决策层在制定决策的过程中缺乏性别意识。我国的政策决策层绝大多数是男性，他们大都缺乏社会性别意识，女性决策者占少数，其在各个利益群体的博弈中处于劣势地位，被排除在公共政策之外。缺乏社会性别意识的男性决策者能够考虑到女性在生育过程中的实用性的社会性别需求，如医疗费用、产假和津贴等，但是女性生殖健康、就业性别歧视、劳资矛盾、女性传统角色回归等一系列由生育引发的问题，生育保险制度并未给予回应。

2. 对受益人群及其需求的界定考虑不足

我国的生育保险设计之初就是职工生育保险，其保障对象仅仅是城镇企业女工，而养老保险和医疗保险是面向全民的，失业保险和工伤保险是面向所有劳动者的。由于受益面过窄，生育保险一直被认为是小险种和短期险种。生育保险是对发生生育行为的家庭的一种补偿和保障，而生育行为的价值是平等的、不分阶级和阶层的。现行的生育保险对于保障对象的设计，人为地将生育行为进行了分割，其分割标准是是否参加了正规就业。如果家庭中的妻子没有参与得到政府承认的正规就业，即使丈夫一方的单位缴纳了生育保险费用，妻子也无法完全享受生育保险待遇；而如果夫妻双方都未参加正规就业，则完全享受不到生育保险待遇，其生育价值完全无法得到承认。

从社会性别需要的角度来看，目前我国生育保险制度只关注女性的实用性社会性别需要，却忽视了男女两性的战略性社会性别需要。下表是对于女性的实用性社会性别需要和战略性社会性别需要及其政策回应的一个简要分析框架。

基于实用性社会性别需要和战略性社会性别需要的分析框架[①]（刘春燕、罗观翠，2010）

---

① 刘春燕、罗观翠：《性别与福利——对福利政策社会性别分析的评述》，《妇女研究论丛》2010 年第 4 期。

表 1

	实用性社会性别需要	战略性社会性别需要
女性需求	减轻因生育带来的经济压力； 更多的照顾孩子的时间； 让男性分担家务、照顾孩子的工作； 工作得到丈夫和家人的支持和认可； 家庭生活条件和水平的改善。	获得自我发展的平台； 提升就业满意度和自我成就感； 增加对就业形式的自由选择； 平等享有家庭福利资源和权利。
战略回应	更多的生育津贴； 更多的带薪产假； 增加家庭津贴。	改善就业环境； 保障弹性就业的福利水平； 女性以独立公民身份获得保障。

目前我国生育保险制度所提供的保险待遇，能够较好地满足女性的实用性社会性别需要，而对于战略性社会性别需要，却被目前的生育保险制度忽视。生育保险制度的目的在于保障女性在生育期间的合法权益，但女性的就业权益却未受到保障，甚至适得其反。由于只有女性在生育期间能够享受生育保险待遇，企业在女职工生育期间要承担“性别亏损”，这使得企业在招聘员工时表现出显性或隐性的性别歧视。这就是性别保护政策所造成的困境。

五　结论与思考

生育保险制度作为一项对生育期女性的保护性制度，在我国的各项社会政策中最具有性别关怀。生育保险制度历经数次变革，其内容不断完善，但仍都存在一定的问题和缺陷。第一，虽然所有的女性都承担着生育的责任，但并不是全部女性都能享受到生育保险的保障。生育保险的覆盖面一直都局限于城镇女职工，广大的农村女性、未就业或非正规就业的城镇女性被排除在生育保险的保障范围之外。因此，生育保险制度体现着女性群体内部的阶层差别。第二，生育保险制度是对生育行为的保障，生育行为是家庭行为，家庭中的男性和女性都应该参与其中，因此，生育保险制度的覆盖面应该包括男性和女性。但是，在传统性别观念的影响下，生育更多地被看作是女性的行为，男性责任在生育以及养育的过程中缺失，男性并不能享受到生育保险。第三，生育保险制度只是保障女性在生育期间可以享受到一定时间的假期和津贴补助，并未考虑到这些保护性的政策所导致的用人单位的“生育成本”和“性别亏损”对女性的就业以及晋升所造成的负面影响。

生育保险制度之所以存在性别问题，是由于我国目前的政策决策层大多是男性，他们大都缺乏性别意识和性别视角；即便是决策层中的女性，由于没有接受正式、系统、完善的社会性别培训，她们中的大多数也缺乏性别视角和性别分析的能力，因此我国的政策环境仍然缺乏社会性别视角。在生育保险制度以及其他社会政策的制定、执行以及评估的过程中，缺乏性别视角和性别分析能力的决策者们或者不能考虑到女性的特殊利益，或者无法看到性别保护政策所造成的隐性的性别歧视，从而导致我国的社会政策缺乏性别视角。

作为对女性生育行为的保障，生育保险制度固然满足了女性生育期间对医疗、假期以及津贴的需求，但是，它仅仅满足了女性的这些实用性需求，却忽视了女性在职业上的发展、在家庭中平等地承担责任等战略性性别需求。而性别平等的实现不能仅仅是满足两性的实用性性别需求，而更应该满足的是关注于人的发展的战略性性别需求。

我国的社会政策诞生、执行于缺乏性别视角的政策环境中，有些政策规定男女有别，有些政策把男性和女性同等对待，它们或者造成了对女性的显性歧视，或者造成了隐性歧视。要制定性别平等的社会政策，需要营造性别平等的政策环境，推动社会性别主流化，即把社会性别纳入决策主流。通过对社会政策的制定者、执行者、监督者以及评估者进行社会性别培训，培养他们的社会性别视角和社会性别分析的能力，使得他们在制定、执行、监督、评估政策的过程中，比较男性和女性在社会中充当的不同角色，认识他们之间存在的不同需求，分析资源、责任和权力分配存在的性别不平等。继而通过社会政策的变革，营造性别平等的社会环境，推动性别平等的实现。

参考文献

［1］董醉心：《我国生育保险制度的社会性别研究》，南京师范大学硕士学位论文，2012 年。

［2］蒋永萍：《社会性别视角下的生育保险制度改革与完善——从〈生育保险办法（征求意见稿）〉谈起》，《妇女研究论丛》2013 年第

1 期。

［3］刘文明、段兰英：《男性生育角色与我国生育保险制度改革》，《华南农业大学学报》（社会科学版）2006 年第 3 期。

［4］罗莉、卢敏：《浅析我国生育保险制度中的男性生育角色及男性权益》，《中国市场》2012 年第 5 期。

［5］张翠娥、杨政怡：《我国生育保险制度的发展历程与改革路径——基于增权视角》，《卫生经济研究》2013 年第 1 期。

［6］赵炜：《新中国生育保险制度演变史》，《人口研究》2003 年第 2 期。

计划生育优质服务社会性别分析的总结和应用创新

李亚男　张群林*

摘　要： 社会性别不仅是分析男女差别的工具，也是男人和女人多样性存在的分析工具。过去计划生育优质服务的研究相对集中于育龄女性，优质服务也应该面向全体成员，尤其是除育龄妇女之外的其他弱势群体。本文利用社会性别分析的两种框架理论对计划生育优质服务进行了实用性分析，以求保护和实现多元人群的权利、责任和机会的平等。

关键词： 社会性别分析；多元；优质服务

一　研究背景

十八届三中全会提到要创新社会治理体制、改进社会治理方式。所谓的社会治理，从主体上来看既要发挥政府服务管理社会的作用，也要发挥社会组织、社区自治和公民参与的作用，强调全民的参与。

据统计中国目前有3000万剩男，网络上同性恋问题也引起了人们热烈的讨论等，而剩男和同性恋等人群是被排除在中国传统家庭婚姻制度之外的，也就是他们基本无法享受计划生育优质服务等面向家庭和婚姻的政策优惠 。但是在当前的文化环境下，他们在性等方面可能比主流人群面临更多的需要和问题，却不能如主流人群一样获得同样的性等方面的权

* 李亚男，西安交通大学公共政策与管理学院人口与发展研究所硕士研究生；张群林，西安工程大学讲师。

利，如此他们就成为了社会的弱势群体。他们作为社会成员的基本权利应该得到同等的保护，当然也要承担相应的责任，这也是社会治理的内涵与外延的一部分。

联合国艾滋病规划署（UNAIDS）推测，因男男性行为感染 HIV 的比例在 HIV 感染者中占5%—10%（钱跃升等，2006：1—2）。计划生育优质服务实施之初主要是面向育龄妇女，（宋爱芹等，2003：44—45）随着社会和经济的发展，渐渐引进社会性别视角后，服务对象扩展到未婚女性、更年期女性和男性。（杨雪燕等，2006：1—2）。因而，本文的研究问题就是在总结计划生育优质服务社会性别分析的基础上，得出过去服务对象和服务内容等方面的不足；结合服务的应用创新，探索保护社会弱势群体权利的方法和途径。

二　社会性别分析工具

所谓的社会性别分析，是把社会性别作为观察视角，从性别关系的角度分析相关议题，是识别和理解性别不平等原因的过程，目的是找出影响性别平等的结构性原因，以便探索有针对性的政策和措施，最终从根本上改变性别不平等状况。社会性别分析把性别差异和性别歧视等问题看成是与社会制度和社会结构相关的问题，强调在性别关系中考察各种问题，保护各种合法的权益。社会性别分析打破了性别盲点，把被掩盖的妇女及边缘群体的声音表达出来。同时，强调主体建构的视角，倾听非主流群体的声音。

本文主要涉及两种社会性别分析工具——社会性别需求框架和社会关系模型。

社会性别需求框架最初是由摩塞提出的用于分析妇女的社会性别利益。后来伦敦大学的发展计划部对其进行了改进，不过只是扩展了需求对象，框架依然包括两个层次的需求：一种是现实性社会性别需求，指现有的社会性别角色规范下的需求；一种是战略型社会性别需求，指突破现有的社会性别角色规范下的需求。根据中国当前生殖领域的社会性别规范的现状，扩展了的社会性别需求依然不能满足所有人的需求。

社会关系分析方法是由英国的苏塞克斯发展研究部的 Naila Kabeer 提

出的，此模型包括两个核心概念：社会关系和制度。对应规则、权力、资源、活动和人这五种社会关系，可以将制度划分为四类——家庭、社区、市场和国家。Naila Kabeer 认为社会关系是社会性别关系研究的大环境，之后妇女研究者利用此模型研究社会性别不平等的原因等。（杨雪燕等，2008：1—2）国家提出计划生育优质服务的目的是以服务对象的需求为出发点，为服务对象提供满意的综合服务。第四次世界妇女大会召开十周年会议上又要求我们的计划生育优质服务中纳入社会性别视角。因此，利用社会性别需求框架来分析计划生育优质服务恰到好处。但是，社会性别需求分析关注的是服务对象和提供服务层这些个体微观层次的研究。我国目前经历的社会转型期的战略目标是构建和谐社会，性别关系的和谐是其中要义，计划生育优质服务的社会关系分析显得尤其必要，更能符合转型期中国发展的需要。

三　社会性别分析工具的实际应用

（一）生殖健康中的社会性别分析

过去计划生育的研究集中于生殖健康领域的社会性别需求分析。在生殖健康上，男人和女人存在特定的差异，比如，男人的生殖系统，能产生精子，但是不能怀孕生孩子；女人的生殖系统可以产生卵子，可以怀孕生孩子。在现实生活中男人在生育和避孕方面可能会有较大的决定权，但避孕和照料婴儿的责任主要由女人承担，因而相比于男人，女人更重视自身的生殖健康。这些差异中只有“生（孩子）”是生理原因造成的，其他的如女人承担避孕和照料婴儿和生殖健康的责任，但却有较少的决定权。由此可以看出，生殖健康问题背后不仅反映着深刻的社会性别关系及其互动，而且映射了被传统性别文化影响、制约着的男性、女性服务机构及决策者。所以，为了挑战不平等的性别关系，我们将社会性别视角纳入生殖健康服务。针对摩塞框架的两种层次的需求，实现生殖健康优质服务中社会性别平等（公平）就有两条途径：现实性途径就是保护现有的生殖健康优质服务框架下服务对象（主要是育龄妇女）的生殖健康权益；战略性途径就是突破传统的社会性别规范对于男性和女性在生殖健康领域角色关系，提倡男性参与计划生育/生殖健康，保护未婚妇女、更年期女性以及男性的生殖健康权益；

以上对生殖健康领域社会性别关系的研究与探讨以及服务多集中于婚姻家庭中的男性和女性的不同需求。在社会转型期各种思想和价值观念的碰撞，催生了多元的人群、多元婚姻以及多元的生活。那些处在非主流婚恋家庭或者生活中的非主流人群无法享受到服务带来的利益。比如，因为性别失衡而经受婚姻挤压无法成婚的大龄未婚男性，在我们的社会规范下其正常的性需求无法得到满足，他们只能寻求婚姻外的性行为来满足自己生来就有的性需要，这导致他们不敢正视自己的生殖健康问题，同时我们的计划生育优质服务自然而然地规避了这类的弱势群体。

（二）社会转型期计生服务的社会性别分析

为了提高优质服务工作水平，政府优质服务的方式不断创新，它已经成为多部门的联合行动，而非人口计生部门的单一行动，目标实施优质服务成为一项实在的惠民工程。（吴素卿等，2013：1）

所以，转型期的计划生育的优质服务不只是停留在生殖健康领域中的社会性别平等，而是包含所有惠民工程中的社会性别平等。

生理性别是由生物遗传因素决定的，具有先天性和不可更改性；社会性别与生理性别相对，是由社会期望和社会制度建构的性别，是后天形成的，可依社会背景、时间和空间的不同而变动（鲍静，2006：1）。生理性别的差异是特定的，但是这不意味着社会性别也固然不平等，不可改变的。社会性别不平等的根本原因是传统的重男轻女的思想。“偏好男孩”的思想在农村中尤其严重，体现在其婚嫁规则、身份认定、资源分配、活动承担中。农村中传统观念下婚嫁规则中家庭制度体现是“儿子娶妻、女儿出嫁”，村规民约中的规定是“有儿有女的家庭，女儿不得招上门女婿”；身份认定的家庭制度是“儿子是家人，女儿是亲戚”，村规民约规定“男性是永久村民，女性是临时村民”；资源分配的家庭制度是“儿子继承家产、女儿没有权利继承家产”，村规民约中规定“资源的分配以男性为中心”；活动承担的家庭制度是“丈夫养家糊口、妻子相夫教子”，村规民约规定“以男性的活动为社会价值的评判标准”。

现代村规民约是指在村民自治的法律规定下，由同村居民共同协商确定的条约规范，是对本村风俗习惯的文本式体现，对全村居民具有约束规范作用（张广修等）。村规民约在社会关系模型中的制度层面只在家庭和社区层面有所体现。村规民约中的婚嫁规则、身份认定、资源分配、活动承担分别是社会关系分析模型中的社会关系概念中规则、权力、资源和活动的体现。“规则”说明事情是如何做的，包括应该做什么事情，谁做的，谁会收益。“权力”指谁作出决定，为谁的利益服务。“资源”指在做事的过程中使用了什么，产生了什么。“活动”指做了些什么，包括谁做的，谁得到了什么，谁有权要求什么。

个案 WXG，女，陕西省咸阳市某县某村的村民，家中有一个哥哥，十年前招了一个上门女婿，违反了传统的村规民约中的婚嫁规则“有儿有女的家庭，女儿不得招上门女婿”，和对资源分配的规定“资源的分配以男性为中心”，因而只有 WXG 的户口是本村的，她丈夫的户口不是本村的，所以这十年间她们既没有口粮田也没有宅基地，她们一家人一直居住在哥哥家，靠丈夫外出打工养家糊口。直到 2013 年村规民约进行修订，从制度上要求男女都平等。WXG 一家通过申请获得了宅基地和口粮田，并在村民的帮助下很快盖起了新房。

案例中的某村，村规民约未修订前是社会性别不平等的村规民约，修订后的村规民约一定程度上体现了社会性别的平等。但是，修订后的村规民约依然不能完全的体现社会性别平等。因为它是针对主流的异性婚恋传统的男女平等权利的保护，还是以农村家庭为保护单位，失独家庭、嫁城女及其子女、离异女性及其子女上门女婿及其子女、农村大龄未婚男性、同性恋者等不在保护范围内。

针对传统被构建的社会性别文化，为保护弱势群体的权利，目前采取的措施如下。首先是，关爱女孩行动，维护女孩的利益，保证女孩的生存权和发展权。其次是，进行村规民约修订的试点，从制度上保障到每个人的权利、责任和机会。最后，中共十八大后国家新成立家庭发展司部门，计生服务要顺应国家机构的调整，着重家庭的发展，提高整个家庭的抵御风险的能力，同时还能保障失独家庭、大龄未婚男性、同性恋等多样群体权益。

四 政策建议

计划生育优质服务的拓展第一要有领导的重视，因为决策者对社会性别问题的重视可以为社会性别公平的促进提供政策、资源和资金的支持，是推动社会性别公平的关键。2012 年 11 月，时任国务院副总理李克强与防治艾滋病民间组织代表座谈，同性恋网站“淡蓝网”创始人耿乐也参与其中。这说明国家也开始关注多元群体的存在。第二，各部门要联动配合，整合资源，发挥 1 +1 >2 的作用。社会性别与社会机制、文化规范相联系，文化变革需要各个层次的倡导、教育和承诺，只有多部门的配合才能推进计划生育生殖健康领域的社会性别公平。第三，社会要更加包容多元化的人群存在。当前网络和影视资料上对同性恋等公开谈论，体现了当下社会对少数人甚至是个别人的宽容，当社会渐渐关注非主流人群的时候，才会尊重他们的权利，他们才会有社会存在感，因而发挥他们对社会的积极作用。第四，多层次、全方面的进行社会性别理念的建设，用社会性别理念指导工作，发挥意识对实践的作用。最后，要将社会性别分析用于实际工作中，有关部门通过调查了解各利益相关者的社会性别需求，制定具有社会性别敏感性的政策和措施，开展具有社会性别敏感性的活动，促进社会性别公平。

参考文献

［1］钱跃升、傅继华：《男男性行为与艾滋病》，《中国艾滋病性病》2006 年第 6 期。

［2］宋爱芹、孙春燕、曹勇：《职业已婚育龄妇女生殖健康及生殖保健需求现况调查分析》，《济宁医学院学报》2003 年第 1 期。

［3］杨雪燕、吴克俭、李树：《生殖健康领域的社会性别需求分析——基于社会性别需求分析框架及计划生育优质服务项目县的调查》，《妇女研究论丛》2006 年第 5 期。

［4］杨雪燕、李树茁：《中国农村家庭社会性别关系模式的探索性研究》，《中华女子学院学报 》2008 年。

［5］吴素卿：《论如何提升计划生育优质服务的水平》，《求医问药》2013 年第 3 期。

［6］鲍静：《应把社会性别理论纳入我国公共管理的研究与实践》，《中国行政管理》2006 年第 8 期。

儿童照料危机与人口政策

沈尤佳*

摘　要：本文分析中国城市家庭生育意愿低下的原因，把它归结为照料危机。也就是说，推卸人的再生产成本的照料劳动性别分工模式使照料负担不成比例地落在母亲的身上，加之公共照料的退出和照料私有化加剧社会分化，一般家庭尤其是母亲不得不通过延迟或减少生育的决策来抵制过于沉重的照料负担。本文结合我国的人口政策，认为照料成本应由生育的全体利益相关者共同地承担，包括国家政府、雇主、家庭里面的父母亲双方。

关键词：照料劳动；照料危机；人口政策

近十几年的全国性生育意愿调查数据和样本代表性较好的局部性生育意愿调查数据均显示，我国居民的平均意愿生育子女数低于正常的世代更替水平（陈恩，2010）。媒体调查显示，在不想要孩子的调查者中，多数人是因为“经济基础不行，养不起”，还有人自填不想要孩子的理由是“女性单方面承受太多”（欧阳海燕，2008）。生育危机的背后潜藏着照料的危机。照料危机通常被简单地归咎于缺乏责任心和牺牲精神、崇尚享乐主义的新生代育龄妇女。若更仔细地检讨，是谁消磨了准母亲们的母爱？

一　家庭性别分工及其后果

性别劳动分工理论认为，照料劳动的性别分工在经济上是合理的。因

* 沈尤佳，中国人民大学马克思主义学院副教授。

为男性收入普遍高于女性，所以牺牲女性收入而不是男性收入对家庭更好。持这种观点的人，很自然地接受了男性收入普遍高于女性的事实，视其为劳动力市场对男性能干或勤奋、女性无能或懒惰的合理估值；忽略了这样一个事实：女性收入普遍低于男性部分归因于其承担的照料劳动，这为雇主创造了一种劣质劳动力，雇主根据母亲的照料责任对全体女性的同等的雇佣劳动支付歧视性的价格。反过来，男性收入普遍高于女性的事实，又加剧了照料劳动由女性大量承担的事实，因为由她们承担无酬的照料劳动被认为在经济上更合理。

既无力购买私人照料服务也申请不到公共照料服务的女性，或者无法找到全职工作，或者只能从事低薪、低职位的工作。根据第三期中国妇女社会地位调查，城镇 25—34 岁有 6 岁以下孩子的母亲比同年龄没有年幼子女的女性就业率低 10.9 个百分点；农村 25—34 岁有 6 岁以下孩子的母亲比没有年幼子女的农村同龄女性低 6.7 个百分点。18.9% 的在业母亲“有时”或“经常”为了家庭放弃个人发展机会，比男性高 6.5 个百分点(2011)。

母亲倾向于选择在工作时间、职位性质等方面可以兼顾生产性劳动与人的再生产劳动的工作类型，例如个体劳动或在家办公。照料者需要一直陪伴在依赖性的被照料者身边。例如，母亲可以带着她的小孩到大街上卖水果或者在家办公，却不可以带着孩子去更正式的工作场所——比如她是个教师或工人。个体劳动和在家办公为承担照料责任、不能离开家却想要工作的女性提供了不错的权衡方式，但一份缺少纪律和监督的工作，意味着差的或不稳定的收入，也意味着缺乏病假赔偿、产假和雇主给正式员工缴纳的其他社会福利。

即使进入正式雇佣，女性的职业历程经常被照料劳动打断，阻碍她们通过承担复杂任务积累工作经验、获取职业晋升，职业生涯停滞在低职位、低收入的状态。结果是，女性当期的工薪收入、养老金，以及为养老和其他预防性货币支出积攒储蓄的能力减弱。

性别劳动分工理论还假设夫妻双方平等共享家庭总的资源。这不是事实。经济独立是使男人和女人有能力控制自己的生活的必要条件。无酬的照料责任造成的体面工作和经济独立的障碍，强化了女性的经济依赖性、脆弱性和权利不平等。劳动力市场的性别等级制度导致家庭里面的性别等级制度。即使某些婚姻的夫妻双方平均分配经济资源，但离异或配偶的死亡更有可能使母亲和子女陷入贫困，而不是父亲。妻子比丈夫面临更高的风险。换句话说，由于无酬照料劳动给家庭和个人带来的可感知价值远低于货币收入带来的可感知价值，无酬照料劳动者可能会在家庭和社会中日渐边缘化，限制了她们自身和孩子的能力的发展。

二 照料私有化及其后果

工业化的本质是商品化向一切劳动领域扩张（大批量生产、规模经济）。私有化的商品生产解决了绝大多数消费品和服务的供给不足问题。然而，照料劳动因其自然属性抵抗这种商品化，它既不能无限地从无酬劳动转化为有酬雇佣，它的效率的提高也存在着界限。

购买服务只能部分地替代个人服务。尽管家庭购买越来越多的照料服务，照料的个性和情感空间依然需要投入自己的时间和精力，例如分享晚餐或临睡前讲故事，这类活动是不能用购买来替代的。经过某一点——这一点由社会文化规定——不可能减少家庭自己付出的照料时间而对被照料者不产生负面结果。

照料商品化意味着照料提供者不会关心被照料者的需要，只是拿他们挣钱。效率和利润原则要求照料劳动标准化，这制造了另一种意义上的照料危机。首先，照料市场化可能“挤出”对情感的照料。金钱动机可能导致照料活动标准最低化、机械化和去个性化，失去了个性化的爱和关注，而这些是儿童成长所必需的。其次，照料提供者之间激烈的竞争创造了削减成本的激励，单个依赖者享有的照料时间、照料劳动的密集度和质量被不断地最小化。最后，依赖性的被照料者，例如儿童，很少符合消费者主权的标准。这些依赖者并不必然知道什么对他们最好，缺乏理性消费者需要的能力和信息做出正确决策，容易被误导，甚至被虐待。他们获得的照料往往由第三方支付，照料劳动的高时间密度和高度个性化使得监督很困难。

把照料私有化作为解决照料问题的办法，还将生产领域已经存在的收入不平等进一步地衍生到人的再生产领域，并使这种不平等发生代际传递。尽管少数富裕家庭通过外包解决照料劳动的供给，却进一步地挤出了贫困家庭的妇女用于照料自己的家庭成员——尤其是未成年孩子的时间。照料商品化和私有化主要增加了富裕阶级母亲关于照料提供的选择自由，却鲜少改善其他诸多群体的——来自贫穷偏远乡村的移民女性到富裕城市的富裕家庭出售私人照料服务，挤出了母亲对自己年幼孩子的照料。

三　否定公共照料及其后果

由妇女不成比例地承担无酬的照料劳动，也被视作理所当然。中国家庭的生育养育活动享有的政策保护和福利是有限的。

产假政策。缺乏父亲育儿假政策来鼓励父亲履行育儿责任。因为母亲单独享有产假，女性被雇佣劳动市场贬低为更昂贵的劳动力。

儿童福利津贴政策。《中国儿童福利政策报告（2012）》指出，中国目前是“嵌入制”的儿童福利模式，基本没有独立的儿童福利制度。儿童福利的各项供给，分散在不同内容的福利供给制度中，如社保、低保、医保、残疾人服务和教育等。除儿童福利制度不成体系外，报告还指出，目前的儿童福利内容仍然是救助型为主，国家儿童津贴项目稀少（北京师范大学中国公益研究院，2013）。

家庭主妇的养老金政策。没有专门的政策，只有“灵活就业人员参加企业养老保险”政策可适用家庭主妇，由本人自主缴费。灵活就业人员享有的数额不大的社保补贴也不适用于家庭主妇。因为领取社保补贴的一个重要条件是，街道劳动保障机构能够核实灵活就业人员的就业情况。

税收优惠政策。没有根据家庭部门贡献的养育价值和承担的照料责任而抵免家庭所得税的政策。

公共的幼儿照料政策。我国没有针对3岁以下幼儿的公立的照料服务机构。根据全国妇联2011年底的调查，3岁以下孩子由家庭承担照顾责任的占99.9%，其中，母亲作为孩子日间主要照顾者的占63.2%（第三期中国妇女社会地位调查课题组，2011）。3—10岁的农村儿童中，35.9%从没上过幼儿园，“附近没有幼儿园”是其主要原因。接纳3岁以上儿童的城市幼儿园，也面临巨大的供需缺口。以北京为例，截至2009年底，北京合法注册的幼儿园可提供24.7万个学位。而2004—2007年间，北京共出生幼儿46万人，缺额的比例近半。不只北京，1992—2002年全国幼儿园锐减约35%（新华每日电讯，2010）。有限的财政性教育经费只投向公立幼儿园中的少数，大部分幼儿园要靠民间资金投入，或者收费高昂，或者师资和办园的硬件设施得不到保障。

儿童被隐蔽地定义为家庭的私有品，生育和养育儿童的劳动的价值根本得不到承认，至少严重低估。对于政府，尤其是国家财政资源还没有充裕到一定程度的政府而言，家庭成员免费承担照料劳动提供了一种便捷且廉价的福利形式，风险和成本转嫁给家庭。社会上一般的男性也认同女性天生属于家庭、儿童和照料的领域，这样他们就不用承担照料幼儿或做家务的义务。大部分男性既体会不到照料劳动的烦琐、沉重与辛苦，也意识不到它给自己和家庭带来的福利减损，这样就丧失了敦促政府和雇主承担起对整个社会的人的再生产责任的舆论氛围。

如果政府在提供可负担的、易获取的公共照料服务方面失职，且大部分男性没有同等程度地分担家庭里的照料劳动，那么，不同阶层的妇女将通过不同的策略应对生育带来的漫长而沉重的照料责任。各种应对方案无一例外地增加了家庭（尤其是母亲）的痛苦。中等收入的职业女性在面对沉重的照料责任时，如果希望继续在外工作，不得不支付对她们来说相当昂贵的有偿照料费用。较为贫穷的职业女性不得不寻找别的策略——劳动更长的时间以承担照料和赚取收入的双重责任——结果是牺牲休息和闲暇的时间。相当一部分母亲选择非正式雇佣来兼顾照料责任，或者即使幸运地保留了正式雇佣，也停留在低阶、低薪职位，降低了母亲生命周期的收入，引致家庭里面的性别等级制度。在其他情况下，母亲将孩子托付给祖辈照管——而老人本应是照料服务的对象而不是提供者，让理论上的被照料者去提供照料，本身就是照料危机的一种表现。由老人照料幼儿，幼儿成长所需要的来自父母亲的陪伴、以及早期开发的质量得不到保证。还有一类家庭——城市的中低收入新移民家庭——甚至连祖辈的非正式的协助都无法获得。他们的住房条件制约了亲戚或（外）祖父母的协助。这类家庭往往依赖夫妻双方的生存工资维持日常开销。母亲的时间，只有雇佣劳动之外的才属于她的孩子。假如不愿意把孩子寄托给家乡的祖父母或外祖父母，那么，这类移民家庭的孩子比生活在族亲交往紧密的家乡的孩子，面临更严重的照料危机。

四 谁来提供可持续的照料？

在照料责任家庭化没有根本改观的背景下，低生育率很难逆转。对新生代育龄女性的道德指责是无济于事的。生儿育女的活动之所以在人类社会世代绵延，是因为对生命传承的热爱和关怀植根于我们的基因，属于文化的强迫。但是，假如尊重和遵守照料职责的个人被视为竞争性经济游戏的失败者，那么，经济理性的结果，一定是无酬照料服务的供给逐渐地被侵蚀（Marianne A. Ferber，Julie A. Nelson，2003）。[①]

中国的未来需要鲜活的新生命和对他们的悉心照料，而不是拒绝生育；但不是让女人专门从事照料。假如国家和社会不采取强有力的政治意愿、能力和措施对照料责任的分担机制实施干预，那么，照料的执行标准可能参差不齐：有些人仍然承担照料责任，但照料规范可能受到侵蚀、标准和有效性可能下降；有些人则可能通过个体的生育控制来抵制过于沉重的照料负担。社会全体将为此付出代价。照料责任怎样在新生人口的全部利益相关者之间合理地分配？由谁主要地负担？母亲、夫妻双方、夫妻双方的老人，还是国家和雇主？如果由夫妻双方共担照料责任，那么，这需要雇佣劳动市场的配合。很多父亲说，我没有时间照料，我需要挣钱，要在劳动力市场竞争。如果别人在工作，我在照料孩子，我会得不到升职，甚至失业。也有母亲这样说。这是雇佣文化的问题——让雇员竞争、长时劳动，以此来获取更大的利润。既然国家把孩子（未来的劳动力）视作重要的经济资源，那么关于雇员的雇佣劳动时间和照料劳动时间的安排，需要政府的干预。加强劳动力市场规制，减少劳动力市场的劳动时间、增加灵活工作时间的安排，给父亲更多的时间、自由和社会意识的引导，这不是可以完全交给市场的事。更直接的解决方案是增加国家和雇主的照料服务投资。政府增加向雇主征纳的税收，并将这一部分税收运用于使雇主阶层整体受益的人的再生产——提供父母亲共享的带薪产假、现金补贴，以及普通家庭可承担得起的、可申请得到的、质量达标的公共的儿童照料服务——这在西方工业发达国家，尤其是欧洲，已经成为共识。

① 李亮亮：《欧洲典型国家家庭友好政策》，《中国劳动》2013 年第 3 期。

（一）父母亲共享带薪产假

欧盟规定，每拥有一个孩子，父母双方就分别享受3—4个月的育儿假，其中至少有一个月的假期是不能转让给另一方的。父母有权享受一个月的不可转让的育儿假，鼓励了父亲参与照料幼儿。女人被看做不稳定的、昂贵的劳动力群体，是基于一个不正确的假设，即女人需要比男人休更多的假。这项新规定增加了对全体劳动者的保护，不管他们的合同类型（即固定期限、兼职和临时工）（European Institute for Gender Equality，2011）。这种保护是多方面的，免于被解雇，更平等地享有承担复杂工作、升职提薪的机会，等等。除了休产假，劳动者有时需要暂时调换工作时间。政府和雇主/工会必须考虑残疾儿童和长期患病儿童的（养）父母及监护人的特殊需要。

北欧国家这方面的政策是最先进的。冰岛政府在母亲产假和父亲育儿假的基础上，增加了新生儿父母的为期九个月的带薪（80%）的休假。这个休假被三等分，其中一份属于妈妈（其假期不可转让），一份属于爸爸（也不可转让），还有一份属于夫妻（夫妻任一享受均可）。在瑞典，生育第一胎，夫妇享有480天的带薪休假，这部分薪水由雇主和政府分担。但是480天的假期不能独享，其中至少有60天应当被另一位家长享受。政策的引导产生了可喜的变化：2008年以来，冰岛新生婴儿的父亲，休家长假的平均天数从39天增长到83天（European Institute for Gender Equality，2011）。

（二）现金补贴

1. 家庭补助和儿童福利津贴。（1）普遍型津贴。1918年英国国会就通过了《妇女及儿童福利法案》，规定由卫生部核发津贴补助，发展至今，每个家庭符合条件的最大的孩子每周要给20英镑，其他孩子每个人每周13.2英镑。根据德国政府2008年的标准，拥有3个及以下儿童的家庭，津贴为154欧元/月，随后每增加1个孩子，津贴增加179欧元/月；如果孩子在21岁前正式登记为失业，或者在25岁前仍在接受教育，津贴均继续发放。（2）针对中低收入家庭的补充津贴。每位儿童每月可以再多领140欧元，补充津贴最多持续36个月（李亮亮，2013）。[①] 尽管这项

---

① 夏琛舸：《世界步入减税年代——对当前部分发达国家减税的分析》，《涉外税务》2000年第4期。

津贴被视为对抚育孩子的花费的补贴，而非照料劳动的补偿；但在某种程度上，津贴发放给那些承担照料重担的人，有可能抵消一部分由于无偿照料劳动损失的工薪收入。

2. 养老金。把与正式雇佣和工薪挂钩的养老金扩大到非正式雇佣、包括家庭中的无偿劳动。英国2012年通过的新的退休政策规定，家庭主妇将首次无偿获得全额养老金。这项改革将向其支付至少每周140镑的补贴（每年近2000镑）。[①]

3. 抵税和税收优惠。发达国家的税收制度根据家庭的照料责任进行抵扣和补偿。这通常以扣税或津贴形式进行，负责照料孩子的家庭或个人可以少交税。例如，挪威1992年立法规定，如果照料劳动使得照料者没有时间就业，其配偶享有相应的减税优惠，以弥补家庭的经济损失。其覆盖的照料对象包括七岁以下的儿童、老年人、病人和残疾人。[②] 美国家庭享有儿童和依赖者的照料费用的税收抵免（Tax Credit For Child and Dependent Care Expense）[③]。一个孩子最多可享有3000美元的抵免，两个或者以上最多可享有6000美元的抵免。采用夫妻双方的较低收入。

（三）公共的儿童照料服务

为了使家长兼顾家庭责任和就业，国家提供高质量的、灵活且负担得起的育儿服务，涵盖0—3岁婴幼儿托管服务、学龄前儿童（3+）日间幼儿园服务、义务教育、儿童（3+）课余托管服务。欧盟规定，成员国须为3岁至义务教育年龄的儿童的至少90%、3岁以下的儿童的至少33%，提供能负担得起的、高质量的儿童照料，从业人员需要获得与教育相关的学位（European Institute for Gender Equality，2011）。法国的公共幼儿照料是最先进的。3—6岁幼儿享有免费教育，几乎所有3—6岁年龄段

① Robert Winnett. Full state pension for stay-at-home mothers. The Daily Telegraph 2012-05-01. http://www.telegraph.co.uk/news/politics/9261410/Full-state-pension-for-stay-at-home-mothers.html.

② European Institute for Gender Equality (2011): Review of the Implementation of the Beijing Platform for Action: Women and the Economy: Reconciliation of Work and Family Life as a Condition of Equal Participation in the Labor Market.

③ Marianne A. Ferber, Julie A. Nelson. *Feminist Economics Today: Beyond Economic Man*, University of Chicago Press, 2003.

的幼儿都接受学前教育。0—3 岁幼儿中，43.5% 被他们的父母，主要是母亲照看，可以得到国家补贴；11% 在免费的幼儿园被照看；11% 在集体托儿所或家庭托儿所，22% 被国家认可的“母职助理”带到助理家里照看或在家里雇佣保姆照看，这两种也可以得到国家补贴；只有 13% 求助于国家不承认的照看方式，如邻里之间或家庭之间的互助、雇黑工照看等，无法享受国家补贴（和建花，2007）。

这些政策的关键在于政府在做财政预算时，将分担人的再生产成本视为优先的事项，从而促使照料得到个人和家庭的重视和保证。从短期看，对于国家预算而言可能会是沉重的经济负担；但却是鼓励生育、保证下一代人口的照料需要得到充分满足、保障人口质量的政策选择，利在长远。

参考文献

[1] 陈恩：《中国居民生育意愿低于人口更替水平》，《中国社会科学报》2010 年 11 月 24 日。

[2] 欧阳海燕：《城市生育率极低后果严重　低生育时代的困惑》，《新世纪周刊》2008 年 7 月 21 日。

[3] 第三期中国妇女社会地位调查课题组：《第三期中国妇女社会地位调查主要数据报告》，《妇女研究论丛》2011 年第 6 期。

[4] 北京师范大学中国公益研究院：《中国儿童福利政策报告（2012）》，2013 - 05 - 31，http://www. childwelfarecn. org/uploads/soft/120727/2 - 120HG02918. pdf。

[5]《北京幼儿园学位缺 17 万资源 紧缺催生“黑幼儿园”》，新华每日电讯，2010 - 07 - 30，http：//news. xinhuanet. com/mrdx/2010 - 07/30/content_ 13939622. htm。

[6] 和建花：《部分发达国家幼儿照看和教育体制及其新政策概述》，《学前教育研究》2007 年第 7—8 期。

家庭政策的性别视角

——兼论生育模式转变与妇女发展

蒋永萍*

摘　要：随着单独二胎政策的逐步落实以及城镇独生子女一代逐渐进入婚育期，中国城镇妇女的生育模式正在从一生只生一胎转变为以生育两个孩子为主。由于该政策实施前性别和妇女发展视角的缺乏，单独二胎这一利国利民的民生新政实施效果未达预期。这一现象昭示，重视支持妇女的发展和社会性别视角的分析是家庭政策发展的关键价值取向。性别视角在完善我国的家庭政策体系建设，制定修订涉及家庭的法律政策中应发挥如下作用：一是防止可能导致对某一性别群体的不利影响或利益的牺牲；二是要努力改变和校正传统性别定型对男性和女性的束缚和制约，促进家庭和社会中的性别平等；三是帮助和支持有家庭责任的劳动者更好地平衡工作和家庭。

关键词：家庭政策；性别视角；单独二胎政策

2013年末，中共十八届三中全会决定启动实施一方是独生子女的夫妇可生育两个孩子的政策，这不仅标志着延宕多年的“单独二胎”政策正式落地，而且也意味着中国的生育模式，特别是城镇人口的生育模式已经从一生只生一胎的独生子女为主，转向以生育二孩为主。作为关系中国人口和社会经济可持续发展的重大政策，在决策之前，对关联密切的相关问题进行论证，预测政策可能的影响是现代决策的重要一环。“单独二胎”政策的推出也不例外。据悉，有关部门和专家曾被要求就放开二胎对人口规模和结构、劳动力供给、生育医疗服务等公共资源的影响进行研

---

* 蒋永萍，全国妇联妇女研究所研究员。

究论证。然而，尽管很多性别研究专家忧虑生育模式的转变在增加女性的子女照料和家务劳动负担的同时，可能会对妇女的就业和职业发展产生较大的甚至是负面的影响，进而降低妇女和家庭的生育意愿。但是，这些并没有引起相关部门决策者的足够重视。

此后，随着各地实施方案的陆续启动，在众多媒体基于社情民意的关于“生与不生”的报道中，“人才市场正在酝酿应对策略”[①]“已婚已育不再是双保险”[②]“单独二胎，让女性就业雪上加霜”[③]“事业小成的女主管要‘再升’不要‘再生’”“1/4受访者怕影响工作放弃二胎”[④]“放宽二孩政策还需保障妇女利益”[⑤]的声音不时出现。再后，政策启动接近一年，各地申请并生育的二胎数量“远远低于预期”的报道似乎印证了性别专家的忧虑，反映了生育政策与女性就业境遇之间的某种联系。据报道，“截止到2014年9月，全国符合条件的1100万对夫妇仅70万申请生二孩”，不足符合条件家庭的7%。北京此前预测是每月平均4700例。政策实施9个多月，平均每个月申请量为3000多例，但最近几个月申请量逐月递减。8月2976例，9月2683例，10月2334例，11月1812例。浙江，2014年1月7日即启动政策。2014年实际出生为2.5万多人，比预期的5.6万少3万人以上。广州市人口发展战略研究领导小组办公室主任段建华表示，广州“单独两孩”申请不如预期，预计接下来也不会出现申请高峰。[⑥]

上述这些让一些决策者始料未及的社会反响及其结果表明，尽管“放开二胎”既是国家应对人口老龄化以及劳动力短缺的战略，也是老百姓期盼已久的民生需求，对于家庭的幸福和家庭功能发挥的益处也显而易见。但如果不能很好地支持作为生育主体的女性、有效保障妇女的发展权益，不仅这项民生新政会遭遇尴尬，而且也无法实现其减缓劳动力短缺、延缓老龄化进程的社会目标。未来，没有独生子女政策压力的中国仍可能

---

① 《年轻女性职场新困惑，符合二孩政策被三家单位婉拒》，新华网，2014年3月17日。

② 《34岁女主管要“再升”不要“再生”》，《沈阳晚报》2013年11月24日。

③ 《“单独二孩”，让女性就业雪上加霜》，东方网，2014年3月13日。

④ 同上。

⑤ 《放宽“二孩”政策还需保障女性利益》，东方网，2014年3月14日。

⑥ 丁阳：《“单独两孩”没人生该如何反思》，腾讯评论，《今日话题》2014年12月10日，第3003期。

要面对日本等一些发达国家十分棘手的“少子老龄化”社会难题。

“少子老龄化”是日本在整个21世纪都必须对应的战略性难题，甚至被称为“国难”。“少子化”是指14岁以下低年龄人口比例不断减少，而“老龄化”则指65岁以上的老龄人口比例不断增加。由于总和生育率即女性人均生育数的下降和人口平均预期寿命的延长，日本自20世纪90年代就开始出现少子老龄化的迹象。每100人口中，少儿人口：生育年龄人口：老年人口的比例在1980年为24：67：9，1990年则为18：70：12，2000年则为15：68：17。专家预计，反映老龄化指数的老年人口与少儿人口的比值，到2020年将是，老年人口为少儿人口的两倍。[①] 但现实的发展比专家的预测来的还要快。2014年4月日本总务省发布的人口推算报告显示，截至2014年10月1日，包括外国人在内的日本总人口数只有1.27083亿人，减少了0.17%，15—64岁人口降至7785万人，65岁以上老年人则增加到3300万人，比0—14岁少年人口的两倍还多，少子老龄化的问题不仅越发严峻而且发展迅速。[②] 未婚/不婚者增加，结婚年龄的上升、生育年龄的提高以及生育率的持续下降是学者们普遍认同的造成少子化的原因，而这又与女性希望经济独立、有偿劳动与家庭责任两立的愿望，在如今的社会意识和社会制度与政策下很难实现，且大多数的无偿劳动都由女性承担的社会背景有关。[③] 因此，解决“少子化”问题仅靠“鼓励生育”是远远不够的。1990年我国每100人口中，少儿人口比生育年龄人口比老年人口的比例为28：67：5，20年后的2010年已经发展为17：74：9，少子老龄化的问题渐行渐近。如何认识和解决这一问题，日本“少子老龄化”问题产生及应对的经验教训值得我们汲取。

生育政策是家庭政策的重要内容，单独二胎政策的实施绕不开妇女意愿的中国国情昭示了国际社会家庭政策发展的关键价值取向——重视支持妇女的发展和社会性别视角的分析。女性是女儿、妻子、母亲，在家庭发展和家庭幸福中充当重要角色，但是，女性不仅仅属于家庭，更迭百年的妇女解放运动早已使女性意识到个人的社会价值和社会参与对她们福祉的

---

① 日本独立行政法人国立女性教育会馆编著：《日本的女性与男性——男女平等统计2006》，全国妇联妇女研究所译，当代中国出版社2007年版。

② 《详解：少子老龄化为何成了日本“国难”?》，新华网，日本频道，2015年4月30日。

③ 日本独立行政法人国立女性教育会馆编著：《日本的女性与男性——男女平等统计2006》，全国妇联妇女研究所译，当代中国出版社2007年版。

重要意义，而现代社会中婚姻的不稳定性又进一步增强了妇女的独立意识。以家庭整体利益为前提牺牲女性利益会加剧家庭中的性别不公正，不仅难以为继，也是现代社会政策的大忌。只有以性别公正为基本理念，通过家庭政策的利益与价值导向，推动男主女从、男外女内的传统家庭模式向男女平等和谐、互利共赢的现代家庭模式的转变，才能更好地建设家庭，增强家庭的发展能力，发挥家庭政策促进社会发展的功能和作用。

性别视角在完善我国的家庭政策体系建设，制定修订涉及家庭的法律政策中应发挥以下作用。

一是，防止可能导致对某一性别群体的不利影响或利益的牺牲。

家庭政策应处理好家庭整体和家庭中的个人之间的关系，既要充分考虑家庭的整体利益，也要建立个人与家庭并重、个人与家庭关联的政策理念，避免落入为家庭整体利益而牺牲妇女权益的陷阱。如在考虑农村留守儿童的关爱服务举措时，既要坚持儿童优先的原则，也不能以牺牲母亲、妇女的发展为条件；应在发展地区经济、引导农村人口的就地就近转移，推进农村务工人员城市融入的同时，倡导、帮助留守儿童父母更好地兼顾工作和家长责任，有效减少家庭分离和亲人离散。再如，推行以家庭为核心的居家养老模式是现阶段中国国情决定的政策选择，但在倡导和发挥家庭照顾功能的同时，必须对家庭照料者提供支持，形成家庭成员相互照顾的制度激励，使女性不仅作为家庭政策的支持者，也要成为家庭政策的受益者。还有，以家庭为单位的税收制度改革正在受到热议。以家庭为单位计税，可以综合考量家庭人口抚养状况，使有家庭负担劳动者的税赋更为合理。但国外相关研究显示，实行边际税率的家庭联合申报纳税制度，会削弱夫妻二人中收入较低一方的工作积极性。而个人所得税独立申报制度中个人所得税扣税标准过低或过高都可能对妇女产生不利的影响。[①] 有研究表明，加拿大、日本等国单身和夫妻、收入不同的夫妻缴费标准的差距已经导致女性就业率的下降和劳动投入的调整。究其原因，决策者对男女社会与家庭角色的认识和理念是重要因素。这对酝酿中的中国个人收入所得税制度的优化和完善是很重要的前车之鉴。

二是，要努力改变和校正传统性别定型对男性和女性的束缚和制约，促进家庭和社会中的性别平等。

---

① 马蔡琛等：《中国社会性别预算改革：方法、案例及应用》，经济科学出版社 2014 年版。

尽管男女平等的宪法原则在中国已经确定了60多年，男女平等基本国策的推行也有了近20年的历史，但是五千年传统性别文化的影响在社会大众甚至各级决策者的观念中仍有较深的影响，这些影响不可避免地要反映到在制度层面和人们的行为中。具有性别视角的家庭政策应该也必须承载纠正偏误的功能，通过政策的引导和激励，树立家庭和社会中新的性别关系和秩序。瑞典父母育儿假制度的推行就是一个明显的例证。与世界上大多数国家一样，只给予女性的产假和育儿假福利政策在保障生育女性和新生儿健康的同时，也在某种程度上加重了养育子女主要是女性责任的性别分工定型，导致了劳动力市场对女性的统计性歧视。意识到这一点，瑞典政府自20世纪70年代开世界先河，将"产假"改为"父母假"，取消假期的性别指向，规定新生儿的父亲或者母亲都可以照顾孩子为由申请采用这一假期，希望以此来打破根深蒂固的育儿事务上的性别隔离。历经多次微调，目前的父母育儿假政策是，在每个孩子8岁前，父母共有480天的育儿假，其中各有60天分别指定给母亲和父亲，其余360天父母各半但相互之间可以转让。如果父母双方各休了一半育儿假，还可额外得到性别平等奖金。甚至规定父母假中属于父亲配额的两个月的补贴定为父亲工资的85%，而母亲休假期间获得的补贴相当于她原先工资的75%。①配额制父母育儿假政策的推行，对于家庭育儿分工的影响几乎是立竿见影，有力强化了父亲的责任意识，1995年，瑞典开始推行配额制，在新政实施之前有46%的父亲会休假照顾新生儿，而新政出台之后父亲休假的比例迅速上升到82%。男性使用育儿假的天数比例由1978年的4%提高到2008年的22%（106天）。② 父母育儿假制度的推行还动摇了劳动力市场基于母性机能对女性的统计性歧视，由传统性别分工赋予女性的儿童养育责任主要承担者的标签逐渐淡化，就业中的性别歧视也日趋减少。早在2003年，瑞典20—64岁女性的就业率即达到76%，男女就业率之比高达95.09，即与男性的就业率非常接近。③ 而性别视角的加入，也正在改变中国相关家庭政策中的性别盲区。以社会救助申请条件为例，以往政

① 周培勤：《北欧育儿假政策变迁的性别分析》，《妇女研究论丛》2013年第1期。

② 王向贤：《社会政策如何构建父职？——对瑞典、美国和中国的比较》，《妇女研究论丛》2014年第2期。

③ 资料来源：Official Statistics of Sweden Statistics Sweden. Women and Men in Sweden Facts and figures. 2006.

策将申请权限于“户主本人或经户主同意”，由于在现实生活中户主往往是男性，如此规定会强化男性对社会救助资源的控制和享用而不利于贫困女性获得社会救助。在全国妇联及有关专家的建议下，2013 年通过的《社会救助暂行办法》将申请最低生活保障的申请人改为“共同生活的家庭成员”。[①] 相信这样的改变会更有利于促进社会救助中的性别平等和家庭和谐。

三是，帮助和支持有家庭责任的劳动者更好地平衡工作和家庭。

帮助有家庭责任的劳动者更好地平衡工作和家庭的政策对于女性具有更为重要的意义。受传统性别规范的影响，现实生活中职业女性比职业男性承担了更多的家庭照料劳动，职业女性的双重角色紧张程度要远高于男性。而且无论是放弃或忽略双重角色中的哪一个还是勉为其难地兼顾二者，都会给身在其中的女性带来身心的困顿。为解决这一问题，国际社会十分重视对有家庭责任的劳动者的支持，1981 年，国际劳工组织在 1965 年第 123 建议书的基础上通过了《有家庭责任的男女工人享有同等机会和同等待遇公约》（第 156 号公约），旨在使已经就业和希望就业的有家庭责任的人，能够行使他们的就业权利而不受歧视，并且尽可能避免就业和家庭责任的冲突。目前帮助有家庭责任的劳动者特别是女性平衡工作和家庭责任已经成为很多国家家庭政策的重点。为了应对家庭结构的变迁和生育率的持续下降，韩国妇女家庭部将 2012 年定为工作家庭平衡年。甚至以“妇女婚后回家相夫教子、阶段就业”闻名于世的日本，为应对性别平等和缓解少子老龄化的社会需求，也将“工作家庭平衡”和“工作家庭两立”作为第三个男女共同参与计划的重要内容。其政策措施包括发展托幼等公共服务、增加支持家庭的财政投入、鼓励企业实行家庭友好的人力资源战略等等。

20 世纪五六十年代，中国曾经有过明确以缓解职业女性后顾之忧为目标的家务劳动社会化的大发展与家庭服务业的大繁荣，但在市场化改革中，家庭服务的公共服务职能与性质受到挑战，更多地将解决包括家庭照料在内的基本公共服务需求的希望寄托于市场，导致了社会公共服务事业的快速萎缩。以托幼服务为例，1952 年中央人民政府在《幼儿园暂行规

---

① 详见 2014 年 2 月 21 日第 649 号国务院令公布的《社会救助暂行办法》第二章第十一条。

程（草案）》中规定了幼儿园的双重任务，即教育幼儿、减轻母亲对幼儿的负担以便母亲有时间参加政治生活、生产劳动和文化教育活动。此后托幼机构迅速发展。全国幼教机构从1957年的16400个猛增至1958年的695300个，进而又增至1960年的785000个。在多种类型幼儿园同时增长的情况下，工矿、企业、机关等部门办的幼儿园的增长最为明显。[①] 而政府在缓解工作—家庭矛盾中的缺位、家庭照料服务的过度市场化倾向，使公共托幼事业从20世纪90年代呈现逐渐下滑态势。到2000年，全国平均3—6岁幼儿入园率已从1996年的41%降至34.6%。尽管这一水平略高于全球平均水平，但属于较低的1/4国家之列。[②]

2009年通过的《2009—2020年国家中长期人才发展规划纲要》是改革后第一个将“建立政府购买公共服务制度，为各类人才平衡工作和家庭责任创造条件”作为重大政策行动之一的国家行动纲领。2011年国务院颁布的《中国妇女发展纲要（2011—2020年）》强调，开展托幼、养老家庭服务，为妇女更好地平衡工作和家庭责任创造条件。但在市场经济环境下，如何创新发展适应多元化需求的公共服务，如何将家庭友好型人力资源战略从个别企业的认知转化为所有用人单位的自觉行动，帮助有家庭责任的劳动者特别是女性平衡工作家庭，仍是性别视角家庭政策有待突破的重要议题。

四是，促进经济政策与社会政策、社会政策与家庭政策的有效融合与衔接。

经济发展和社会发展是一个国家乃至全球发展的重要两翼，家庭发展又是社会发展中的重要组成部分。在经济发展和社会发展、社会发展和家庭发展以及相应政策的关系上，国际社会经历了相互分割对立到逐渐融合衔接的过程。受公私领域划分、划界的西方自由主义传统思潮的影响，很多国家高度重视经济发展，但高增长背后，社会不平等、贫富差距加大等社会问题衍生，社会问题的持续存在限制了经济的进一步增长，从而落入了所谓的“中等收入陷阱”。而成功跨越中等收入陷阱的国家，大都不再

① 史慧中：《中华人民共和国幼儿教育50年大事记》，《幼儿教育》1999年第10—12期，2000年1—3期。

② 和建花、蒋永萍、谭琳：《托幼作为一种公共服务的现状、问题及对策——社会性别视角的分析和思考》，《中国性别平等与妇女发展报告2005—2007》，社会科学文献出版社2008年版。

片面强调经济发展，注重把在历史上被分割开来的经济生活和社会生活领域联系起来。认识到，曾经在传统上被我们视为社会政策的其实是经济政策的一部分内容——事实上，是最为重要的一部分。[①] 而这样一个共识的形成，与社会性别视角的加入有密切的关系。基于女性经验的社会性别观点更加重视机会平等、体面就业、收入公平、社会福利、公共服务等问题，而这些常常不被以往占主流地位的基于男性经验的政策主张所看重。在逐渐确立性别平等在社会发展中的优先目标地位的过程中，社会政策和经济政策整合衔接的需求、家庭政策在社会政策中的重要作用也不断被强化，从而有效地助力了经济的发展。北欧国家的经验如此，国际上公认的成功跨越“中等收入陷阱”的日本和韩国在发展中也不乏性别平等促进的努力和经济政策与社会政策整合的贡献。普遍推行的父母育儿假制度有效解决了北欧国家一直面临的影响经济发展的劳动力短缺的问题。冰岛社会事务和社会保障部长阿纳森在谈及冰岛育儿假成功之处时指出，这一政策给冰岛带来了更高的出生率和更高的妇女就业率。[②] 韩国在遭遇经济危机、经济发展出现停滞之后，开始构建明确的家庭政策体系并重视推进性别平等，成立了性别平等部和家庭事务部。国家发展的方针从传统上不干预家庭事务的态度转向积极支持和主动创建有利于家庭发展的环境。通过长期的社会投资策略，创造了经济增长和社会福利发展之间的良性循环，从而很好整合了社会和经济发展。[③]

在经济发展和社会发展、社会发展和家庭发展的关系上，中国走过一段弯路和矫枉过正的过程。在计划体制下，中国的社会治理奉行的是具有共产主义色彩的“家国同构”原则，在党的一元化领导和国家的统一计划下，公与私、社会与家庭、国家与社会高度一体化。在这种治理理念中，个人的生老病死都被纳入政府管辖的范围，妇女的生孩子和孩子的看护作为劳动力的再生产，自然成为国家事务的一部分。在建立市场经济体制的过程中，随着政府从经济活动组织中的淡出，公与私、社会与家庭、国家与社会高度一体化的结构逐渐分化。捍卫私人领域的完整性，反对对私人领域作公共干预的自由主义倾向在扩大私人生活空间的同时也减弱了

① 经济合作发展组织性别部长，OECD 评论，第 205 号，1997 年，4/5 月。

② 周培勤：《北欧育儿假政策变迁的性别分析》，《妇女研究论丛》2013 年第 1 期。

③ 唐灿、张建主编：《家庭问题与政府责任》，社会科学文献出版社 2013 年版。

政府政策的人文关怀色彩。源自西方的公私领域划分使得企业和政府堂而皇之地将养老、育幼等作为私人事务而抛向市场。“支持保障妇女就业”不再是市场化的公共服务机构的目标，众多用人单位也将员工的家庭责任视为不利因素。其直接的后果之一就是对更多承担家庭照料责任的妇女社会参与与职业发展的负面影响：城镇15—60岁妇女的就业率从1990年的72.4%降到2010年的60.1%。[①] 在这样的背景下推出单独二胎政策所遭遇的尴尬，与该政策制定实施中性别视角的缺乏以及多年来家庭政策与社会政策、社会政策与经济政策不能有效衔接不无关系。

近十年来，伴随中国经济增长方式的转变，促进社会和谐，成为经济社会发展的前进方向，保障民生、注重公平，成为经济社会发展的明确主题。家庭发展和家庭建设也日益受到党和政府的高度重视。继2013年中国妇女第一次代表大会期间，党和国家领导人多次强调，注重发挥妇女在促进家庭和睦与社会和谐中的重要作用之后，党的十八届三中全会决定明确指出，重视家庭在健全城乡发展一体化体制机制和推进社会事业改革创新中的重要作用。2015年习近平总书记在春节贺词中再次强调，不论时代发生多大变化，不论生活格局发生多大变化，我们都要重视家庭建设，注重家庭、注重家教、注重家风。使千千万万个家庭成为国家发展、民族进步、社会和谐的重要基点。上述党和政府高层在家庭问题上的一系列主张，意味着中国政府正在破除自由主义经济思潮的影响，重回重视家庭和家庭建设的治理理念和模式，而“重要基点”的定位，则进一步明确了政府治理中家庭发展和经济发展、社会发展之间的关系。

目前，建立和完善提高家庭发展能力的政策体系已经被纳入到我国人口发展“十二五”规划，成为与社会主义市场体制相适应的社会政策框架体系的重要组成部分，家庭建设也正在成为各级政府和妇联工作的重要内容。在这一过程中，应当高度重视社会性别视角的作用，重视女性的生活经验和体验，以包括女性在内的人的发展和生活幸福为中心，建立经济政策和社会政策之间的联系，促进经济政策与社会政策、社会政策与家庭政策的有效融合与衔接。

---

① 根据1990年、2010年全国人口普查资料计算。

西方妇女产褥期状态研究及其政策启示

李　洁　徐菁媛*

摘　要： 相当数量的西方妇女都会在产后遭遇不同程度的身体疼痛、重度疲劳和性生活问题，但缺少相应的专业咨询和帮助。产后抑郁症也困扰着部分女性，个体感受、情感支持和社会文化等因素都会影响产妇的情绪。父亲角色和家庭关系也会在产后发生重要变化。朋辈支持、产前咨询和产后机构干预对提高女性的分娩体验和产褥期恢复具有至关重要的作用。

关键词： 产褥期；身心健康；家庭关系；产后护理；机构干预

产褥期（Puerperium），是从分娩结束至产妇身体恢复到孕前状态的一段时间，通常在六周左右，这段时期在中国传统文化中被称作“坐月子”。长久以来，“坐月子”都被视为东亚——特别是中国——传统文化中的一种独特现象①加以研究；似乎西方女性在产后并不需要额外的照料和护理。事实上，产褥期是东、西方女性共同的重要生命时刻，它同样深刻影响着西方女性的身心健康和家庭关系。在时代剧烈变迁的大背景下，中国妇女的“坐月子”模式也正在经历着从扩展家庭到核心家庭，从单系继承到双系继承，从私人领域迈入公共卫生领域的变迁，在计划生育政策、市场化冲击和个体主义思潮的多重影响下，中国妇女的产褥期照料模式正在经历着前所未有的变化和冲击。本文希望通过对西方社会中女性产褥期身心健康、家庭关系和相关护理经验的研究综述，探讨其有益的理论

---

* 李洁，中华女子学院性别与社会发展学院讲师；徐菁媛，美国南卡罗来纳州立大学社会学与人类学系研究生。

① “坐月子”历史的最早记载可以追溯到西汉《礼记·内则》，距今已有两千多年的历史，称之为“月内”，是产后必需的仪式性行为。

和实践，从而有利于我们更好的推进中国当下的产褥期文化和实践。

一　西方妇女产褥期的身体与心理状况

在身体方面，研究普遍证实：西方女性在产后存在广泛而普遍的身体疼痛、重度疲劳及其他身体功能问题。欧切特研究表明：产褥期女性的功能性普遍低于正常女性，具体表现在身体疼痛、社会功能和生命活力三个方面。其中，身体疼痛是指身体的严重疼痛或不适，以至于影响了正常活动；社会功能是指与他人社会交往的质量和数量；生命活力是指精力旺盛水平和疲劳感。此类功能性限制均源自身体问题。① 汤普森、罗伯特、柯里和埃尔伍德对澳大利亚1295位产后3—10个月的女性就产后健康问题的广泛性和持续性进行了深入的研究，研究发现，产后八周超过一半（60%）女性出现重度疲劳，一半左右的女性（53%）出现腰痛，37%报告有肠道问题，30%出现睡眠不足等症状，此外还有部分女性出现痔疮（30%）、会阴疼痛（22%），持续出血（20%），尿失禁（19%）等其他泌尿问题。初产妇（primiparas）比多产妇（multiparas）更容易出现会阴疼痛和性生活问题。剖宫产比顺产更容易出现重度疲劳、睡眠不足和肠道问题。② 类似的，席特等在2005年的研究中指出，瑞士女性产后四到八周，接近2/3的女性报告疲惫的问题，超过1/3的剖宫产女性出现或多或少的术后疼痛，28%—29%的女性出现颈部/肩部疼痛和性生活问题。③

尽管超过一半以上的女性在产后初期受到各种身体不适的影响，但是研究发现：大部分女性不愿意向专业医师咨询产后疾病。布朗和拉姆利的研究指出造成这种局面有以下几点原因：部分女性认为产后疾病是伴随分

① Otchet, F., Carey, M., & Adam, L.. "General Health and Psychological Symptom Status in Pregnancy and the Puerperium: What is Normal?". *Psychological Symptom Status*. 1999.

② Thompson, J., Roberts, C., Currie, M., & Ellwood, D.. 2002. "Prevalence and Persistence of Health Problems after Childbirth: Associations with Parity and Method of Birth". *BIRYH*.

③ Schytt, E., Lindmark, G., & Waldenstrom, U.. "Physical Symptoms after Childbirth: Prevalence and Associations with Self-rated Health". *An International Journal of Obstetrics and Gynaecology*. 2005.

娩自然发生的，专业医师对此也无能为力；或是羞于向医生咨询妇科疾病。① 这一点在梅森、格伦和沃尔顿针对女性孕期/产后失禁就医情况研究中也得到证实：大部分女性对此选择沉默，不就医、不咨询，但是有超过一半的研究对象希望孕期获得专业人员对于该病症的提醒。② 这一点提醒相关医疗工作者与社区工作者应当在产前培训和产后初期护理阶段，主动告知初产妇在产后可能会遭遇的身体变化与问题，并在产后护理手册中提供一些可供借鉴的策略手段，以缓解产妇的身体不适与心理压力。

情绪方面，女性在向母亲角色的过渡过程中，也会伴随着不同程度的紧张、焦躁、愁苦等情绪症状。③ 伊曼纽尔指出母体窘迫不单单是一种病症，更可以精确的表述为特指生育期间出现不同程度的与悲伤、哭泣、焦躁和失落相关的症状。④ 保尔森、道贝尔和雷夫曼的研究发现：产后抑郁的症状取决于母体孕期与生产期间的主体感受，分为轻度抑郁和重度抑郁。轻度抑郁表现为短而频繁的焦虑、抑郁，并无严重的精神疾病症状；而重度抑郁则表现为严重的焦躁和沮丧，或是出现自杀倾向的产后精神病。⑤ 诺布尔表示该病症伴随着不易察觉的焦虑症状，往往潜在危害着母婴关系，导致母亲认知错位，影响其育儿方式，引发儿童社交和身体各个方面的问题，进而影响家庭关系。产后抑郁症与产褥期精神病有本质区别，后者是与分娩相关的最严重的精神疾病，它是一种分娩短期内突发性的病症，严重影响产妇本身和胎儿的生命安全。⑥ 史道奇建议专业人员监护在家待产女性，从而有效控制此类疾病的发生。⑦

---

① Brown, S. , & Lumley, L. . "Physical Health Problems after Childbirth and Maternal Depression at Six to Seven Months Postpartum". *British Journal of Obstetrics and Gynaecology.* 2000.

② Mason, L. , Glenn, S. , Walton, I. , & Hughes, C. . "Stress Incontinence during Pregnancy and following Childbirth". *Midwifery.* 2001.

③ Meleis, A. . *Theoretical Nursing: Development and Progress.* Philadelphia: Lippincott-Raven. 2007.

④ Emmanuel, E. . *Maternal Role Development: the Influence of MaternalDistress Following Childbirth.* School of Nursing andMidwifery, Griffith University, Brisbane. 2005.

⑤ Paulson, J. , Dauber, S. , & Leiferman, A. . "Individual and Combined Effects ofPostpartum Depression in Mothers and Fathers on Preventing Behavior". *Pediatrics.* 2006.

⑥ Noble, R. E. . "Depression in women". *Metabolism.* 2005.

⑦ Stocky, A. . "Acute Psychiatric Disturbance in Pregnancy and the Puerperium". *Bailliere's Clinical Obstetrics and Gynaecology.* 2000.

导致产妇产后抑郁症的原因是多样的，利思－沃伦、麦卡锡和科克伦的研究特别提醒人们关注到社会支持的重要性。这几位研究者指出：产妇的焦虑主要来源于产后的角色变化，她们需要学习新的角色，建立崭新的关系（母子关系），原有的社会关系也要进行重组和调整。因而，产妇的产后适应不止包括其自身的身心状况调整，还包括整个家庭和社会机构对她们施予的社会支持。研究者从社会交换理论出发，对512名初产妇在产后的功能性社会支持和结构性社会支持进行分析。研究发现：功能性社会支持（Functional Social Support）中情感支持（Emotional Support）和评价性支持（Appraisal Support）的缺乏对于产后抑郁的影响最突出，甚至要高于信息（informational support）和工具支持（instrumental surpport）的重要性。情感支持和评价性支持不足会导致产后抑郁的风险比常人高6—7倍。[①] 这一点特别提醒我们重视来自产妇重要亲属（包括丈夫和家人）对其进行理解和鼓励的重要性。对初产妇的支持并不只是来自于信息经验的提供和物资、人手的帮助，更重要的是对其正在经历的人生变化的理解和同感（sympothy）；以及对于她们初为人母的鼓励和肯定。研究同时发现，六周到十二周的产妇中，产后抑郁率由13.2%下降到9.8%，说明产后早期抑郁症状更加多发，之后产妇抑郁症状的逐步减少说明产妇本身的自愈能力开始发挥效用。[②]

二　西方产褥期家庭关系研究

产妇的产后照料和恢复不仅关乎产妇本身的身心健康和初生婴儿的照料，而且对丈夫的角色适应乃至整个家庭关系的重新确立也会产生不可忽视的影响。

在产后丈夫的角色方面，朗沃思等研究发现：由于缺乏相关知识与知

---

① Leathy-Warren, P., McCarthy, G., & Corcoran, P.. "Postnatal Depression in First-time Mothers: Prevalence and Relationships between Functional and Structural Social Support at 6 and 12 Weeks Postpartum". *Archives of Psychiatric Nursing*. 2011.

② Ibid.

觉控制（Perceived Control），丈夫在孩子降生后很难给自己的角色定位。① 斯蒂恩指出父亲在产科护理服务的过程中往往处于两难境地：他们既不是病人，也不是访客，情感上和身体上未归属的部分让父亲感到遭受排斥和惧怕。只有在父亲们被融入怀孕、分娩与产后照料的过程中才能成功实现角色转换。② 麦卡文等对165位昆士兰父亲在妻子产后6周的功能性支持调查中表明：在婴儿照护、私人与社交活动领域中，丈夫的功能性支持最低。③ 赛沃和厄兹坎的研究表明：受教育程度高的男性具有较高程度的家庭责任、更多参与社区社交活动与照料儿童的活动，并较高程度的工作相关活动（Occupational Activities）。拥有高学历妻子的丈夫在家庭责任、私人护理和工作相关活动方面也具有较高的均值。④ 相对而言，受教育程度较低的男性则较少意识到妻子生育过程中，自身的家庭责任和活动参与水平，在产后初期对妻子和孩子的照料程度也相对较低，既不利于父亲角色的确立，也不利于妻子的产后恢复和适应。

古德曼等研究者对男性产后抑郁现象的研究表明：父亲的产后抑郁和母亲的产后抑郁有着直接相关的密切联系，在其研究的文献中，妻子患产后抑郁的情况下，有24%—50%的丈夫同时患有产后抑郁。他认为这一发现对家庭健康具有不可忽视的重要价值。⑤ 古德曼在另一篇文章中还表明：母亲的产后抑郁倾向不仅会影响母亲和婴儿之间的互动关系，还会继而影响父亲与婴儿之间的关系。⑥ 可见，产妇的情绪状况不仅关乎其自身的身心健康，还会通过影响母婴互动关系、继而影响丈夫的心理状况，以及父亲和孩子的互动模式，甚至最终影响整个家庭互动模式的巩固和

① Longworth, H., &Kingdon, C.. "Fathers in the Birth Room: What are TheyExpecting and Experiencing? A phenomenological study". *Midwifery*, 2011, 27 (5): 588—94.

② Steen, M., Downe, S., Bamford, N., &Edozien, L.. "Not-patient and Not-visitor: A MetasynthesisFathers'Encounters with Pregnancy, Birth and Maternity Care". *Midwifery*, 2012, 28 (4): 422.

③ McVeigh, C., St Jogn, W., & Cameron, C.. "Fathers'Functional Status Six Weeks Following the Birth of a Baby: a Queensland study". *Australian Midwifery Journal*, 2005, 18 (1): 3—6.

④ Sevil, U., & Ozkan, S.. "Fathers'Functional Status during Pregnancy and the Early Postnatal Period". *Midwifery*, 2009, 25: 665—672.

⑤ Goodman, Janice H.. "Paternal Postpartum Depression, its Relationship to Maternal Postpartum Depression, and Implications for Family Health". *Journal of Advanced Nursing*, 2004, 45 (1): 26—35.

⑥ Goodman, Janice H.. "Influences of Maternal Postpartum Depression on Fathers and on Father-infant Interaction". *Infant Mental Health Journal*, 2008, 29 (6): 624—643.

稳定。

亚洲产后文化与西方的重要区别之一在于参与主体的不同，女性家庭成员（通常是婆婆）而非丈夫，是产后护理的主要参与者，这一点就导致亚洲的产后护理并不仅仅关乎核心家庭的稳定和健康，还牵涉到姻亲和扩展家庭等更为复杂的关系。此前医学研究领域指出产后抑郁症在中国很少见，但李等在对中国产后女性的精神病学研究中发现：产后3个月的中国女性中有13.5%会出现或多或少的抑郁症状。① 卡里宁和亚瑟研究表明：亚洲产后文化包含（针对产妇设定的）特定的活动和饮食，来自母亲、婆婆和其他女性家庭成员会在生活和情感上对产妇进行一系列传统行为和指导。然而，产妇并不是主动选择了这些仪式性活动，而往往是为了避免不必要的人际冲突而遵从了照料者（如婆婆）的意见；一些传统的产后习俗过于强调严格的行为规范，也容易产生压力、紧张和挫折感；其他一些外部因素（如男孩偏好）也可能进一步影响女性的心理健康状况。因而，尽管这一系列文化习俗旨在给产妇提供必要的帮助和指导，但时至今日，也成为家庭人际冲突和情感危机的主要原因。研究进一步指出，包括日本、越南、马来西亚和新加坡等国以及我国香港在内的产后习俗对于产妇并没有起到安抚心灵的作用。② 西方研究者对亚洲文化的关注和研究也提醒中国研究者需要从更大的家庭视角出发，关注产妇的身心健康和家庭和谐。在社会文化、家庭结构和价值观念快速变迁的当下，更要注意到传统习俗与现代生活的协调与融合。

三 西方妇女围产期的相关护理经验

在对产褥期妇女身心健康和家庭关系研究的基础上，西方发达国家发展起了相对成熟的一套护理体系，在产前、产中和产后等不同时期对妇女个体及其家庭进行积极的介入和干预，并形成了相对成熟的护理模式和经验。

---

① Lee, D., Yip, A., Chiu, H., Leung, T., & Chung, T.. "A PsychiatricEpidemiologicalStudy of Postpartum Chinese Women". *Am J Psychiat*, 2001.

② Klainin, P. & Arthur, D.. "Postpartum Depression in Asian Cultures: a Literature Review". *International Journal of Nursing Studies*, 2009.

在产前阶段，专业介入的对象不只包括临产期的妇女，同时也包括其丈夫和家人。在对产前培训的父母进行心理干预的研究中，马泰等发现心理干预有效地降低了初产妇患产后抑郁症的可能性，并指出干预中的有效因素与丈夫对产妇产后初期经历的认知有关。[①] 萨洛宁、乌曼和卡诺曼的研究指出：初产妇和多产妇对于来自护理专家的社会支持（Social Support from Nursing Professionals，SSNP）在看法上没有明显差异，但父亲参与产后护理婴儿的天数与来自护理专家的社会支持则明显相关。[②] 可见，将男性纳入产前介入对象，将有效地提升妇婴的照料水平和身心健康状况。

西方已有大量研究表明：生产过程中的社会隔绝（Isolation）是引发围产期精神疾病的重要因素。执业医生应该重视认可与开发朋辈支持以预防围产期精神疾病，确保重视、并鼓励发展适当的社交网络。[③] 拉金、贝格利和德韦恩就爱尔兰产妇分娩经历通过半结构式访谈的方法进行了质性研究，研究发现大部分女性在分娩过程中感到焦虑和孤立。[④] 丹尼斯的研究进一步指出：朋辈支持在预防产后抑郁的过程中起到了不可或缺的作用。该研究采取随机抽样的方式分配控制组（常规照料）和实验组（常规照料和朋辈以电话聊天形式的支持），结果发现绝大多数的母亲认为朋辈支持对于预防产后抑郁具有积极作用。[⑤] 随后，丹尼斯和布朗的研究表明：产后抑郁可以通过社会心理学的角度加以预防和治疗，包括朋辈支持、同伴支持、非指导性咨询、精神保健护士家访和综合模式干预等形式。[⑥] 通过怀孕、生产和产后建立起连续性的关系模式是构成西方产妇积

---

① Matthey, S., Kavanagh, D., Howie, P., Barnett, B., & Charles, M.. "Prevention of Postnatal Distress or Depression: an Evaluation of an Intervention at Preparation for Parenthood Classes". *Journal of Affective Disorders*, 2004.

② Salonen, A., Oommen H., & Kaunonen, M.. "Primiparous and Multiparous Mothers' Perceptions of Social Support from Nursing Professionals in Postnatal Wards". *Midwifery*, 2014.

③ Jones, C., Jomeen, & J. Hayter, M.. "The Impact of Peer Support in the Context of Perinatal Mental Illness: a Meta-ethnography". *Midwifery*, 2014.

④ Larkin, P., Begley, C., & Devane, D.. "'Not Enough People to Look after You': an Exploration of Women's Experiences of Childbirth in the Republic of Ireland". *Midwifery*, 2012.

⑤ Dennis, C.. "Postpartum Depression Peer Support: Maternal Perceptions from a Randomized Controlled Trial". *International Journal of Nursing Studies*, 2010.

⑥ Dennis, C., & Brown, S.. "Psychosocial Interventions for the Treatment of Perinatal Depression". *Best Practice & Research Clinical Obstetrics and Gynaecology*, 2014.

极生育体验的重要因素。①

在产后护理方面，西方发达国家也形成了相对成熟的机构干预模式。豪沃思、斯温和特里哈恩指出：产后护理专家的私人化、照料式合作关系是新西兰母亲拥有高质量生育体验的基础。② 韦格斯对荷兰产后照料模式（Dutch Model）进行了介绍：一位产科护理助理在产后七到八天、每天至少三小时到产妇家中向产妇提供产后专业护理。其中主要任务则是监测可能出现的健康问题，向新爸爸妈妈提供指导，观察并帮助他们熟悉新家庭的日常，赋予新爸爸妈妈自信心去养育新生儿。③ 芬威克等研究表明大多数被调查者希望得到辅助的产后接触（Postpartum contact），部分女性还需要额外的跟踪辅助与针对性帮助。④ 那些在生产过程中经受严重创伤（包括身体与心理层面）的女性特别需要助产士的咨询和支持，产伤咨询干预模式就是为此类女性提供的特殊护理。该干预模式与创伤理论一致，注重认知行为治疗方法，强调助产士的角色能为遭受分娩痛楚的女性提供咨询支持。这种服务反映了女性与助产士建立治疗联系的需求，通过助产士将产妇的分娩经历与情感有效化。通过培育社会支持，强化积极应对的策略，并探索重拾信心、降低焦虑的方法，以重建创伤产妇的心理平衡。⑤

可见，通过在产前和分娩早期进行多样化的专业护理支持，并积极动用正式或非正式的情感介入，确保了西方发达国家妇女的产后恢复和新家庭关系的巩固、确立。

① Dahlberg, U., & Aune, I.. "The Women's Birth Experience-the Effect of Interpersonal Relationships and Continuity of Care". *Midwifery*, 2013.

② Howarth, A., Swain, N., & Treharne, G.. "First-time Mothers'Perspectives on Relationships with and between Midwives and Doctors: Insights from a Qualitative Study of Giving Birth in New Zealand". *Midwifery*, 2012.

③ Wiegers. T.. "Adjusting to Motherhood Maternity Care Assistance during the ProstpartumPeriod: How to Help New Mothers Cope". *Journal of Neonatal Nursing*, 2006.

④ Fenwick, J., Gamble, J., Creedy, D., Barclay, L. Buist, A., & Ryding, E.. "Women's Perceptions of Emotional Support following Childbirth: a Qualitative Investigation". *Midwifery*, 2013.

⑤ Gamble, J., & Creedy, D. K.. "A Counselling Model for Postpartum Women after Distressing Birth Experiences". *Midwifery*, 2009.

四 政策启示

通过梳理上述西方文献，我们发现大部分西方发达国家对产褥期妇女都有相当成熟和配套的照料护理模式。在此基础上，结合中国社会文化与现实发展状况，本文认为应当从以下几个方面进一步改善我国产褥期妇女的照料实践。

首先，倡导医院在围产期间建立专门的知识渗透环节，宣传产妇身心健康与家庭和谐之间的关系，特别要注重对新生儿父亲的培训和观念引导。考虑到中国的传统文化和性别观念，对男性的观念引导显得格外重要。新生婴儿和产妇的护理应当逐步由传统上以婆婆、妈妈参与为主的女性领域，逐步走向以核心家庭为基础的新家庭模式。父亲的参与不仅有助于孩子的健康成长和夫妻良好互动关系的建立，而且也在一定程度上能够避免不同代际间的家庭冲突和矛盾。

其次，医院和社区机构应当为新生儿家庭建立同辈联系，并提供支持平台。中国传统的产后照料模式，往往是既有经验的纵向传承。但是已有研究指出，这种自上而下的习俗传递往往给新生儿父母带来更大的压力和约束，成为产妇精神焦虑和家庭矛盾的来源。因而，医院和社区机构应当更加积极的发挥自身的平台和纽带作用，鼓励新生儿父母参加社区公共活动，建立同辈群体之间的陪伴交流和非指导性信息咨询的关系。在新生儿父母的社区活动方面，西方发达国家已经建立起一套相对成熟的架构体系。通过增强同辈群体之间的联系，能够避免单纯来自专业人士和长辈的精神压力，释放新生儿父母的心理负担，缓解其社交紧张状况，促使其更好更快地适应角色要求和转变。

最后，在产后社区医院回访环节过程中重视对产妇精神健康和家庭关系的评估。传统的回访环节只重视对产妇和婴儿健康状况的评估，这在一定程度上忽略了产后抑郁症等心理疾病的多发，以及由此导致的其他家庭矛盾的可能。除了喂养和康复建议之外，社区医生应当对产妇给予更多的情感支持和评价性支持，鼓励新生儿父母投身到婴儿照料和新家庭关系的建设之中。对社区医院评估所发现问题的家庭应当及时展开社会工作介入。通过以整个家庭为对象，在家庭互动场景中调适成员之间的关系，解决家庭矛盾，构建和谐家庭。对于出现严重心理偏差的个体与家庭，展开更加积极的跟踪辅助与咨询指导。

此外，还要特别增强对生产女婴的农村家庭、生产高危婴儿和不健康婴儿家庭的教育宣讲和身心监护。通过对产后照料模式的重新整合与提升，更好地促进妇女的身心健康与家庭和谐。

生育政策与生育意愿

于光君*

摘　要：国家通常是通过制定某种生育政策来控制和引导生育而达到实现调控人口规模和人口结构的目的。对于育龄夫妇而言，是否生育子女或者生育多少子女是受多种因素影响的，除了受国家生育政策的影响外，还受夫妇生育意愿的影响。生育意愿是受潜存于内心深处的"根"文化的影响。随着现代社会的发展，源于农耕文明的、表现在生育行为上的"根"文化不断消解，其外在表征是生育意愿的不断降低。而生育意愿还与家庭经济状况有关，经济状况越好的家庭，生育意愿越高，经济状况越不好的家庭生育意愿越低。国家最近出台的"单独二胎"政策只是为经济状况好的家庭提供了实现生育意愿的空间，父辈之间的贫富差距会通过子辈之间人口多少体现出来。

关键词：生育政策；生育意愿；"根"文化

中共十八届三中全会通过的《中共中央关于全面深化改革若干重大问题的决定》提到"坚持计划生育的基本国策，启动实施一方是独生子女的夫妇可生育两个孩子的政策"，这标志着"单独二孩"政策将正式实施。目前，除西藏、新疆两个本来人口政策就较为宽松的自治区外，其他29个省区市都已经依法启动实施了"单独二孩"政策。从理论上说，"单独二胎"政策的受益者，主要是包括城市公务员、事业单位职工在内的受计生政策管控最为严格的中产阶级群体。但是，"单独二孩"政策实施一段时间以来并没有达到预期的效果。"单独二孩"政策实施后，民众生育意愿增加有限，这已经为许多数据所证实，截至2014年8月，全国

* 于光君，中华女子学院性别与社会发展学院副教授。

符合条件的1100万对夫妇仅70万申请生二孩。以北京为例，北京“单独二孩”政策实施9个多月来，平均每个月的申请量为3000多例，但申请量呈逐月递减的趋势。2014年8月份“单独二孩”申请量为2976例，9月份为2683例，10月份为2334例，11月份为1812例。[①] 为什么会出现这样的现象？其原因何在？

一 生育意愿的群体性差异

国家的生育政策是通过育龄夫妇的生育意愿而发挥作用的。不同社会群体生育意愿是有差异的。从横向说，生育意愿存在着城乡之别，一般来说，农村夫妻的生育意愿高于城镇夫妻的生育意愿；纵向说，现在人们的生育意愿低于过去时代的生育意愿；从社会阶层说，富裕阶层的生育意愿高于贫困阶层的生育意愿。

生育就是繁衍后代，后代就是“根”的隐喻源于农耕文明中农作物的生长发育离不开根这一生产实践。这种观念被拓展到生育文化中，隐存到人们的潜意识中。生育意愿的变化与潜存于人们心中的“根”文化[②]的变化是有关的。

1. 农村育龄夫妻的生育意愿

农村夫妻的生育意愿在改革开放前后出现了明显的变化。改革开放前农民的生育意愿比较强烈，并表现出强烈的男孩生育偏好。在他们的观念中，如同农作物要有根才能生长发育结果一样，相对于女孩来说，男孩是家庭的“根”。这种“根”文化的产生是由当时农村的社会结构、经济结构状况和居住状况等客观因素所决定的。

改革开放前，对于农民来说，农业是主要的产业，农村是居住的唯一空间，人口流动较为缓慢。在管理体制上，中国农村实行人民公社体制，生产队是基本的生产单位，土地属于集体所有，农民以社员的身份参加集体劳动，以工分多少表示对集体劳动的贡献大小，收获物归集体所有，按

---

① 数据转引自《中国人口报》2015年1月9日，第3版。

② 于光君：《农村婚居模式与性别偏好》，《湘潭大学学报》（哲学社会科学版）2014年第4期。

照工分分配粮食等生活资料。生产队的劳动分工基本上是按照性别和年龄进行的，年轻的男性劳动力一般担负耗费体力较多的农活，当然挣得的工分也多，分得的粮食等生活资料也多。男性是生产队主要的劳动力，也是家庭的主要劳动力，男劳动力多的家庭在从生产队获取收入方面肯定比男劳动力少的家庭要多，因此家庭稍微富裕一些。

在农村，养儿防老的观念不是凭空杜撰的，也是有其一定的事实根据的。养老送终是农民所关心的大事，人都有老，所以这是人人都不得不考虑的事情。农民没有退休金，也没有养老保险，只能靠子女居家养老。女儿大了要嫁人，儿子才是最可靠的养老人。如果儿子多了，几个儿子轮流养老，既可以减轻每个儿子的负担又能减少没人养老的风险，增加保险系数，同时，儿子多了晚年生活就可能更富裕些。所以，“多子多福”的观念是如此的强烈，以至于农民很重视后代问题。夫妻如果没有生育孩子，会通过“过继”或“领养”等方式抚养一个孩子，一般都是男孩子，孩子大了会给孩子娶媳妇，延续香火。如果是女孩子的话，一般会招个上门女婿延续香火。有个男孩子除了满足心理上“有根”的感觉外，家里的一切事情也都好办些，最起码有人养老送终。

土地尤其是宅基地的使用是与农民的身份联系在一起的。村里的土地属于村集体所有，只有属于这个集体的成员才能参加集体劳动，才能在结婚年龄的时候申请到宅基地，而获得村民身份的唯一途径几乎就是通过婚姻。所以，对于成年的孩子来说，结婚后只能选择住在父母家或配偶父母家所在的村子里，其他别无选择。几千年来形成的以“从夫居”为主的婚居模式在中国改革开放前几乎没有发生变化，其原因在于这种婚居模式所赖以存在的基础没有发生根本性的变化。所以，改革开放前中国农村夫妻的生育意愿很强烈，尤其是具有非常强的男孩生育偏好。

改革开放后，农村开始实行家庭联产承包责任制，家庭经营代替集体经营，农民有更多的自己自由支配的时间，有机会从事个体生产经营或外出务工，农村的产业结构发生了变化，农民收入多元化了，农业收入不是唯一的收入了。农民的商品经济意识增强，对货币的依赖超过了对村集体和家族组织的依赖。由于房地产市场的发展，农民可以离开自己的村子，选择到城里买房，或者给在城里上班或打工的孩子买房，前提是要具备一定的经济实力。聚族而居的传统被市场经济的发展消解，农民传统的“根”观念发生变化，农业不再是赖以生存的唯一的“根”，农村也不再是赖以居住的唯一的“根”，有钱可以养老，未必一定指望子女。“业”是根的观念逐渐形成。农民的生育意愿开始弱化，不再那么拼命地生孩子了，生育的性别偏好也不再那么明显。

随着农村社会的发展，源于农耕文明的“根”文化有逐渐被消解的趋势。总体上看，农村育龄夫妇的生育意愿在降低，男孩性别偏好在削弱。

2. 城镇育龄夫妻的生育意愿

新中国成立以来就存在着城乡二元的格局，就有了农业人口与城镇人口的分别。城镇人口主要从事非农产业，对土地的依赖性并不是那么强烈，主要靠的是工资收入，生活比较富裕并且有保障。由于有退休金，养老不是令人担忧的大问题。孩子大了不能像农村的孩子那样申请宅基地盖房子。住房改革之前主要靠单位解决住房，住房改革之后要靠自己解决住房，子女未必都和父母住在一起。所以，城镇人口的“根”观念比较淡薄，而且生育的性别偏好也不那么明显。随着城镇生活成本的增加以及子女教育费用的飙升，在某种程度上降低了城镇夫妻的生育意愿，在年轻夫妇中甚至出现了较多的不婚之人和“丁克”家庭，使生育意愿降低为零。作为一般市民的城镇夫妻考虑更多的是自己当下的工作和当下的幸福生活，他们没有巨额财产需要子女继承，“业”的观念也比较淡薄。和同时代的农村育龄夫妇相比，城镇育龄夫妇的生育意愿较低。

3. 有产者阶层育龄夫妻的生育意愿

改革开放后，随着市场经济的发展，中国社会出现了一定程度的贫富分化。不管是在农村还是在城镇，与贫穷的无产者家庭相比较，富裕的有产者家庭生育意愿比较强烈，生育的性别偏好也比较明显。原因在于，有产者的家庭经济状况较好，不会在意养育和教育孩子的成本问题，更多的是考虑怎么样让下一代继承财产的问题，有产者普遍具有较强的“业”的观念和“根”的观念。在财产继承问题上，男孩子应该是首选，只有男孩子才能延续香火，只有男孩子继承家里的财产才能保证财产不会落到外人手里，女孩子继承家里的财产早晚会成为外人的。因此，有产者阶层育龄夫妇的生育意愿较为强烈，而且生育男孩的偏好较为明显。

二 生育政策与生育意愿的博弈

源于国家的宏观的生育政策与微观的家庭的生育意愿是决定和影响具

体生育行为的两个重要因素。一个具体的生育行为是在这两种因素的博弈中实现的。自20世纪70年代中国开始实行计划生育政策以来，总体上取得了明显的效果，控制了人口的规模。但是，在城乡之间生育政策与生育意愿之间的博弈结果是不一样的。

国家的计划生育政策不仅存在着民族之间的差异，而且存在着城乡之间的差异。在城镇实行“一对夫妇只生一个孩子”的政策，在农村则实行“一孩半”政策，即如果第一胎生的是男孩，那么就不允许生第二胎了；如果第一胎生的是女孩，那么还可以生第二胎，不管第二胎是男孩还是女孩都不能再生了。如果第一胎生的是男孩，因为有了“根”了，所以不再生的可能性就比较大了。是否再超生取决于家庭的经济实力，能否交得起超生罚款。如果第一胎生女孩的，第二胎生了男孩，这是皆大欢喜的事情了。问题是如果第二胎还是生了个女孩，继续生育直到生出男孩的可能性是很大的。强烈的生育的性别偏好导致了更为强烈的生育意愿，这些家庭会利用有限的经济资源和社会资源与国家计划生育政策进行博弈，博弈的结果是实现了自己的生育意愿和生育的性别偏好。这种博弈之所以能取得成功是与农村社会的组织结构特点相联系的。农村社会都是乡里乡亲的熟人社会，负责落实与执行国家计划生育政策的村干部具有双重身份，他们既是作为外人的村干部又是“自己人”，面对国家的计划生育政策和给人家留个“根”这两种选择中，他们总是会创出自己的“潜规则”，既落实了国家的计划生育政策又给人家留了“根”，但是要付出经济方面的代价。“根”是长久的，钱花了再挣，“根”比钱重要，这是农民最现实的选择。

随着农村社会的发展，在持续的计划生育政策的影响下，农民的养老观、幸福观、生育观都发生了变化，“根”文化在经济大潮中被消解。计划生育政策与生育意愿的博弈基本处于平和阶段，超生者减少，基本上都能在生育政策允许的范围内生育孩子。

城镇的计划生育政策执行的比较彻底，国家对职工的控制比对农民的控制更为有效，城镇职工与计划生育政策博弈的空间非常狭小，如果非要超生的话，那就会失去工作。为了超生孩子，除非不要公职，那样的话整个家庭的经济状况将会发生根本性的变化，没有人有勇气做出那样的选择。随着市场经济的发展，城镇居民的生活成本不断增加，孩子的预期教育成本也在不断增加，由于年轻夫妇受教育水平的普遍提高，他们对孩子的教育期望值也不断攀升，这无疑更增加了孩子的教育成本。再加上工作和生活压力的增加，医疗保险和养老保险制度的不断完善以及对幸福生活理解的不同，他们的生育意愿不断降低。

改革开放后，随着市场经济的发展，经济体制改革的深化，更多的“单位人”变成了“社会人”，通过单位基层组织对计划生育进行管理出现了一定程度的难度。同时，中国社会出现了某种程度的贫富分化现象，出现了一批富裕的有产者。富裕的有产者以对超生罚款无所谓的姿态与计划生育政策进行博弈，实现了自己的生育意愿和生育偏好。另外，有些有权势者利用自己的社会资源，钻了计划生育政策的空子，通过虚假证明，证明已出生的孩子为“残疾”，取得多生育孩子的资格。还有一些有海外关系的人员，通过利用海外资源实现了生育意愿，这也是计划生育政策博弈的胜利者群体。

三 “单独二胎”政策实施的后果

国家自20世纪开始实行的计划生育政策在控制人口规模方面取得了成效，随着计划生育政策的实施，其负面作用也逐渐显现出来了，中国开始进入老龄化社会，劳动人口减少。为了调整人口结构，应对老龄化社会，经过较长时间的论证和研讨，国家谨慎地出台了“单独二胎”政策，但是政策出台后并没有出现预期的那种结果，符合条件的申请者积极申请生育二胎的不是很多。为什么符合条件的夫妇不利用国家出台的生育政策申请生育呢？

其实，从某种意义上说“单独二胎”政策主要是针对符合条件的城镇育龄夫妇的，鼓励他们生育。由于在计划生育政策开始时，城乡之间就出现了生育政策的双重标准，城镇实行一对夫妇只生一个孩子，而农村则是“一孩半”政策，实际上就是默许生两个孩子。所以，现在出台的“单独二胎”政策对农村夫妇的生育行为几乎没有什么影响，应该会对城镇符合申请条件的育龄夫妇产生影响。在“单独二胎”政策出台之前，对于生活在城镇中的人来说，有产者和某些权势者充分利用自己的资源，通过和计划生育政策的博弈，实现了自己的生育意愿和生育的性别偏好，新出台的“单独二胎”政策对他们来说几乎没有什么太大的影响。对于那些经济状况不好的人来说，由于经济状况不好，生孩子养孩子是个很大的负担，他们不会选择多生，甚至会选择不生孩子。

“单独二胎”政策的实施会为那些经济状况不好的群体与有产者或权势者群体之间的阶层提供一个合法生育的空间。对于那些经济状况不太好的群体而言，他们没有足够的经济基础充分利用这个新的生育政策所提供的空间实现自己的生育意愿。

有研究认为，“单独二胎”政策是向全面放开生育政策的一个过渡。但是，在生活成本和教育成本日益增高的社会，只有养得起孩子的夫妇才能充分利用这个政策提供的空间多生孩子，养不起孩子的夫妇有了这个空间也不能充分利用。生育意愿以及生育意愿的实现最终还是由客观的经济条件决定的，由贫富的分化通过人口的再生产，产生了新的人口生育方面的分化，这符合历史唯物主义的原理。如果国家想通过生育政策来实现调控人口结构和人口规模的目的，就必须在提供足够生育空间的同时，消除由于家庭经济状况的巨大差异所导致的生育机会的不平等。生育孩子从微观讲是夫妇自己的事情，从宏观方面讲则是关系到一个国家和民族发展前途的事情。

笔者建议，国家在制定新的生育政策的时候，充分考虑生育政策与生育意愿之间的微妙关系，力图使合理的政策实现合理的目的，国家既要通过生育政策提供生育空间，又要为育龄夫妇提供物质基础。

优生观与产前检查——国家政策如何作用于个人实践

曹慧中*

摘　要： 自19世纪末英国学者高尔顿提出“优生学”的概念以来，就遭致多方非议，尤其是此概念还一度成为纳粹进行种族屠杀的理论依据。我国优生学的发展主要由潘光旦等学者在20世纪二三十年代进行推广，发展至今其概念的内涵、外延以及主要功用都发生了根本性地变化。文章基于今日中国城市产前检查的普及和发展，讨论已成为国家政策的优生优育观是如何嵌入孕产妇及其家庭的日常生活中，并让其自觉遵守奉若神明，这其中“一胎化”的计生政策无疑是最强有力的一个影响因素。本文无意对一直处于争议中心的“优生学”进行任何正面或负面评价，只是希望结合目前日益细化的产前检查程序以及孕妇在检查过程中出现各种焦虑心理的现状，来重新审视“优生”。

关键词： 产前检查；优生观；变迁与发展

先从十多年前一场关于“优生学”的论战说起，2000年《书屋》刊登了余凤高的一篇介绍英国学者弗朗西斯·高尔顿创立“优生学”及其主要观点的文章，文中也提到了因高尔顿所创立的优生学专注于先天基因，而忽视后天环境影响，导致被种族主义者以及德国纳粹所利用成为种族屠杀的理论工具①。该文刊登不久，“斗士”方舟子即撰文反驳，他认为在国际上“优生学”一词早已被唾弃，如果继续沿用这一概念也只能

---

* 曹慧中，南京大学社会学院研究生。

① 余凤高：《遗传：优生和种族灭绝》，《书屋》2000年第7期。

被称之为“伪优生学”[1]。我们暂且不去分辨二者孰是孰非，在中国“优生优育”作为基本国策实施数十年，优生观念逐渐深入人心，为什么中外对于“优生学”的态度会有如此差异呢？这就要从“优生学”的创立、发展以及被引入中国后发生的变化开始谈起。

一 优生观的演变

上文提到的弗朗西斯·高尔顿被公认为是“优生学”成为一门独立学科的创始人，受其表兄达尔文以“自然选择”为核心的生物进化说影响，高尔顿基于逻辑推理和统计学研究智力遗传和进化，进而提出了一门“优生的科学”简称“优生学”，并将其定义为“一种通过理智的婚姻，以及其他各种能够促进优良的血统有更好繁衍机会的方法来改良人类血统的科学”[2]。从这个定义中可以看出高尔顿所提倡的优生学，并不仅限于时下我们所说的对孕前及孕中的关注，而是要追溯到对配偶的选择上，提倡“理智的婚姻”，如若从此角度出发，在高尔顿之前其实早有一些“类优生”的观念和学说出现。在西方，早于柏拉图创作《理想国》时就已经对选择适于繁衍优秀后代的婚配对象有所讨论，他曾设想让最好的男人与最好的女人相结合，只允许最好的一类人生育下一代。而中国也在《左传》中出现“男女同姓，其生不蕃”的说法[3]，这些模糊的“优生观”依据的只是最原初、最朴素的想法和认识，比如同姓不能通婚，同姓可能同族，同族就意味着有血缘关系，依照“乱伦禁忌”这样的人自然是不可以结婚的，会危及后代的繁衍。所以，直到作为统计学家的高尔顿和作为遗传学家的孟德尔使用统计数据和科学实验才使得“优生”以及遗传学有了学理的基础。

1883 年高尔顿创造了优生观（eugenics）的概念，在仅仅 14 年之后美国的印第安那州就颁布了世界上第一部有关优生的立法，1912 年第一个国际性的优生协会也在伦敦成立，该协会在 20 世纪 30 年代以后一直试

---

① 方舟子：《高尔顿：伪优生学的鼻祖》，《中华读书报》2000 年 10 月 19 日。

② 蒋功成：《优生学的传播与中国近代的婚育观念》，上海交通大学博士学位论文，2009 年。

③ 肖君华：《优生优育的伦理思考》，《中国矿业大学学报》（社会科学版）2004 年第 1 期。

图在“低能”与特定的社会阶级之间建立关联[①]，这似乎也预示着“优生学”为种族屠杀所用的命运。优生学说以及相关的立法和机构犹如雨后春笋般在多个国家兴起，尤以美国、德国、日本等国家为最。20 世纪 20 年代美国就已经有 24 个州颁布实施了绝育法，因此被实施强制性绝育的人数激增，截至 20 世纪 70 年代至少涉及 6.5 万人[②]。德国紧随其后地推行优生法，更是由对精神疾病、智力低下等“劣等”群体实施绝育发展为对所谓的“劣等民族”进行种族屠杀，正是二战期间德国纳粹惨绝人寰的种族清洗运动使得人们开始重新反思“优生学”究竟给人类发展带来了什么。当然也有种说法，美国强制绝育的优生运动减缓，并非出于对德国暴行的反思，而是因为基因研究和医学发展不断冲击优生学的假设[③]。基于这些历史事实，“优生学”在西方逐渐被污名化，以至于不再使用 eugenics 这个专有名词。

优生学说出现后不久，就在许多国家得到了如此广泛的普及和运用，其根本原因在于该学说所提倡的通过行政手段控制和调节以保证“优等”人口的增多，从根源上遏制“劣等”人群生育的可能，这一宗旨和国家、民族的利益紧密相关，落后国家迫切需要提高国民素质，发达国家也因大批移民潮的出现而担忧，可以说“优生学”的提出恰逢其时，给不同国家出于不同目的实施优生法制都提供了冠冕堂皇的合理说辞。从国家利益角度出发不断变更“优生法”的具体内容，在日本体现的最为充分。日本的《国民优生法》制定于 1940 年，本意是要通过该项法规的实施对遗传性疾病者实施绝育手术，但因当时正逢战事吃紧，需要充沛的人力支持，法规并未充分实施，而到了八年后，依据发生变化的社会状况，重新制定的《优生保护法》将绝育和堕胎的条件放宽许多[④]。

西学东渐下的中国，急于救国救民于水火的知识分子接触到西方的优生思想之后，在清末民初将其引入。1898 年严复的译作《天演论》出版，

---

① ［英］克莱尔·汉森：《怀孕文化史：怀孕、医学和文化（1750—2000）》，章梅芳译，北京大学出版社 2010 年版。

② 张春燕：《美 65000 人被强制秘密绝育》，http：//news. sina. com. cn/w/2005 – 05 – 17/03165904744s. shtml，2005。

③ ［英］克莱尔·汉森：《怀孕文化史：怀孕、医学和文化（1750—2000）》，章梅芳译，北京大学出版社 2010 年版。

④ 王贵松：《我国优生法制的合宪性调整》，《法商研究》2011 年第 2 期。

书中虽未有明确提出优生，但有些内容是关于此学说的分析，如对“择种留良”的讨论。章炳麟在1902年修订的《訄书》中利用生物学知识来分析近亲不宜生育的原因，并讨论中国历史上的胡汉种族隔离。直到1916年过耀根在《人类进化之探究》中明确提出“人种改良学”已与西方的优生学思想十分接近。美国优生学家达文波特所著的《与优生学有关的遗传》(*Heredity in Relation to Eugenics*) 在1919年由陈寿凡翻译引进命名为《人种改良学》，书中对优生学进行了详细的阐述①。

此后介绍优生学说的思想、观点以及相关译作在社会上广泛流行，以“精英主义和民族主义”为主导的近代中国旧优生学②开展的如火如荼。这一阶段优生学在中国的发展和推广，正如蒋功成概括的那样，是在少数心系国家民族大义，接受西方思想的精英们的推动下，以民族主义为导向而进行的。1926年获得生物学硕士学位的潘光旦学成归国，发表文章、编译书籍，并在高校中开设优生学课程，更进一步推进了中国近代优生学的发展。即便如此，在20世纪二三十年代优生学在中国发展的鼎盛时期，其影响力也仅局限于特定阶层和知识分子的圈子内，从国家层面而言并没有据此颁布实施相应的法律法规，当然这与当时的中国内忧外患、战事不断的环境有很大的关系，更不用说在那个时代被大众认可及接收了。

此后，受到近邻苏联学科划分的影响，遗传学、优生学的发展逐渐进入停滞状态，直到20世纪80年代计划生育成为基本国策，《婚姻法》全面修改，在新婚姻法中特别将五代以内的旁系血亲改为三代以内均禁止结婚，其出发点即从优生考虑。实行计划生育政策的初衷就是为了控制人口数量、提高人口素质，政策实施三十多年来随着一家一孩儿的推广，优生优育的观念也开始落地生根。区别于近代中国的旧优生学，当代中国的新优生学是以大众化、实用主义为主导的，比如孕前的优生五项检查，孕前和孕后三个月服叶酸减少胎儿畸形，备孕前生活有规律适当锻炼，男性戒烟戒酒，孕期禁止滥服药物等，这些实用而朴素的“优生观”正在成为大众共识。纵观“优生学”的发展历程，其学科范畴不断变化，可以将其理解为基于生物学、遗传学、医学等基础上的一门学科，也可以从社会

---

① 蒋功成：《优生学的传播与中国近代的婚育观念》，上海交通大学博士学位论文，2009年。

② 据蒋功成的论述，中国近代优生学肇始于1900年，20世纪20年代发展至顶峰，在抗日战争及其后逐渐走向衰弱，此后的优生学就作为批判的对象而存在。

学、人口学等社会科学的范畴去分析，而针对上文提到的大众共识，“优生”又可以只被视为一种普遍认知的理念。本文的讨论就希望立基于此，将“优生”作为一种观念或理念来分析。

二 产前检查中的“优生”

1995 年开始实施的《母婴保健法》虽然由于其涉及因遗传学疾病而不适宜生育的夫妇应当避孕或结扎等内容，加上西方世界对于“优生”污名化的印象而遭到争议，但此项法规确是首次明文规定了保障母婴健康的一些做法。提出：为孕妇、产妇提供卫生、营养、心理等方面的咨询和指导以及产前定期检查等医疗保健服务，2001 年依据《母婴保健法》制定实施的《母婴保健法实施办法》中更加明确地提出：为孕产妇建立保健手册（卡），定期进行产前检查。

在 2003 年新的《婚姻登记条例》取消强制婚检的相关规定之前，强制婚检的主要目的和出发点也是围绕“优生”展开的，通过婚前对男女双方尤其是生育能力等方面的医学检查，来判断是否适合婚配以及生育子女。但是一旦不再以婚前医学检查证明为依据来领取结婚证之后，自愿婚检率呈现大幅度下降，由此带来的新生儿出生缺陷几率上升，不过目前尚未有确切证据证实二者之间呈现负相关关系，或是存在因果关系。取消强制婚检的其中一个理由就是从民主和人权的角度出发，但这项原则似乎又和计划生育政策以及《母婴保健法》中的相关规定相背离，要根据政策法规来决定生育数量以及是否生育岂不正是对民主和人权的否定？由此也带来非常吊诡的一面：计生政策一方面使得民众珍视这仅有的一个孩子，另一方面其实也导致我们的国家从未将胎儿生命权予以考虑和严肃对待，如果不符合生育二胎的政策，在有了一个孩子之后再次怀孕依照国家政策就只能选择去流产。

虽然不再强制实施婚检，但其中的一些检查项目延后到了孕前检查，比如有些医院将之称为“优生五项”，或者将孕前咨询的门诊称作“优生门诊”，“优生”的概念从孕前到孕期检查贯彻始终。少生并不必然等同于优生，但是随着计划生育政策的贯彻，客观上带来的结果就是因为少生而使得“优生”观念日渐普及。生一个健康聪明的宝宝成为孕妇及其家庭最主要甚至是唯一的诉求，这么说并不意味着以往多生孩子的父母就不希望得到健康的孩子，但在生育不受限制的时候并不会将所有的希望只寄托在某一个孩子身上，更不会利用医学手段对孩子的质量进行控制。我的田野点是N市一家妇幼保健院的专家门诊，门诊中各个孕期的孕妇都会出现。有刚得知怀孕的女性，但因为孩子并不是“备孕”而来，或者是因为在孕前或孕初期使用了药物等原因，就会让她们倍感纠结，这样的孩子能不能要？没有提前服用叶酸，没有规范生活习惯，会是一个不健康的孩子吗？而孕中期的孕妇，则因为在产前检查的B超中胎儿出现问题如唇腭裂而陷入痛苦的选择之中，尽管医生说这不属于致死性畸形，是可以生下来做手术的，但孕妇和家属在考虑之后仍到计生部门开来了引产证明，因为这不是他们期待的健康宝宝。

产前检查体系由中国妇产科创始人协和医院的林巧稚医生创立，当年她主张“妊娠不是病，妊娠要防病”。产前检查在西方的提出是在20世纪30年代，亦被称为“预防产科学”。虽然妊娠期的危险一直存在，但由于受限于经济发展水平以及普通公众对检查必要性的认知，产前检查并没有得到很好地推广。那么现在呢，“经过几代人的变化，我们对于儿童以及儿童保护的观念已经有了彻底的变化。我们现在如此地宠爱孩子，很大程度上是因为孩子越来越少，而且由于做出生育孩子的决定也与以前有了很大不同”①。除了政策原因导致孩子减少，城市中的女性也因为受教育年限延长，工作生活压力大，环境恶化等因素而引发高龄初产、不孕症以及不良孕育史概率的增加。随着这些因素的出现，孕期女性尤其是城市中的孕期女性开始关注产前检查，认真完成每个项目，与此同时却对各种检查项目抱有矛盾复杂的心情。

根据孕期的不同阶段产前检查由不同的检查项目组成，孕12周左右到孕妇户口所在地的社区医院建卡（卡即孕产妇保健手册），孕20周左右将保健卡转去生产医院建档。通过血清化验、B超、唐氏筛查、糖耐检测、胎心监测等方式，可以实时掌握孕妇及胎儿的状况，对于孕妇而言妊高征、妊娠期糖尿病等病症可以在产检中得以确认并予以防范，而胎儿的异常状况如先天性心脏病、脑积水、脊柱裂或某些畸形种类也可以通过B

① ［英］安东尼·吉登斯：《失控的世界》，周红云译，江西人民出版社2001年版，第57页。

超进行排查，当然排查的结果也许就意味着妊娠的结束。

以我所调查的N市为例，医疗资源分布极为不均，孕妇大多涌向特定的三四家医院，做一次常规产检要等上三四个小时，但即便如此前来就诊的孕妇依然络绎不绝，从对产检医院的选择上也可以看出准父母们对胎儿的重视程度。尽管随着医疗技术的不断进步，对胎儿的宫内诊断也在不断精确化。从18世纪的西方“直到产妇的分娩过程中孩子被真实地看见之前，人们都始终无法确诊是否怀孕”[①] 到现在胎儿尚处于子宫内就可判断性别，观察其生理结构，其间的进步和发展令人惊叹。但即便如此，仪器需要医生操作，数据需要医生来解读，因而不同知识积累、不同临床经验的医生水平存在明显差异。“优生优育”的宣传口号落到个人实践层面就转化为“我要生一个健康的孩子”，继而从孕前到孕中孕妇及其身体都被置于高度监控之中，她们期望用最好的医疗资源来确保“生健康孩子”的目标，而孕妇在此过程中也会对自己的身体及胎儿高度关注，比如通过三餐饮食控制孕期体重或者是对糖分摄入量进行控制，我的几个访谈对象都有这方面的表述：“以前自己吃什么从不在意，但自从怀孕之后每天的水果、牛奶、鸡蛋之类的食物总是提醒自己一定要吃，像完成任务一样”，“樱桃啊、车厘子啊这些水果都很贵，可是自打怀孕，买！我一点儿也不喜欢喝牛奶、吃核桃但是想到对宝宝好，我全部都接受。”

对于医院而言，则借助专业性极高的仪器设备、化验报告以及解读报告的专属用语来对孕妇施加影响，使她们时刻忧心胎儿是否健康，是否“优生”。作为孕育的主体，本应最有发言权的孕妇们转而求助于各项检查以及报告中的各类数据让自己获得安心。我在田野中遇到一个孕55天的门诊病人，早期为了保胎注射黄体酮以及辅助其他药物，复查后HCG[②]翻倍效果好，但是孕酮[③]比上一次检查的数值又降了，尽管医生认为她目前状况良好，只要继续服药即可不需要再打针了，但孕妇本人担心如果不再继续注射黄体酮，下次的检查结果会受到影响。在医生凡事都需要依靠

① ［英］克莱尔·汉森：《怀孕文化史：怀孕、医学和文化（1750—2000）》，章梅芳译，北京大学出版社2010年版，第1页。

② 即人绒毛膜促性腺激素，依据受精后至孕期第8周母血中的HCG值会快速增殖的原理，一般用来诊断早期妊娠或者对异常妊娠与胎盘功能进行判断。

③ 一般指的是黄体酮，为卵巢黄体分泌的一种天然孕激素，是维持妊娠所必需，孕早期的诊断常常由HCG值和孕酮值两部分组成。

检查结果进行诊断的模式之下，孕妇也在潜移默化地去关注各种数值，心情也被这些数值所左右，一位因 B 超显示胎儿四肢短小的孕妇每次在拿到 B 超结果后都要紧张地在网上查各种股骨值的指标。对于早期出现先兆流产迹象的孕妇究竟要不要运用医疗手段去人为干预也是存在争议的，如若依照优胜劣汰、适者生存的原则，就应该对胚胎自然选择和淘汰，这样也是符合“优生”原初的界定。但是“优生学”从诞生之初就被各种外在因素所影响，比如有意识地去选择“理智的婚姻”，人为地通过绝育或屠杀来选择所谓的“优等民族”，发展至今只不过是用医学技术代替了原有的那些外在因素罢了。

在产前检查中可以明显地感觉到医院及医生的霸权，支撑霸权的自然是专业知识，但深究其背后则是国家倡导、大众认可的“优生观”。如何才能“优生”，你要进入特定情景，依从这套话语体系，进入国家设置的专业机构。怀孕 20 周尚未做过任何产科检查的孕妇，会被医生询问“你确定是怀孕了吗”？怀孕 24 周的孕妇大大小小检查单子厚厚一摞，每一张 B 超单都仔细标注时间、怀孕周数等信息，即便唐筛结果 21 三体 1∶860①还特意从另外一个城市到 N 市做产前诊断。两相比较被赞许的自然是后者，前一个孕妇在这种“优生”话语的大背景下在城市中确属少见。

三　结语：国家政策与个人意愿

看似单纯的生育行为，实则并不简单也不纯粹。每一个家庭生育的是个体，个体合起来则是一个国家的“下一代”，所以“优生学”自提出之后争议至今，出生率下降的国家会采取各种优惠措施鼓励国民生育，而人口大国则要实行生育控制，并且要通过控制数量达到质量的优化。计划生育自 1982 年被确定为基本国策以来，对中国的万千家庭产生了深远影响，并形成了一个被学界所研究和讨论的“独生子女群体”。政策带来的影响

① 唐氏筛查是在特定的孕周（中期筛查一般为怀孕 15—21 周进行）抽取孕妇血清，用以推测胎儿先天性缺陷的危险系数，主要用于检测 21、18、13 三体综合征，21 三体的临界值为1∶270，文中提到的 1∶860 的概率即为低风险，一般而言不需要做进一步的诊断。

是多方面的，我在上文中也提到仅就其造成的最终结果来看，很多家庭无论主观选择还是被迫接受都只能生育一个孩子，孩子数量的减少，带来了三个家庭对一个孩子的珍视，这种珍视更是随着知识的普及、医疗技术的进步而转化为对“优生”的认可与诉求。群体目标与个人需求，国家政策与个人选择就这样结合了起来。虽然生育的意愿和原因随着时代的发展，尤其在城市发生了变化，但传宗接代的传统依然在延续，从经久不衰的“男孩偏好”即可感知，孩子并不作为一个独立个体降生，而是承载父母、（外）祖父母两代人的希望，在这样的传统和文化之下，三个家庭仅有的“一根独苗”意味着什么自然可想而知，如此一来怎能不看重这根独苗是否“优生”。

当然在其中还有其他一些因素的影响，以医院为代表的优生话语，在社会中形成了一股强大的压力，不要说身体残缺，即便长相丑陋都会受到歧视和排挤，这样的社会氛围让父母们如何能不忧虑孩子是否“优生”呢。市场的选择机制与优生学产生的原理是相契合的——优胜劣汰、适者生存，所以才会出现“不能让孩子输在起跑线上”的说法。而如今，“起跑线”的起点不断地被提前，早到还是一个胚胎、一个受精卵甚至早到在它们形成之前。社会对不健康以及不完美的零容忍，是因为这样的人在市场上不具备任何竞争力，属于弱者。市场的运行机制让我们面对选择常常感到无奈，早产儿呆保温箱、先天心脏病的手术、唇腭裂的多次修补等这些费用完全落到个人和家庭身上，对于一个原本经济就不宽裕的家庭来说，接受一个需要投入大量人力、物力、财力的病儿还是尝试再生一个健康孩子，二者成本孰高孰低一目了然。国家希望降低先天缺陷儿的出生比率又一次被转化为个人和家庭的诉求，在此过程中胎儿不仅仅是一个生物（biological）个体，更是作为生物政治（biopolitical，与国家政策高度相关）和生物资本（biocapital，用经济价值予以衡量）的一种形式而存在①。

产前检查过程中充斥着各种各样的不确定性：孕早期的感冒有可能会影响胎儿发育，唐氏筛查高风险表示胎儿有可能是唐氏儿，B超发现胎儿心脏强光点有可能预示着胎儿有某种畸形，此种情形不一而足。提示风险

① Jianfeng Zhu, Projecting Potentiality: Understanding Maternal Serum Screening in Contemporary China, *Current Anthropology*, Vol. 54, No. S7, 2013, pp. S36—S44.

却又无法确认，孕妇们被种种不确定性所困扰，而产生无法排解的焦虑感。多样的知识来源——网络上随处可见关于孕期不宜事项的帖子，各种母婴论坛的声音以及日常生活中亲友同事邻里五花八门的建议——更进一步增加了这种困扰与焦虑。越是如此，孕妇们越要通过可控手段去降低不可控性的发生，遵从优生优育的指导（不论这种指导是来自官方还是民间）认真地完成每一个步骤。

国家优生优育的话语导向，出发点是为了提升整个国家的人口素质，却因计划生育政策对出生人口数量的限制、今日社会的价值判断标准，以及看似可掌控却又发展永无止境的医学技术而将这种国家的政策转化为个人及其家庭自觉自愿的实践。西方基于科学实验以及数据推理而发展起来的“优生学”，在这种转化中实则已经演变为大众化、实用主义的“优生理念”。

倡导“积极老年”视域下的社区养老服务政策

齐小玉[①]

摘　要：根据全国老龄委办公室提供的数据，2014 年，我国 60 岁以上老年人口将突破 2 亿，2033 年前后将翻一番到 4 亿，平均每年增加 1000 万人，最高年份将增加 1400 多万人。全球老年人口超过 1 亿的国家只有中国一个。2 亿老年人口数相当于印度尼西亚的总人口数，已超过了巴西、俄罗斯、日本各自的总人口数。如果作为一个国家的总人口数，也能排世界第四位。

针对全球老龄化问题，世界卫生组织早在 2002 年第二届世界老龄大会上就提出了“积极老龄化”的概念。“健康、参与、保障”成为积极老龄化的三大支柱。此后，积极老龄化成为了全球解决老龄问题的战略方针。

为回应老龄化问题，我国应积极倡导“积极老年”理念，并将此理念落实于以社区养老为核心的养老模式中，动员社会力量为养老服务献计献策，更多聚焦在为老年群体提供服务政策倡导，而依照我们一直推行了“五有”政策中的“老有所为”以及我们老龄人群的特点，未来社区养老服务应倡导定位在“积极老龄化”视域下如何发挥老年群体的自身力量，享受颐养天年的老年生活的服务政策。

关键词：积极老年；社区养老服务

① 齐小玉，中华女子学院性别与社会发展学院副教授。

一　我国老龄化发展现状

（一）老龄化的涵义

据各国对老龄化趋势的研究，已基本达成共识，即人口老龄化是社会进步的必然趋势，它对各国的社会经济和文化的发展都将产生重大的影响。同时，也是一个世界性的问题，各国在社会发展的进程中都在探索应对老龄化问题的挑战。

老龄化，包含两种含义，即人类个人的个体老龄化和人类整个人口的群体老龄化（人口老龄化）。[①] 人口老龄化的状态是指总人口中因年轻人口数量减少、年长人口数量增加而导致的老年人口比例相应增长的动态。它两个含义：一是指老年人口相对增多，在总人口中所占比例不断上升的过程；二是指社会人口结构呈现老年状态，进入老龄化社会。根据1956年联合国《人口老龄化及其社会经济后果》确定的划分标准，当一个国家或地区65岁及以上老年人口数量占总人口比例超过7%时，则意味着这个国家或地区进入老龄化。1982年维也纳老龄问题世界大会，确定60岁及以上老年人口占总人口比例超过10%，意味着这个国家或地区进入老龄化社会。

2000年第五次人口普查表明：我国0—14岁和65岁以上的人口在总人口当中所占比重为22.89%，我国65岁老年人口在总人口当中所占比重已经达到6.96%，这等于已经跨入了老龄化社会。

（二）老龄化的发展态势

老龄化是一个人口结构的概念。一方面是我国人口的平均寿命的延长导致的老龄化，另外一方面则是少儿人口的相对减少而导致的老龄化。

根据2000年全国老龄工作委员会做的“中国人口老龄化发展趋势预测研究报告”及2013年编制的我国第一部老龄事业发展蓝皮书——《中国老龄事业发展报告（2013）》中分析与呈现的资料显示，我国还不是老龄化程度最高的国家，但受特殊计划生育政策、快速城市化和工业化进程

---

① 工利民：《老年社会工作》，华东理工大学出版社2006年版，第2页。

中生育意愿迅速变化等诸多方面因素影响，加快了我国老龄化的进程，其发展态势呈现以下特征。

1. 老龄化速度发展快

2012年和2013年时我国人口老龄化发展过程中具有重要意义的年份，1952年和1953年出生的人口进入老年期，迎来了第一个老年人口增长高峰。2013年60岁以上老年人口数量突破2亿大关，达到2.02亿，老龄化水平达到14%以上。

2. 老龄化规模大

从老年人口的总量看，中国65岁及以上的老年人从1953年的0.25亿上升到2010年的1.19亿，60年间增加了9400万。未来20年，65岁以上老年人口将增加1亿多，2030年将达到2.3亿，2050年将超过3亿，接近或达到3.6亿的峰值。

3. 老龄人群“未富先老”

发达国家进入老龄化社会时人均国内生产总值一般都在5000—10000美元或更高水平。而中国在2000年进入老龄化社会时，人均国内生产总值才刚刚超过1000美元，2012年也仅仅过6000美元，应对老龄化的经济基础还十分薄弱。

4. 劳动力结构快速老化

因人口的快速老龄化，新进入的劳动力数量远小于退出劳动力市场的人口数量，劳动年龄人口结构快速老化。劳动力结构的快速老化，将不可避免地带来经济增长贡献潜力下降和参与国际竞争的人口红利优势减弱。

5. 老龄化发展地区不平衡

受地区发展差异、近些年大规模人口流动等各种因素影响，中国的老龄化在地区和城乡间发展很不平衡。从户籍人口统计结果看，我国人口老龄化发展具有明显由东向西的区域梯次特征。在城乡之间，由于城镇生育水平低、健康水平高，户籍人口的老龄化也明显高于农村。但由于大量年轻人进入到城市，在常住人口中，农村地区的常住人口老龄化问题则比城市更为突出。

此外，受严格的计划生育政策以及快速城市化和工业化等多种因素影响，在人口总规模得到有效控制的同时，也出现了生育率快速下降、家庭结构小型化且养老功能弱化，失独家庭、空巢老人、失能半失能老人迅速增加等问题。

据第六次人口普查数据显示，生活在独居、空巢家庭中的老人高达6200万，超过老年人口总数的1/3。全国老龄委员会发布的蓝皮书结果显示：2010年末全国城乡部分失能和完全失能老年人约3300万，占总体老年人口的19.0%；全国以每年新增7.6万个失独家庭的速度发展。①

还有相关研究表明，我国老龄化发展状况存在诸如女性老年人口数量多于男性；老龄化超前于现代化的趋势。

二　我国养老服务政策回顾

人口老龄化已成为当今世界一个突出的社会问题。人类寿命延长、退休人口数量增加及少子化趋势加速，使世界人口结构发生显著变化，造成了劳动力短缺、老无所养等一系列问题，加重了劳动人口与整个社会的负担。

老龄政策是指国家干预人口老龄化过程，调整人口老龄化与经济、社会、文化、政治发展的矛盾而采取的公共政策的总和。② 养老服务政策是老龄政策的一个关键领域，是养老服务制度发展的行动指南，它本身也在老龄化进程中经历着时代的演变和发展，成为老龄政策制度建设中的重中之重。

从历史的角度看，长期以来养老服务政策一直在国家和个人、家庭负责之间游走。③ 纵观西方福利国家发展路径，过分强调国家福利的供给，使一些国家财政陷入严重困境；过分依赖市场规律又有损害老年人群体利益的风险，而西方学者提出的福利多元主义，似乎为福利国家提供了一条摆脱困境的新路径。我国作为“未富先老”的老年人口大国，面对人口老龄化的巨大压力与挑战，一直在探索着走一条化解养老服务困局的艰辛之路。

---

① 以上数字均摘自2000年全国老龄工作委员会做的“中国人口老龄化发展趋势预测研究报告”及2013年编制的《中国老龄事业发展报告（2013）》。

② 苟欢、刘利才：《基于政策工具视角的养老服务政策文本：一种分析框架》，《四川理工大学学报》（社会科学版）2014年第1期。

③ 施巍巍、罗新录：《我国养老服务政策的演变与国家角色的定位——福利多元主义视角》，《理论探索》2014年第2期。

（一）我国养老服务政策发展脉络

我国在养老服务发展进程中出台了一系列的政策，它极大地推动了我国养老服务事业发展，维护了家庭稳定和代际和谐，促进了社会的公平，为发展和巩固社会发展成果起到了积极作用。

有研究者回顾了我国养老服务政策近60年的发展历程，归纳出三个重要的发展阶段。

1. 20世纪50—70年代：以非正式照顾为主，辅之低水平的救助

解放初期，国家百废待兴，物资匮乏，政府主要致力于解决基本的生活保障问题，养老服务所覆盖的对象和涉及的服务内容非常有限，随着城乡二元经济形成，养老服务在城市和农村也形成二元化。在城镇，养老服务实行单位负责制，老年人的养老服务供给主体是家庭，国家辅之少量、粗放式服务的城镇福利院；农村的养老服务也主要由家庭承担，以集中赡养为主要养老服务方式。

当时，家庭是养老服务最主要的提供主体，国家控制养老服务资源，社会成员高度依赖国家。

2. 20世纪80—90年代：凸显市场力量和强化家庭责任

这一时期，也正值国内外的福利体制改革浪潮。同时，我国深受市场经济体制的改革、计划剩余政策的实施影响，出现家庭结构改变，呈现小型化和核心化，我国开始步入老龄化社会。养老服务的需求日益增长，但养老服务水平处于社会救助水平，使国家、家庭供给能力有限之间形成了矛盾凸显。

虽然这一阶段存在资金、人力资源有限的缺陷，但社区福利在养老服务方面开始发挥了重要作用。在满足了少数老年人部分养老服务需求下，推动了城市家政服务和便民服务市场发展，推动了邻里互助和社区福利服务的发展。但仍存在城乡差距，生活在农村的大多数老年人只能享受到非常有限的社区福利服务。

3. 2000年至今，凸显政府和社会责任

2000年，我国进入老龄化社会，人口老龄化、高龄化、空巢化的增长加速，“未富先老”和养老服务供需之间的矛盾日益突出。正视养老服务需求，政府从这一阶段开始调整了角色，加大对养老服务的政策和资金的支持，开始扮演国家主导的角色，积极推动养老服务体系的建设事业，

开始致力于满足养老服务多样化、多层次需求。

（二）政府以立法形式积极推动养老服务政策的实施

养老服务政策的实施有赖于法律的保障，政策实施立法先行。

1. 制定《中华人民共和国老年人权益保障法》

新中国成立后，党和国家也一直非常重视老龄事业。出台了一系列保障老年人权益的法律法规和具体政策措施。1996 年，国家颁布《中华人民共和国老年人权益保障法》，确保了老年群体的利益不受损。

为解决我国老龄化快速发展及养老问题，2012 年 12 月 28 日中华人民共和国主席令第 72 号公布《中华人民共和国老年人权益保障法》修订案。新修订的《老年人权益保障法》中的第 18 条明确规定，与老年人分开居住的家庭成员，应当经常看望或者问候老年人，关心老年人的精神需求，不得忽视、冷落老年人；如赡养人在单位工作的，用人单位应当按照国家有关规定保障赡养人探亲休假的权利。“常回家看看”不仅是歌词里的语句，是法律规范，也是以立法形式积极倡导社会尊老爱老的社会意识。

2.《国务院关于加快发展养老服务业的若干意见》

为回应我国老龄化问题，政府于 2013 年出台了《国务院关于加快发展养老服务业的若干意见》（国发〔2013〕35 号以下简称《意见》），《意见》出台的目的是为了积极应对人口老龄化，加快发展养老服务业，不断满足老年人持续增长的养老服务需求。

《意见》制定的发展目标是：到 2020 年，全面建成以居家为基础、社区为依托、机构为支撑的，功能完善、规模适度、覆盖城乡的养老服务体系。提出未来养老服务的主要任务包括：（1）统筹规划发展城市养老服务设施；（2）大力发展居家养老服务网络；（3）大力加强养老机构建设；（4）切实加强农村养老服务；（5）繁荣养老服务消费市场；（6）积极推进医疗卫生与养老服务相结合。

《意见》的宗旨实现将有利于保障老年人权益，共享改革发展成果；有利于拉动消费、扩大就业；有利于保障和改善民生，促进社会和谐，推进经济社会持续健康发展；有利于代际矛盾的解决；有利于构建和谐家庭的目标实现。它成为未来我国养老服务事业的指南。

三　积极老年视域下的社区养老服务策略

（一）倡导“积极老年”政策，维护老年人权利与尊严

早在20世纪80年代，联合国就开始探索如何解决人口老龄化问题。1982年，由联合国倡议的第一次老龄问题世界大会在维也纳召开。大会通过《维也纳老龄问题国际行动计划》，敦促各国政府和国际社会高度重视老龄化问题，切实保障老年人的权益。

为进一步增强国际社会对人口老龄化问题的重视，1990年12月14日，联合国大会通过决议，决定从1991年开始，每年的10月1日为“国际老年人日”。联大还于1991年通过《联合国老年人原则》，确立了关于老年人地位五个方面的普遍性标准：独立、参与、照顾、自我充实和尊严。

1996年，世界卫生组织针对应对健康与疾病问题，提出了“积极老龄化”；2002年，联合国第二届世界老龄大会将这一理念写进《马德里老龄问题国际行动计划》（简称《政治宣言》）。“积极老龄化”的意义在于，它并不将人口老龄化视为一个难题，而是要求以一个积极的心态来看待老龄化，它注重老年人的人权，尊重老年人的选择，要求消灭对老年人的年龄歧视，让老年人融入社会而不是被社会排斥，创造条件让老年人做喜欢做的事，使人们老有所养、老有所学、老有所用。其实质是旨在构建一个和谐的社会，在当时的提出是具有革命性的意义的。

2013年，联合国秘书长潘基文在国际老年人日的致辞中再次强调尊重老年人。他指出，老年人从许多方面为经济和社会发展做出了贡献，但歧视和社会排斥依然存在。我们必须克服这种偏见。他鼓励各国政府和民众保护老年人的权利和尊严，并确保老年人充分参与社会活动。

以上宣传与倡导为各国应对老龄化提出了战略性的发展方针，为各国制定具体的为老服务的政策和制度提供了依据。同时，也成为我国养老服务政策倡导的重要理念。

虽然我国人口老龄化将对国家发展带来诸多可以预见和难以预见的风险挑战，但从长远看挑战中也蕴藏着发展机遇。国家应运用政府的导向作用，大力宣传积极老年的理念，以积极的心态和理性的制度以实施老龄化

战略，从物质、精神、制度、体制机制等方面做好应对人口老龄化高峰的战略准备，真正实施推动“老龄战略对策、老龄服务、老年经济供养、老年健康支持、老年宜居环境、老龄工作体系”等“六大体系”建设工作。

（二）探索社会养老服务体系：为老年群体营造和谐晚年生活条件

为积极应对人口老龄化，建立起与人口老龄化进程相适应、与经济社会发展水平相协调的社会养老服务体系，实现党的十七大确立的“老有所养”的战略目标和十七届五中全会提出的“优先发展社会养老服务”的要求，根据《中华人民共和国国民经济和社会发展第十二个五年规划纲要》和《中国老龄事业发展“十二五”规划》，国务院于2011年特制定了《社会养老服务体系建设规划（2011—2015）》，具体规范了三种养老服务体系的内容和服务标准，并在养老机构尝试推行服务标准指标化制度，期望不断提升服务水平，以满足老年群体不同层次、多样化的服务需要。

老人群体的晚年生活主要是依托其生活所在社区，友善的社区环境能够使老年人颐养天年，和谐的家庭关系能使老年人提升幸福感，生活、医疗保障能使老年人提升安全感。目前，在社会治理大背景下，政府倡导、支持全面建成以居家为基础、社区为依托、机构为支撑的，功能完善、规模适度、覆盖城乡的养老服务体系成为未来的工作重心之一。

（三）依托社区平台，为老年群体提供专业化服务

社区养老服务是居家养老服务的重要支撑，具有社区日间照料和居家养老支持两类功能，主要面向家庭日间暂时无人或者无力照护的社区老年人提供服务。

1. 社区照顾服务

目前，在城市，结合社区服务设施建设，增加托老设施网点，增强社区养老服务能力，打造居家养老服务平台。通过倡议、发动、引导志愿活动及建立劳务储蓄制度等方式，动员各类人群参与社区养老服务。鼓励健康老人、低龄老人为高龄老人服务，提倡邻里互助。在农村，结合城镇化发展和新农村建设，以乡镇敬老院为基础，建设日间照料和短期托养的养老床位，逐步向区域性养老服务中心转变。有条件的农村社区，可探索建

设社区老年日间照料服务设施，向留守老年人及其他有需要的老年人提供日间照料、短期托养、配餐等服务。

2. 家庭关系调处

随着家庭结构调整，核心家庭结构成为主流，家庭原有的自我照顾功能开始弱化，因照顾老年人而可能带来的家庭关系矛盾冲突更加显性，虐待老人、遗弃老人的现象也开始出现，代际矛盾冲突也有凸显的趋势。

协助老年人处理好家庭关系是营造老年群体幸福晚年生活环境和条件的基础工作，主要工作内容是修补或恢复年老夫妇的关系；建立跨代的良好家庭关系。

3. “老有所为”理念下的社区养老服务

在“老有所为”理念指导下，依托社区，开展各类养老服务活动，充分发挥老人的特长或优势，设计个性化的服务方案，支持老年人有机会发挥“余热”，为老年人营造持续实现其价值的人文关怀的养老环境。

参考文献

[1] 佟新：《平衡工作和家庭的个人、家庭和国家策略》，《江苏社会科学》2012 年第 2 期。

[2] [美] 理安·艾斯勒：《国家的真正财富——创建关怀经济学》，高铦、汐汐译，社会科学文献出版社 2009 年版。

[3] 左际平：《改革中城市“家庭抚养”的性别建构》，《清华社会学评论》2000 年第 2 期。

[4] [美] 罗丽莎：《另类的现代性——改革开放时代中国性别化的渴望》，黄新译，江苏人民出版社 2006 年版。

[5] 左际平、蒋永萍：《社会转型中城镇妇女的工作和家庭》，当代中国出版社 2009 年版。

[6] 左际平：《从多元视角分析中国城市的夫妻不平等》，《妇女研究论丛》2002 年第 1 期。

[7] 金一虹：《“铁姑娘”再思考——中国文化大革命期间的社会性别与劳动》，《社会学研究》2006 年第 1 期。

[8] 佟新、杭苏红:《学龄前儿童抚育模式的转型与工作着的母亲》,《中华女子学院学报》2011 年第 1 期。

[9] 刘伯红、张永英、李亚妮:《工作和家庭的平衡：中国的问题与政策研究报告（2008)》，国际劳工组织课题，2008 年。

发展型家庭政策视角下我国农村空巢老人养老问题探析

矫　扬*

摘　要：解决我国农村空巢老人的养老问题，具有相当的紧迫性和必要性。发展型家庭政策本身所具有的发展与支持、以人为本的理念，使其能够融入到家庭养老、社会养老和社会养老保险的实现过程中。同时家庭社会工作通过提供专业化的家庭服务，能够有效地解决我国农村空巢老人的养老问题。

关键词：发展型家庭政策；农村空巢老人；养老；家庭社会工作

笔者对农村空巢老人这一群体的关注，始于2009年11月19日人民网《天冷了，谁来照顾你　俺的留守爹娘》这篇文章的报道，正如文章开头所说，“随着我国城市化和工业化的不断加快，农村劳动力大规模向城市流动。子女外出务工，老人留守家中，出门一孤影，进门一盏灯，让人倍感心酸”。① 发展型家庭政策作为社会政策的组成部分之一，旨在将发展的理念和目标融入家庭福利功能的实现过程中。因此，有必要从发展型家庭政策的角度出发，并整合现有养老资源，探究家庭社会工作在解决农村空巢老人养老问题中的重要作用。

一　对发展型家庭政策的基本认识

家庭作为社会的细胞和个人社会化及获取福利资源最重要的场所，构

* 矫杨，中华女子学院性别与社会发展学院副教授。

① 《天冷了，谁来照顾你 俺的留守爹娘》，http：//www. people. com. cn，2009年11月19日。

成了人类社会迄今为止最基本、最普遍的基础性社会组织。随着经济社会的发展和变迁，家庭的结构组成、功能实现方式和成员关系也在不断地发生着变化，进而人们对家庭本身及对家庭问题等领域的研究有了新的认识和思考。家庭政策是西方福利国家基于解决社会问题以及改善家庭成员福利的考虑而作为社会政策的组成部分逐渐发展成熟的一项重要举措。

发展型家庭政策以预防社会问题和实现家庭的福利功能为实践依据，试图借助有效的政策措施和福利服务来帮助留守儿童、空巢老人等弱势群体永久摆脱在生活与发展、社会参与、养老、就业等方面的制度性障碍，同时通过普遍而广泛的社会公共与福利服务帮助所有家庭成员和社会群体提高其生活、发展的质量。因而，发展型家庭政策是以人力资本理论和公民社会理论为主要理论依据，从预防的角度出发，与发展的理念和目标密切结合，旨在支持和增强家庭功能的实现、促进经济社会与人的协调和可持续发展的一种社会政策模式。综合学术界的研究，可以发现，发展型家庭政策的干预策略主要包括三种，第一种策略是保护儿童与支持家庭，具体内容有以收入减免税和儿童或家庭津贴为主要形式的现金帮助；将育儿休假、亲职假等及教育补贴包含在内的工作福利；有关针对婚姻、妇女、儿童、老人和残疾人等的家庭服务和政策法律。第二种是帮助家庭成员实现工作与家庭责任平衡的策略，如法国所采取的儿童照看政策；统一后的德国实行弹性工作时间和非全职工作制度；日本颁布了《工作与生活协调宪章》和《推进工作与生活协调行动指针》，并将育儿休假制度法制化，出台并实行《育儿护理休假法》。第三种是预防与早期干预策略，如英国成立了“全国家庭和亲职中心”，为所有家庭提供辅导和支持性的有关服务。[①] 还有学者将家庭服务划分为七大类，即经济或实物援助、辅导服务、实务助理或辅助服务、家庭生活教育、家庭暴力受害者的庇护服务、破裂婚姻调解服务、保护儿童服务。[②]

当前我国正处于经济社会急剧转型的关键时期，市场经济和政治体制的改革都在不断完善的过程中，同时贫困、失业、人口老龄化、家庭功能日益弱化等一系列的社会问题和风险不断涌现出来。其中较为突出的是伴随着人口老龄化和农村剩余劳动力向外流动带来的农村“空壳化”和大

---

① 吕青、赵向红：《家庭政策》，社会科学文献出版社 2012 年版，第 59—65 页。

② 徐永德：《家庭政策与家庭福利》，《社会福利》2002 年第 7 期。

量的农村空巢老人群体的出现。因此，十分有必要从发展型家庭政策的角度出发，认真分析和探究我国农村空巢老人的养老问题。

二 发展型家庭政策视角下研究我国农村空巢老人养老问题的重要性

笔者认为，需要从我国农村空巢老人群体在身体和精神、物质和心灵等多方面养老生活问题的紧迫性，以及目前相关学术研究、政策实施和实践服务等必要性层面加强对这一问题的认识和理解。

（一）研究和解决当前我国农村空巢老人养老问题的紧迫性

研究和解决目前我国农村空巢老人的养老问题，首先需要对农村空巢老人群体有较为清晰的认识。农村空巢老人群体与农村空巢家庭的出现是相伴而生的。农村空巢家庭是由于子女成人后长时间搬离或离开自己曾经长大的家庭或社区，只留下父母单独居住的家庭。伴随着农村空巢家庭的出现，留守在家中的老人自然也就成为了农村空巢老人。目前我国因农村生产要素大量外流而导致农村出现“空壳化”的现象不在少数。根据民政部的数据显示，目前我国城乡空巢家庭超过50%，农村留守老人约4000万。①

1. 农村空巢老人群体的类型划分

笔者借鉴涂尔干对自杀类型的划分方法，从某一问题的产生原因来划分其类型，即运用溯因式方法来探讨农村空巢老人群体的几种类型。第一种也是学术界主要研究的类型，即伴随着农民工的出现而出现的农村空巢老人群体。随着我国工业化、城市化和现代化的加速推进，在农村贫困、落后、不发达等强大的“推力”和城市收入高、机会多、条件好等强烈的“拉力”作用下，农村青壮年劳动力大规模流向了大中小城市务工经商。受户籍、住房、生活方式、教育等种种条件的约束，许多农民工不得不把家人留在农村。由此，农村便形成了一个以妇女、儿童和老人为主体

① 吕青、赵向红：《家庭政策》，社会科学文献出版社2012年版，第117页。

的留守群体。[①] 第二种是与子女长时间分开居住的农村空巢老人。改革开放以来，随着家庭逐渐小型化和价值观念的变迁，越来越多的已婚子女倾向于与其父母分开居住。据世界银行发布的《中国农村老年人口及其养老保障：挑战与前景》报告指出：20 世纪 90 年代以来，随着农村年轻人大量向城镇流动，与成年子女同住的农村老人比重已从 1991 年占 70% 下降到 2006 年的 40% 。[②] 第三种是农村中无儿无女的孤寡老人。其中包括一些早年参军的退伍老兵，因某些原因而在年老时孤独一人而居。这一类型的老人是典型的农村空巢老人。此外，还有一种类型是除农民工外，子女移居外地上学、就业或移民他国而其父母留守农村的老人。

2. 农村空巢老人群体的养老困境

笔者结合有关调查资料来说明农村空巢老人的养老生活现状，尤其是其中存在的问题。首先，农村空巢老人的身体健康状况不容乐观，医疗卫生问题普遍突出。我国首次“全国城乡失能老年人状况研究”显示，2010 年末全国城乡部分失能和完全失能老年人约有 3300 万，其中完全失能老年人 1080 万，占在家庭居住老年人口的 6.4% 。预计到 2015 年，我国部分失能和完全失能老年人将达 4000 万人，其中完全失能老年人口将超过 1200 万人。[③] “中国农村留守老人研究”课题组调查发现，农村空巢老人因担心去医院看病高昂的医药费，以至于生了病常常就近就医，去大医院的很少很少。老人生病了常常拖着不去看，或者买最便宜的药，甚至有病不医。[④] 其次，农村空巢老人“空巢”又“空心”，精神慰藉和心理需求远未得到满足。“空巢又空心”往往使老人了无生趣，甚至濒临绝望。然而，多数子女普遍把赡养义务理解为物质供养，而缺少对老人进行精神和心理上的关怀。不难想象，有多少农村空巢老人在独自过着“出门一把锁，进门一盏灯”的寂寥生活。再次，农村空巢老人几乎没有休闲娱乐活动，活动场所奇缺。

---

① 《中国农村“空心”之痛》，http：//www. chinadaily. com. cn/dfpd/zhejiang/2011 - 09 - 07/content_ 3714328. html，2011. 9. 05。

② 黄河：《脆弱的空巢——“老无所依”系列报道之四》，http：//news. qq. com/zt2012/living/kongchao. htm。

③ 贾立君、宗巍、曹健、杨一苗、潘林青、周慧敏：《3300 万失能老人身处窘境 护理难养老院不愿接收》，http：//gongyi. ifeng. com/news/detail_ 2012_ 07/25/16283984_ 0. shtml？_ from_ ralated，2012. 7. 25。

④ 《天冷了，谁来照顾你 俺的留守爹娘》，http：//www. people. com. cn，2009. 11. 19。

既缺乏子女的精神关怀，又因农村社区缺少文化娱乐活动和场所，这些“精神空巢”的老人渐渐对生活丧失热情和信心。在一些老边地区，除了看电视、聊天外，留守老人基本没有什么其他消遣的方式。有的村里根本没有老年活动室或者老年协会组织。甚至有的家庭连电视机也没有。最后，农村空巢老人物质生活水平太低，养老经济基础缺乏保障。

由此可见，重视解决农村空巢老人的养老问题具有相当的紧迫性和重要意义。首先，养老不可等待，生命不容漠视。须知“树欲静而风不止，子欲养而亲不待”。农村空巢老人的边缘生存状态显然违背了社会公平、正义的原则和目标，更不利于共同富裕目标的实现。尽快妥善解决我国农村空巢老人的养老问题，是尊重和维护我国农村空巢老人的合法权益、完成和彰显政府对个人的社会责任的充分体现。其次，农村空巢老人养老问题的解决，不仅有助于改善老年人的养老生活状况、充实和完善家庭政策和社会保障制度的内涵、推动社会和谐发展，而且对于在市场经济发展大潮中促使孝道回归、重塑人文关怀、传播家庭文化、更新“价值真空”状态具有极其重要的意义。再次，解决农村空巢老人的养老问题，能够有效地推动我国家庭政策的进一步发展和政府公共服务职能的实现，同时促进家庭稳定和谐，促进和谐社会建设。

（二）发展型家庭政策视角下研究我国农村空巢老人养老问题的必要性

以发展型家庭政策为视角来研究我国农村空巢老人的养老问题，需要从学术研究、政策实施和服务实践三个层面来进行分析和探讨。

1. 学术研究：家庭政策研究有关养老内容与类型的严重不足

有学者对我国家庭政策三十多年的学术研究成果进行统计后数据显示，在 470 篇以家庭政策的内容与类型研究为主的论文中，涉及养老的研究论文仅有 11 篇，占总数的 0.023%。[①] 此外，从有关家庭政策研究的整体状况来看，系统介绍国外家庭政策发展的成功经验的研究居多，而针对养老内容的家庭政策研究者则少之又少。全国妇联妇女研究所在对部分国家家庭政策的介绍中专门论述了法国、美国、日本和新加坡在应对人口老

---

① 祝西冰、陈友华：《中国家庭政策研究：回顾与相关问题探讨》，《社会科学研究》2013 年第 4 期。

龄化的家庭政策措施。[①] 由此可见，学术界针对农村空巢老人这一群体的养老问题研究非常缺乏，有关养老的家庭政策研究成果更是严重不足，因此应加强此方面的探讨和研究。

2. 政策实施：相关政策法规的落实有待完善

现行的《中华人民共和国老年人权益保障法》（修订草案）尽管增加了社会服务、社会优待、宜居环境等内容，但专门针对农村空巢老人及其子女的赡养权利和义务的规定不够具体和完善。各地有关农村空巢老人养老的专门性政策法规也相当欠缺。因此，需从政策制度层面加强对有关农村空巢老人养老问题的家庭政策的研讨并出台相关有效措施。

3. 服务实践：现有的几种养老方式尚未完善

众所周知，传统上依靠土地进行养老的家庭养老功能日益弱化，机构养老因服务质量差、公信力低等原因而不尽如人意，社区养老因规模小、设施不够健全等因素导致无法进一步发展壮大，社会养老保险因保障水平低等原因无法全面覆盖老年人群体，这一系列的实践难题需要重新思考如何从家庭政策角度来妥善解决农村空巢老人的养老问题。

综上所述，充分认识农村空巢老人的养老困境和解决问题的必要性，具有重要的意义。笔者认为，应重新整合我国现有的养老资源，结合发展型家庭政策的理念和家庭社会工作的优势，尝试性探索解决我国农村空巢老人的养老问题。

三　发展型家庭政策视角下解决我国农村空巢老人养老问题的路径

笔者认为，探索解决我国农村空巢老人的养老问题，应以发展型家庭政策为研究视角，重新整合我国已有的、有效的养老资源，打破目前几种主要养老方式各自单独发挥作用的局面，将发展型家庭政策的理念融入家庭福利功能实现过程中，强调突出家庭社会工作在提供家庭服务、建设家庭文化、完善家庭政策等方面的优势。如图 1 所示，笔者提出了发展型家庭政策视角下解决我国农村空巢老人养老问题的探索路径。

---

① 全国妇联妇女研究所：《部分国家家庭政策介绍》，《中国妇运》2014 年第 1 期。

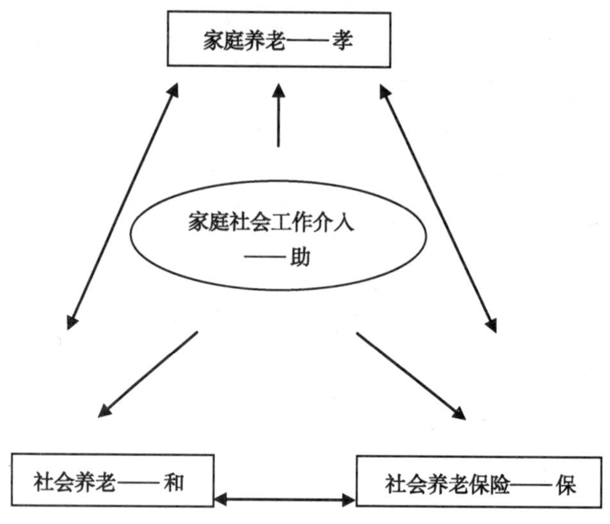

图1　发展型家庭政策视角下解决我国农村空巢老人养老问题的探索路径

在图1的探索路径中，笔者认为，家庭养老、社会养老和社会养老保险是目前主要的几种养老方式和资源。家庭社会工作的介入，旨在发挥其作为服务者、使能者、资源提供者、协调者、中介者等角色功能，因而作为核心同时融入于其他三者之中。从整体而言，该探索路径中四种主要养老方式和资源彼此相互联系、相互影响，并且集家庭养老之“孝”、社会养老之“和”、社会养老保险之“保”及家庭社会工作介入之“助”的特色和长处于一体，充分体现了发展型家庭政策发展与支持、以人为本的理念。

（一）现有养老方式和资源的优势基础

首先，作为初级群体典型代表的家庭，尤其是处于我国几千年来家国同构的格局或者如费孝通教授所称的“差序格局”中，至亲至密的家庭关系是任何其他个人和群体所无法替代的。因而，从这一意义来说，家庭养老仍然是而且必须是我国农村养老的最基本的方式。同时，子女赡养老人是其必须履行的责任和义务，尤其是对于农村空巢老人来说更是如此，因为在外打拼的子女是他们生活的全部寄托和希望，因而，“常回家看看”不仅仅是表面上哼唱的一句歌词，更应该成为子女们常驻心间的一个警钟。再者，家庭养老具有其他养老方式所不可替代的优势。老人与子女之间的感情是天然的，因而在照顾老人的过程中出现的许多问题都会因这种源于亲情的爱而迎刃而解。而且老人无需迈出家门半步就能享受到儿女们的精心照料，这是社区养老、机构养老所不具备的。

其次，社会养老主要包括社区养老、机构养老、居家养老等方式。就目前我国农村地区的发展程度而言，社区养老具有较大的可行性。由于我国农村社区具有人口同质性高、人际关系较亲密、居民生活方式相同、社区认同感强等特点，因而农村社区养老可充分利用这一长处，形成城市社区不可比拟的自身优势。受中国传统社会文化的局限和人们思想观念的束缚，中国老年人及其家庭对机构养老持有很大的抵触心理，往往视其为最后或最无奈的选择；机构养老在开展服务的过程中因其非人化而备受争议，更使老年人望而却步。[①] 因此，农村社区养老可借势将机构养老并入自身运作过程中，因为农村社区养老不需要兴建大量的房舍。也不需要雇用太多的工作人员。我国农村社区的血缘关系较为浓厚，人们非亲即故，同村的邻里之间交往频繁，人际关系比较密切，社区成员很容易被动员起来实行养老互助。[②] 最后，新型农村养老保险制度的推行，在很大程度上体现了以人为本的宗旨和目标，切实增进了农民福利并促进了公平与效率的结合。

（二）发展型家庭政策理念的融入和家庭社会工作介入

有国外学者指出，发展型家庭政策的理念基石是：第一，面对全球化的挑战，只有坚持以人为本，保障并支持人的发展需要，一个国家的经济和社会发展方才具有强劲的动力和可持续性。第二，家庭对于个人的生存质量和发展机遇都具有决定意义，政府用于增强和实现家庭功能、保障儿童发展需要的投入实际上是对社会未来的明智投入。[③] 笔者认为，正是由于发展型家庭政策本身所具有的发展与支持、以人为本的这种理念，使得

---

① 翟金秀：《加拿大老年人社会工作的优势思考与本土化反思》，《学习与实践》2011 年第 1 期。

② 张大勇、于占杰：《家庭支持网与农村空巢家庭养老问题》，《安徽师范大学学报》2007 年第 3 期。

③ Department of Family and Community Services，Commonwealth of Australia，Stronger Families and CommunitiesStrategy，1999（www. facs. gov. au）. The Stationery Office，U. K. Supporting families：A Consultation Document，1998（www. homeoffice. gov. uk）.

其能够融入家庭养老、社会养老和社会养老保险的实现过程中。

家庭社会工作是社会工作者以尊重、接纳、个别化和人性化等为专业价值理念，运用专业理论知识和实务方法与技巧，整合家庭及社会资源，向家庭及其成员提供专业化的、旨在增强和实现家庭福利功能的家庭服务和社会服务。家庭社会工作强调从家庭整体的角度来分析和理解家庭及其成员遇到的各种问题，并协助家庭成员处理赡养、亲子关系、家事管理等诸多问题，通过提供专业支持来有效地缓解家庭矛盾，从而改善家庭福利，提高家庭服务的质量，推动家庭政策的持续发展。

具体而言，在家庭养老方面，我国可借鉴新加坡“家庭为根”的相关家庭政策经验，如政府鼓励多代同堂居住并提供购房补贴和医药补贴，来实现家庭的养老功能。新加坡将老年人称为“乐龄”人士，即年老了更要快快乐乐地生活，反映了一种健康积极的人生态度和新加坡社会对老年人的尊重与爱护。[①] 家庭社会工作者可发挥空巢老人与外迁子女之间感情沟通和赡养行为的桥梁作用，通过为双方提供专业化服务，强化子女赡养老人的意识和责任，并自觉见证于实际的赡养行动中，以使老人颐养天年。

在社会养老方面，新加坡设立了家庭服务中心，政府提供服务场所并规划服务方向，通过购买社会服务的方式向各慈善团体、民间组织统一进行招标，并对中标团体的服务进行评估。其目的在于通过团体提供高质量、可信赖的护理、精神慰藉、兴趣拓展等社区服务，来满足居民的多元化需求。[②] 目前我国部分城市已在实行政府购买社会工作服务的方式，来为我国公民提供专业化的支持和服务。家庭社会工作者可充分挖掘社区内和社区间的养老资源，实现养老资源的优化配置及合理利用。同时，还可借鉴城市社区照顾的一些成功经验。如济南市槐荫区、青岛市市南区在社区照顾实践中注重社区居委会中介作用的发挥。居委会在日常的社区工作过程中发现了社区老人的种种需求，进而发挥了中介者的作用。社会工作者还可以搭建网络平台，调动社会资源。“青岛公益网”就是这样一个通过倡导企业进行慈善行为和招募社区义工及志愿者来筹集经费和整合资源的网络平台。[③]

---

① 吕青、赵向红：《家庭政策》，社会科学文献出版社 2012 年版，第 93—94 页。

② 吕青、赵向红：《家庭政策》，社会科学文献出版社 2012 年版，第 94 页。

③ 李宗华、李伟峰、张荣：《老年人社区照顾的本土化反思》，《甘肃社会科学》2009 年第 4 期。

在社会养老保险方面，家庭社会工作者可行使资源提供者的角色，通过多渠道向农村宣传“新农保”政策，提高农民对“新农保”的认知程度，提高参保率。这样便拓宽了养老保险的覆盖范围，使得全体农民，特别是农村空巢老人能尽快地享受到养老保险的实惠。同时，倡导大型企业进行慈善募捐行为，促使筹资渠道多元化以保证养老保险制度得以持续性发展。

家庭社会工作可通过建立专业社会工作服务机构，为有需求的农村空巢老人提供针对性的专业化服务。如遵循尊重和接纳、案主自决、个别化的工作原则，通过怀旧和生命回顾等技巧为老年人提供心理辅导和增强老年人的权利意识。通过建立空巢老人互助小组和兴趣小组，为其搭建社会支持网络，提升其自身生命价值。在社区工作中，社会工作者应先进入农村社区，并与当地村委会和有关机构建立关系。一方面通过多渠道宣传优良的传统道德文化，努力在农村形成尊老、孝老、养老、助老的文化氛围；另一方面，针对“精神空巢”问题，可以以乡镇和村委会为依托，以慈善组织、民间团体、大学社团和社会工作专业组织等为服务主体，尤以社会工作组织为重，以政府资助或慈善捐款等为筹资渠道，首先为本社区建立完善相关娱乐、休闲、健身等活动场所和基础设施，然后和村委会组织、招募、培训相关志愿者和团队，使之为农村空巢老人提供丰富精神生活、增强社区凝聚力的相关服务。此外，家庭社会工作还应在临终关怀方面发挥专业优势，为空巢老人及其家庭成员提供精神安慰，促使其能够理性地面对死亡和生命的周期。

发展型家庭政策视角下解决我国农村空巢老人养老问题的探索路径因具有较强的可操作性、高度的资源整合性和多元选择性，因而能够通过提供专业化的家庭服务来有效地解决我国农村空巢老人的养老问题，并推动发展型家庭政策得以持续性发展。

参考文献

[1] 吕青、赵向红：《家庭政策》，社会科学文献出版社 2012 年版，第 12 页。

甘肃新农村社会养老保险农保问题调查研究

——以榆中县为例

曹建民[*]

摘　要：2012 年我国基本实现新型农村社会养老保险全覆盖，新农保的可持续性、适用性和效果如何？城乡养老体系的双轨制如何化解公平性和碎片化问题？笔者深入甘肃榆中县农村，调查了解了新农保试点的情况，提出了一些对策思路。

关键词：新农保；普惠；并轨；公平性；法治化

养老保险是国家对公民在年老时，由政府和社会依法给予物质帮助，以保障公民基本生活需要的制度，是国家的基本社会保障之一。《中华人民共和国宪法》规定了公民在年老的情况下，有从国家和社会获得物质帮助的权利。《中华人民共和国社会保险法》规定“国家建立和完善新型农村社会养老保险制度（以下简称“新农保”）。新型农村社会养老保险实行个人缴费、集体补助和政府补贴相结合。”“新型农村社会养老保险待遇由基础养老金和个人账户养老金组成。参加新型农村社会养老保险的农村居民，符合国家规定条件的，按月领取新型农村社会养老保险待遇”。在中国历史上，从来没有拿退休金的退休农民，国务院《关于开展新型农村社会养老保险试点的指导意见》决定：自 2009 年起在全国 10% 的县开展新型农村社会养老保险试点，到本届政府任内基本实现全覆盖。新农保政策第一次明确了农民养老的政府责任，是政府本着“多予少取”的原则为农民办的好事，是继取消农业税以后最大的一项惠农措施。甘肃有农村人口 1783 万，占全省人口的 67.8%，农民的老龄化和养老问题还很

---

* 曹建民，甘肃省委党校法学部教授。

严重。笔者调查了甘肃榆中县新农保的情况。

一 国内外农民养老保险研究现状

从国外看，1889 年德国颁布《老年和残疾保险法》，标志着现代养老保险制度的正式建立。二战后英国《贝弗里奇报告》的出台，宣告普遍保障的福利国家理论诞生，英国开始建立不分农村城市的社会养老保险。美国在罗斯福当政期间，为了缓解养老等社会矛盾，国家从干预经济的角度于 1935 年颁布了《社会保障法案》，规定了养老保险及其他津贴。西方国家已建立完善的农民养老保险体系，其理论流派主要有福利主义、新自由主义和中间道路三派。主要观点：一是在发达国家“左派要福利，右派要自由，既要增加政府的养老责任，又不能增加公民的税收，政府的权力受到制约，预算收入得以公开”①。二是在发展中国家，由于经济发展水平低下，缺乏财政收入、农民缺乏缴费能力、缺乏管理能力、地理和人口分散等因素，导致农村养老保险覆盖率很低，缴费型养老保险在发展中国家运行良好的并不多，而农民非缴费型养老计划可保障社会公平。其方式：要么针对农村人口开设独立的养老制度；要么直接将城市制度向农村延伸。印度由于实行民主制度，对农民迁徙限制放宽，加速了城乡养老保险一体化。国外农民养老保险理论和实践的启示是：获得养老是农民的权利，也是化解劳资双方矛盾的制度安排，而且法制化程度高，透明度高，基金来源多元化。但是国外的制度背景，如农村土地私有制、农业人口比例低、国家财政对农业给予大量补贴等与我国不同。

从国内看，中国历史上没有农民的养老保险，自给自足的自然经济，农民遇到风险只有家庭家族自我保障。在中国城乡二元社会中，用土地保障代替社会养老，国家财政不对农民承担养老保险。农民的养老保险是国家养老保险体系的短板，应是重点解决的问题。赵瑞政编著《中国农民养老保障之路》、晋洪涛《稳定性地权的养老保险替代效应：理论分析与实证检验——兼论土地永用与新农保政策下的农村土地制度改革》等国内研究对新农保及其基本理论做了系统的研究，解决了新农保的历史演

① 秦晖：《负福利拉大中国贫富差距》，《从感恩型福利观走向问责型福利观》。

变、内涵、原则、基金的征收体制、运营管理、发放、政府责任、建立个人账户、养老保险的统筹与转续、养老金待遇水平，养老模式的绩效等问题。由于缺乏针对新农保实施以来新问题的系统调查，新农保与老农保、城市居民养老保险、村干部养老保险、农民工和被征地农民养老保险的衔接，新农保与土地政策、计划生育政策、户籍政策的配套改革，存在着城乡养老体系的双轨制等公平性和碎片化问题，迫切需要解决。新农保的可持续性、适用性和效果还有待实践进一步证实。

我国新农保制度构建的特殊性在于以下六个方面。（1）参加我国新农保的农民不是真正的农业工人，劳资关系不明确。养老权利义务和责任主体也不明确。（2）面临养老金来源困难，缺乏财政支持，集体补助因村集体经济成为空壳而在大部分农村落空，现收现付造成空账问题和收不抵支。（3）农民工等流动人口形成人户分离，形成有人无户和有户无人的参保问题，存在城乡间大量重复参保问题。（4）新农保的地域间统筹、制度间统筹问题。在合并新农保和城镇居民社会养老保险后，需要实现多轨的省级统筹管理。（5）受市场化改革和养老意愿的影响，农民担心政策变化，捆绑式的缴费参保方式，片面追求参保率，导致不少农民退保、断保。（6）基层政府经办能力不足，保险公司模式与政府模式的选择，养老金能否进入股市等重点难点问题。

中共十八大报告提出：以增强公平性、适应流动性、保证可持续性为重点，全面建成覆盖城乡居民的社会保障体系。健全社会保障经办管理体制，建立更加便民快捷的服务体系。最近笔者深入榆中县农村，调查了解了新农保试点的情况。2009 年 11 月，甘肃榆中县被国务院列为全国首批新型农村社会养老保险试点县。县委、县政府高度重视，按照“规范起步、高效运行、稳步推进、全面覆盖”的工作思路，各乡镇积极行动，开展全面调查摸底、参保登记、资格审查、养老保险费收缴、基础养老金发放等工作，全县新农保试点工作取得了显著的成绩，获省级示范县称号。

二　榆中县新农保的基本情况和相关工作

（一）基本情况

1. 参保情况：截至 2012 年底，全县 23 个乡镇的农村居民满 16 周岁，不满60周岁的应参保人员25.01万人，已参保24.29万人（其中参保缴费人数为19.028万人，60周岁以上领取待遇人数为5.262万人），参保率达到了97.13%。从个人缴费各档次情况看，大多数农民年缴费标准为100元，人数为16.70万人，占参保缴费人数的86.40%；年缴费标准500元的1.18万人，占参保缴费人数的6.1%。2011年8月，榆中县在兰州市率先将“新农保”与城镇居民社会养老保险进行整合，统称“城乡居民社会养老保险”，统一缴费标准、待遇享受。这将意味着年满16周岁（不含在校学生）、不符合职工基本养老保险参保条件的城镇非从业居民，均可在60周岁以后按月领取养老金。

2. 基金收入：包括中央、省、市、县四级财政补助资金：中央财政拨付基础养老金；省级财政按缴费人数每人每年30元的标准补助，市级财政按缴费人数每人每年10元的标准补助，县级财政按缴费人数每人每年5元的标准补助及重残、计生“两户”缴费补助和个人缴费。

3. 基金支出：全县60周岁以上符合待遇领取条件的52620位农村老人已全部按时足额领到每月的55元基础养老金。

（二）榆中县所做的主要工作

1. 健全机构，制定方案。榆中县委、县政府把建立新农保制度作为统筹城乡发展、全力保障民生的一项重要课题来研究，超前谋划，主动介入。县政府成立了由县长担任组长的新农保试点工作领导小组，全面负责试点工作的组织协调、业务指导等各项工作，为全面开展试点工作奠定了良好基础。试点工作启动后，县财政先后落实了启动专项经费38万元，县政府常务会议研究同意新增社保局事业编制6名，专门负责全县新农保业务工作。各乡镇也相继成立了相应的新农保工作机构，确定了3名新农保经办员，每村确定了1名协办员，基本落实了办公场所，配备了桌椅、电脑等办公基础设施。健全了新农保工作网络，为新农保工作的顺利开展提供了有力保障。同时，在全县深入开展了调查摸底工作，建立健全了基础信息数据库。通过对全县农村居民年龄结构、农民人均纯收入、县财政支付能力等实际情况进行数据分析、反复测算，确定了全县参保人员缴费补贴和农村重度残疾人及计生“两户”的补贴标准，科学合理的制定了榆中县试点实施方案。

2. 精心安排，强化责任。部署各阶段新农保工作的重点和任务目标，并与各乡镇签订了目标责任书，要求各乡镇和相关部门把新农保工作作为头等大事来抓，各乡镇和部门提高认识，迅速行动，力争使榆中县的参保率全覆盖。并将该项工作的完成程度纳入年终目标考核。

3. 深入宣传，解读政策。为了使新农保政策家喻户晓，深入人心，永登县充分利用各种新闻媒体，采取群众喜闻乐见的形式，大力宣传开展新农保试点工作的重要意义、基本原则和各项优惠政策，让新农保制度深入人心，让广大农民群众看得见、听得懂、算得清、记得住，在充分理解政策的基础上自觉、自愿地踊跃参保缴费。

4. 学习培训，规范程序。为了进一步提高新农保试点工作的服务质量和水平，准确把握和严格执行新农保各项政策，确保试点工作规范运行，县上举办了 23 个乡镇 69 名新农保经办人员参加的新农保业务培训班，组织系统学习了《全国新型农村社会养老保险试点地区业务文件汇编》、《新型农村社会养老保险经办规程（试行）》等文件资料，详细讲解了新农保试点工作业务经办规程、财务管理、信息管理系统及统计报表等业务知识，对新农保业务的重点、难点分别作了认真细致地辅导培训。通过学习培训，基层新农保经办人员的业务素质和管理水平得到了进一步提高，使参保工作程序规范，合理运行，力求达到村不漏户，户不漏人，人不漏表，表不漏项的要求，把符合条件的农村居民全部纳入社会养老保险范围。

5. 严管基金，确保安全。新农保基金是农民群众安度晚年的“养命钱”，必须管好用好，规范运行。为此，榆中县建立了制度、经办、监管三位一体的管理体系，健全完善基金的风险防范和调剂制度，将基金纳入社会保障基金财政专户，实行收支两条线管理，确保基金收支平衡和健康安全运行。同时，通过深入调查了解，按照服务群众、方便群众的原则，选择农村合作银行作为新农保基金开户银行，设立新农保基金收入和支出专项账户，确保新农保基金安全运行。在基金缴纳过程中，榆中县严格执行“事前公开、过程公开、结果公开”制度，使整个基金的运作置于广大农民群众的监督之中，切实维护农民的参与权、知情权和监督权，坚决杜绝侵占、挪用等违法违规行为。

6. 养老金首发，普惠泽众。2010 年在来紫堡乡黄家庄村举行了全县新农保养老金首发仪式，2586 位老人领取了两个月的基础养老金 110 元，全县 60 周岁以上符合领取条件的 5. 05 万老人已发放到位。并开展了享受待遇人群回访活动和新农保工作群众满意度测评活动，加强了对新农保工作的宣传，收到了良好的政治社会效应。

7. 日常人口变动情况审核建档工作。16 周岁至 60 岁参保人员所需材料的审核已基本完成，个人账户的建立等工作正在进行完善，日常人口变动情况也在登记：当月到龄享受养老待遇新增人员花名册和死亡人员花名册，以便进行参保人员增减变化调整，按时兑现到龄人员养老金待遇，取消死亡人员养老待遇资格，防止养老基金流失，维护广大参保者的切身利益。

三 新农保政策建议

甘肃省新农保试点工作取得了一定的成绩，但还存在一定的差距和不足。在推行新农保制度过程中，需要采取关键措施：一是构建立法、行政、司法、社会四位一体的民主管理体制。这是新农保与土地政策、计划生育政策、户籍政策的配套改革，解决养老体系“双轨制”等可持续、公平性和碎片化问题的根本。二是根据《中华人民共和国社会保险法》和试点情况制定《新农保条例》，以法律形式明确诸如农村养老保险制度应遵守的原则、主要内容、农民法定退休年龄和待遇、管理体制、管理权的内容、配制、权限、流程和职责、行政机关的设置、资金来源、支付标准、基金运营、监督及相关责任等，做到有法可依，规范管理。确保农民养老权益，打消农民顾虑，推动新农保制度的健康运行和可持续发展。三是以新农保行政管理为核心，整合管理职责，用集中管理取代多头参与的分散管理。建立多功能的全国统一、便携的农民养老保险账户，克服碎片化，推动农民养老从形式普惠向实质公平转变。四是理顺新农保监管体制，构建新农保的立法、行政和司法相配套的体制，切实推行问责制，尽快改变司法机关缺位状态，以此推动新农保政务公开和基金透明度。具体而言，有如下五个方面。

（1）提高基金统筹层次，注意可持续发展和财政风险、养老基金的安全。目前新农保工作进展快，在改变农村养老供给总量短缺、效率低下的同时，不能过分追求覆盖面，现在一些省份养老金收不抵支，许多财政补助不到位，而且现收现付，个人账户只记账，造成了空账问题。通过提高基金统筹层次，促进地区公平和可持续发展，逐步促进农村养老保险的供给与需求平衡，力争把新农保这件好事办好、实事办实。要制定强化养老基金管理和运行的工作制度，实行收支两条线管理，增强透明度，确保基金安全、保值、增值。

（2）健全管理体制，增加工作经费，提高经办能力。由于我国新农保管理体制是在传统的政府部门分工基础上形成的分级分类分管体制，社会保险体系被分割为城乡。县人保局设新农合办，乡级设专干，村委会成员不属于国家公务员，是地方自治机构，不由政府支付工资，没有专门的经办编制。事权、财权划分不明确、不匹配，经办机构服务能力薄弱，民主化管理不规范，基金信息不透明，每月统计去世人员和新领取养老金人员的工作量大。县财政困难，各种参保表格、新农保政策宣传材料印刷费、办公基本设备购置资金不足，上级单位调研检查指导工作及兄弟单位考察学习接待等费用高。要按县级财政参保人数每人每年 1 元标准，落实工作经费。同时，新农保信息系统软件开发进展较慢，参保缴费各项工作靠手工抄录，严重影响了工作效率。全省农业人口较多，新农保工作业务量大面广，虽然县乡配备了业务专干，但村级经办人员依然偏少，影响了工作进度。

（3）及时研究解决工作中出现的新情况、新问题。农村人户分离，有户无人和有人无户人员的参保问题缺乏政策性指导，影响了参保率的提高。就农民工而言，分别按照户籍和劳动关系参保，导致既在农村参保，又在城市参保的重复参保现象十分突出，引起巨额财政的重复补贴。要解决片面追求参保率，子女不参保，老人享受不了养老的捆绑式参保方式。通过制定《城乡养老保险制度衔接暂行办法》，解决老农保、被征地农民养老保险、村干部养老保险、农民工养老保险、城镇居民养老保险与新农保制度的衔接与并轨问题，确保实现“六险并轨”的平稳对接和过渡，解决农村养老保险碎片化和标准不统一问题。

（4）通过法治化解决新农保中的公平性问题。由于城乡养老保险的“多轨制”和不同群体、不同区域养老的公平性问题，曾引发了一些矛盾和问题，影响了社会稳定，花费了许多精力财力至今仍未完全解决。加之农民担心政策变化，新农保在试点走向规范时应注意这个问题。建议国家制定《新农保条例》，总结试点经验，提高法治化水平，统一规范农民的法定退休年龄等各项政策，明确各方权利义务和责任，解决好新农保地区统筹和制度统筹问题，城乡缴费年限的认定和换算，中央财政在这方面发挥更大更积极作用，对财政自给率低的中西部地区给予更多支持，促进新农保公平发展。

（5）新农保并轨标准不一的衔接问题。人力资源和社会保障部 2012 年 12 月发布《城乡养老保险制度衔接暂行办法（征求意见稿）》，据悉，我国职工养老保险、新农保以及城镇居民养老保险将实现衔接转换。2012 年，新农保和城居保已经在全国各地全面实施，有的地方已经并轨。目前已经覆盖 4. 59 亿人，其中缴费人员 3. 28 亿人。征求意见稿明确，参加职保缴费年限满十五年的，可以申请从新农保或城居保转入职保；职保缴费年限不足十五年的，可以申请从职保转入新农保或城居保；参保人员无论是从新农保或城居保转入职保，还是从职保转入新农保或城居保，都将个人账户全部储存额（包括政府补贴部分）随同转移。有利于最大限度保障参保人员权益。

参考文献

[1] 曹建民：《中国农村社会保障制度研究——以西北贫困地区为例》，人民出版社 2010 年版。

[2] 曹建民：《对发展甘肃农村社会保障的思考》，《甘肃日报》2010 年 2 月 3 日。

[3] 郑功成：《更可靠的社会保障如何实现》，《人民日报》2012 年 11 月 26 日。

[4] 郑秉文：《未来 10 年如何建立更可靠的社会保障》，人大复印资料《社会保障》。

[5] 尹蔚民：《统筹推进城乡社会保障体系建设》，《求是》2013 年第 3 期。

[6]《中华人民共和国社会保险法》，《国务院关于开展新型农村社会养老保险试点的指导意见》，《甘肃省新型农村养老保险试点办法》，《甘肃省村干部养老保险试行办法》，《甘肃省被征地农民养老保险暂行办法》。

少数民族老龄社会与政策研究

杨国才*

摘　要：据调查结果发现：中国各少数民族人口随全国人口一起，共同进入了持续老龄化的状态，老年人口规模大、负担系数大，老龄化族际差异大的“两高三大”的特征。少数民族地区的老年群体不仅存在收入缺乏有效保障、而且两极分化相对严重、养老体系难以覆盖、看病依旧艰难、潜在资本丧失、精神归属难以维系、休闲娱乐方式单一、精神赡养明显缺乏等问题普遍存在。提出应统筹规划，整合资源，根据实际，制定政策。并在少数民族地区建立以家庭为基础、家族为依托、村落为支撑的社会养老服务体系。利用现有资源，整体或置换闲置的空心村、学校、乡镇企业以及空房等资源，使其转变用途，将其改造用于养老服务，使各民族老人安享晚年。

关键词：少数民族老龄社会；家族养老；村落支持；社会服务

我国自 1999 年开始就步入老龄化社会，2004 年老龄化水平达到 11%，2009 年达到了 12.5%，预计到 2015 年将达到 15%，到 2020 年将达到 18%，到 2045 年老龄化水平将达到 30%。由此可见，我国人口老龄化正在迅速地、大规模地到来，尤其是高龄人口的迅速增长明显（80 岁以上已占老年人口的 11.4%）。人口老龄化问题将成为中国面临的前所未有的新挑战。中国各少数民族人口随全国人口一起，共同进入了持续老龄化的状态，未富先老在少数民族地区更为突出，大多数人还没有致富就进入老年了。且表现为老年人口规模及其占总人口的比例增长快，75 岁以上的高龄老年人增速快，老年人口规模大，老年负担系数大，老龄化族际

* 杨国才，云南民族大学人文学院教授。

差异大的“两高三大”的特征。

一 老龄化及研究现状

老龄化已经成为全世界关注的热点、难点、焦点，而老龄化问题很大程度上是农村老年人养老问题，农村老年养老问题又主要是老年妇女养老的问题。由于女性在老龄人口中所占的比重远高于男性，老年妇女的问题已成为老龄化问题中最突出的问题；同时，人口老龄化中少数民族老龄化问题也正在凸显。

（一）国际上对健康老龄化的研究

国际上对健康老龄化问题的研究，可以追溯到1987年5月召开的世界卫生大会。当时大会把“健康老龄化决定性因素”列为老龄研究项目的主要研究课题。此后在哥本哈根会议上首次将健康老龄化作为战略提出，要求探讨人到晚年仍能维持健康体质，继续参与社会的方法和途径（1990年）。联合国第47届大会决定开展“健康老龄化全球行动”（1992年）。第15届国际老年学学会将“科学要为健康老龄化服务”作为主题，要求与会者重点研讨健康老龄化的可能性及其途径（1993年）。此后，欧美国家对于健康老龄化的研究日趋活跃。美国学者提出：“科研应注重创造健康、生机勃勃、自给自足的老年，使从靠人照应到死亡的那段生活越来越短，而不仅仅是延长寿命。”（罗伯特·巴特勒，1970）。美国政府高度关注老龄化问题，通过了以养老保险为主体的《社会保障法案》（1935年）；之后又颁布了《美国老年人法》、《禁止歧视老年人就业法》，并提高了社会保障支出津贴，修正了《禁止歧视老年人就业法》，取消了强制性退休的法律条文，禁止强制70岁以下的雇员退休。主张把大部分财政预算盈余投入社会保障事业（1999年）。联合国大会把健康老龄化定义为：指从整体上促进老年人健康，使老年人在体力、才能、社会、感情、脑力和精神等方面平衡发展（2001年）。可见，国际上从理论和法律法规切入，对老龄化问题进行了研究。

（二）中国对于“健康老龄化”的研究

中国对于健康老龄化的研究，要追溯到1990年首都医学院附属宣武医院老年医学研究中心承担联合国人口基金援助的“北京老龄化多维纵向研究”，而最早在我国提倡“健康老龄化”的是中国老年学学会会长邬沧萍教授，北京大学健康老龄与发展研究中心主任曾毅教授及其团队。随后涉及老年人生活质量、健康的研究逐年增多。为数不多的研究文献主要探讨了空巢独居老年妇女的人口发展趋势、生存状况、养老困境等。较有代表性的观点，如熊跃根认为养老观念缺失以及生活压力负担加重，使得传统的家庭养老模式风险增多，家庭养老功能在逐步弱化（1998）；穆光宗指出在满足物质需要的前提下，应更多关注空巢和独居老年女性的精神慰藉问题（2002）；刘畅强调，应加大对老年女性的关注力度，不仅要关心她们的物质生活更要关注她们的文化休闲生活，应努力为老年女性创造良好的精神生活条件（2006）；龚淑媚特别强调通过构建和谐家庭关系并借助社会外部辅助力量保障寡居女性的晚年生活质量；张龙则建议让老年人充分享受经济和社会发展成果的同时，引导、鼓励他们为经济社会发展继续贡献余力，使他们“老有所为，老有所乐”。贾云竹认为空巢和独居老年女性的养老需求结构会随着社会的进步而发生重大的变化，应重视养老法律法规建设，维护老年人的合法权益（2012）。近年来学术界对少数民族地区的家庭养老有所关注，但是没有对少数民族老龄化进行研究。

综上所述，无论是国外还是国内，很少有人关注少数民族老龄人群，也很少有人关注这一人群的现状，也很少为这一群体制定特殊的政策与法规。

二 少数民族老龄化及养老的状况

纵观以往关于少数民族老龄化和养老的研究，一是缺乏社会性别的视野，二是农村老龄养老、少数民族地区老龄化、空巢和独居女性老年群体往往只被作为一个单纯的变量或参照系，而未成为研究的主体。随着中国城市化发展的进程，在大城市中凸显出来的老龄化问题、少数民族地区老龄化问题、空巢和独居女性老年群体健康养老问题现已在中小城市、农村、少数民族地区凸显。然而学术界却很少有研究者针对大中小城市、农村、少数民族地区的老年群体的健康养老状况及政策进行深入调查研究。

（一）少数民族地区老龄化存在的问题

为了了解少数民族地区老龄化问题，有的学者对西藏山南和拉萨、内蒙古包头和赤峰、青海海北、湖北鹤峰、广西三江、湖北恩施、四川凉山、重庆巫山、海南琼中等少数民族地区的老年人这一特殊群体的生存状况，运用问卷调查并辅之深度访谈和参与观察的方法，对少数民族 比较集中的10多个地区的老年人进行调查。[①] 调查从经济收支、健康及医疗、住房及养老、精神文化生活四个层面进行。结果表明：中国少数民族地区老年人受到年龄、地域两大重压，在物质和精神方面处于相对贫困状态 。少数民族农村老龄化程度高于城市，比较值得关注的问题是老龄化程度城乡倒置，少数民族农村老龄人口占老年人口总数的70%以上，少数民族农村老龄化程度不仅高于城镇，也高于汉族地区。少数民族地区的老年群体不仅存在收入缺乏有效保障、而且两极分化相对严重、养老体系难以覆盖、看病依旧艰难、潜在资本丧失、精神归属难以维系、休闲娱乐方式单一、精神赡养明显缺乏等问题普遍存在。

从云南省的省情来看，云南有52个少数民族居住，其中有25个世居少数民族，15个是云南特有民族，16个为跨境民族。少数民族人口1533.7万人，占全省总人口的33.37%，是我国少数民族人口多、分布广的省份之一。截至2010年年底，全省老年人口为508.7万人，占全省总人口的11.07%，其中65岁以上的人口为350.6万人，占总人口的7.03%。2014年9月，云南60岁以上的老人达到544万，预计到2015年，全省60岁以上老年人口将达到680万，约占总人口的14.3%。[②] 而就云南的少数民族地区情况来看，不同地区有不同的特点。

如我和我的学生在民族地区调查时，个案访谈中也发现，大多数农村老年人只要还有一点劳动能力就仍然坚持劳动，而曾经过重的体力劳动与“小病不急看，大病就等死”的就医观念，使得他们存在很多疾病得不到及时治疗，常年积累下来已经多为大病或就医很难治疗，要花很多钱。因为挣钱难而“分外节俭”的老年人又回到了“忍病”的状态，[③] 结果到

---

① 周爱萍：《老龄化背景下少数民族老年人生活质量研究》，《云南民族大学学报》2012年第2期。

② 根据人口普查资料的数据。

③ 杨国才等课题组：《老年妇女尿失禁调查》，2012年8月12日于西双版纳调查。

晚年她们的身体处于亚健康状况。

同时少数民族农村老年人的精神健康也存在很多问题。农村老年人由于曾经一直从事体力劳动，脑力劳动有限，使得其晚年记忆力严重下降，出现所谓的“老糊涂”现象，这就需要子女更多的照顾。然而很多儿媳素来与老人不和，又有多少心思来照顾老人。农村社区里娱乐健身等基础设施建设不足，老年人兴趣爱好有限，晚年精神生活匮乏。而对于那些响应计划生育政策的现今50—60岁的农村人，“一孩”更增加了他们的养老风险，孩子如果生活条件好，还能为他们提供些经济支持，如果条件差甚至还会出现“啃老”现象。而对于那些唯一的孩子考学在外安家或唯一的孩子是女儿的家庭，父母与子女一起生活的可能性大大降低，空巢问题尤为突出。随着全面建设小康社会的不断深入，构建“和谐社会”、建设新农村的不断推进，少数民族地区农村社会养老保险问题越来越受到政府、理论界和学术界的广泛关注。长期处于社会保障制度边缘的少数民族农村社会养老保险制度，日益凸显出其有待完善的一面。如何在少数民族地区建立和健全一个科学、合理的符合少数民族农村实际情况的农村社会养老保险制度，已经成为我国政府面临的一个问题。例如西南边境城市普洱，有农业人口1754600人，除城中村人口、外出务工人员等参加城镇职工养老保险外，截至2011年年底，全市参加新型农村社会养老保险应参保人1242010人，实际参保缴费人数1117314人，参保率89.96%。[①] 可见，仍有少数农民以及边疆务工人员没有参保。其他地区少数民族参保存在的问题也不乐观。少数民族农村养老保险基金的筹集是以“个人交纳为主，集体补助为辅，国家予以政策扶持”，但由于少数民族地区农村集体经济的效益比较差，农民很少从集体经济中得到帮助，当地政府又不能给农民提供更多的补助，这就成了农民自己筹集资金的养老模式。实际上，相当一部分人都选择低档标准来进行缴费，结果导致少数民族地区年人均养老金有下降的趋势，而每年的物价水平都在上涨，养老金的实际购买力下降，老年人的基本生活根本得不到保障。甚至在一些民族地区参加养老保险的农民到60岁后只能领取到农保机构原来承诺养老金的一定比例，使投保人的权益受到极大地损害。导致少数民族老龄养老更艰难。

---

① 朱弘等：《云南省少数民族地区农村养老保险现状与对策探讨——基于对普洱市的农村养老保险调查》，《中国市场》2012年第22期。

（二）少数民族地区老龄人口未富先老

未富先老在少数民族地区更为突出，大多数人还没有致富就进入老龄。笔者曾运用社会性别的视角，选取云南一些特有民族，如白族、傣族、傈僳族、景颇族、独龙族等，在重点突出社会性别与边疆民族的双重特色的同时，对少数民族老年群体的生存及健康养老方式进行了调查，结果发现：各少数民族地区与全国其他地区一样，共同进入了持续老龄化的状态。不仅如此，在边境少数民族村落，也出现边境空心化和老龄化的趋势。我们在普洱哈尼族、芒市的傣族村落调查，得知大多数留在村落里的是老人和孩子；在许多白族村落调查，发现许多村落成为“空心村”、“老人村”、“老奶奶村”。例如大理白族名村周城，有 1 万多人，现在村里剩下的主要是“3869”的人群，即妇女、儿童、老人；[①] 在云龙的千年古村诺邓也同样是老龄化比较严重，人口呈现出负增长状况，老年人口规模及其占总人口的比例增长快，75 岁以上的高龄老年人增速快，老年人口规模不断提高，老年负担系数不断加大，老龄化族际差异大的“两高三大”的特征也不断出现。而且，在云南许多少数民族地区仍然普遍以家庭养老为主体，村民集体供养比例不高，老年社区尚未建立。这一点在德宏傣族、景颇族自治州特别明显，许多村落仍然保持家庭养老的模式。而家庭养老往往缺乏互助共济的功能，因为，在少数民族地区传统家庭养老是以个体家庭为单位，并以世系血缘为纽带，其养老的功能有明显的家族性和排他性。老人的生活质量与健康得不到保障；家庭养老的负担越来越重。

因此，少数民族地区农村的养老仍然以“养儿防老”为主。我们在丽江金沙召开小组访谈，访谈小组中有纳西族、白族、普米族老人。她们年龄在 60—80 岁之间，她们中的大多数已经进入赡养的年龄，通常儿女孝顺，也能安享晚年。然而，对于曾经那些有着四五个子女的 70—80 岁的老人，据笔者观察，如果老人留下了房产或收入、土地还好，子女们会出于老人手上的这些资产而选择照顾老人，反之则躲之不及。[②] 老人临老还要自己单独起灶生活，一些已经没有收入的老人为从子女那里要养老费

---

① 笔者 2014 年 12 月在云南大理周城调查所获得的资料。

② 笔者 2014 年 10 月在云南大理湾桥镇调查所获得的资料。

而伤心不已，甚至闹到法庭。

同时我们还发现，在西南地区的一些少数民族农村还存在这样的状况，老人直到生病动不了都是自己生活的，活着的时候子女不尽孝，过世后子女反倒要花几万元放鞭炮、大办酒席发丧，以表示自己的孝心。尽管如此，少数民族地区的人们仍然保持家庭养老的模式。在普洱的调查证明了这一点。

表1　普洱市少数民族养老模式调查

民族	家庭养老	社会养老			
		五保供养制度	社会养老保险	村民集体供养	老年社区
彝族	✓	✓	✓	✓	
傣族	✓		✓		
哈尼族	✓	✓	✓		
拉祜族	✓	✓	✓		
佤族	✓	✓	✓		
蒙古族	✓				
白族	✓	✓	✓		
满族	✓		✓	✓	
回族	✓	✓	✓		
傈僳族	✓				
布朗族	✓	✓	✓		
景颇族	✓		✓	✓	
瑶族	✓		✓		
苗族	✓		✓		

资料来源：朱弘等：《云南省少数民族地区农村养老保险现状与对策探讨——基于对普洱市的农村养老保险调查》，《中国市场》2012年第22期。

另外，由于少数民族地区地理环境的因素及社会发展的不平衡，人均收入较低、综合实力有限、社会保障体系不健全，在传统家庭养老受到冲击的状况下进入老龄化社会。因此，在未来一个相当长的时期内，少数民族人口的老龄化趋势将会持续下去，老龄化程度会进一步提高。

（三）少数民族老年社会保障不完善

为应对目前我国严重的人口老龄化趋势，缓解人口老龄化带来的社会问题，有关学者也进行了长期并且卓有成效的探索。政府部门采取了有效的措施，从1992年1月3日《县级农村社会养老保险基本方案》发布实施，到2009年国务院办公厅发布《国务院关于开展新型农村社会养老保险试点的指导意见》，再到2010年国家民政部、全国老龄办将云南省列入了全国基本养老服务体系建设12个试点省份之一。云南少数民族农村养老保险制度由老农保逐渐向新农保过渡，从传统的家庭养老向新型社会养老发展，从指导性建议向规范性原则发展。特别是国务院发布的《国务院关于加快发展养老服务业的若干意见》（国发〔2013〕35号），《意见》明确提出发展养老服务业的指导思想、基本原则（深化体制改革、坚持保障基本、注重统筹发展、完善市场机制等4个原则）、发展目标（服务体系更加完善、产业规模显著扩大、发展环境更加优化）、主要任务（统筹规划发展城市养老服务设施、大力发展居家养老服务网络、大力加强养老机构建设、切实加强农村养老服务、繁荣养老服务消费市场、积极推进医疗卫生和养老服务相结合）、政策措施（完善投融资政策、完善土地供应政策、完善税费优惠政策、完善补贴支持政策、完善人才培养和就业政策、鼓励公益慈善组织支持养老服务）、组织领导（健全工作机制、开展综合改革试点、强化行业监管、加强督促检查）等措施，为应对老龄化，发展老年产业发挥了很好作用。但是，综观所有关于老年养老和社会保障的政策，涉及少数民族地区少数民族人口的社会保障及能够实施的具体政策很少，如城市老年人的许多公共服务在农村、少数民族地区是缺少的。公交车免费、公医、60岁以上老人助养金等在少数民族地区的实施还十分有限。因此，参考发达地区的经验，根据少数民族地区的实际，不断完善少数民族地区养老政策迫在眉睫。

三 少数民族养老政策的完善与建构

随着人们期望寿命的增加，和生育率的大幅度快速下降的影响，老年人成了我国数量增长最快的人群，使得我国进入老龄化和高龄化速度最快的国家。然而，我国人口老龄化的问题在很大程度上是农村人口和少数民族人口老龄化的问题。解决老龄化问题，关键是解决好农村及少数民族老年人的养老问题。因为，我国农村人口最多，在农村人口中，又是少数民族人口占1/3。因此，要让老龄化问题及养老政策研究走向深入，我们呼吁政府、学术界，关注老龄化，必须关注农村、少数民族，在理论和实践上有利于探索少数民族地区老年群体健康养老的实践路径，才能真正制定家庭政策、维护家庭和谐，边疆民族地区社会稳定 。因此，在少数民族农村地区，必须进一步整合社会资源，发展新养老模式；加快医疗卫生体系的改革；以舆论监督为准则，发挥道德的协调作用；重视精神赡养，丰富老年人生活，从而提升少数民族地区老年人的养老生活质量。

第一，根据少数民族地区的实际需求，制定少数民族地区养老政策。《城市民族工作条例》自1993年8月29日国务院批准，国家民委发布施行以来，各地也出台一些具体的办法和实施意见。但是，力度不够，必须加大应对老龄化的法律法规的建设。

第二，弘扬中华民族的优秀传统伦理道德，倡导养老敬老，传承家族、家庭养老，儿女赡养父母。特别在少数民族地区这一点十分重要。因为，少数民族地区家庭、家族凝聚力强。

第三，老年人融入社会，参与社会发展。世界卫生组织在《积极老龄化：政策框架》中将“积极老龄化”界定为“参与”、“健康”和“保障”。如果说“健康老龄化”强调的重点是人在进入老年之后，尽可能长久地保持在生理、心理、智能等方面良好的状态，那么“积极老龄化”是指老年人要积极面对老年生活，不仅保持身心健康状态，而且作为家庭和社会的重要资源，要融入社会，参与社会发展。

第四，政府应尽快调整人口政策，以积极的人口对策化解深度人口老龄化进程中的社会压力与经济负担，转变方式，调整结构，切实加快少数民族和民族地区的经济社会发展。

第五，探索“以人为本，因地制宜”的养老服务模式。坚持“以人为本”的原则，根据民族地区老年人的不同层次需求，实行政府主导、制定标准、加强准入制度等行业管理，不断探索适合农村、各民族生活方式要求的社区日间照料服务中心、居家养老服务中心、长期托管服务中心、护理康复服务中心等类型养老服务模式，丰富服务内容，健全服务标准，满足民族地区老年人多层次、多样化的养老服务需求。

第六，投资主体多元化，引入民族民间资本兴办养老服务机构。靠政府有限财力是难以做到“广覆盖、保基本”，所以要鼓励社会力量和民族民间资本资助或兴办养老服务机构。政府要出台一系列优惠政策来支持和引导并加强行业监管，大力促进民族民间民办养老服务机构快速健康发展。

第七，尊重少数民族的宗教信仰，可以实行少数民族社会养老服务的宗教参与。也就是说，宗教与宗教机构帮助和支持少数民族养老事业的社会实践活动。因为，在少数民族社会，在熟人社会结构的村里，宗教参与的社会功能与少数民族家庭养老、社区敬老的少数民族生产方式和生活方式相统一。例如白族老人白天在本主庙里活动，吃饭，晚上回自己家里休息。

总之，应该统筹规划，整合资源，根据实际，制定政策，才能加强社会养老服务体系建设。因为，养老服务是一项长期的战略性任务，应与经济社会发展水平相协调，与人口老龄化进程相适应，统筹考虑，整体规划。在少数民族地区建立以家庭为基础、家族为依托、村落为支撑的社会养老服务体系。同时充分利用现有资源，整体或置换闲置的空心村、学校、乡镇企业以及空房等资源使其转变用途，将其改造用于养老服务，使各民族老人安享晚年。

参考文献

[1] 熊跃根:《中国城市家庭的代际关系与老人照顾》,《中国人口科学》1998 年第 6 期。

[2] 穆光宗:《家庭空巢化过程中的养老问题》,《南方人口》2002 年第 1 期。

[3] 刘畅:《老龄化社会与妇女问题——现状及发展趋势》,《中华女子学院学报》2006 年第 6 期。

[4] 贾云竹:《我国人口老龄化过程中的女性化趋势研究》,《人口与经济》2012 年第 3 期。

女性高级专家退休年龄研究*

王向梅**

摘　要：女性退休年龄的政策，不但影响女性职业发展，也是影响其养老待遇的重要因素。关于女性高级专家“60 岁退休”，自 1983 年开始就有相关的政策，但该政策并没有得以普遍执行。近期有关部门下发《通知》，规定具有高级职称的女性专业技术人员，年满 60 周岁退休。本文基于对女性高级专家退休政策演变及落实情况，分析《通知》的进步性和局限性，并结合现状提出相关建议，以期对今后相关部门落实政策提供相应借鉴。

关键词：女性高级专家；退休年龄；公共政策；性别研究

男女两性不同龄退休问题，长期受到各界关注，女性高级专家这一群体的退休年龄问题也一直是学界和社会热议的焦点。我国自 1983 开始出台关于高级专家退（离）休的规定，并在 1990 年出台针对女性高级专家退休年龄问题的规定。但由于多种原因，相关政策并未落实。2015 年，相关部门发文，规定具有高级职称的女性专业技术人员，年满 60 周岁退休，如本人申请，可在年满 55 周岁时自愿退休。可以说，该规定是对多年来各界争论的一种积极的政策回应，将有利于推进社会性别公正的退休政策解读和实施，不过也仍然存在潜在的问题。本文通过研究当前女性高级专家退休政策的得失，对今后政府部门制定包含性别视角的公共政策提供相应借鉴。

* 本文是中华女子学院重点课题“养老保险的两性分配研究”（项目号：KG10－02001）研究成果之一。

** 王向梅，中华女子学院系性别与社会发展学院女性学系副教授。

一 女性高级专家退休年龄相关政策回顾

女性高级专家是女干部的组成部分之一。关于女性高级专家退休年龄的政策，既有包含在宽泛的女干部退休政策中的规定，也有单独针对女性高级专家的规定。本文着重介绍与女性高级专家有关的法定退休年龄和高级专家退休年龄政策，并分析其落实情况和影响因素，以此来分析退休年龄政策变化及完善的空间。

（一）法定退休年龄

我国对于法定退休年龄的规定最早体现在 1951 年国务院颁布的《中华人民共和国劳动保险条例》，该条例规定男职工的退休年龄为 60 岁，女职工为 50 岁。1955 年国务院颁布的《关于国家机关工作人员退休处理办法》又规定了女干部的退休年龄为 55 岁。1978 年，根据第五届全国人民代表大会常务委员会第二次会议原则批准的《国务院关于颁布〈国务院关于安置老弱病残干部的暂行办法〉和〈国务院关于工人退休、退职的暂行办法〉的通知》（国发〔1978〕104 号）规定，目前我国男女法定退休年龄为：男年满 60 周岁、女干部年满 55 周岁、女工人年满 50 周岁。这一法定退休年龄，成为决定和影响后续女性高级专家退休政策落实的重要因素。

（二）高级专家退休年龄

法定退休年龄上的性别差异，近二三十年备受争议。国家相关部门对于各界的需求和呼声也做了政策回应，女性高级专家这个群体的退休年龄问题相对较早出现在相关规定中。

关于高级专家退休年龄的规定，最初没有作性别的设定。1983 年，《国务院关于高级专家离休退休若干问题的暂行规定》（国发〔1983〕141 号）规定，少数高级专家，确因工作需要，其离休退休年龄可以适当延长。副教授、副研究员等最长不超过 65 周岁；教授、研究员等最长不超过 70 周岁。基于此，可以发现高级专家这一群体的退休年龄问题开始受到政府关注。

（三）女性高级专家退休年龄

1990年，人事部《关于高级专家退（离）休有关问题的通知》（人退发〔1990〕5号）规定："女性高级专家，凡身体能坚持正常工作，本人自愿，可到60周岁退（离）休。"这是第一次针对女性高级专家退休问题出台的规定，其核心是"可60周岁退休"。这一规定对于保障女性高级专家的劳动就业权利和养老待遇，推进性别公正的退休政策，降低女性高级专家人力资源浪费等方面迈进了一步。但是这一"女性高级专家可60周岁退休"政策并未得以普遍执行。

2015年，中组部和人社部《关于机关事业单位处级女干部和具有高级职称的女性专业技术人员退休年龄问题的通知》（组通字〔2015〕14号，下文简称《通知》）规定：具有高级职称的女性专业技术人员，年满60周岁退休，也可以在年满55周岁时自愿退休。

从政策变化过程可以看到，国家对于女性高级专家退休年龄的认识在逐步细化，而且政策内容上有着内在的连续性和稳定性。从"延退"到"退休"，表明了国家对女性高级专家超出法定退休年龄的工作身份和待遇的认定有了实质性的变化。从宽泛的"高级专家"到具体的、针对性的"女性高级专家"，表明了国家对于女性退休年龄的分层认识，显示出对女性专业技术人才的重视。《通知》未在政策内容上做较大改动，但是却给出了较为明确的政策界定，即"年满60周岁退休"，较之于《通知》的"可到60周岁退（离）休"，更为清晰，而且更有刚性要求，其意义不言而喻。

二　女性高级专家退休政策实施综合分析

女性高级专家退休政策的落实并非一帆风顺，各地执行力度不一，甚至许多地方根本不执行，有的地方连最基本的女干部55周岁退休的规定都无法保证。

（一）政策落实情况

尽管自1983年开始国家出台了高级专家的退休政策，并在1990年特别规定了“女性高级专家可到60周岁退休”，但是该政策没有得以普遍执行，相关的人事争议不断见诸报端。

这方面已有大量的研究提供了佐证，也可以从相关妇联领导的发言中予以体现。时任全国妇联主席陈至立曾指出：“虽然中组部、人事部曾出台相关政策，规定县处级以上女干部和女性高级专家可以至60岁退休，但一些地方和单位不执行这一政策，要求女性一律55岁退休。”[①] 吉林省妇联主席关德伟在接受访谈时也指出，“从目前执行情况看，除少数省份外，大部分省（区、市）处级女干部、女性高级专家退休年龄依然为55周岁”。[②] 2010年，全国妇联和国际劳工组织退休年龄课题组在4个省选取4500个样本所作的调查研究显示，73.7%的人所在单位执行的是“女性比男性早退休”的政策，[③] 这也从一定程度上说明了大部分女性高级专家没有得以60周岁退休。

由此可见，女性高级专家“可到60周岁退休”的规定出台后的20年里并没有得到普遍执行。这也正显示出《通知》发布的必要性，不过如果不能全面认识政策与实践之间的落差及其原因，后续的政策执行依然会有新的问题。

（二）政策没有全面落实的原因

自1990年开始出台女性高级专家“可到60周岁退休”政策，历经15年，并未改变这一层次女性专业技术人才的退休状况，究其原因是非常复杂、多元的。

1. 政策界定的不严谨致使对政策的理解不一。理论界对于“可到60周岁退休”这一选择性规定的决定权在单位还是个人理解不一。支持决定权在个人的观点认为，《通知》中的“可”，只是阐述可行性或者可能性，是针对“身体能坚持正常工作”和“本人自愿”而言，55周岁后退休决定权在女性高级专家个人，而不在单位。“可到六十岁退休”国家赋予或者说认可的女性高级专家的劳动选择权，这个权利属于女性高级专

---

① 徐燕：《中国妇女维权现状——访十一届全国人大常委会副委员长、全国妇联主席陈至立》，《中国人大》2010年第10期。

② 陈瑜：《应将女性高级专家退休年龄延至60岁》，《科技日报》2010年3月12日。

③ 退休年龄问题研究课题组：《关于退休年龄问题研究报告（上）》，《中国妇运》2011年第5期。

家，作为一种选择性权利，女性高级专家可以放弃这个权利，但其他组织或个人不能违法剥夺。支持决定权在单位的观点认为，女性高级专家退休规定不是国家法定退休年龄规定，是考虑到充分发挥女性高级专家作用而制定的一种特殊的弹性延长退休的政策。该政策表明女性高级专家和单位之间就55周岁以后退休问题进行协商，协商一致的，可以55周岁以后办理退休，协商不一致的，执行国家法定退休年龄政策。

2. 关于人退发〔1990〕5号的部门解释或司法解释缺位。相关部门并未针对“可到60周岁退休”进行详细解释。在《劳动部办公厅关于处理劳动争议案件几个问题的复函》（劳办发〔1997〕15号）中规定：关于女性高级专家的退（离）休年龄问题。凡是受劳动法律、法规调整的用人单位，应根据《中华人民共和国劳动法》及国发〔1983〕141号、劳人科字〔1983〕153号的规定办理。此复函没有提及人退发〔1990〕5号文，直到《通知》发布之前，一直没有其他关于人退发〔1990〕5号文的部门解释或司法解释。在这种情况下，女性高级专家退休乱象频出，如果女性高级专家因退休年龄问题进行申诉，也很难获得成功。①

3. 人退发〔1990〕5号位阶较低。从法理学方面看，人退发〔1990〕5号位阶低于国发〔1978〕104号，因此女性高级专家“可到60周岁退（离）休”的规定没有改变女干部法定退休年龄，缺乏法律法规所具有的国家强制力。人退发〔1990〕5号文“可到60周岁退（离）休”是允许女性高级专家工作到60周岁办理退休手续，但这一规定并不改变法定退休年龄，因此，此前女干部的法定退休年龄仍为55周岁。这种情况使得政策的落实面临重大挑战，法定退休年龄不修改的情况下，单位退休政策的制定依据和劳动者退休选择的政策支持上就会出现“各取所需”的情况，矛盾和问题自然难免。

4. 人事争议没有定论。中央国家机关所属事业单位人事争议仲裁中心署名“任仲”的《女性高级专家必须五十五岁退休吗?》指出：“国发〔1978〕104号、国发〔1983〕141号和人退发〔1990〕5号，都是国家现行的关于退休问题的有效规定。从法理上说，位阶高的法律优于位阶低的法律，也就是说国发〔1978〕104号和国发〔1983〕141号比人退发〔1990〕5号更具有权威性；新法优于旧法，也就是说人退发〔1990〕5

---

① 王永钦：《内蒙古部分高知女性“被退休”》，《中国妇女报》2012年3月30日。

号比国发〔1978〕104 号和国发〔1983〕141 号更具有优先权；特别法优于一般法，国发〔1983〕141 号和人退发〔1990〕5 号是关于高级专家离退休问题的特别法，而相对来说，国发〔1978〕104 号是一般法，也就是说国发〔1983〕141 号和人退发〔1990〕5 号比国发〔1978〕104 号更具有优先权。鉴于适用法律上的复杂情况，我们只能从实际情况出发。"《中华人民共和国立法法》："同一机关制定的法律、行政法规、地方性法规、自治条例和单行条例、规章，特别规定与一般规定不一致的，适用特别规定；新的规定与旧的规定不一致的，适用新的规定。"① 根据《中华人民共和国立法法》相关规定可知，"任仲"显然是对不同位阶的法律或规章制度进行了新法优于旧法、特别法优于一般法的解析。

不过"上位法优于下位法"与"特别法优于一般法"之间的冲突在司法实践中是大量存在的，其解决的措施正如"任仲"所述并不是唯一的，根据具体情形具体分析对待。由此可见，原人事部事业单位人事争议仲裁中心对于女性高级专家 60 周岁退（离）休问题引起的争议也难以给出定论。

（三）政策落实不力所造成的影响

1. 降低了公共政策的权威性和政府部门的公信力。权威性是公共政策的本质属性之一。人退发〔1990〕5 号文的难以普遍执行使其失去了政策本应有的权威性，同时也使得公众对政府部门的行为产生一定的质疑，而这将影响公众对政府部门能力的信任，最终结果是导致政府部门公信力的下降。当然公共政策具有权威性的基础是其具有科学合理性。

2. 影响了女性高级专家的劳动权利。男女平等是我国的一项基本国策，尽管"相同"并不意味着一定平等，研究表明，面对"男女同龄退休"，女性之间是有不同观点的，男性对此也难以达成一致。但是，大量的研究表明，女性高级专家相比于同水平的男性专家早 5—10 年退休，是对女性劳动权利的一种剥夺。

3. 影响了女性高级专家的退休待遇。我国现行的基本养老保险政策或未实行基本养老保险的机关事业单位里退休费计算办法都或多或少地与就业年限和缴费贡献相联系。女性高级专家同男性高级专家一样，进入劳

---

① 任仲：《女性高级专家必须五十五岁退休吗?》，《中国人事报》2009 年 3 月 27 日。

动领域较晚，达到现行法定退休年龄时工龄较男性高级专家达到法定退休年龄时要短，相应地影响了其退休待遇。

4. 造成了整个社会人力资源的浪费。女性高级专家一般受教育程度较高，人力资本投入较大，不能工作到60周岁退休使得对其人力资本的投入效益降低，造成了整个社会人力资源的浪费。

5. 影响了对女性人力资本未来投入。由于对女性人力资本投资效益预期降低，女性高级专家可到60岁退休政策的难以落实在一定程度上影响了社会及个人对女性人力资本的投入，同时也影响了女性人才的晋升，从而对整个社会的发展产生不利影响。

三 组通字〔2015〕14号的意义与相关建议

可以肯定，《通知》显示出我国在男女就业权利平等方面迈出了可喜的一步，具有积极意义，但是这一规定涵盖的主要是精英阶层的女性，对于其他阶层的女性退休的需求没有涉及，而且如果政策落实环境不变，此前影响“可60周岁退休”规定未能落实的诸多因素依然存在，那么新规定在落实的过程中也将遇到问题。

（一）组通字〔2015〕14号的意义

首先，新规定具有明确的年龄界定。组通字〔2015〕14号秉承了国发〔1983〕141号的主要内容，但更主要是延续了人退发〔1990〕5号“60周岁退休”的政策精神，并将已有政策更为具体、明确地表达出来。仔细分析30余年中的相关规定，可以发现《通知》竭力避免已有政策界定模糊的问题，明确要求高级职称女性专家年满60周岁退休。无论是规定涉及的人群范围，还是退休年龄，都具有刚性，不容置疑，这对于该规定后续的执行是一种重要保障。

其次，新规定给予女性高级专家退休方面的自决权。《通知》在退休年龄问题上，没有采取简单的“一刀切”，而是在60周岁退休的规定下，同时允许女性高级专家在55岁自愿退休，给女性高级专家较为明确、充分的自决权。可以看出，新规定将涉及群体限定在精英阶层女性，即将一部分女性的退休年龄改为60周岁，但又充分尊重法定退休年龄，保留了这部分女性55周岁自愿选择退休的机会。这样，既能使那些有能力的、岗位需要的女性高级专家可以继续发挥余热，也充分尊重女性高级专家退休的自决权。

再次，《通知》体现了性别平等的一次阶段性进步。《通知》延续了自1983年以来国家对高级专家群体退休政策的理念，并在性别角度上做了细致的设计，明确了“女性高级专家满60周岁退休”的规定，并对这一群体的延退做出了无明显性别偏差的对待。

可以说，组通字〔2015〕14号基本排除了不同利益方对政策的不同理解而造成争议和政策的落实困难，是对近30年各界研究、争论、提案建议的一个有效政策回应，具有积极的意义，但是在当前情况下，该《通知》的精神能否真正传达到全国各地，并切实解决女性高级专家退休问题，仍需要以史为鉴，做出谨慎的思考和建议。

（二）组通字〔2015〕14号引发的思考与建议

《通知》满足了部分女性高级专家较之于法定退休年龄晚退的需求，并影响其职业生涯规划和职场晋升，但也不能排除政策解读、应用上的偏差，以及政策预期与效果的不对称等结果。而且不同阶层的女性退休需求不同，社会上退休问题比较集中的教师、护士和其他技术岗位人员被50岁退休等社会问题，① 依然需要解答。

1. 政策本身需要进一步完善。该《通知》规定了女性高级专家退休的两个年龄点，一个是60周岁，一个是55周岁。并未对两个年龄点之间的5年做出明晰的规定。需要探讨的就是如果女性在55周岁因岗位需要、个人意愿等因素，没有选择退休，那么55周岁以后，到60周岁之前，她还可以申请退休吗？现在这一规定没有给予细致的考虑。

那么预提前退休的女性高级专家是否适用公务员法的有关提前退休的规定呢？按照我国公务员法的规定，公务员提前退休的条件有：第一，工作年限满30年的。这是指公务员在国家机关工作的第一年到提出退休的那一年止，公务员一共在机关至少工作了30年整。第二，距国家规定的退休年龄不足五年，且工作年限满20年的。按照有关规定，男性公务员一般在55岁以上，并且在机关至少工作20年整的可以提前退休；女性公

① 刘明辉：《中外被退休案例中的平等诉求》，《中华女子学院学报》2014年第2期。

务员一般在50岁以上，并且在机关工作至少20年整的可以提前退休。第三，符合国家规定的可以提前退休的其他情形的。这种情况一般是指特殊岗位的公务员，由于其岗位特殊的工作条件，为保护其健康，国家允许其提前退休。根据公务员法的条文，女性高级专家据此退休的机会很小，而且符合条件的人数是非常有限的。

因此，该《通知》设定的两个年龄点，给女性高级专家带来一定的选择压力和难度。例如在55周岁没有自愿申请退休的女性高级专家，在56—59岁年龄段，因为个人身体、工作任务、家庭和社会压力等申请提前退休，将是非常棘手的事情。这一规定，可能会使步入55周岁的女性高级专家面临退休问题上的艰难抉择。

基于此，为保证其普遍贯彻落实，相关部门有必要出台相应的部门解释或者司法解释，对56—59周岁的退休申请作出更为人性化的、符合实际需要的解释。此外，政府部门出台公共政策的措辞应该更加严谨化、规范化，内涵与外延更加清晰，应该先出台草案广泛征求群众意见，在群众意见的基础上多次修改完善后出台。

2. 建议出台弹性退休年龄政策。女性早于男性职工5年退休的政策是在特定的历史背景下出台的政策。目前这一特定的历史背景已经发生了变化，女性的受教育程度、女性的劳动价值、健康状况已经得到了非常大的提升，鉴于“相同”并不一定意味着“平等”的原则，建议出台让女性高级专家根据自身条件自主选择的退休年龄政策，女性高级专家只要满足“三个确实”，即确实具备高级专业技术职务任职资格、确实在专业技术岗位工作、确实能够完成专业技术岗位工作任务，就可以在55周岁—60周岁之间自主选择退休年龄。只有这样才能在女性高级专家自主的基础上充分发挥其价值。

3. 建议出台性别平等更高位阶的规定。女性高级专家“可到60周岁退休”政策难以普遍执行的原因之一人退发〔1990〕5号文件缺乏法律法规所具有的国家强制力，这一政策没有改变现行的法定退休年龄。而尽管组通字〔2015〕14号明确了退休年龄的两个点，但是也给予法定退休年龄的充分尊重，55周岁自愿退休的规定即是证明。所以，尽管有更为细致的退休规定，但国家法定退休年龄并未因此改变，依然是位阶高的法。为了今后出台的性别平等政策能够更充分的体现男女平等基本国策的要求，消除性别歧视，建议提高性别平等政策的层次，以保证其实施力度和效果。

4. 出台满足不同女性群体需求的“一揽子”退休政策，而且也要考虑男性的退休需求。全国妇联的一项研究表明，女性中存在着不同阶层，有不同的利益需求和生存状况，应对女性整体的平等权利和不同阶层的特殊需求均加以考量。大量女性因为“社会生产力水平发展不高，劳动者没有享受体面劳动条件，工资福利和社会保障制度不健全，社会全体成员不能平等参与社会发展分享社会发展成果”等原因，不得不把“提前退休”当作其工作和生活的“权宜之计”。[①] 这些群体对待退休的意愿和需求与女性高级专家不同，相关部门也要积极回应这些需求，考虑现行退休政策给她们的养老和社会保障所带来的影响，以免造成新的歧视。同样，在退休问题上，男性的意愿和需求，也应该给予考虑。

5. 建议加强有关退休问题的分性别统计，并对相关政策进行评估。性别统计有助于正确认识妇女与男子的社会性别差异，探寻其原因与规律，是制定科学政策的基础。只有建立有性别意识的统计指标、变量，才能准确描述、分析和测评女性和男性的社会参与、工作状况和退休需求，以及面临的各方面困难，为政府出台更为完善的退休政策提供数据支持。面对复杂的退休问题，仅在女性高级专家层面采取减少性别歧视的做法还不够，现在比较亟须的是在国家统计系统内普及性别统计，调查其他阶层妇女和男性的状况及需求，尤其是那些在社会上广泛关注的退休问题“重灾区”。性别统计不仅可以为退休政策制定服务，还可以为退休政策的评估提供必要的数据支持，以便准确发现政策制定与实施过程中产生的问题，及时完善政策漏洞或偏差。为此，建议对各级决策者提供专门的性别统计培训，提高他们的性别敏感性，为性别影响评估提供数据，进而发现政策中的性别盲点，“在政策措施层面上寻求采用更加平等公正的战略，以推动实现在真正意义上的人人有机会施展潜力和享有其所应得的福祉”。[②] 因此，建议调查基层女干部需求，循序渐进地拓宽退休政策覆盖面，避免将大部分有志继续发挥余热的处级以下女干部排斥在外。

6. 加大对性别平等意识的宣传，为政策落实提供良好文化和社会氛

---

① 退休年龄问题研究课题组，刘伯红、郭砾、郝蕊：《她/他们为什么赞成或反对同龄退休？——对选择退休年龄影响因素的实证研究》，《妇女研究论丛》2011 年第 5 期。

② 陈澜燕、陈淑梅、王向梅：《性别统计与中国的和谐发展》，天津人民出版社 2011 年版，第 2 页。

围。一方面，性别平等相关政策的贯彻落实很大程度上在于用人单位特别是单位领导成员性别平等意识的理解程度。建议政府部门及相关研究机构、研究人员对性别平等意识进行广泛深入地宣传。伴随着社会性别主流化的进程，女性退休问题将得到更为合理、科学的对待；另一方面，现有的政策给予女性在55周岁的退休自主权，并不一定带来女性真正的自主自决，在现实社会性别观念滞后的情况下，女性高级专家受到传统性别角色定位和期待的影响，其自我职业规划将受到来自家庭、单位和社会的多重因素的影响，因此广泛宣传女性高级专家的贡献，切实打造先进性别文化，为女性人次的成长和自我评价提供良好的氛围，也是推进就业领域性别平等，保障女性权益的重要内容。

退休政策，是关系女性职场发展、人生定位和养老保障的重要内容，应该与时俱进，科学论证和准确把握现实情况，出台以人为本、体现男女平等基本国策要求的退休政策。

性别视角下湖南老年妇女社会支持现状及对策研究

王凤华　周红金*

摘　要： 老年妇女问题是我国老年问题中最重要的部分。能否解决好老年妇女问题，是衡量老年问题解决程度的标志，也是评估我国社会发展水平的尺度之一。因此必须建立老年妇女社会支持干预政策和实施体系，构建一个以社会性别视角为核心的老年妇女社会支持系统。

关键词： 老年妇女；社会支持；性别视角

老年妇女问题是我国老年问题中最重要的部分。能否解决好老年妇女问题，是衡量老年问题解决程度的标志，也是评估我国社会发展水平的尺度之一。老年妇女的社会支持需求广泛，经济供养渠道多样，需要照顾项目分布多样，生活照料者由不同社会角色承担，精神慰藉与亲情需求强烈。① 我们试图从社会性别视角对湖南老年妇女的社会支持现状进行分析的基础上，探讨相应对策，其主旨是为建立老年妇女社会支持干预政策和实施体系建言献策，构建一个以社会性别视角为核心的老年妇女社会支持系统。

一　老年妇女社会支持系统建立的现实诉求

“社会支持”这个概念可以追溯到 19 世纪法国社会学家迪尔凯姆对

---

* 王凤华，湖南女子学院教授；周红金，湖南女子学院讲师。

① 郅玉玲：《老年妇女的社会支持系统研究：一项基于浙江省的分析》，《华东理工大学学报》（社会科学版）2006 年第 2 期。

自杀的研究。20 世纪 70 年代初，精神病学文献中引入社会支持这一概念，此后，社会支持被引入社会学研究领域，清华大学李强教授认为“我们可以把社会支持表述为各种社会形态对社会脆弱群体即生活有困难者所提供的无偿救助和服务”①。社会支持不仅仅是一种单向的关怀或帮助，它在多数情形下是一种社会交换，是人与人之间的一种社会互动关系。从内容上来划分，考伯将社会支持区分为情感性支持、网络支持、信息性支持、物质性支持、工具性支持和抚育性支持六种；韦尔曼运用因子分析方法，将社会支持分为感情支持、小宗服务、大宗服务、经济支持、陪伴支持等五项；卡特纳和罗素将社会支持区分为情感性支持、社会整合或网络支持、满足自尊的支持、物质性支持、信息支持五种。国内有人将社会支持分为正式支持和非正式支持，其中，正式支持是指由政府、社区、中介组织或志愿者团体等提供的各种照顾或养老服务；非正式支持是在血缘、地缘基础上形成的，包括配偶、子女、亲属、邻居、朋友等提供的照顾或服务。② 目前共识度比较高的一种分类方法是将社会支持系统分为物质支持、精神支持、工具性支持和信息支持四种。③ 本文将对老年妇女的经济状况、社会保障状况、政治参与和政治态度、婚姻家庭状况、健康状况、生活方式和自我的认知态度、法律权益和认知的社会支持系统进行分析和论证。

第六次全国人口普查数据显示，我国 60 岁及以上人口达到 1.78 亿人，占总人口的 13.26%，比 2000 年人口普查上升 2.93 个百分点；其中 65 岁及以上人口为 1.19 亿人，占 8.87%，比 2000 年人口普查上升 1.91 个百分点。人口老龄化问题在我们这个发展中的人口大国，表现得尤为严峻。老龄问题带来的影响广泛而深刻。人口年龄结构预测表明，我国每 100 个劳动年龄人口抚养的老年人，1990 年为 13.74 人，到 2025 年为 29.46 人，2050 年为 48.49 人，总抚养比呈持续上升态势，这就意味着一对夫妇将要面对赡养双方父母和抚养一个未成年子女的沉重负担④。湖南省第六次全国人口普查新闻发布会公布，目前，全省常住人口中，65 岁

① 李强：《社会支持与个体心理健康》，《天津社会科学》1998 年第 1 期。

② 王瑞珍：《农村老年妇女的生存状况与社会支持研究：以陕西省榆林市府谷县 X 村为个案》，西北大学硕士学位论文，2009 年。

③ 左习习、江晓军：《社会支持网络研究的文献综述》，《中国信息》2010 年第 6 期。

④ 李宏塔：《积极应对人口老龄化》，《人民日报》2013 年 1 月 17 日。

及以上人口为6424021人，占9.78%，比全国平均水平高0.91个百分点。与2000年第五次全国人口普查相比，这一比例上升了2.31个百分点①。特别值得关注的是：在65岁及以上老年人中，女性比例大，老龄化程度高于男性，呈现出明显的“老龄人口女性化”特征②。

长期以来，传统社会性别文化对女性有着深刻影响，“男主外、女主内”的性别角色分工模式依然是不少老年妇女的生活方式，丈夫与孩子自然是其一辈子的依靠，随着孩子的独立与离家，特别是丈夫的离世，老年女性所面对的一系列问题会渐渐凸显，如寿命长、寡居期长、家庭负担重、再婚难和医疗保险不足等。此时，老年妇女的婚姻家庭状况、健康状况、政治参与和政治态度、生活方式和自我的认知态度通常与她们自身受教育状况、工作和职业经历、社会保障状况等社会支持系统交错影响。

建立老年妇女社会支持系统是国际社会的一致行动。在联合国召开的第二届世界老龄大会上通过的《国际老龄行动计划2002》中指出：老年妇女人数超过男性老年人，且年岁越高，超过越多。世界各地老年妇女的境况必须成为政策行动的优先问题。认识老化对女性和男性影响的差异，对保证男女社会地位充分平等以及制定有效措施来处理这一问题是必不可少的。因此，在所有政策和法律中保证纳入性别观点是至关重要的。

二 湖南老年女性社会支持的状况分析

本文基于第三期中国妇女社会地位调查湖南独立样本数据对湖南老年女性社会支持现状进行研究。调查对象为标准时点上（2010年12月1日）湖南省居住在家庭户内的65周岁及以上老年人。被调查的385名老年人中，女性184人、男性201人。他们的文化程度都普遍较低，但男性受教育程度要高于女性，其中小学及以下文化程度的男性和女性分别占69%、82%；不同出生地在受教育程度上存在显著差异，出生在农村的老年人小学及以下文化程度的占93.2%，大专以上学历的大都出生在城镇。

① 廖洁：《湖南人口老龄化程度加速衡阳成人口第一大市》，红网，2011年5月13日。

② 秦秋红、王苗苗：《“白发浪潮”下老年女性养老问题探究》，《思想战线》2012年第3期。

通过对数据深入分析，本文主要从以下五个方面解读湖南老年女性社会支持现状：

（一）老年妇女社会保障状况明显改善，但经济上更多依附家庭

“十一五”期间，湖南省老年社会保障体系建设取得了新成效，在养老、医疗、老年社会救助和社会福利方面均得到持续发展。到2010年底，湖南省离退休人员265万人，养老金月人均达到1150元；参加城镇职工医疗保险的退休人员达到236.9万人；城乡114.74万老年人纳入低保范围①。“十二五”② 是湖南省加快建设全面小康社会的关键时期，省委省政府领导全省人民大力实施“四化两型”发展战略，包括老年妇女在内的老年人社会保障体系得以进一步完善和加强。目前，湖南省城镇已基本建立了一个由基本养老保险、基本医疗保险、社会救济、社会福利和社会互助以及最低生活保障等内容组成的老年妇女社会保障体系。农村老年妇女医疗保险已逼近全覆盖，社会养老保险正处于试点推广阶段，且水平较低，老年人仍然是以家庭养老为主，农村养老保险、社会救济制度为辅。

调查数据显示，相对以往，老年妇女在社会保障状况有明显改善，但是在“主要生活来源方面”，男女两性老年人存在显著差异。66.8%的老年男性的经济来源于“自己的离退休金/养老金、自己的劳动或工作所得”，而62.0%的女性依赖于配偶、其他家庭成员或政府/社团的资助和补助。通过卡方检验，显示湖南老年人中男女在主要的生活来源方面存在显著差异。

与老年男性相比，老年妇女的健康医疗保障状况呈现十分矛盾的局面，一方面老年妇女平均寿命长，健康状况较差，需要更多的医疗保健支持。而另一方面，老年妇女自身可提供的医疗费较老年男性更有限。卡方检验数据显示，不同性别老年人在“就医时个人负担的钱主要由谁支付”上，男、女两性老年人存在显著差异，64.4%男性主要由自己负担，53.6%的女性主要由家人和其他亲戚负担（见图1）。尽管老年妇女年平均看病次数和年平均卧床天数多于男性老年人，但老年妇女看病和住院平

---

① 《我省将加快推进老年社会保障体系建设》，湖南省人民政府门户网站。

② 湖南省“四化两型”发展战略主要内容是：推进新型工业化、农业现代化、新型城镇化、信息化，建设资源节约型、环境友好型社会。

均总花费要大大低于老年男性，医疗费用的压力和经济资源相对不足可能是造成这种情况的主要原因。调查数据显示，进入养老金等制度性保障范围内的老年妇女比例明显低于老年男性；即使老年妇女能够享受离退休金待遇，其水平也低于老年男性；无经济收入、低经济收入和贫困老年人口主要集中在老年妇女群体中。

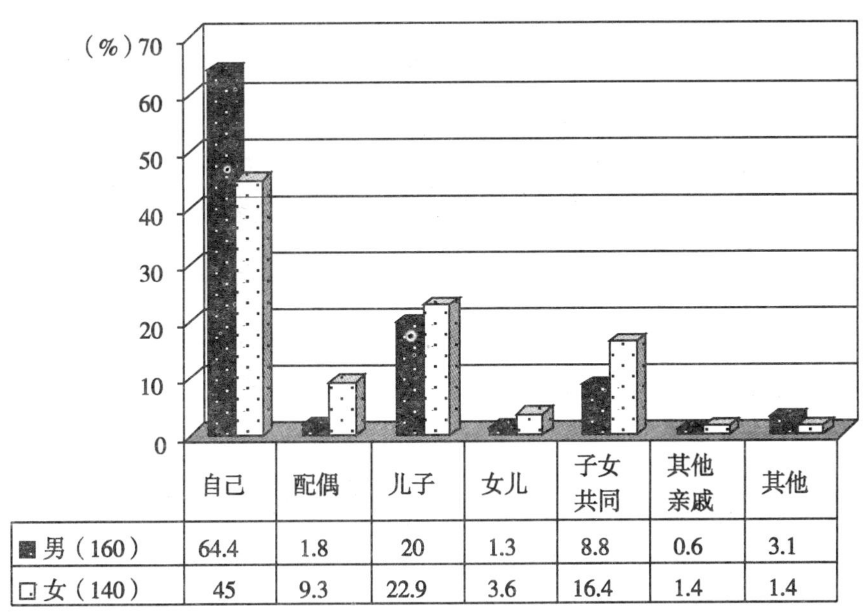

	自己	配偶	儿子	女儿	子女共同	其他亲戚	其他
■ 男（160）	64.4	1.8	20	1.3	8.8	0.6	3.1
□ 女（140）	45	9.3	22.9	3.6	16.4	1.4	1.4

图1　老年男、女两性就医个人负担费用来源

（二）老年妇女社会参与程度不高，但家庭参与高于男性

当今社会政治领域是否有妇女参与以及妇女参与方式、参与程度已成为衡量社会发展水平特别是政治文明进步的重要指标，是体现女性主体意识的一个重要因素。调查数据显示，不管是城镇还是农村，老年妇女在“给所在单位/社区/村提建议，向政府有关部门反映情况/提出政策建议，主动参与捐款、无偿献血、志愿者活动”等方面的志愿性政治参与率都大大低于男性。老年人的参政议政意识的高低与文化程度息息相关。湖南省老年男性受教育程度高于老年女性，群体整体视野和主体意识要优于老年女性，所以表现出参政意识高于老年女性。

老年女性的家庭参与却要高于老年男性。本次调查老年人对儿女的支持包括经济资助、照看小孩、日常生活照料、看家/干农活、听儿女说心里话5种方式，老年女性除了对儿女的经济资助方面低于老年男性、在看家/干农活方面略低于老年男性外，其他均高于男性。与此同时，老年妇女承担了繁重的家务劳动，调查数据显示（见图2），在“做饭，洗碗，洗衣服、做卫生，日常家庭采购和照料看护小孩”等方面所占比率远远大于男性，大部分老年妇女是“退而不休”，毫无怨言地承担家务活，成为家中的保育员、采购员、炊事员、卫生员。

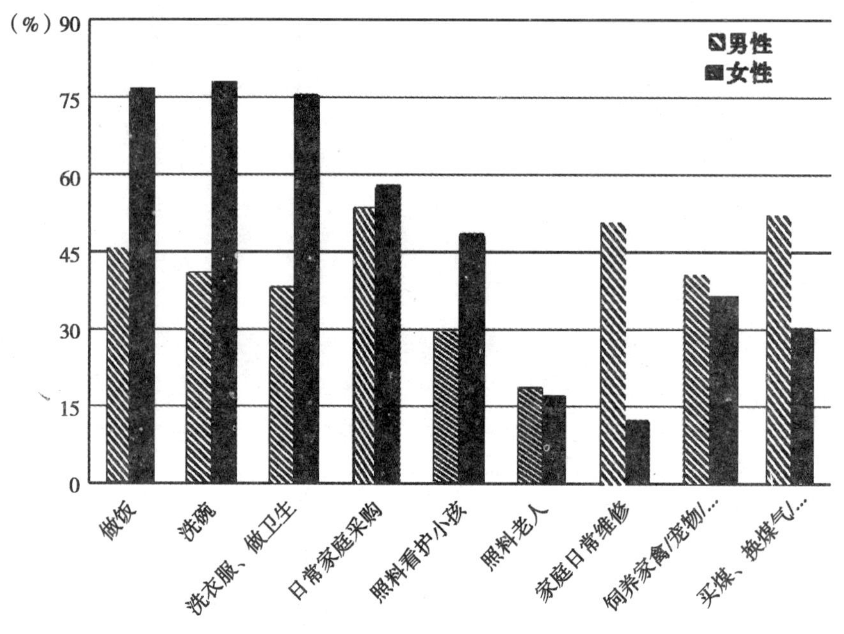

图2　男、女两性老年人承担家务劳动状况

（三）老年妇女面临照顾和被照顾者的角色冲突，生活照料支持需求凸显

调查数据显示，老年人随着生理机能逐步衰退，各种慢性疾病接踵而至，49.2%的患骨关节病、39.7%患心脑血管疾病、29.1%的耳背、18.8%有呼吸系统疾病、18.3%的患眼病。由于疾病和年岁较高，有22.7%的老年人日常生活需要有人照料。受传统的社会角色分工模式的影响，老年女性往往在本身需要照料的同时，还要承担着主要照料者的角色。所有被调查对象中，男性通常由妻子照料的占72.1%，而老年妇女由配偶照料的只占21.1%，其余女儿、儿子、儿媳都很有可能成为主要

照料人。另外，如上所述，大部分老年妇女还充当了儿女家庭“照料者”的角色，从图3可看到，城乡分别有79.5%和84.4%老年妇女承担了帮儿女家庭“照看小孩”的任务、有54.8%和54.3%老年女性帮儿女家庭“照料日常生活”，上述比例均高于男性。

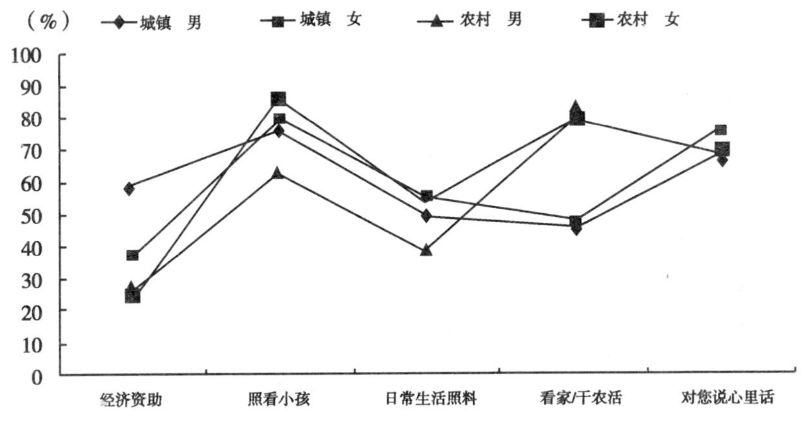

图3 男、女两性老年人对儿女的支持

而20世纪70年代我国开始实行的计划生育，造就了少子家庭的迅速发展，据有关资料介绍，我国老年人空巢家庭已占56.1%，其中独居老人占12.1%，就是儿女在身边的家庭，也因子女抚育和老人照料的沉重负担，加上市场经济下职场的激烈竞争，往往使儿女心有余而力不足，照顾老人的精力极为有限，反映出具有中国特色的“四二一”家庭结构已无法适应由儿女照顾老人的传统家庭养老模式，老年妇女面向社会的生活照料需求激增。

（四）老年妇女的生活方式较男性单一，精神慰藉支持不足

从表1可以看到，老年妇女每天用于做家务的时间大大多于老年男性，特别是农村女性每天用于做家务的时间是男性的近两倍，而用于经济活动、锻炼、看电视听收音机、读书看报的时间均少于老年男性，其中读书看报学习时间，不论城乡男女两性差别都较大，可见老年妇女的生活方式较老年男性要单一，农村老年妇女更是成为家务劳动最多、锻炼时间、休闲时间和学习时间最少的群体。除了老年人自身和家庭因素外，社区老年人活动场所缺乏和老年人组织资源匮乏也影响着老年女性的生活方式，调查数据显示，农村90.1%、城镇36.4%的老人在家附近找不到合适的

活动场所，农村状况较城市更差；86.2%的老年人没有参加社区老年人组织，82.3%的老年人从不参加“有组织的老年文娱活动、志愿者活动”，可见，社区老年人组织建设滞后，会使老年妇女改变生活方式缺乏外在推动力。单一的生活方式和空巢、独居家庭亲情的缺位往往容易使老年妇女产生孤独感和自我效能减退。调查数据显示，城乡分别有32.6%和35.8%的老年妇女经常感到孤独，分别有29.5%和34.0%老年妇女自我效能感减弱，觉得“自己没有用”，上述比例均高于男性。

表1　　城乡男女两性老年人每天的时间分配　　单位：分钟

	城镇		农村		总计
	男	女	男	女	
经济活动	18.17	10.37	80.36	40.64	40.66
家务劳动	117.54	138.46	89.60	176.04	130.09
锻炼	77.46	66.28	47.72	27.72	52.58
看电视听收音机	199.72	141.81	130.54	123.37	144.42
读书看报学习	48.03	16.81	10.54	2.08	16.89
其他休闲活动	73.38	78.83	66.52	56.62	68.49
睡觉	498.31	513.23	520.80	519.70	514.40

（五）老年妇女维权意识不强，寻求支持动力较弱

湖南省老年妇女对涉及自身权益保护的法律知晓度较低。调查数据显示，在“我国目前是否有专门保护老年人权益的法律”问题的调查中，不同性别在回答该问题上存在显著差异，54.7%的老年男性表示知道该法律，48.9%的老年女性不知道该法律（见图4）。在“我国目前是否有专门保护妇女权益的法律”问题的调查中，不同性别仍存在显著差异，依然是男性知道的多于女性，男性知道的占64.7%，女性知道的占46.1%（见图5）。

中国老龄科学研究中心老年人口统计调查研究室主任徐勤认为“老年妇女合法权益最容易受到侵害，基本物质没有保障、住房被占用、虐待与家庭暴力、婚姻受干扰等已经成为老年妇女亟须解决的问题”①。传统

① 《老年妇女合法权益需保护：关键在于缺乏社会保障》，《人民政协报——慈善周刊》2005年9月6日。

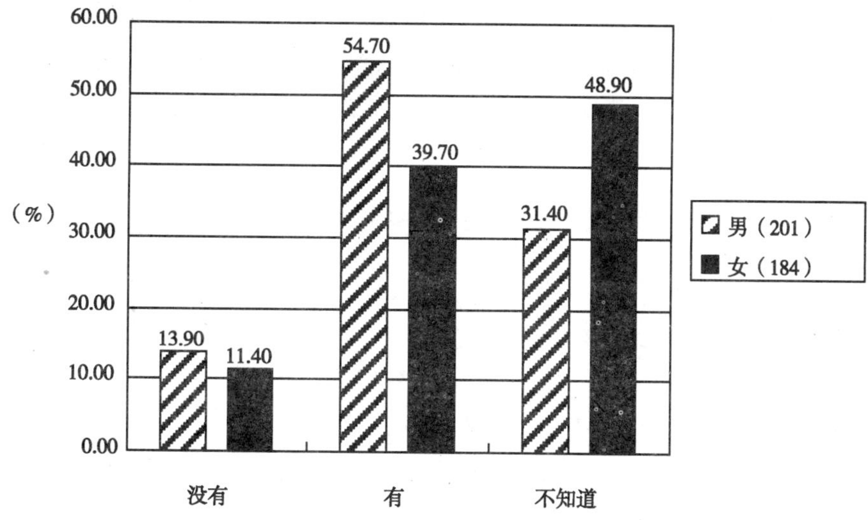

图4 男女两性老年人权益保护法律的知晓情况

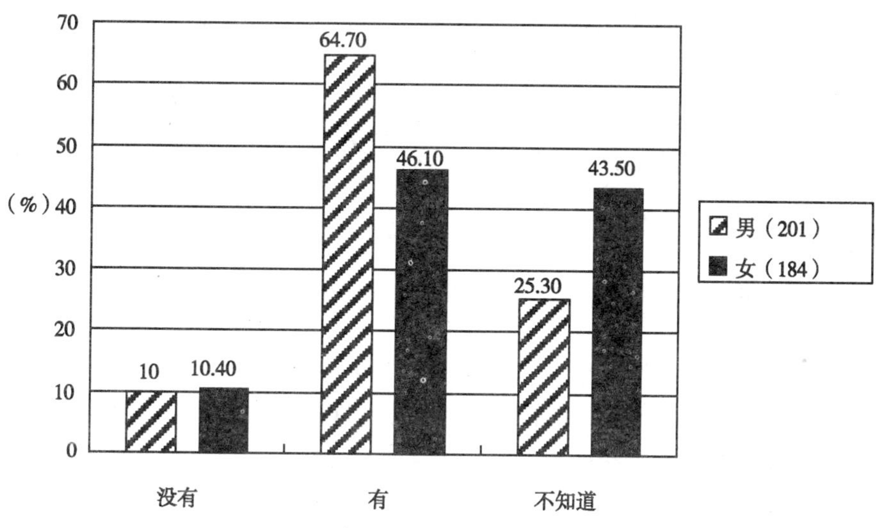

图5 《妇女权益保护法》的知晓情况

的社会角色分工使老年妇女长期处于依附地位，自我保护意识较弱，加上老年妇女寿命长、丧偶率高，容易独居、缺少帮手，缺乏为自己合法权益抗争的意识和能力。本次调查将家庭虐待分为7种情况：长期不探望、问候/不和您说话；不给您提供基本生活费/私自挪用您的钱款；需要时不照顾您；侮辱/谩骂/恐吓/殴打您；不给您提供固定的住所；不给您吃饱/吃得很差；不许您出家门等。被调查的老年人中有6.1%的遭受过一种以上的虐待，老年妇女遭受家庭虐待的可能性高于男性老年人，比例分别为7.5%和4.6%。而面对虐待，处于弱势的老年人90.0%只能采取“自己忍了”的措施来解决。

三 建立老年女性社会支持系统的理性思考

针对与老年妇女相关的经济状况、社会保障状况、参政议政意识、婚姻家庭状况、健康状况、生活方式、法律权益和认知等七个因素进行分析和论证，得出的结论可以归类为物质支持、精神支持、工具性支持和信息支持这四种社会支持。在物质支持中，我省老年妇女社会保障状况明显改善，但在经济上更多依附家庭。在精神支持中，老年妇女的生活方式较男性单一，精神慰藉支持不足。在工具性支持中，老年妇女照顾者与被照顾者角色冲突，生活照料支持需求凸显。在信息支持中，老年妇女维权意识不强，寻求支持动力较弱；老年妇女社会参与程度不高，但家庭参与高于男性。

老年妇女所面对的社会支持现状与政策法规、现实养老机制、传统文化影响以及自身家庭、个人因素息息相关。“老年妇女”的标签实际上彰显了其老年身份与性别身份的双重弱势地位，结果是女性的弱势地位在其老年时进一步凸显出来，使她们的养老受到极大挑战。如此，要构建一个老年妇女社会支持系统，其核心就是要确立社会性别视角。社会性别意识是在全球兴起的与人口意识、环境意识并列的现代意识之一，它已经纳入联合国的人类发展统计指标和国际社会发展计划，成为衡量各国社会发展程度的依据之一。社会性别视角与其他视角截然不同，它把女性作为主体，以变化发展的眼光看待社会性别观念问题，把主体意识引入性别范畴，同时也是我国“男女平等”基本国策的具体体现。因此，从社会性别角度分析老年妇女的社会支持现状，就是要将性别意识纳入社会支持系统的建构，既看到老年女性的实际困难，提供一切必要的支持，同时又能通过适当的条件使其固有的能动性得到发挥。

（一）将社会性别意识纳入决策主流，建立体现两性公平社会保障政策

应将社会性别意识纳入社会养老政策制定和立法实践全过程，既要看

到我国老年人社会保障需求中带共性的问题，又要根据老年妇女的特殊情况制定相应的政策，满足老年妇女的社会保障支持需求。首先要改革我国现有的退休制度，建立体现两性公平的养老政策。我国现行的退休制度沿用了20世纪50年代的架构设计，男女工人的退休年龄分别为60周岁和50周岁，男女干部分别为60周岁和55周岁。这一规定的初衷是为了照顾女性，但时隔半个多世纪，特别是计划生育政策的执行、人口预期寿命的提高、男女两性预期寿命的不断扩大等，使这一制度显得不合时宜，不仅侵害了妇女获得平等的工作和发展权利，而且也严重影响了老年女性的养老保障。同时，我国现行的职工养老保险待遇基本养老金由基础养老金和个人账户养老金组成，其数额取决于本人的缴费工资和缴费年限。由于女性从业者的教育背景、职级现状、或隐或显的性别歧视和与男性不同的退休年龄，使女性的缴费工资和年限普遍低于男性，导致女性的离退休金/养老金普遍低于男性。调查数据显示，湖南城镇老年女性主要生活来源为自己的离退休金的比例要比男性低33.0个百分点。因此，建立针对不同女性群体的弹性退休年龄就显得尤为重要，既是以人为本科学发展观的充分体现，也是确立女性自主意识，提高老年妇女经济地位的必然要求。其次，要研究制定特殊的优待政策，提高老年妇女的医疗保障水平。要根据老年妇女寿命长、疾病多，经济资源相对不足的特殊情况，在医疗保障方面制定特殊政策如适当提高老年人住院报销比例，以满足老年妇女的医疗保障需求。

（二）加大经济投入，稳步推进城乡居民社会保障统筹

近年来，湖南社会保障制度日趋完善，城镇职工养老社会保障覆盖面不断扩大，城乡居民社会养老保障正在试点推广。但总体而言，城镇职工养老社会保障水平要高于城乡居民；城镇女性能不同程度享受社会福利与补贴，农村女性基本没有相关福利，这些都说明城乡居民老年妇女特别是农村老年妇女的养老问题尤为凸显。党的十八大报告明确提出，要坚持全覆盖、保基本、多层次、可持续方针，以增强公平性、适应流动性、保证可持续性为重点，全面建成覆盖城乡居民的社会保障体系。因此，要在政策、制度、体制层面加快推进城乡统筹，促进农村居民、城镇居民养老保险与职工基本养老保险的衔接，稳步推进城乡居民养老保险和城乡居民基本医疗保险的融合，逐步提高城乡居民养老保障水平。同时，还可探讨通

过增加老年妇女补充保险和社会福利等措施，增加城乡老年妇女的经济收入，以真正落实中央勾画的“以社会保险、社会救助、社会福利为基础，以基本养老、基本医疗、最低生活保障为重点，以慈善事业、商业保险为补充”的我国两性公平的社会保障体系框架。

（三）建立社区养老服务平台，构建居家养老服务体系

在我国，因为经济、文化等因素的影响，无论城乡，居家养老依然是最理想的选择。调查数据也显示，家庭离不开老人，老人也离不开家庭。这就对以家庭为核心、以社区为依托、以专业化服务为依靠、为居住在家的老年人提供以解决日常生活困难为主要内容的社会化服务提出了更高的要求。为此，须不断加强和完善社区的功能和作用，构建老年妇女生活照料、医疗等为主要内容的社会支持网络。

首先要积极建构社区文化，加强对老年妇女问题的社会性别意识的宣传和研究，营造和谐社区，丰富老年妇女的社区生活。按照实际需要，开设托老所、医疗室、图书室、娱乐室等功能齐全的养老服务设施。同时可以借助网络、电视、报纸、手机、宣传栏等媒体平台，大力开展居家养老的宣传教育、典型推介，在全社会强化敬老、养老、助老的道德风尚。注重老年精神关怀和心理慰藉，提供疾病预防、心理健康、自我保健及伤害预防、自救等健康指导和心理健康指导服务，重点关注高龄、空巢、患病老人的心理健康状况。全国老龄工作委员会办公室事业发展部副主任唐振兴认为，满足老年人的生活护理是基本，如何更好的满足老年人的心理和精神需求是进一步考虑的问题。因此，可以有针对性地对老年妇女开展“增能”（empowerment）。一方面，增强老年妇女的能力和权利。目的在于促进老年妇女个体的觉醒，提升个人的自我形象和信心，这是改变老年妇女状况的关键因素；另一方面，为老年妇女增加可以调动的经济、政治和社会资源，提高老年妇女的社会地位。

其次要有效发挥社区照料服务的作用，将社区养老设施纳入小区配套建设规划。社区照料融汇了家庭照料和社会照料功能，不仅弥补了家庭照料的缺陷，而且可以发挥二者的优势。依照便捷和实用的原则，开展全托、日托、临托等多种形式的老年社区照料服务，有计划有目标地培育养老服务人才队伍，依据社会救助制度，成立志愿者服务队伍，通过养老护理专业培训，并发放护理员证书，对行动不便和有特殊需求的

老人由社区居家养老服务站派人上门提供生活照料、康复护理、精神慰藉等服务。从实际出发，丰富生活内容，把闲逸的生活安排的饶有兴趣，丰富多彩，以应对老年妇女单一的生活方式所引发的精神需求匮乏问题。同时在生活、健康及医疗问题上，可以有针对性的设立专门的老年妇女服务项目，加强老年妇女的医疗保健工作和医疗保健专业队伍建设以及老年妇女健康教育，为促使老年妇女的身心健康和颐养天年提供了有力的保障。

再次须加强养老服务信息化建设，构建居家养老服务体系。老年人居住在社区、生活在社区，加强社区服务网络建设，对于改善老年人居家养老的支持环境，具有重要意义。在推进养老服务社会化的进程中，通过建设和整合社区服务设施、培育发展社区养老服务中介组织、建立社区养老服务信息平台等，可以极大地提升社区养老服务能力和服务水平。

此外须建立专业服务队伍，加强专业服务人员培养，从职业道德、专业知识、服务能力上进行培训，切实提高服务质量。

失独家庭的养老风险及其政策转变*

周　璇　吴翠萍**

摘　要：在人口老龄化与家庭空巢化相重叠的时代背景之下，目前我国失独家庭规模已超百万，这类中国特殊群体的养老问题迫在眉睫。本研究发现：失独家庭与非失独家庭在子女的代际养老资源上存在明显差异，这导致失独家庭的养老存在返贫致贫、无人照料、精神脆弱、家庭不和以及社会报复的风险。对此，需要动员国家、社会以及公众的力量完善社会保障制度，落实法律权益保护，增加政府服务购买，创新社会综合治理，加强失独团体互助，特别需要关注的是在政策层面上确保失独家庭从“老无所依”过渡到“老有颐养”。

关键词：失独家庭；养老风险；养老政策

---

* 本文是安徽省级质量工程项目“社会学专业课程体系的内涵建设及其评估”（2014jyxm07）阶段性成果。目前官方还没有公布确定的失独家庭数据，加之学界研究者统计口径不一（或以第五次、第六次人口普查数据作为基数计算，或仅仅以独生子女数量作为基数计算，或划分不同的年龄段计算其死亡率，或混淆“失独者”与“失独家庭”的概念界定），故而笔者采纳了文献引用最多的《2010 中国卫生统计年鉴》，同时列举其他几方数据以供参考：穆光宗（2006）预计约有 5.4% 的人在 25 岁之前死亡，即使按独生子女 1 亿人来计算，失独家庭的数量也将达 540 万户左右；易富贤（2012）估算全国目前约有 2.18 亿独生子女，会有 1009 万人或将在 25 岁之前离世，即不久后中国失独家庭将逾 1000 万个；致公党（2013）的调查和社科院发布的《老龄蓝皮书：中国老龄事业发展报告（2013）》也都表明，截至 2012 年全国范围内的失独家庭至少有 100 万个，且每年以约 7.6 万个的数量持续增加；李晓宏（2013）则认为现今失独家庭规模保守估计应当在 150 万左右，其数量已被严重低估。

** 周璇，中国社会科学院研究生院研究生；吴翠萍，安徽师范大学历史与社会学院副教授。

一　失独家庭的养老问题

计划生育这一基本国策已经实施了30多年，与此同时，由于各种原因独生子女不幸死亡的家庭数量激增，这类中国独有的时代群体势必会在未来的30多年产生越来越多的社会影响。据卫生部发布的《2010中国卫生统计年鉴》称，中国每年新增有7.6万个失独家庭，50岁以上失独群体日益庞大，全国失去独生子女的家庭已超百万个。“越来越多的独生子女家庭遭遇了死亡和伤残的风险事件，从而拉开了一个独生子女家庭风险频发、计划生育代价后期支付时期的帷幕。”① 虽然国家层面关注到计划生育的弊端并于近期出台了“单独二孩”政策以期调整人口结构，但是对于当前已有的以及仍在快速增长的失独家庭来说，依旧需要来自外界和自身的力量把失独的风险降至最低。此外，《中国老龄事业发展“十二五”规划》预测，“到2015年，60岁以上老年人口将达到2.16亿，年均增加800多万老年人口，人口老龄化的快速发展与家庭小型化、空巢化相重叠”。因此，作为“真正空巢”② 的失独家庭，解决其养老问题迫在眉睫。如何应对失独家庭，不仅仅是传统意义上的单向度政策问题，更是一个社会问题，需要调动全社会力量积极协调并有效预防，控制“多米诺骨牌”式风险。

二　文献回顾与问题提出

（一）文献回顾

国外发达国家也大量存在着独子或无子家庭，但这些国家有着相对完

① 穆光宗：《中国人口转变的风险前瞻》，《浙江大学学报》（人文社会科学版）2006年第6期。

② 所谓“空巢家庭”是指在家庭生命周期中，随着最小的孩子长大，因求学、就业、结婚或其他原因离开家庭，使原有家庭进入大部分时间只剩下父母两人单独居住或夫妇中的一人居住的阶段（潘金洪，2006：17—20）。笔者认为，失独家庭因其再也没有子女能够回家照顾而进入真正的空巢期。

善的社会保障体系作为后盾，一旦发生风险，对社会的冲击较轻，因此并没有专门针对类似失独群体的研究；而发展中国家大多都没有像中国这样在全国范围内强制实行“只生一胎”的计划生育政策，故失独的情况也比较少见[①]。可见，“失独家庭”是老龄化社会下有着强烈中国色彩的特殊问题，缺少国外有益借鉴。事实上，早在2000年，国内就有学者在进行问卷调查后指出“大龄独生子女意外伤亡是一个值得关注的社会问题”[②]。的确，失去独生子女的这类特殊家庭面临着比非失独家庭更多的风险。

就失独家庭的自身特点而言，有学者直接从心理学视角着手，分析遭受重大创伤后失独父母的心理状态以及如何回归社会生活[③]；有学者关注到这种特殊家庭的重构，从社会建设的战略高度强调失独者本人要发挥核心主体作用[④]，在家庭动力学视角下帮助失独父母家庭从失衡走向平衡[⑤]；有学者从国家义务出发侧重失独者权利的保护[⑥]，从公共政策视角探视了公众对此“边缘话语”的认知与主体感知[⑦]。

就失独家庭的现状问题而言，有学者强调防范贫困风险需要政府主管部门应当扮演好“第一责任人”的角色，组织构建失独家庭救助的“社会保障网”[⑧]；有学者引入社会支持理论，从理论上探讨了失独老人的社会生活重建问题[⑨]，在实地调研的基础上完善失独群体社会支持系统的制

---

① 印度虽然是世界上首个正式提倡“计划生育”政策的发展中国家，但实际上并没有全国统一的计划生育政策，仅个别省份单独执行了计划生育，也没有规定只能生育一胎。如印度的马哈拉施特拉邦，要求的是该邦政府工作人员最多只能生育两个孩子。

② 王秀银、胡丽君等：《大龄独生子女意外伤亡是一个值得关注的社会问题》，《中国人口科学》2001年第6期。

③ 江雅琴、刘学兰：《失独者的心理问题与对策》，《中国民政》2013年第6期。

④ 杨宏伟、汪闻涛：《失独家庭的缺失与重构》，《重庆社会科学》2012年第11期。

⑤ 张必春、陈伟东：《变迁与调适：失独父母家庭稳定性的维护逻辑——基于家庭动力学视角的思考》，《华中师范大学学报》（人文社会科学版）2013年第3期。

⑥ 张祺乐：《论“失独者”权利的国家保护》，《现代法学》2013年第3期。

⑦ 程中兴：《公共政策视角下的“失独”问题探视：基于公众认知与主体感知的研究综述》，《人口与发展》2013年第19卷第4期。

⑧ 黄建：《失独家庭社会救助问题研究》，《理论探索》2013年第6期。

⑨ 方曙光：《社会断裂与社会支持：失独老人社会关系的重建》，《人口与发展》2013年第3期。

度建构[①]；有学者区分了独生子女伤残和死亡家庭的异同[②]，基于马斯洛的需求理论了解失独老人实际的需要状况[③]；有学者联系社会工作者，从微观与宏观层面对失独家庭进行增能介入[④]。

然而，更多的学者研究失独家庭的养老问题，发现失独家庭内部存在着经济援助少、家庭成员生活无依靠、心理负担大等养老问题，提倡社区照顾模式和建设专门的养老服务体系[⑤]，并指出随着慈善事业兴起而出现的慈善养老模式将成为家庭养老与社会养老的有益补充[⑥]。

另一方面，失独风险是现代风险社会中不可抗力的存在，因风险的不确定性而难以量化发生的时间、地点与结果，只能在总体上看出失独规模的日益庞大。现代社会主要是人为风险，规避风险也需人为控制，失独是计划生育带来众多独生子女家庭后的影响之一，国家放宽生育政策仅能预防更多失独家庭的产生，但规避现有失独家庭的风险还需进一步的政策转变。

（二）问题提出

鉴于目前学界还没有统一对“失独家庭”的认知，为方便对“失独家庭”的分类研究，笔者将本文的“失独家庭”界定为妻子已过49岁的医学生育年龄，其子女因地震、车祸等意外死亡而夫妻双方又未领养的家庭。如果说，“凡是关心我们自身发展和有利于我们自身的行为表现，我们都可以称之为‘养’”[⑦]，那么，失独家庭的老人在养老方面也不能因为缺少子女的养老资源而陷入更加边缘的真空地带，社会应当关爱这类弱势群体的“健康老龄化”。有关养老，不外乎涉及经济需求、生活照料、精

① 沈蓓绯、汪晓东等：《失独家庭社会支持系统构建的创新模式研究——以江苏常州为例》，《理论建设》2013年第6期。

② 李泽：《城市独生子女伤残、死亡家庭情况及其父母养老问题研究综述》，《湖北成人教育学院学报》2012年第5期。

③ 安民兵：《马斯洛需要理论视阈下的失独中老年人个案调查分析》，《中国老年学杂志》2014年第2期。

④ 姚金丹：《社会工作增能视角下失独家庭的分析》，《社会工作》2012年第10期。

⑤ 金珑嘉：《失独家庭现状及其养老问题研究》，《汕头大学学报》（人文社会科学版）2013年第4期。

⑥ 汪大海、陈一统等：《中国的慈善养老可行吗？——模式、实践和发展趋势》，《北京科技大学学报》（社会科学版）2012年第4期。

⑦ 陈功：《我国养老方式研究》，北京大学出版社2003年版。

神慰藉的养老内容，本文将从这三方面展开养老风险的研究，分析失独家庭的养老意愿，对比失独与非失独家庭的养老差异，针对不同类型的失独家庭进行养老政策的制定与完善。

三　失独家庭的养老风险现状

（一）返贫致贫的风险

1. 积极还债支撑活下去

在笔者的调查中，A 阿姨是刚刚经历失独的不幸者，博士研究生即将毕业的儿子在车祸中丧生。皆为农民的 A 阿姨与其丈夫含辛茹苦地支持儿子完成学业，在本该享受教育回报的年纪又再次背上沉重的经济包袱①。现在夫妻二人料理完儿子后事想到活下去的动力就是还债，在这一支撑点下不得不面对现实——一笔不少的债务。

由此可以看到抚养孩子成本与效用之间的落差对经济能力较差的家庭而言，无疑是雪上加霜，致贫的风险已经显露出来。对比其他子女健全的家庭，失独首当其冲的是丧失来自子女的养老回馈，经济供给削弱。尤其是子女较多的农村家庭与失去独子的农村家庭，二者的经济差异会在老年越来越明显，失独农村家庭的养老能力不言而喻。加之我国城乡二元格局下社会保障的失衡，不难担忧未来这类家庭何以“老有所依”，又谈何“老有所乐”？

2. 保守消费凑合过日子

B 叔叔一家曾是工厂职工，儿子在而立之年突发脑溢血离世，还没有子女的儿媳二嫁远方。由于当时几乎没有时间救治儿子，所花的医疗费较少，现如今还留有一部分储蓄，但目前的开支依然捉襟见肘。尤其是当看到邻居一家其乐融融时，就越发感叹缺钱的艰辛，生活的不易。

从 B 叔叔一家的生活消费上，不难看出保守消费对于经济能力较好的失独家庭仍然是无奈之举，返贫风险潜在，养老质量堪忧。因为失去子女带来的最显著养老劣势是断开子女的经济补贴，非失独家庭会在老年享受到子女的经济回报，而失独家庭只能依靠夫妻双方年轻时的积蓄进行养老。

---

① 因车祸是双方责任，A 阿姨家没有获得经济赔偿，只有村委会春节时象征性送来过500 元。

最为重要的是，这种差异会随着时间增长形成养老经济的“剪刀差”。

（二）日常照料的风险

1. 失能的双重打击

C 叔叔的妻子因为冠心病和糖尿病导致生活大部分不能自理，原先计划请保姆帮忙服侍，可是价格一直没有协商妥当。现在 C 叔叔非常害怕自己生病倒下，没有人能继续照顾妻子。的确，面对失独与失能的双重打击，所有的生活重担全都压在了 C 叔叔一人身上，不能够像非失独家庭那样必要时还有子女守护。可是 C 叔叔今年也有 70 岁高龄了，这样得过且过的生活还能挺到何时呢?

2. 养老院签字风波

D 叔叔在痛失妻子和女儿后得到了同村救助，得以在一家养老院工作。本想年老时也能够同其他老人一样住进养老院，但是院方以无人签字不符合程序为由，拒绝 D 叔叔入住。如今的 D 叔叔一想到以后的安置问题，就默默地抽烟。失偶加之无儿无女，孤苦伶仃的凄凉晚景让笔者不禁担忧年岁增长的 D 叔叔老来何去何从?

事实上，不仅仅是 D 叔叔这样的特例，在众多失独家庭中都隐藏着将来想入住养老院抑或是生病手术时是谁能代为签字、谁能担保责任的风险。如何破解这一不可避免的难题，拷问的是整个社会与国家的良知。虽然去年年底修订的《中华人民共和国老年人权益保护法》第 24 条规定：“具备完全民事行为能力的老年人，可以在近亲属或者其他与自己关系密切、愿意承担监护责任的个人、组织中协商确定自己的监护人和监护监督人。无民事行为能力或者限制民事行为能力的老年人没有监护人的，参照有关法律的规定为其确定监护人。”但是新增的监护人制度在实施环节上加重了基层组织的负担，尤其是面对 D 叔叔这样失独又失偶的特殊人群，基层组织大多不愿为其担保，敷衍推脱责任，使得新法陷入缺少执行力的尴尬境地。

（三）精神赡养的风险

1. 辗转搬家事件

笔者是在 QQ 群里认识的 E 阿姨，失独后一直逃避事实的 E 阿姨，放弃了与外界的沟通，先后搬了三次家，最后身心俱疲地在偏僻的小巷里养老，平日里也常常封闭家门。带着“生人勿扰”面具的 E 阿姨一开始拒绝任何交流，最后可能是笔者身份和年龄让E阿姨想到逝去的女儿，才一步步化解内心的隔阂。虽然笔者也多次鼓励E阿姨一家保持好心情，但实际效果不佳，毕竟失独的疼痛还是需要漫长的时间消磨抚平。

2. 寻找精神寄托

F叔叔和妻子都是高校老师，曾写信申请学校领导考虑其家庭的特殊给予适当补贴，校方最终按照其退休前的工资标准100%发放后期退休金。现如今，闲来无事的F叔叔在照看动植物的过程中转移情感，无法享受天伦之乐的凄凉晚景与周围同事的儿孙在旁形成了鲜明对比。换位思考，不难体会到F叔叔精神深处的空虚与寂寞，而冷冷清清的家庭环境又强化了这种孤苦感。

（四）家庭维系的风险

1. “冷暴力”持续升温

E阿姨抱怨丈夫天天冷着脸不说话，相互生闷气，生活变得索然无味。事实上，这样遭遇家庭“冷暴力”的现象在失独家庭中并不是少数。失去子女的纽带导致核心家庭结构缺损，家庭关系岌岌可危，夫妻内部矛盾的延伸必然动摇家庭的稳定，和睦温馨的家庭场景似乎成为了过去式。那么，若是夫妻继续不和，家庭日渐不稳，老来相伴是否还能风雨相守。

2. 不愿成为亲戚们负担

B叔叔因为侄子的频繁照顾深感内疚，不想成为他人累赘的心理使整个家庭笼罩在低气压的不安中，外在的“亲属网”并未起到社会支持的功能，反而加重了失独养老的压力。笔者认为这是没有正确认识到亲属帮助行为的动机，一味地责备己方，不如以行动回报彼方。

3. 青灯古佛的逃离倾向

G阿姨在女儿逝后被丈夫抛弃，离婚后渐渐生出“青灯古佛旁了此残生”的念头，这不啻为对世俗社会无声的反抗。女性养老本就不易，单亲家庭的她们更是难上加难。比较非失独家庭的子女优势，G阿姨寻求关心的渠道狭窄，自身的文化程度有限，没有子女的嘘寒问暖，远离红尘的默默忍受或许是最佳策略。

（五）社会稳定的风险

1. “单独二孩”出台已晚

F叔叔认为自己那代人积极响应国家“只生一个”的号召后却无人送

终，言语之中充斥着对政府的不满。虽然自2013年松开“单独二孩”的计生政策以来，陆陆续续不少省份都出台了具体实施细则，但是对于已无再生能力的失独家庭而言，生育的“春风”来得实在是太迟了，只能在某些方面上减少失独家庭的数量，致使现已失独的家庭以养老为导火索，质疑着国家的公信力，将失独的怨恨归结于政策的调整。

2. “N”不管的边缘窘境

D叔叔向养老院的“申诉无门”，是因为不合理的社会结构与“错位”、“越位”的政府管理。对比非失独家庭的经济优势、子女照顾和精神抚慰等差异，社会地位不断“被边缘化”的失独弱势因投资于子女的集中，加大了显性和隐性的养老风险，无奈之下更多的是将养老压力转嫁给社会承担，可是正当诉求难以回应，其恶果必然是报复社会。

四 失独家庭的养老政策支持

（一）经济支持较弱，可妥善使用社会抚养费用

养老的支撑是经济基础，无论是经济能力较差的A阿姨一家，还是经济能力较好的B叔叔一家，都存在着不同程度的“养老钱”危机。和非失独家庭子女经济供给不同的是，失独家庭的经济支持因子女死亡而大幅缩减，老来得到子女回报的预期破灭，除去养老保险及退休工资，基本没有其他经济来源。虽然有关政策强调城镇失独家庭参照“三无”标准、农村失独家庭参照“五保”标准来发放一定数额的经济扶助金，但是随着CPI逐年升高，加之这类临时性救助在具体审核发放程序和失独家庭领取意愿[①]等方面存在缺陷，失独养老的返贫致贫风险不断增大。与此同时，“社会抚养费”的争议不休。笔者认为社会抚养费的用处不明不只是监督失灵，更是在设计之初就欠周全考量，反映出国家责任的缺失。应当妥善管理这笔已经征收不菲的社会抚养费，成立专项基金，用以补贴失独家庭的经济需求，缓解失独养老压力，减少生活质量差异。

究其根源，失独家庭经济养老风险是社会保障制度“缺、乱、损”

① 在访谈中，笔者了解到不少失独家庭因申请程序需要子女死亡证明而放弃领取这笔“伤心钱”，认为国家应当制定弹性的经济扶助金赔付政策，合理合情地补偿失独家庭的生育权。

的错位[①]。城乡分割的养老保险过于“碎片化”，难以体现“公平、正义、共享”的价值理念，使得失独家庭出现不同层次的经济需求。农村失独家庭亟须财政加大拨款以保障其基本生活。鉴于失独家庭子女投资的损失（其中，子女的教育花费占去了失独家庭大部分的养老积蓄）的不可弥补性，完善我国的养老政策任重道远。

（二）生活照顾不足，应设置长期护理保险项目

在C叔叔和D叔叔的养老窘迫中，可以看到失独家庭还将面临失能、慢性病、失偶的风险打击，日常生活会更加举步维艰。没有来自子女的养老照料，缺少能够托付的法定代理人，失独家庭“边缘化”的程度会不断加重。这类更为特殊、更为困难的老人能否在“严寒中守望暖春”，需要的是国家担当的责任、社区管理方式的转型、慈善组织公益的力度、公众志愿帮扶的认知，从而构建起国家、社区、社会组织以及社会公众投身失独家庭日常照顾的“四位一体”生活安全网。

此外，补充生活照顾可以建立适合我国国情的长期护理保险体系，推进失独家庭养老的社会化，防范失独家庭无力、无人服侍风险。通过设置长期护理保险政策，增加正式护理专业化比重，跟进后期配套设施项目，提升现代公共服务标准，带动针对失独家庭的养老产业发展，以满足失独家庭多样化的老年生活需求。

（三）精神需求低下，需加快“健康老龄化”步伐

失独家庭的精神赡养存在封闭逃离（E阿姨）与情感替代（F叔叔）的对比，但都说明失独家庭精神敏感、神智脆弱的实质性问题。不论失独时间的长短，心理的阴影都在或多或少地损害着精神健康，造成失独家庭的情绪普遍不佳。因此，对于已然发生的失独悲剧，只能选择“治标”的消极方式弥补精神缺憾，而国家高层应当以向光性的远见未雨绸缪，以“治本”的积极政策预防潜在风险。

当然，最主要的还是要失独家庭发挥自身的主观能动性，从子女生前“依赖养老”的被动转变为正视现实“独立养老”的主动，根据自身的文

---

① 王茂福、谢勇才：《失独群体的社会保障问题探析——以北京模式为例》，《兰州学刊》2013年。

化能力和兴趣爱好提高精神健康水平，加强社会适应能力，以健康状态步入老年，真正“活得有尊严”。如果个体无法完成自救，建议融入群体的避风港。社会组织的公益计划可以从开展失独家庭互动、失独精神安慰、关注养老临终关怀等作为突破口，重点建设群体倾听平台，传递爱心温暖正能量，提升失独家庭幸福感。通过这些活动，能够转移失独家庭的情感投向，增强失独父母的“弱联系”，扩大养老过程的社会网。

（四）家庭功能失常，要重构家庭内外关系网络

“4－2－1”的家庭结构破损，引发家庭功能失常，导致家庭关系不和，甚至是婚姻解体（G阿姨），弱化了失独家庭抵御养老各项风险的能力。原因在于，非失独家庭风险有子女的缓解，夫妻相处更易忍耐，家庭关系较为和谐，家庭系统整合空间较大，各项交换冲突发生较少；而失独家庭的生育功能几乎停止，赡养功能发生断层，导致其情感功能的弱化，造成社会家庭亲属网络出现裂痕。因此，应当重构家庭内外关系网，使失衡的失独家庭恢复平衡，规避家庭破裂风险。

一方面，经营家庭内部关系，需要的是增强家庭凝聚力。在携手并进的坎坷养老路上，失独家庭的夫妻双方可以试着少一些争执，多一份包容。另一方面，维系家庭外部关系，依靠的是扩大亲属互动圈。血脉相连的骨子里是对亲人的信任，失独的悲痛不要只在家庭内部忍受，打开心门接受外在亲人的帮助并不是获得某种“恩赐”，而是中国“重情、重孝”文化中最原始的关怀。

（五）报复社会增多，应创新社会综合治理体制

失独家庭对国家和社会的抱怨（D叔叔和F叔叔）源于这类弱势群体“话语权”的微薄，没有落实法律维权，亦没有专门部门负责。但是，“弱势群体作为社会的底层，不仅以自己的方式顽强地存在着，而且以自己特有的方式对社会实施着各种积极和消极的‘社会报复’，使社会发展付出代价。”① 如果发生激进的失独家庭抵抗社会行为，将很有可能煽动其他失独家庭，引发连锁效应，造成更为严重、更为广泛的社会问题，“防患于未然”极富时代性和艰巨性。

---

① 吴鹏森：《论弱势群体的“社会报复”》，《江苏行政学院学报》2003年。

因此，控制失独家庭的养老风险，应当重视社会治理，激发社会公益组织活力，扶持社会工作队伍建设，推动政府购买服务项目，实现政府主导治理失独问题，增强社会调节养老功能，深化公众与失独家庭之间的互动。同时，以保障养老的经济、生活、精神需求为核心，在基层推行新修的《老年人权益保护法》，建立畅通有序的诉求表达、心理干预、矛盾调处、权益保障机制，强化基层组织在失独家庭法定代理人方面的责任，避免失独家庭大病治疗和入住养老院无人签字受理的风险，切实维护失独家庭的养老权益。

五 结论与讨论

综上所述，失独家庭由于没有非失独家庭的子女资源，致使养老阶段中存在返贫致贫、无人照料、精神脆弱、家庭不和以及报复社会的风险。因此，需要国家完善社会保障政策，增加政府服务购买，落实法律权益保护；社会创新综合治理体制，提高公共服务水平，鼓励志愿组织参与；公众正确对待失独家庭，加强失独团体互助。

当然，不排除失独家庭在没有“啃老”负担后的生活相对轻松，所以本文的研究不足一是由于调查对象的隐蔽性和特殊性，导致个案样本为非概率选取，代表性有限；二是对于不同社会地位的失独家庭的涉及还不够全面，影响有关失独家庭养老情况的完整性描述。以上会是今后进一步完善的研究方向，期待有兴趣的学者一起讨论并补充发展。

美国、英国、新西兰早期教育家庭支持政策及启示

史明洁*

摘　要： 美国、英国、新西兰为了消除贫困，缩小贫富差距纷纷出台了早期教育家庭支持政策。主要包括对孕期的母亲、婴儿及幼儿进行健康筛查、为父母提供就业指导和机会、对婴幼儿家庭访问、对家长进行指导，使其成为家长教师等项目。三个国家的早期教育家庭支持政策实施的费用由政府提供；实施人员均由专业人士和辅助人员组成；实施形式可以个别进行，也可以小组合作的形式进行；实施的时间有长有短，频率也根据需要各不相同。我国应该根据三个国家的经验，根据我国国情制定合理的政策，实施相应的早期教育家庭支持项目。

关键词： 早期教育；家庭支持项目；外国

20 世纪 60 年代起，随着经济的发展一些发达国家出现了贫富差距和种族冲突问题。特别是一些家庭问题的出现也成为阻碍儿童发展的弊端，如单亲家庭、未婚家庭、组合家庭的数量和离婚率不断上升，贫困家庭的数量增加，越来越多的妇女外出工作、青少年犯罪率不断提高。这些情况的出现不利于弱势儿童的发展，甚至会威胁到社会的发展前景。决策者们认为教育能够起到消除不平等、促进社会稳定的作用，特别是加强幼儿教育能够从教育起点上缩小贫富差距。因此，美国、英国、新西兰等国家纷纷出台早期教育家庭支持政策，旨在增加弱势儿童家庭方面养育儿童的知识与技能，预防和减少家庭危机，确保贫困学前儿童做好入学准备。

---

* 史明洁，中华女子学院儿童发展与教育学院副教授。

一　美国、英国和新西兰的早期教育家庭支持项目

1. 美国

1964 年美国国会通过《经济机会法案》[①]，法案中决定通过社区行动计划“开端计划”[②] 对贫困儿童提供补偿教育。开端计划是美国联邦政府迄今为止规模最大的早期儿童发展项目，由联邦政府对处境不利儿童进行教育补偿，缩小贫富差距，追求教育公平，被誉为美国学前教育的“国家实验室”。在“开端计划”中，有六个早期教育家庭支持项目最为著名，即美国健康家庭项目[③]、护理—家庭合作伙伴项目[④]、早期开端计划[⑤]、家长教师项目[⑥]、学龄前儿童父母的家庭教育项目[⑦]以及亲子家庭项目[⑧]。

“健康家庭项目”是针对低收入家庭推出的儿童全面医疗保险计划。该项涉及 0—19 岁儿童的保险计划包括：健康、视力及牙齿等内容，保费非常低廉；只是对申请者的家庭年收入有条件限制，必需处于或低于联邦贫困线的 250%，且子女年龄不同的家庭，其缴纳保费的年收入标准也不一样。

“护理—家庭合作伙伴项目”中的母亲健康项目为首次当父母的家长提供母婴照料以及儿童健康方面的信息。在该项目中，护士会为初次成为母亲的人提供帮助，使他们了解孕期健康方面的知识，进而成为负责的父母，尽量让孩子拥有健康、良好的开端。护士为母亲提供服务的目的是使家庭形成强烈的纽带，奠定良好的健康基础，从人生起点改变生活状况。

“家长教师项目”提供教育和服务的对象为拥有胎儿期至 5 岁儿童

---

① Economic Opportunity Act，http：//business. laws. com/economic-opportunity-act.

② Head Start Program，http：//www. acf. hhs. gov/programs/ohs.

③ Healthy Families America，http：//www. healthyfamiliesamerica. org/home/index. shtml.

④ Nurse-Family Partnership，http：//www. nursefamilypartnership. org/.

⑤ Early Head Start，http：//www. acf. hhs. gov/programs/ohs.

⑥ Parents as Teachers，http：//www. parentsasteachers. org/.

⑦ Home Instruction for Parents of Preschool Youngsters，http：//www. hippyusa. org/.

⑧ the Parent-Child Home Program，http：//www. parent-child. org/.

（学前班之前）的家长。“家长教师项目”基于以下两个重要理念：其一，家长是儿童的第一任也是最有影响力的教师；其二，儿童生命早期的经验对其未来在学校和生活中能否取得成功至关重要。[①] 该项目主要提供：（1）家庭访问。在儿童发展方面接受过培训且拥有证书的家长教育者，会定期进行家庭访问，帮助家长理解儿童发展各个阶段特点，针对如何鼓励儿童进行学习的问题提供具体的指导方法。（2）小组会议。这种教育形式能够让家长有机会聚集在一起，分担自己的忧虑，从其他家长那里得到启发。（3）参考网络。“家长作为教师项目”帮助家庭与提供服务的机构建立联系，形成网状服务体系，使他们能够获得更多的资源。（4）筛查。该项目定期对儿童语言、听力和视力的整体发展状况进行筛查，以确保儿童的健康问题早日被发现，早日得到治疗。

2. 英国

英国1988年颁布的《教育改革法》提出了家长在教育中的重要作用，政府要对家庭进行早期教育支持。该法案规定家长代表要参与学前教育机构管理组织的工作，家长能够在地方教育机构中获得培训课程。该法案为家长参与学前教育机构的管理，以及如何正确参与并指导儿童的学习提供了法律保障。2009年初，英国政府出台了一个旨在提高儿童机会均等的白皮书，题为《新机遇：为了未来的机会均等》。该白皮书提出了“提升英国所有儿童早期生活和教育环境质量，为儿童一生发展提供最好的开端经验，不断缩小不同背景儿童之间的差距，以全方位支持儿童发展”的未来战略目标。[②]

为了对家庭提供早期教育方面的支持，缩小贫富差距，英国政府也先后出台了许多相关的项目，以下列举的几个项目比较具有代表性。

1998年英国政府开始实施“确保开端”项目，旨在解决贫困家庭儿童学前教育的问题。2004年英国政府又提出了一个新的“确保开端计划”，名为“父母的选择、孩子最好的开端”——儿童保育的十年策略。此计划提出向贫困家庭倾斜，为他们提供更多的帮助，使英国每一个孩子都能接受世界上最好的幼儿教育，与国外同龄孩子相比，确保给他们一个最好的开端。

---

① “What is Parents as Teachers?”，http：//www. sjsd. k12. mo. us/Page/4087.

② 杨晓斐、武学超：《英国政府全方位支持儿童早期教育》，《上海教育》2010年第17期。

2008 年 9 月，一项新的方案被纳入英格兰法律之中。EYFS 就是英格兰政府提出的这个新教育方案，目的是“给父母最好的选择、给幼儿最好的开始”。

从 2010 年起，英格兰政府在英格兰每个社区都设立了一家“确保开端儿童中心”，使所有 3—4 岁幼儿享受每周 15 小时的免费早期教育，并使 2 岁的幼儿也可以享受到这个服务；为提高父亲对幼儿教育的意识，英格兰政府还通过开展“智能父亲”（Think Fathers）运动，向他们提供如何进行亲子教育的指导。

为改善儿童健康和福利，英国政府对儿童家庭进行的早期教育支持项目覆盖的儿童年龄逐渐降低，在 2015 年前出台并实施了新的“儿童健康战略”，其中的“新型胎教计划”就是针对那些尚未出生的孩子，旨在帮助那些即将成为父母的人尽早理解婴幼儿身心发展规律，加强对他们进行胎教指导。

英国政府不但执行现有的早期教育家庭支持项目，还对未来的项目进行规划，制定目标以及实施方案。其中，“放飞开端”（Flying Start）等项目就是向英国社会所有处境不利家庭的年满 2 周岁的儿童提供免费教育和保育机会的项目。这个项目提出将在未来 10 年内分阶段实施，并达到如下目标：第一阶段目标针对的对象是 15% 的处境最不利儿童，政府每年向他们提供 23000 个免费接受早期教育的机会。到 2020 年，政府将对处境不利儿童全部实施免费教育和保育，并向每一个 2 周岁处境不利儿童提供每周 10 小时、每年 38 周的最“卓越”的免费保育和早期学习机会，3 周岁之后免费接受早期教育的时间每周可以长达 15 小时。

3. 新西兰

为了缩小贫富差距，新西兰政府也制定了一些针对家庭在早期教育中的指导项目。主要有如下几项。

“普鲁凯特计划”是以新西兰前首相的名字命名的一项国家行动计划，主要研究 0—3 岁儿童早期教育，现已取得很重要的研究成果。新西兰教育部在《面向二十一世纪的教育》报告指出：“教育必须从出生开始。”在这种教育方针指导下，新西兰已经有 82% 的 3—4 岁儿童加入了早期儿童教育计划。

1907 年，新西兰成立了普鲁凯特（Plunket）这个非赢利性国家机构。它是该国政府设立的唯一的致力于提供优秀的婴幼儿保育服务的机构。该机构中为家庭提供服务的人员由受过专业训练的员工以及来自新西兰各地的志愿者共同组成。普鲁凯特项目为家庭提供的服务范围包括适宜的医疗服务或支持计划、教育活动等。①

在普鲁凯特计划中，新西兰卫生部确立了如下目标：确定毛利人、太平洋人和其他新西兰儿童之间的健康差别；确保婴儿和儿童得到合适的照顾；提倡母乳喂养宣传无烟环境对怀孕的好处；减少被动吸烟带来的危害、增加学前牙齿保护服务的注册，宣传积极的育儿知识；降低因虐待儿童和家庭暴力导致的死亡、伤害和残疾，提供免疫服务；减少由可预防疾病带来的影响，减少由意外伤害带来的死亡、伤害和残疾；减少出现在婴儿或儿童期的可预防或可治愈的听力及视力丢失；减少婴儿猝死症（SIDS）的发生；减少可诱发婴儿猝死症的因素，特别是婴儿俯睡和吸烟环境。帮助父母及早识别儿童疾病，推动早期发育和发育不良的检查；提高母亲、婴儿以及家庭的心理健康。至今，普鲁凯特计划使超过90%的新生儿父母都在某些方面获得过儿童健康服务的帮助。

新西兰的“确保开端计划”不仅仅是一项面向贫困儿童，而是面向所有家庭中所有儿童的教育计划。该方案为家庭提供的服务主要包括：家访咨询、帮助家长理解和支持幼儿的游戏、分享儿童保育和教育的经验、提供初步的社区健康服务、为有特殊需要的儿童和家长提供支持。参与“确保开端计划”的幼儿保育及教育专业工作者受雇于新西兰政府并为家庭提供各种服务。

二　美国、英国、新西兰幼儿教育家庭支持项目的共同要素

1. 目标

美国、英国和新西兰早期教育家庭支持项目通过相关机构的参与向家长提供儿童发展的相关知识以促进儿童的健康发展，帮助受访家庭儿童做好入学准备和取得学业上的成功，其具体目标包括：

（1）促进母婴健康：为母亲和儿童提供基本的健康服务，对孕妇进

① 《新西兰幼儿教育》，http://jia.cersp.com/QZB/YWLF/200701/12098.html。

行产前检查，提倡母乳喂养；宣传无烟环境对怀孕的好处，减少被动吸烟带来的危害；减少出现在婴儿或儿童期的可预防或可治愈的听力及视力损失；帮助父母及早识别儿童疾病；推动早期发育和发育不良的检查；增加学前牙齿保护服务的注册；提供免疫服务，减少由可预防疾病带来的影响。（2）降低婴幼儿死亡率：减少婴儿猝死症（SIDS）的发生，减少可诱发婴儿猝死症的因素；减少家庭暴力导致的死亡，伤害和残疾；减少由意外伤害带来的死亡，伤害和残疾。（3）提高父母的养育能力：增加父母抚养儿童的知识；改善父母育儿的态度和行为；优化亲子互动，防止儿童受到虐待和忽视；（4）促进儿童早期的学习和发展：帮助儿童做好入学准备；（5）加强家庭和社区建设：鼓励儿童家长参与社区建设，以保证项目计划的延续，同时也为贫困家庭提供摆脱贫困的机会。

2. 内容

不同国家的早期教育家庭支持项目内容各有侧重，有的项目侧重于家庭的健康保健，有的项目强调父母参与儿童的教育和活动以及亲子互动，有的则强调儿童的全面发展和父母教育。在年龄方面也略有差别，有的侧重孕期至 3 岁儿童，有的侧重 3—5 岁幼儿，有的还延伸至 18 岁。但是早期教育家庭支持项目概括起来主要包括以下几个方面的内容。

（1）提供社会支持，如协助受助家庭增加经济收入，解决其住房、经济等方面的问题；帮助家庭获得社区和超出社区服务范围以外的资源；通过扫盲、成人教育、岗位技能培训促进母亲的就业和家庭经济的自足。

（2）提供产前保健服务，如提供新生儿护理和育儿知识；通过对有不良嗜好的妊娠期妇女进行干预和产前护理以改善妊娠结果；为新生儿和有特殊需要的儿童提供服务；向家长宣传免疫接种、药物安全等知识，直接或配合社区提供高质量的儿童保健服务，减少儿童的发病率；筛查、检测儿童健康和发育中出现的问题，并尽早治疗；建立可供家长学习的网络资源，帮助家长提高照顾孩子的能力；对家庭进行定期访问，向家长提供儿童发展的相关信息。

（3）建立良好的亲子互动。早期教育家庭支持项目还提供家长教育，开展和孩子年龄相适应的亲子活动，解答父母关心的问题，帮助家庭建立良好的亲子关系。良好的亲子关系能够使幼儿在生命早期获得稳定、安全的亲子依恋，使儿童能够健康成长，不会因紧张的亲子关系使儿童游离于家庭之外，进而导致犯罪等行为的发生。

（4）为家长提供指导儿童发展的课程。早期教育家庭支持项目鼓励父母参与子女教育，组织儿童和家长参与学校和社区生活；通过亲子语言活动等形式与家长合作，共同发展儿童的识字和语言技能；通过游戏、精心挑选的书籍和玩具与儿童进行口语互动；向父母提供用于指导各个年龄阶段儿童发展所需要的儿童认知、动作、社会情感与语言四个领域的课程；向受助家庭赠送书籍和玩具。

3. 实施

（1）实施人员。上述三个国家早期教育家庭支持项目的实施主体是家访工作人员，主要由专业人员和辅助人员构成。其中，辅助人员是指“没有学位或受过诸如咨询、社会工作、护理、医学、心理学和儿童发展等正规专业服务培训的服务提供者”。[①]

（2）实施步骤。首先家访工作人员向家长宣传项目服务的宗旨和内容，吸引家长报名参与项目，然后借助问卷调查家庭的基本情况，如年龄、产后抑郁、亲子互动情况、母婴健康信息[②]，对参与家庭进行筛选和评估，确定参与项目的家庭的风险水平和需要，以此确定访问的次数并提供恰当的服务。

（3）实施时间和频率。各个早期教育家庭支持项目在发起和持续时间、访问的频率上有所不同。有的家访服务从妇女怀孕期间就开始，而有的则在孩子出生时或出生后开始。在持续时间上，有的家访服务持续时间较短，有的却持续两年至五年。在访问频率上，从每周一次到每月一次不等。典型早期教育家庭支持项目的目标与实施程序如图 1 所示。[③]

（4）实施渠道。美国和新西兰的早期家庭支持项目多以进入家庭进行访问和指导为主。除此之外，英国还以社区、幼儿园、教会为活动场所

---

① Korfmacher. J. , Green. B. , Staerkel. F. , Peterson, C. , Cook, G. , Roggman. L. & Schiffman. R. Parent involvement in early childhood home visiting, *Child & Youth Care Forum*, 2008, 37 (4): 171—196.

② The Vision for Early Childhood Home Visiting Services in Arizona: A Plan of Action 2010—2015. The Arizona Early Childhood Home Visiting Task Force. www. childwelfare. gov/preventing/programs/types/homevisit. cfm, 2012 - 10 - 26.

③ 田波琼、杨晓萍：《美国家访项目的内容、影响因素及其发展趋势》，《学前教育研究》2013 年第 6 期。

为有孩子的家庭提供很多其他形式的服务。出生至5岁的宝宝可以加入各个社区儿童中心的活动，妈妈也可以参加各种育儿的论坛和培训，解决教育孩子过程中的问题。

（5）实施费用。美国和新西兰的家庭的支持项目由政府提供。英国的家庭支持项目大多也是政府提供的，对家庭来说是免费的，但有的项目收费1—2英镑，用于发展慈善事业。他们同时免费提供茶、咖啡给妈妈们，还会在休息的时候分给孩子们饼干和饮料。在英国的社区活动中心，每天会有不同的主题活动让孩子们参与。集体教育活动时间由老师带领大家一起做游戏，剩余时间为自由活动。社区活动中心每天上午免费向所有小朋友开放，下午是课后辅导时间。活动中心分为室内活动区、室外活动区，配备了各种各样的玩具。

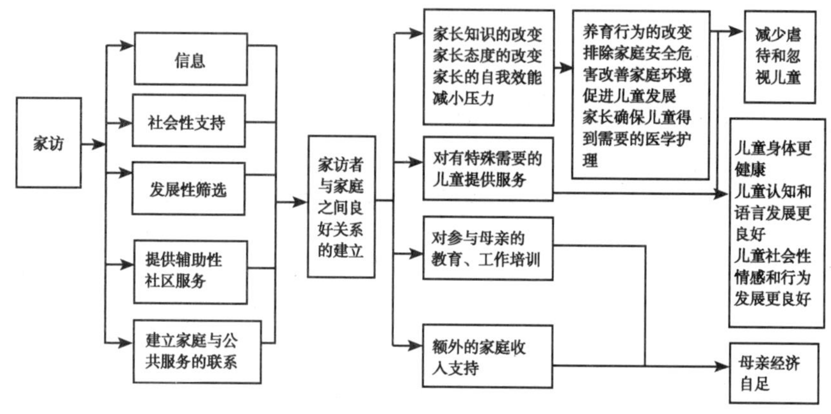

图1 典型早期教育家庭支持项目的目标与实施程序

资料来源：田波琼、杨晓萍：《美国家访项目的内容、影响因素及其发展趋势》，《学前教育研究》2013年第6期。

三 对我国的启示

1. 政府加强立法和投资，确保家庭得到支持

美国、英国和新西兰政府主要通过立法、提供经费、建立教育专项行动计划等措施保证早期教育家庭支持项目的顺利开展。我国在为早期儿童家庭教育提供支持方面，需要以政府为主导构建全方位的社会支持体系。

政府应通过立法为发展处境不利儿童的学前教育提供法律支持，设置专门款项为家庭早期教育提供物质保障。政府应该以多种形式对早期教育中的所有儿童提供经济支持和教育机会，特别是弱势儿童，包括家庭经济困难以及各种残疾儿童。

2. 建立政府牵头、社区主导的多部门协调运作机制

在上述三国早期教育家庭支持项目中，社区都发挥了重要作用。我国也应该强化各级政府的责任，建立完善的管理和监督机制。我国应该以社区、村等相关机构为主导实施早期教育家庭支持工作。正如发达国家一样，首先要为贫困家庭提供就业支持，从根本上解决幼儿的家庭经济状况，只有家长有了收入才能保障儿童受教育的机会。相关部门还可以通过各种形式为家庭提供健康及保健服务，降低母亲及婴幼儿疾病发病率等。

3. 对培训师进行培训，使家长成为教师

在早期教育家庭支持项目中，还应该依托社区和幼儿园以及相关教育机构广泛开展培训，培养培训师，让这些专业人士走进需要支持的家庭，对家长进行培训，使家长成为教师。应该赋权给家长，让他们知道自己拥有哪些权利，并懂得如何为自己和儿童维护自己的权利。同时，培训师对家长进行培训，使他们了解婴幼儿身心发展的规律，以及如何正确地教育好自己的孩子，特别是那些有特殊教育需要的儿童。

4. 以家庭访问及家庭活动小组合作的形式对家庭提供早期教育支持

社区机构应该根据家庭需要组织相关工作人员定期进行家访。家访人员应该针对家庭的具体需要对家长及幼儿提供服务。活动形式多种多样，可以与儿童进行互动，例如讲故事、做游戏、谈话、运动等能够促进幼儿身心发展的一切活动；也可以让家长参与进来，共同进行活动。最重要的是，家访人员应该就家长存在的问题提供一些解决办法。除单独进行家访之外，还可以将需要支持的家庭组成活动小组，让家长，特别是那些有特殊教育需要的家长能够相互学习，并得到心理支持。单独进行的以及以小组形式进行的家庭教育项目都能够起到很好的教育效果。

5. 建立网络平台，为家庭提供早期教育支持

在互联网时代，特别是随着移动互联网的发展，为家庭提供早期教育可以充分利用这种高科技形式进行。在各种幼儿教育机构、政府相关部门

以及社区的网站上可以上传各种幼儿教育的相关资讯，提供各种链接，让家长和幼儿可以在网上获取各种教育资源。政府应该提供大量的经费开发早期教育的学习软件以及家庭教育的相关资料，以浅显易懂的形式为家长和儿童提供相关信息，使家庭得到支持和服务。

流动儿童的家庭教育问题与对策研究

李　阳*

摘　要：现阶段，中国正处于城市化高速发展的时期，正经历着前所未有的城乡人口流动和迁移。全国流动儿童规模大幅度增长，从2000年1410万人增长到2013年的3581万。流动儿童的学校教育问题得到了一定程度的解决，但是，流动儿童的家庭教育问题受到的关注远远不够。流动儿童因为其家庭实际情况及父母身份的特殊性，导致流动儿童的家庭教育很大程度上处于缺失或者不完善的状况。本文探讨了流动儿童的家庭特点以及家庭教育状况和存在的问题，探索改善流动儿童家庭教育的对策，提出家校协同教育的具体措施和建立由政府、社区和非政府组织组成的多维立体的社会支持系统，真正让流动儿童享受有质量的教育，增强其融入城市、融入社会的能力，培养出健康合格的社会公民，最终促进家庭和社会的和谐和稳定发展。

关键词：流动儿童；家庭教育；对策研究

一　家庭教育是真正提高流动儿童教育素质的关键

现阶段，中国正处于城市化高速发展的时期，正经历着前所未有的乡城人口流动和迁移。全国妇联2013年5月发布的《我国农村留守儿童、城乡流动儿童状况研究报告》显示，全国流动儿童规模达3581万，而第五次人口普查数据显示，截至2000年11月，流动儿童规模为1410万人，可见，12年间流动儿童数量大幅度增长。流动儿童的教育问题自2001年

* 李阳，中华女子学院管理学院讲师。

以来受到越来越多关注，就目前来看，在中央政府“两为主”的政策指导下，各地方政府认真贯彻，流动儿童从“无学可上”到“有学上”，再到“上好学”，其学校教育问题得到了一定程度的解决，义务教育阶段已有 80.4% 的流动儿童进入了公办学校，但是，流动儿童的家庭教育问题受到的关注远远不够。

众所周知，学校教育、家庭教育和社会教育三者互为补充，互相促进，才能推动受教育者健康发展，而家庭教育是一切教育的基石。从某种意义上说，孩子个性、人格的发展和情感、价值观念的建立，家庭教育的影响比学校教育和社会教育更为深刻。《国家中长期教育改革和发展规划纲要（2010—2020 年）》中明确提出了家庭教育在教育改革和发展中的地位和作用，强调学校教育、社会教育和家庭教育要紧密结合。特别指出：“充分发挥家庭教育在儿童少年成长过程中的重要作用”。流动儿童因为其家庭实际情况及父母身份的特殊性，导致流动儿童的家庭教育很大程度上处于缺失或者不完善的状况。

因此，了解流动儿童的家庭教育状况和问题，探索改善流动儿童家庭教育的对策，真正让流动儿童享受有质量的教育，增强其融入城市、融入社会的能力，培养出健康合格的社会公民，最终促进家庭和社会的和谐和稳定发展。

二　流动儿童家庭教育的现状与问题

随着基础教育领域均衡化改革的不断深入，政府与社会各界的持续努力，我国流动儿童公平接受教育问题得到了很大的改善，其家庭教育也逐渐受到重视。越来越多的流动儿童的父母意识到家庭教育的重要性。但是，在全面推行素质教育的今天，大多数家长还是受到传统观念、经济条件、亲子时间等因素的制约，使得流动儿童家庭教育还存在许多的问题，如家庭收入偏低，为生计奔波，无暇顾及孩子的教育；家长受教育程度低，无法辅导子女功课；家长教养方式不当，家长对子女缺乏尊重和平等交流和缺乏积极的闲暇教育等种种问题。

1. 家庭收入低，无暇顾及孩子教育

根据 2009 年全国 10 城市调查发现，在北京，近 10% 的家庭月收入

在1000元以下，25%的家庭月收入在1000—2000元，25%的家庭月收入在2000—3000元，21%的家庭月收入在3000—4000元，19%的家庭月收入在4000元以上。2009年北京最低工资标准为800元/月，可见，大多数流动儿童的家庭月收入大约只能在最低家庭收入标准附近。因此家庭收入偏低，可能导致的结果是父母为生计奔波，无暇顾及孩子的家庭教育。因此父母与孩子缺乏有效的沟通和彼此的了解，结果使得家庭教育无法在教育者和被教育者之间建立起良好的渠道。

2. 家长受教育程度低，无法辅导子女功课

大多数流动儿童的父母文化层次较低：54.4%的流动儿童的父亲其受教育程度在初中及初中以下，而母亲的受教育程度就更低，64.5%的母亲其受教育程度在初中及初中以下。[①] 目前，城市义务教育阶段，越来越多的学校教育延伸到家庭，家长须要越来越多地参与到孩子的学习过程，如辅导孩子做作业，复习所学内容，检查作业的对错等。这对于大多数流动儿童家长来讲，都是不可能完成的任务。

3. 家长教养方式不当，家长对子女缺乏尊重和平等交流

“可怜天下父母心”，天下没有不希望孩子将来有出息的父母。流动儿童的父母离开祖祖辈辈生活的农村，到城里来打拼，并且有能力将孩子带在身边，在城市接受教育，由此来看，这些父母都是不愿意安于现状，积极进取的农民。因此，他们更加期待他们的子女能够跳出“农门”，融入城市，彻底摆脱农民身份，谋求更加幸福安逸的生活。然而，传统家庭教育观念和望子成龙心切严重影响了他们的教育行为，多数流动家庭中的教养行为还是以家长式的权威和命令主义为主，以家长为中心，过分强调其子女的服从，缺乏对子女的尊重和平等交流，因此，子女的个性和自尊心在家庭中受到严重的压抑和挫伤，在整个社会宣扬自由，崇尚个性的大环境下，流动儿童极易形成自卑、孤僻和冷漠的性格。

4. 缺乏积极的闲暇教育

闲暇教育是指教导儿童从小养成善用闲暇时间，从事有意义的活动，培养自我决定和行动能力，激发潜能，树立积极正面的休闲态度和休闲价

---

① 曾守锤、章兰根：《流动儿童家庭教育的若干特点及其对社会工作的启示意义》，《华东理工大学学报》（社会科学版）2008年第4期。

值观，建立终生学习概念的一种教育[①]。闲暇教育在帮助流动儿童疏解心理压力的同时，还有助于使流动儿童发现自己的潜力，消除自卑情绪，提高自信心。我国实行双休日制度以来，加上寒暑假、节日长假，中小学生每年的闲暇时间长达 170 多天，接近全年一半。学校放假，流动儿童家长要上班，孩子处于无人管理的状态。大多数流动儿童家长认为孩子的兴趣和爱好，必须对学习有帮助才会支持；另外，流动儿童的家长往往承担着较大的生存压力，无暇顾及儿童的休闲生活，也是客观事实。然而，此年龄段的孩子的头脑正处于活跃期，对任何事物都会产生极大的好奇心，又没有形成成熟的辨别是非的能力，如果积极的思想不去占领，消极的信息会乘虚而入。据研究，违法犯罪青少年大都是在休闲时间开始学坏的；中小学生的兴趣爱好、特长发展和适应社会生活的能力也主要是在休闲时间获得的。因此，对流动儿童进行积极的闲暇教育，可以说是当今流动儿童家庭教育的一个重要任务。

三　改善流动儿童家庭教育的实践与对策建议

通过以上的阐述分析，应该认识到，流动儿童的家庭教育绝不单单是其父母的问题，它需要整个社会的支持和帮助。它是一项系统工程，需要学校、政府、社会、家庭多方力量的协调与合作，为此，针对我国流动儿童家庭教育的现状及其存在的问题，提出以下解决对策。

（一）家校协同教育

家校协同教育是指家庭和学校之间形成合力对学生进行教育，使学校在教育学生时能得到来自家庭方面的支持，而家长在教育子女时也能得到来自学校方面的指导[②]。

学校可采取多种举措加强家校联系，如上门家访、开家长会、给家长作讲座、建立家长委员会、搞亲子活动等。由于流动儿童父母整体文化水平偏低，家庭收入偏低，这就意味着其网络技术的欠缺，这就需要学校采

① 梁宏：《流动儿童的闲暇教育探析》，《内蒙古教育》2009 年第 1 期。

② 马忠虎：《家校合作》，教育科学出版社 1999 年版，第 152 页。

取适宜的家校协同方式，比如电话联系多于网络联系，定期安排老师家访，多做家校交流的面对面活动等。学校应鼓励教师利用课余时间，深入城市流动儿童家庭，进行家访和实地调查，掌握城市流动儿童的家庭经济和生活状况，了解他们生活和学习上的困难，在此基础上，为每一个城市流动儿童建立详尽的个人档案，以根据他们的不同情况，进行有针对性的教育。

（二）社会支持系统的建立

除了学校的支持以外，还需要来自社会其他支持主体，主要包括各级政府，主要为流动儿童家庭教育提供制度、法律和财政方面的支持；流动儿童家庭所在社区，从实践的方面开展各种活动为流动儿童及家长提供支持；以及从事儿童家庭教育相关服务提供的非营利组织，可以针对流动儿童的假期，开展各种免费的夏令营或冬令营的活动，为流动儿童的闲暇教育提供支持。

1. 政府要完善农民工劳动制度，完善家庭教育立法

完善流动儿童的家庭教育，政府层面要做到，一是建立合理合法的劳动制度，使外来打工者也能享受到法定的劳动时间和合理的劳动报酬，从而能够更多地参与居住地的各类社会生活。对农民工子女来说，这是创造良好的家庭教育环境的必要条件。二是完善教育立法，制定《家庭教育法》，使其与《义务教育法》和《未成年保护法》一同成为流动儿童接受良好基础教育的保障。在《家庭教育法》中，要明确规定三层的权利和义务。一是要对监护人自身发展的教育能力做进一步规定，对未能通过家庭教育资格考试的监护人，必须要参加家庭教育培训。通过培训提高其教育孩子的能力，掌握正确的教育方法。必须配合学校教师的家访，不得以任何客观或是主观的理由推脱，否则，可以追究其法律责任。二是要对家庭教育中的受教育者的权利、义务有明确规定。如将做家务劳动成为儿童应尽的法定义务，德国专门制订了一项要求孩子做家务的法规，在法规中严格规定：6—10 岁的孩子要参加诸如修整草坪之类的劳动。三是要对各级政府及教育行政主管部门、妇联等组织的权利和义务做相应的规定。保证家庭教育正常开展所需要的经费来源、教育设施、师资队伍、评估机构等①。

---

① 沈茹：《城市农民工子女家庭教育问题及对策》，《中国农业大学学报》（社会科学版）2006 年第 3 期。

2. 通过社区为流动儿童提供家庭教育支持

当前，社区的作用越来越受到重视。欧美等发达国家往往通过社区提供专业化的家庭教育服务，如美国的社区“成员服务计划”，日本临时教育审查会的“家庭教育实施方案”等。因此，社区有义务为流动学前儿童家庭提供合适的家庭教育支持。

（1）社区可组织开展“家庭教育周”活动，帮助家长树立科学的家庭教育观念，这是提高流动学前儿童家庭教育质量的前提。社区也可以举办相关的讲座、沙龙等活动，以帮助流动学前儿童家长学习科学的家庭教育知识和方法。

（2）挖掘社区资源，提供家庭教育服务。第一，社区可以开展灵活多样的指导活动。在这方面，上海市普陀区长风新村街道已建立实施十余年的社区家庭教育指导模式很有借鉴意义。他们建立了以“专家讲座”为主体，以亲子活动为特色，辅以个别咨询、竞赛活动等形式的家庭教育社区指导体系。第二，社区还可以建立专门为流动儿童家庭提供教育咨询和服务的组织机构，并提供固定场所，以长期、稳定地为流动学前儿童家庭教育提供系统的教育指导服务。通过问卷调查、团体访谈和个别调查相结合的方式了解社区内所有流动儿童家庭的相关情况，以便提供有针对性的家庭教育服务。第三，社区还可以运用电子信息技术开展宣传工作，如定时向流动儿童家长发送有关家庭教育内容的短信、微信等。比如，北京市朝阳区教委联合“全国伴随成长大型公益项目指导委员会”，每周以短信的形式，向家长发送“每周一信”，内容包括，此年龄段孩子的身心智能发育状况，根据季节变化的营养饮食，护理保健，安全防护，智慧家长，亲子互动的小故事或游戏等，内容十分丰富实用。

3. 激发非营利组织，实现低费或免费提供相关教育服务，如家长学校，假期夏令营等

非营利组织具有民间性、组织性、志愿性、非营利性等特征，可以整合分散的社会资源，针对流动儿童家庭教育提供低费或免费的教育服务，可以部分地弥补市场和政府功能失败的不足。具体可以开展家长学校，可以定期在打工子弟学校或以流动儿童为主的公办学校，开展家长学校，将科学的教育理念传播给流动儿童家长。

非营利组织还可以针对流动儿童开展假期夏令营，应从流动儿童的实

际需求出发，在假期，充分利用城市公共设施，组织参观一些博物馆、展览馆、公园、儿童活动中心、图书馆等，为流动儿童营造一个良好的生活环境和文化氛围，使流动儿童在长长的假期时间里有去处，有玩处，有书读，有事干。

从支持就业到拉动就业

——中国托幼政策与女性就业关系变迁研究

许晓丽*

摘　要： 在由女性承担主要的育儿照料的情况下，托幼政策和女性就业之间有着密不可分的关联。对新中国以来托幼政策和女性就业的变迁过程的研究发现，这二者之间的关联呈如下特征：计划经济时代，托幼政策与女性就业的关系主要表现在托幼政策试图“支持女性就业”，无论城镇还是农村的托幼服务的发展都被要求尽量配合国家对“妇女参与社会劳动”的动员；向市场经济转轨后，托幼政策经历了社会化、市场化的改革——政府和单位承担的责任减小、家庭和市场承担的责任增大，托幼政策对“女性就业”的支持逐渐式微，但此时托幼服务规模的增长则给女性提供了新的就业机会，呈现出拉动女性就业的态势。

关键词： 托幼政策；女性就业；工作家庭平衡；儿童照料服务

国际学术界关于儿童照料（child care）与女性就业的研究从 20 世纪 80 年代末就已开始。O’ Connor（1988）曾研究 1965—1980 年间西方部分国家学前教育的扩张与女性劳动参与程度的提高这二者之间的关系，发现经济水平的提升、女性在工业和服务业部门劳动参与程度的提高都对学前教育的扩张有显著正影响；并普遍出现的女性劳动参与率增加和学前教育扩张意味着对婴幼儿的照料和教育活动开始从家庭向学校转移。[①] 国际上

---

* 许晓丽，中国人民大学劳动人事学院研究生。

① O’Connor, S. M. , “Women’s Labor Force Participation and Preschool Enrollment: A Cross-National Perspective, 1965—80”, *Sociology of Education*, 1988, 61 (1), pp. 15—28.

的研究越来越多。在微观层面，有大量的研究试图估计托幼服务的可获得性、质量、价格等因素对女性劳动决策的影响（Blau，2001）。[①] 而女性参与社会劳动，不仅会受到“市场”这一自由力量的影响，还会受到“政府”这一行政力量的影响。从宏观层面讨论托幼政策等政府干预与女性就业的关系的研究也有（Esping-Andersen，1999；Mandel et al.，2005）。[②] Mandel & Semyonov（2006）指出目前关于“托幼政策与女性就业关系”的讨论主要是沿两方面发展：一部分研究显示儿童照料政策对缓解女性所面临的工作与家庭冲突、对支持女性从家庭事务中解脱出来参与社会劳动有积极作用；另一部分研究则发现公共托幼服务的扩张能为女性群体创造新的就业机会，将传统上主要由女性在家庭中提供的照料活动转移到家庭外。[③]

然而以上这些研究具体到某一个国家（地区）或某一时期，托幼政策和女性就业之间实际表现出来的关联性则可能多种多样。[④] 和建花、蒋永萍（2008）发现中国的托幼政策在新中国成立后曾极力支持女性就业，

---

① Blau, D. M., Child Care Problem: An Economic Analysis. Russell Sage Foundation, 2001; Han, W. & J. Waldfogel, “Child Care Costs and Women's Employment: A Comparison of Single and Married Mothers With Pre-School-Aged Children”, *Social Science Quarterly*, 2001, 82 (3), pp. 552—568; Connelly, R., “The Effect of Child Care Costs on Married Women's Labor Force Participation”, *The Review of Economics and Statistics*, 1992, 74 (1), pp. 83—90; Klerman, J. A. & A. Leibowitz, “Child Care and Women's Return to Work After Childbirth”, *The American Economic Review*, 1990, 80 (2), pp. 284—288.

② Esping-Andersen, G., Social Foundations of Postindustrial Economies. Oxford University Press, 1999; Stier, H., Lewin-Epstein, N. & M. Braun, “Welfare Regimes, Family-Supportive Policies, and Women's Employment along the Life-Course”, *American Journal of Sociology*, 2001, 106 (6), pp. 1731—1760; Bainbridge, J., Meyers, M. K. & J. Waldfogel, “Child Care Policy Reform and the Employment of Single Mothers”, *Social Science Quarterly*, 2003, 84 (4), pp. 771—791; Mandel, H. & M. Semyonov, “Family Policies, Wage Structures, and Gender Gaps: Sources of Earnings Inequality in 20 Countries”, *American Sociological Review*, 2005, 70 (6), pp. 949—967.

③ Mandel, H. & M. Semyonov, “A Welfare State Paradox: State Interventions and Women'S Employment Opportunities in 22 Countries”, *American Journal of Sociology*, 2006, 111 (6), pp. 1910—1949.

④ Orloff, A. S., “From Maternalism to ‘Employment for All’”, *Cited from The State After Statism*, ed. Jonah D. Levy, Harvard University Press, 2006.

但改革开放后托幼服务的福利性逐渐削弱，对母亲就业的支持越来越不重视。[①] 不过目前对60多年来新中国托幼政策和女性就业之间的关联是如何发生、如何变化还知之甚少，此外对中国托幼政策给女性提供就业机会这一方面的关注也较少。因此本文从“支持女性就业”和“拉动女性就业”两个方面来分析新中国以来托幼政策和女性就业之间的关联以及这些关联的发生变化过程。

一 计划经济时代托幼政策极力支持女性就业

除了计划经济时代托幼政策极力支持女性就业的特征外，这一政策模式的形成过程也是理解女性就业和托幼政策关系的关键之处。

新中国成立初期，在女性就业上中国共产党延续“动员妇女参加经济建设”的方针[②]——从农村到城市都号召女性参与社会劳动，例如1949年《中国妇女运动当前任务的决议》将“组织动员妇女积极参加生产”作为妇女运动和妇女工作的重要内容[③]。潘锦棠（2002）研究发现，当时政府通过管控物资和劳动力供给以优先发展工业，在动员几乎全部男性劳动力的同时，和妇联则动员女性劳动力参加生产建设。[④] 国家干预以往从事再生产活动的女性生产领域。到1957年，全国有70%的农村妇女参加农业生产；城市女职工达328.6万人，与1949年相比增加了4.5倍（国务院新闻办公室，1994：7）[⑤]；到1977年，全民所有制女职工人数有2036万人（潘锦棠，2002）。

在动员女性参与社会劳动时，育儿照料事务成为羁绊妇女走出家门的

---

① 和建花、蒋永萍：《从支持妇女平衡家庭工作视角看中国托幼政策及现状》，《学前教育研究》2008年。

② 无论是抗日战争还是三年内战期间，中国共产党针对妇女的政策核心都是“动员妇女参加生产、参加经济建设”，比如1943年的《关于各抗日根据地目前妇女工作方针的决定》、1948年的《关于目前解放区农村妇女工作的决定》都要求“动员”妇女参加农业、工业生产。

③ 该《决议》指出，首先重要的是在发展生产、繁荣经济等的原则下尽量组织劳动妇女参加工业、手工业生产和商品流通工作……应适应工业生产的需要，吸收工人家属和能劳动的妇女参加生产，尽可能组织大批家庭妇女参加劳动……应围绕在生产事业的周围举办托儿所等。

④ 潘锦棠：《经济转轨中的中国女性就业与社会保障》，《管理世界》2002年。

⑤ 中华人民共和国国务院新闻办公室：《中国妇女的状况》，人民出版社1994年版。

障碍。为了实现上述动员目标，国家大力倡导和支持托幼服务的发展[①]，并将“解除劳动妇女的后顾之忧”作为托幼政策的目标。1952年的《幼儿园暂行规程草案》“一方面教养幼儿，另一方面减轻母亲对幼儿的负担以便母亲有时间参加政治生活、生产劳动、文化教育活动等”；1956年教育部、卫生部等联合下发的《关于托儿所、幼儿园几个问题的联合通知》[②]也指出：“今后将有更多的妇女参加生产劳动和社会工作，为了帮助母亲们解决照顾和教育自己的孩子的问题，托儿所和幼儿园必须有相应的增加”。儿童照料而托幼服务的提供形式，政策规定其要能配合妇女的“劳动参与行为”、向工农等参与生产建设的家庭倾斜。比如为了便利劳动妇女要求“幼儿园以整日制和不放寒暑假为举办原则”“幼儿每日在园时间以8—12小时为准”；为适应特殊生产需求，规定可以“办寄宿制幼儿园以参与生产；为向工农家庭倾斜，规定“幼儿园招生时不得举行测验”“对职业妇女的子女和工农子女应尽先收受”[③]。

主管妇女工作的妇联部门也承担了很多责任，比如：1950年全国妇联副主席邓颖超所作的《关于城市妇女工作的几个问题的报告》中要求妇联举办保育机构和幼稚园；1951年的第一次妇女儿童福利工作会议要求妇联组织办哺乳室动员职工家属组织变工互助带孩子，临时托儿站这一时期，托幼服务的规模呈增长趋势：城市地区的幼儿园（所）从1950年的1799个（在园幼儿数14万人）增长到1957年的16420个（在园幼儿数108.8万人），在1958—1965年间经历急剧上升和回落的动荡后，到1965年有19226个（在园幼儿数171.3万人）；农村地区，托幼服务组织和受托儿童人数也有较大规模增长。[④]

上述托幼政策的目标定位和托幼服务形式，都反映出当时托幼政策有着较明确的“支持女性就业”的特征。而这一特征的形成过程：国家动

---

① 早在1934年，苏维埃就颁布了《托儿所组织条例》，在农村地区发展互助托儿以代替女性的育儿责任。

② 该《通知》规定托儿所和幼儿园严格以年龄为限来命名——收托三岁以下儿童统一命名为“托儿所”，收托三至六周岁儿童统一命名为“幼儿园”；卫生部门、教育部门分别是托儿所、幼儿园的业务主管部门；托儿所和幼儿园的设立及服务的提供，可以有卫生部门、教育部门、各机关、各企业单位、街道集体、个人、互助组织等多个主体。

③ 参见1952年的《幼儿园暂行规程草案》。

④ 参见《当代中国妇女》编辑委员会《当代中国妇女》，当代中国出版社2009年版，第399、405—408页。

员女性就业在先，劳动生产领域对劳动力的需求表现强劲，妇女的劳动参与率不断增加；为了解决女性参与劳动的后顾之忧、代替妇女照料幼儿，托幼服务作为支持和激励女性参与国家建设的措施发展起来，托幼服务的组织形式也被要求以配合女性参与劳动为原则。

然而在当时的行政调配下，托幼服务强调女性育儿照料责任而非儿童早期教育和投资。妇联不要热衷于办高标准的托幼机构，而是要以开发大量简易托幼机构以吸纳更多劳动妇女的子女为工作目标①。此后大量发展的互助式托幼服务，正是为了正规托幼服务难以满足对替代性育儿照料的需求这一问题②。而国家利用行政力量调配劳动力时往往将精壮劳动力都安排到生产性岗位，托幼服务岗位则多由一些中老年女性提供的看管服务，1960 年全国整顿农忙托幼组织时就从保教人员中抽调了大量青壮年劳力去支援生产第一线③。由此可见，在计划经济时代托幼服务并不被政府视为太大，而是以配合女性参与劳动的角色而存在。

二 向市场经济转型后托幼政策对女性就业的支持减弱

随“文革”结束被掩盖的就业压力显现，当时不能参与劳动的人中女性的比例：比如 1979 年城镇待业率为 54%，待业青年中女性占到 70%④。到 80 年代，自谋职业等就业途径放开，并且企业被给予一定程度的“用人自主权”，中国的就业体制逐渐向市场机制转型。⑤ 在转型初期，1979—1988 年城镇女职工人数的年均增长率为 4.9%，1988 年底全

① 参见中华全国民主妇女联合会编：《妇女儿童福利工作经验》，《中华全国民主妇女联合》，1952 年，第 1—16 页。

② 参见《当代中国妇女》编辑委员会《当代中国妇女》，当代中国出版社 2009 年版，第 398—408 页。

③ 同上书，第 405—408 页。

④ 参见中华全国妇女联合会妇女研究所《中国妇女统计资料（1949—1989）》，中国统计出版社 1991 年版，第 6 页。

⑤ 参见杨伟国《转型中的中国就业政策》，中国劳动社会保障出版社 2007 年版，第 176 页。

国各类女职工人数达 5036 万①，但此时无论是城市还是农村都存在劳动力供给远大于需求的情形，就业矛盾突出。随着市场经济的发展，两性之间的就业竞争使得城乡地区有大量女性劳动力退出生产领域（潘锦棠，2002）。1990 年、2000 年、2010 年 25—49 岁女性的劳动参与率分别为 91%、87.6%、83.2%，呈不断下降趋势，而且比男性大②。

而此时，那些曾“支持女性就业”的托幼政策经历了一段“单位福利”的恢复期后，转向了社会化和市场化改革。1979 年教育部、卫生部等联合召开的全国托幼工作会议，决定恢复托幼服务，除了继续提倡采用之前的单位福利模式外，除了接收女职工的孩子外还收男职工的孩子；私人办的园所接受照料时，单位向园所交纳托儿管理费。此外，教育部 1979 年印发的《城市幼儿园工作条例（试行草案）》和卫生部 1980 年颁布的《城市托儿所工作条例（试行草案）》仍将“解放妇女劳动力”、“使家长安心工作”定为幼儿园和托儿所的任务目标。由此可见，在此恢复期托幼政策仍延续着计划经济时代“支持女性就业”的特征，即依赖单位和集体的力量解决当时女性参与劳动后无人照料儿童的困难。

但在 70 年底末 80 年代初，受生育高峰的冲击出现了“入托难”问题，比如：鼓励和倡导有条件的工厂、企事业单位开办托幼园所，并倡导其向社会开放；支持个体托幼园所、家庭简易托儿户的发展等。这是托幼服务社会化和市场化的前奏。1987 年国务院办公厅转发了《国家教委等部门关于明确幼儿教育事业领导管理职责分工请示》的通知，将幼儿教育事业改由国家教委负责，自此 3—6 岁儿童的托幼服务纳入了国家教育体系中。1988 年国家教委等联合发布的《关于加强幼儿教育工作的意见》指出：“幼儿教育是教育事业的重要部分，同时举办幼儿园有利于解决劳动者后顾之忧，但幼儿教育不属义务教育，家长送子女入园理应负担一定的保育、教育费用。”

此时的托幼政策语境中，“解决妇女就业后顾之忧”的话语逐渐被“幼儿发展”所替代，对“支持女性就业”的倡导不再明显，托幼服务的提供：一方面，单位有权将传统上的“职工福利服务”向社会开放并收

① 参见中华全国妇女联合会妇女研究所《中国妇女统计资料（1949—1989）》，中国统计出版社 1991 年版，第 6 页。

② 沈可、章元、鄢萍：《中国女性劳动参与率下降的新解释：家庭结构变迁的视角》，《人口研究》2012 年。

费，另一方面单位有权不再提供托幼服务，这一责任被推向家庭和市场。例如1995年国家教委等发布的《关于企业办幼儿园的若干意见》提出："改革现行幼儿园收费制度，鼓励企业幼儿园向社会开放，逐步改变幼儿园经费由企业全部包揽的做法……积极稳妥地推进幼儿教育逐步走向社会化；对于部分的确不具备独立办园条件和具备了分离幼儿园条件的企业……可将所办的幼儿园交给当地教育行政部门规划，以多种形式继续办好，或由社区办，或由具备条件的团体、个人承办。"

"市场化"意味着家庭很难再享受到均等低价的托幼福利，在儿童照料上重新承担主要责任，要么由家庭成员（通常是女性）自行供给①，要么依赖家庭的财力从市场上购买。"社会化"则意味着托幼服务更多地转由私人机构提供，而非国家和单位。据统计1994年企业办园在园幼儿326万人，约占在园幼儿总数的12.4%②。但此后很多企业（包括其他单位）不再为职工提供托幼服务（托儿所、幼儿园甚至哺乳室等），2001—2010年间"单位办幼儿园"的幼儿总数占比从32%下降到12%。

在农村地区，"文革"时期托幼组织也遭到破坏。1980年农村实行家庭承包责任制后，农村互助式的托幼组织随着解体，但因为农村妇女分到责任田后也要参加劳动，农村对托幼服务的需求并没有消失③。尽管政策上也提出发展农村幼儿教育特别是学前一年教育，鼓励依赖群众集体举办④，但在市场经济确立后，随着农村集体经济的弱化以及学前教育公共经费极少给予农村，农村地区的学前教育发展缓慢（冯晓霞、张凤，2011）⑤。

向市场经济转型后，劳动力市场制度的建立让女性在就业上和男性同台竞争，因为不占据竞争优势女性总体的劳动参与程度相比计划经济时代有所下降。与此同时，托幼服务的提供又在很大程度上转向市场规则，托

① 2010年人口普查资料显示，16岁及以上非经济活动人口中，料理家务的人中有90.4%是女性。参见国家统计局社会科技和文化产业统计司，2012，中国社会中的女人和男人——事实和数据，第47页。

② 数据来自《关于企业办幼儿园的若干意见》。

③ 参见《当代中国妇女》编辑委员会《当代中国妇女》，当代中国出版社2009年版，第405—408页。

④ 参见国家教委1983年颁布的《关于发展农村幼儿教育的几点意见》。

⑤ 冯晓霞、张凤：《农村幼儿保育教育问题亟待解决》，《人民教育》2011年。

幼政策上“支持女性就业”的特征越来越不明显。不过这仅仅是向市场经济转型后托幼政策和女性就业关系的一面，除此之外即托幼政策发展给女性提供了新的就业机会。

三 托幼服务扩张对女性就业的拉动

尽管托幼服务的社会化和市场化改革对女性就业的支持力度不断减弱，但中国托幼服务的规模是不断增大的。1979 年据 19 个省的统计，入所入园婴幼儿 1900 余万人、占婴幼儿总数的 23%；其中城市婴幼儿入所入园率 30% 左右，农村婴幼儿入所入园率农忙时 20% 左右[①]。

相较于计划经济时代，20 世纪 80 年代后学前教育机构的规模（包括机构数、学生数、教职工数）呈大幅增长趋势。由表 1 可知，1965 年学前教育机构中的学生数仅为 171. 3 万人，到 2012 年增加到 3685. 8 万人。1983—1988 年儿童入园率分别是 17. 2%、19. 6%、21. 5%、23. 9%、25. 9%、28. 2%，到 1997 年中国学龄前儿童毛入园率达 40%[②]；2000 年中国学前教育毛入园率有 35%，2010 年则上升到 56. 6%[③]。此外，教职工规模的绝对值也呈现持续增长趋势，2010 年之后增长幅度加快（见表 1）。

表 1 中国学前教育机构规模变化趋势

年份	机构数（万个）	学生数（万人）	教职工数（万人）	专任教师数（万人）	学生/教职工比	学生/专任教师比
1965	1. 9	171. 3	16. 2	6. 2	11	28
1978	16. 4	787. 7	46. 9	27. 8	17	28
1980	17. 0	1150. 8	61. 0	41. 1	19	28
1985	17. 2	1479. 7	79. 8	55. 0	19	27
2000	17. 6	2244. 2	114. 4	85. 7	20	26
2005	12. 4	2179. 0	115. 2	72. 2	19	30

① 数据来自 1979 年的《全国托幼工作会议纪要》。

② 参见中国青少年研究中心编《百年中国儿童》，新世纪出版社 2000 年版，第 102 页。

③ 数据来自 2001—2010 年和 2011—2010 年的《中国儿童发展纲要》。

续表

年份	机构数（万个）	学生数（万人）	教职工数（万人）	专任教师数（万人）	学生/教职工比	学生/专任教师比
2007	12.9	2348.8	131.7	82.7	18	28
2008	13.4	2475.0	143.4	89.9	17	28
2009	13.8	2657.8	157.1	98.6	17	27
2010	15.0	2976.7	184.9	114.4	16	26
2011	16.7	3424.4	220.4	131.6	16	26
2012	18.1	3685.8	249.0	147.9	15	25

注：学生/教职工比、学生/专任教师比这两个指标是计算得出的。“生师比”（child-staff ratio）经常作为衡量托幼服务质量的一个指标，该比值越小，托幼服务质量可能越好，尽管人们对这一指标是否能有效反应服务质量还存在争议。参见 Waldfogel, J., 2002, “Child Care, Women's Employment, and Child Outcomes”, *Journal of Population Economics*, 15 (3), pp. 527—548.

数据来源：历年的《中国教育统计年鉴》（对原始数据进行了四舍五入的处理）。此处的学前教育机构主要是指幼儿园。

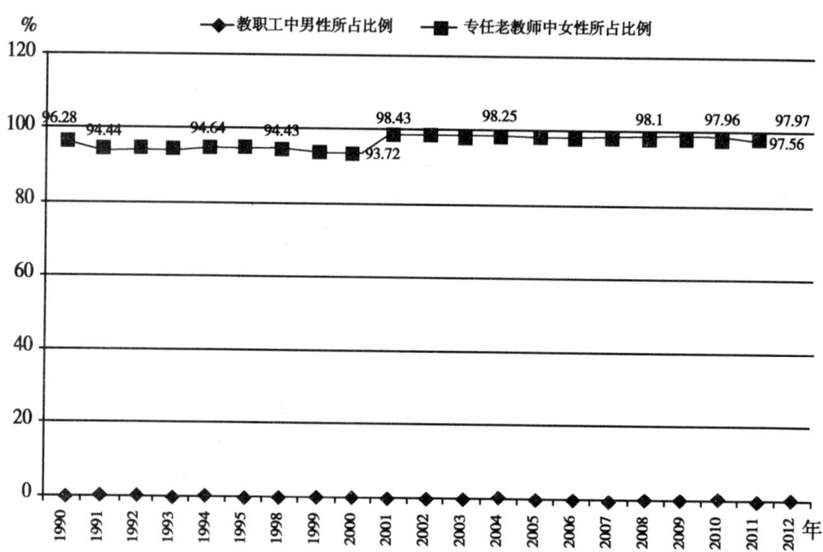

图 1　学前教育机构从业人员中女性所占比例的变化趋势

资料来源：图中，1990—1995 年的数据来自《中国性别统计资料：1990—1995》，pp. 249—250 表 5－7；1996 年、1997 年的数据缺失；1998—2012 年的数据来自历年的《中国教育统计年鉴》。

从“提供新的就业机会”的角度来看，托幼服务的从业人员中女性一直占据主导力量，其比例维持在90%左右（见图1）。1987年幼儿园教职工中女性占94.16%，园长中女性占95.67%，幼儿教师中女性占86.42%，保健员中女性占92.32%[①]。1990年至今，学前教育机构的教职工中女性从业人员所占比例尽管呈小幅波动下降趋势，但一直维持在91%以上；专任教师中，除2000年之前有小幅下降外，2000年之后上升并一直维持在97%以上（见图1）。

此外还有一组数据揭示了这一时期托幼服务对女性就业的拉动：城镇单位女性从业人员从2003年的4156.1万人增长到2012年的5458.9万人[②]，年均增长率3.5%；然而同期学前教育机构中女教职工人数的年均增长率高达16.7%（从2003年的91万余人增长到228万余人[③]），远高于城镇单位女性劳动者的年均增长率。

以上这些数据都显示，中国的托幼服务行业表现出了较强的吸纳女性就业的力量。过去二三十年间，学前教育入学率的持续小幅提高，意味着儿童的照料活动从家庭、特别是母亲身上向家庭外转移，从无薪活动慢慢向有酬劳动转变。在此过程中，女性是受直接影响的群体之一，在家照料孩子的母亲目前在学前教育机构中从事儿童照料的女性。学前教育行业的扩张，使一部分女性的社会劳动替代了其他女性原本承担着的家务劳动，表现出了“拉动女性就业”的特征。

四　结论与讨论

本文研究发现，新中国成立以来托幼政策与女性就业关系在不同阶段呈现出多样化的特征。在计划经济时代，托幼政策与女性就业的关系主要表现在试图“支持女性就业”，无论是政策话语还是实践安排上都表现出“配合女性参与社会劳动”的特征。当时的托幼政策之所以呈现支持女性就业的特征，主要是因为国家需要动员大量妇女就业。为了实现这一国家

① 参见《当代中国妇女》编辑委员会《当代中国妇女》，当代中国出版社2009年版，第400页。

② 数据来自《中国人口与就业统计年鉴（2013）》。

③ 数据来自历年的《中国教育统计年鉴》。

战略，托幼服务更多的是作为配套措施和辅助性的激励工具在发展。20世纪80年代后中国逐渐向市场经济体制转轨，托幼政策经历了社会化、市场化的改革过程，政府（单位）在托幼服务上承担的责任比例在减小，家庭（市场）承担的责任比例在增大，而且这一时期托幼政策语境中对“支持女性就业”的强调也越来越少。儿童照料责任重新回到家庭身上，特别是家庭中的女性身上。托幼政策上曾经表现出的“对女性就业的支持”力度减弱了，但这一时期整个托幼服务的规模却一直在扩大，托幼服务从业者中女性占据90%以上的比例，而且年均就业人数增长率要远高于城镇单位女性就业人数增长率，托幼服务的发展表现出了“拉动女性就业”的特征。

从2010年起，中国政府在学前教育上开始实行扩张计划。此次扩张，更可能是受人们对“学前教育资源配置均等”和“人力资本投资”的诉求所驱动（冯晓霞，张凤，2011）①，而非出于“让女性摆脱育儿事务”的考虑。《中国儿童发展纲要（2011—2020年）》将2010—2020年的学前三年毛入园率目标定为70%，学前一年毛入园率目标定为95%。2010年国务院发布的《关于当前发展学前教育的若干意见》（国发〔2010〕41号）也确定要大力发展公办幼儿园，提供“广覆盖、保基本”的学前教育公共服务定位。这意味着针对“3—6岁”儿童的学前教育将向“公益性和普惠性”的方向发展。不过针对“3岁以下”儿童的托幼服务，仍主要由家庭自行负责。这场看似由“教育公平诉求”所驱动的学前教育发展，会使女性从照料和教育幼儿的责任中得以部分解脱，有时间和精力去参与劳动力市场，同时新增的托幼服务岗位在当前就业竞争激烈的形势下也很可能会给女性提供新的就业机会②，从而吸纳更多女性劳动力就业。

---

① 冯晓霞、张凤：《2010年学前教育：春风已至，尚待化雨》，引自杨东平主编《中国教育发展报告2011》，社会科学文献出版社2011年版。

② 如果中国今后关注托幼服务质量的改善，那么存在降低“生师比”的可能，这样将会引致更多的托幼服务岗位。

我国女性就业与托幼事业发展的关系研究

汤　馨*

摘　要：我国女性的劳动参与率15年来一直不断下降，尤其以25—44岁的女性下降最为明显，同时近十多年来我国托幼体制呈现出入园难、入园贵的趋势，抚育子女的负担更多的占用了年轻女性的时间和精力。本研究从女性就业和抚育子女的矛盾入手，比较女性就业的现状和中国托幼事业的发展状况，发现托幼机构的畸形发展直接导致了我国低水平的毛入园率，间接对女性的就业造成了不利的影响，可见完善托幼制度对促进女性就业具有重要意义。

关键词：女性劳动参与率；托幼需求；性别公正

一　研究背景

改革开放30多年，中国经济得到了飞速的发展，GDP逐年上升，国民收入也有所提高，人民生活水平不断提高。中国人类发展指数（Human Development Indicator，HDI）也不断提高，自1995年始到2012年，在联合国的排序从106到2005年的81位，后又回落到2012年的101位，但性别发展指数（Gender Development Indicator，GDI）却徘徊不前，妇女权力指数（Gender Empowerment Measure，GEM）更是出现了下降趋势。

男女平等很大程度上取决于社会经济收入，过去的30多年，中国经济管理机制和运行机制从计划经济到市场经济转换，女性的就业和社会保障发生了深刻的变化。女性获得了更多地参与社会的权利，劳动力市场对

* 汤馨，中华女子学院性别与社会发展学院女性学系学生。

女性的歧视也凸显出来，如：女性就业难，非正规就业者居多，女性就业者相较于男性就业者收入水平差异加大，行业和职业间的性别分离越发明显等，严重影响到女性在社会中的参与程度，损害到参与社会经济发展的权利。

有关上述提到的现阶段中国女性就业中存在问题的原因，国内学者给出了多种的解释。总结起来女性在就业市场中遭受不公正待遇的原因有两点：一是人力资源性歧视；二是雇主个人偏好歧视。王小波叙述到我国自实行市场经济以来，企业在市场机制的作用下，追求利益最大化，在用工制度自主化和政府制度制约不完善的情况下，女性因承担家庭、生育等职责在人力市场上处于不利地位，遭到用工单位的歧视对待①。蓝李焰指出中国职业中存在性别隔离，女性大都从事技术含量不高，报酬较少的边缘部门，非正规就业女性逐年增多，即使在正规的大型的企、事业单位，女性职位一般都较低，领导中的女性比例是很低的②。随着女性受教育程度的不断提高，人力资源性的这种歧视依然没有减少，这主要与雇主个人偏好相关。蓝李焰等学者认为由于在传统社会家庭中女性的从属地位观念一时难以根除，很多人认为女性只能管家、养孩子，那些假定妇女生产力和能力低于男性就很难排除性别歧视的嫌疑，即使女性获得与男性同等的学历，歧视女性的现象依然存在③。上述两个原因从根源上来说，都是因为受传统观念和习俗的影响，女性承担着家务劳动及抚育子女的职责，无法兼顾家庭和事业，必然要被市场化浪潮下利益驱使的优胜劣汰的竞争淘汰出局。

针对如何减少女性在抚育子女承担的负担，现有的研究大部分是从生育保险制度出发，强调女性在生育方面的需求和生育保险中男性的权利与责任。庄渝霞从生育观念的转变、保障女性群体地位、体现女性生育价值等多个方面进行层层剖析，来说明生育保险制度的势在必行④。刘明和段兰英认为生育保险中男性角色缺失，生育保险制度应该强化男性在生育中

---

① 王小波：《影响我国女性就业参与的因素分析》，《思想战线》2004 年第 2 期。

② 蓝李焰：《女性就业的边缘化》，《中共福建省委党校学报》2004 年第 9 期。

③ 同上。

④ 庄渝霞：《实施生育保险制度的社会学和经济学双透析》，《上海经济研究》2009 年第 10 期。

的责任，真正从公平正义意义上全面维护妇女的权益①。

然而养育子女其实比生育更加的耗费精力。很多女性为了避免由于这种负担带来的事业上的阻碍，选择晚婚晚育。因为家庭劳动的私人化，年轻妈妈承担着生育和家务双重的压力，对于年轻女性来说，这是不利于事业的发展的。从这点出发，想要减少女性的家庭负担，做好 0—6 岁的幼儿抚育的工作是很重要的，也就是要将托幼重视起来，加大公共政策对这方面的投入，这不仅对孩子有益，更可以减轻年轻妈妈的家庭负担，减缓劳动市场上的性别分化，增加女性就业的机会，促进性别公正。女性就业与托幼之间的关系在现有研究中比较散乱，大都是在女性福利与女性就业的研究中简单提及，并没有系统的梳理。本研究从女性就业和抚育子女的矛盾入手，针对中国女性就业和托幼的现状，探讨两者之间的关系，说明完善托幼制度对促进女性就业的重要意义。

二　研究思路与方法

本研究选取了以北京、上海两个城市的托儿所和幼儿园为主的我国的托幼机构及女性劳动力和男性劳动力作为研究对象，从社会性别视角进行研究，基本思路如下：

从家庭模式的转变出发，分析了当前我国托幼需求的变化，揭示托幼供给与需求之间的失衡问题。

以北京、上海市为主，描述了我国托幼机构的发展情况和费用状况。

运用社会性别理论，详细的比较分析了我国女性劳动参与率与托幼制度间相互作用的关系，并联系国外发达国家的相关政策作进一步的分析。

研究中主要采取了以下几种研究方法。

社会性别分析方法：社会性别是指基于两性自然性别差异而构建的一种社会关系，其核心在于认为两性的差异不是由生理性别差异导致的，而是社会通过制度化力量强制构建出来的。社会应该正视性别差异，将性别公正意识纳入公共政策制定中，形成性别意识主流化，实现真正的性别公

---

① 刘明和、段兰英：《男性生育角色与我国生育保险制度改革》，《华南农业大学学报》（社会科学版）2006 年第 5 期。

正。本研究基于这一研究方法，立足于社会性别视角，了解我国托幼制度的具体情况，指出其对女性就业的具体影响，得出对当前我国托幼制度性别公正问题的思考。

文献研究方法：基于国内可获得的二手数据，包括人类发展报告、国家统计数据、新闻资料、相关研究者和专家的分析资料以及对有关文献做二次分析，获得相关资料和信息，并且运用 Excel 对所得数据进行整理、归纳。

比较分析方法：研究中对比了我国女性就业现状和托幼机构的发展状况，反思发展托幼事业对促进女性就业的作用，为政策研究提供借鉴思考。

三　研究分析

（一）家庭模式的转变与托幼需求的变化

自 1990 年以来，子女成婚后更倾向于和父母分开生活，核心家庭成为中国家庭模式的趋势，65 岁及以上男性和女性老人与子女同住比例从 1990 年的 67.6% 和 74.0% 分别下降至 2000 年的 59.9% 和 68.7%，2006 年更是下降到 47.8% 和 60.1%①。与老年父母分居，老年父母在孙子女看护、家务料理等方面对子女的协助必然会减少，这将增加年轻的女性照料孩子的时间和精力，降低女性的劳动参与率，事实上中国女性的劳动力参与率自 1995 年来一直在下降，尤其在 2000 年以后下降速度大大的超过了男性的下降速度，如表 1 所示。

表 1　　中国男女劳动力参与率　　单位：百分比

	1995 年	2000 年	2010 年	2011 年
男性	90.1	89.6	87.4	80.1
女性	80.4	80	77.6	67.7

资料来源：《2000 世界劳动报告》，人类发展报告。

① 沈可、章元、鄢萍：《中国女性劳动参与率下降的新解释：家庭结构变迁的视角》，《人口研究》2012 年第 5 期。

家庭模式的转变，使得原本老人帮助已婚子女照看孩子这种代际互惠被削弱，而一个年轻的母亲想要兼顾家庭和事业非常困难，为保证在父母正常上班很多家庭倾向于将孩子送入托幼机构，托幼需求急剧上升。但是现实中并不是每一个孩子都可以上得了幼儿园的，公办幼儿园的硬性门槛越来越高，民办幼儿园的费用太高，而“入园难”“入园贵”已经成为了中国幼儿入园的现状。这时，政府就成为解决托幼供求矛盾的主要责任者。

（二）当今中国托幼的机构规模和费用

我国幼儿园按照办园主体可以划分为教育部门办园、机关事业园、集体单位办园、民办园四类，根据其性质差异通常将前三类统称为公办园，所以实际只分为公办园和民办园两大类。1993 年企办幼儿园占城市幼儿园的 87%，从 1995 年国家提出企业分离办社会职能政策后，大量企办幼儿园被转让甚至停办，国务院 1997 年发布的《社会力量办学条例》和 1999 年制定的社会力量办学十六字方针，使得公办园急剧减少，相反，民办园迅速发展，如今民办幼儿园已经成为中国幼儿教育的主力军，2000 年以后公办与民办园的数量差距急速加大，2007 年以来民办幼儿园迅速增长，如图 1 所示。

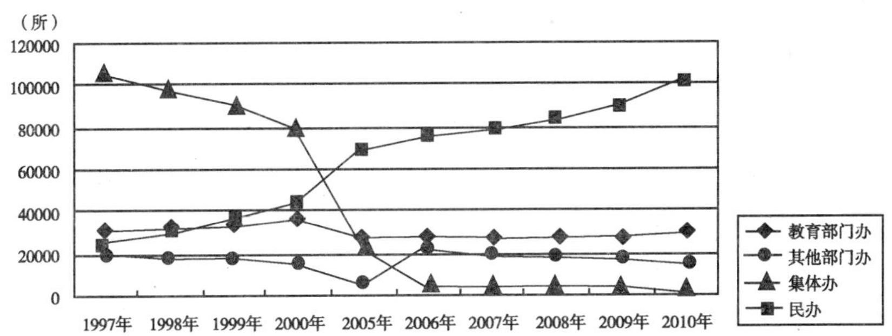

图 1　1997—2010 年全国各类幼儿园数量变化

资料来源：郑子莹《民办幼儿园政府规制研究》（p. 18）引自教育部教育统计数据：http：//www. moe. gov. cn/publicfiles/business/htmlfnes/moe/s6200/lis. html. 2012 - 11 - 13。

2011 年，全国共有 166750 所幼儿园，其中，民办幼儿园自 2005 年的 68835 所增长至 2011 年的 115404 所，所占比率由 55. 3% 到 69. 2%，增长了 14%。2011 年公办幼儿园只占到三成，而且由于国家对公办幼儿园较低的财政支出，以及受经济利益驱使民办幼儿园数量不断增加，公办幼儿园遭受民办幼儿园的严重排挤。截至2012年底，昆明市共有各级各类幼儿园1127所，其中公办幼儿园240所，民办幼儿园887所，民办幼儿园占78.7%，公办幼儿园仅占两成。一线城市比例差距更大，2008年北京市共有1300多所幼儿园，这些幼儿园当中，只有10%是公办园，公办园与民办园的比例达到了1∶9。

随着公办托儿所和幼儿园逐渐被民办幼儿园代替，幼儿园的费用越来越贵，入园也越来越困难。

表2　　上海公布公办托儿所、幼儿园收费标准　　单位：元/生·月

	全日制				寄宿制		
	托中班及以下（2周岁以下）	托大班（2—3周岁）	幼小班（3—4周岁）	幼中、幼大班（4—6周岁）	托大班（2—3周岁）	幼小班（3—4周岁）	幼中、幼大班（4—6周岁）
一级园	330	270	230	200	500	450	400
二级园	280	220	180	150	400	350	300
三级园	230	180	130	100	300	250	200
市级示范园	700				800		

资料来源：上海丫丫网，2014年3月23日。

2012年之前公办入园前加收的赞助费大致在1万—2万元每年，除了昂贵的费用，公办幼儿园对户籍、单位等都有要求，普遍门槛较高，而自2012年政府强制不允许幼儿园再收取赞助费之后，公办幼儿园费用相对低一些，如表2所示，但中国主要以民办幼儿园为主，而且很多家长担心赞助费取缔后，进入公办幼儿园门槛要求会越发严苛，要入园会越发困难。公办幼儿园虽然收费比较低，但是由于数量有限，而且入园的硬性条件要求严格，只有很少的家庭受惠。这主要由于我国幼儿教育长期政府投入不足，与世界其他国家在幼儿教育公共投入上差距极大，OECD（经济合作与发展组织）国家的学前教育财政支出占教育总投入的比例平均为8%，与发达国家相差了10—60倍，如图2所示。即使在亚洲国家中依然处于最低状态（泰国为0.47%，韩国为0.16%，老挝为0.08%）。由于国家对幼儿教育投入少，而且投入还非常不均匀，主要集中在城市、机关幼儿园，除此之外，在非户籍所在地入公办幼儿园还要缴纳高额或名目繁多的赞助费、建园费、借读费和管理费等额外费用，人为的设置了高的入园门槛，使得中低收入家庭的幼儿未获得公平的教育

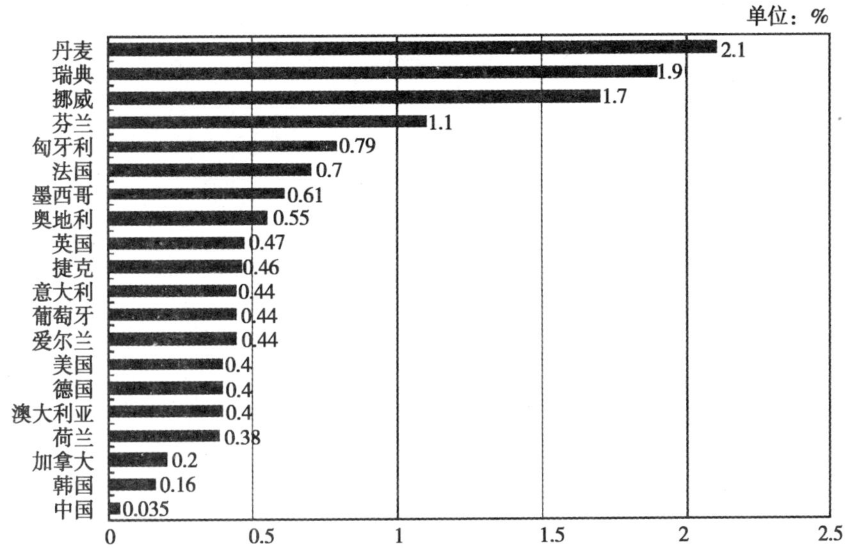

图 2　中国和发达国家幼儿教育公共经费投入占 GDP 百分比比较（2009 年）

资料来源：http：//wenku. baidu. com/view/5ad1b02bbd64783e09122b70. html，2014 - 3 - 24.

机会。

而如果要进入民办幼儿园，费用会高得多，除去学费和伙食费还有许多补习杂费，使得本就不便宜的民办园越加昂贵。以北京和上海为例，就算按照标准的收费规则每月还要负担 600—1200 元的学费，如表 3所示，而大部分民办幼儿园加上其他额外的收费每月都在 2000 元左右，如某幼儿园 2011 年秋季收取各种兴趣班费用：舞蹈 360 元，绘画 360 元，珠心算 500 元，乐器班 500 元等①，一些双语学校更是达到一个月 5000—6000 元，这些费用已经严重超出一个普通家庭能够承受的费用范围（2011 年北京市月平均工资 4672 元，上海市 4331 元，北京市最低工资 1160 元，上海市 1450 元），幼儿园的费用几乎是家庭中一个劳动力的收入。

① 数据来源：http：//www. nipic. com/show/4/79/5022658k6d13b590. html，2014 - 3 - 24。

表3　　北京市民办幼儿园公布的收费标准（2012年）

单位：元/人·月

	保育教育	住宿费
一级园	750	
二级园	600	
三级园	450	300
无级园	250	
示范园	900	

资料来源：《关于规范本市幼儿园收费有关问题的通知》（京发改规〔2012〕4号），附录2。

（三）托幼机构发展变化对女性劳动参与率的影响

如此昂贵的幼儿费用，成为每一新婚家庭的沉重负担，而且就现在中国托幼机构以日托为主，在上海，如果父母要延长托管时间还要另缴费用，每个小时10—15元不等，幼儿园放学后孩子的去处成了最让父母担忧的问题，很多年轻妈妈都是在事业刚起步阶段，可能会面临加班、参加培训等工作上的需求，但是由于家庭中抚育子女的负担，很多年轻妈妈不能全身心地投入工作，会放弃很多提高自己技能甚至放弃自身发展的机会，在就业市场中处于不利位置。

根据2010年第三期中国妇女社会地位调查全国主要数据报告显示，家务负担重已经成为领导岗位上女性数量少的最主要的原因，而对于25岁多的女性来说最重的家务就是抚育子女，国内学者倪雪琦研究发现一个家庭中幼儿抚育率上升1%，女性参与劳动力市场的人数就会降低0.51个百分点，男性则会下降0.29个百分点[①]。如图3所示，中国女性的劳动参与率在2000—2010年10年中快速下降，而且相较于男性，女性在25—44岁下降更为明显，根据中国第六次人口普查数据显示中国的平均结婚年龄逐年增加，女性上升到24.9岁，25—44岁正好是一名女性结婚成家的年龄阶段，这个时期，女性正好承担着生育、养育子女等一系列的家务料理的负担。

对比发现2000年以后正是我国托幼制度发生较大变化的时期。2000年以来托儿所数量直线下降，以幼儿园为主的托幼机构也以民办为主，入

① 倪雪琦：《儿童和老人抚养比对男女就业的影响》，《中国经贸导刊》2010年第15期。

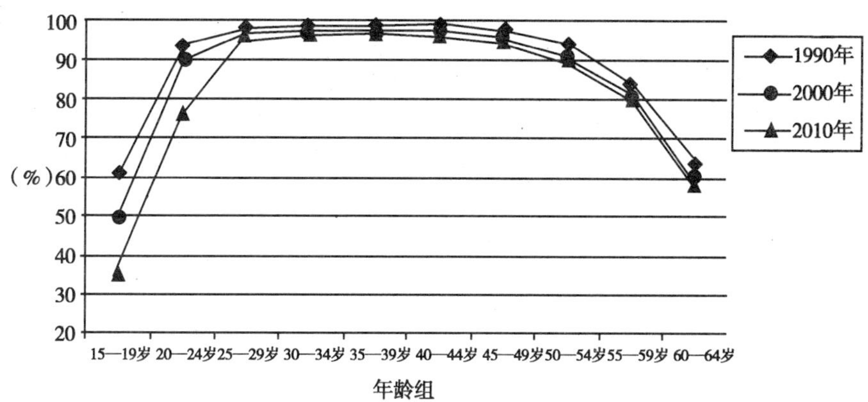

图3　1990年、2000年和2010年分年龄段男性劳动参与率

资料来源：沈可、章元、鄢萍：《中国女性劳动参与率下降的新解释：家庭结构变迁的视角》，《人口研究》2012年第5期。

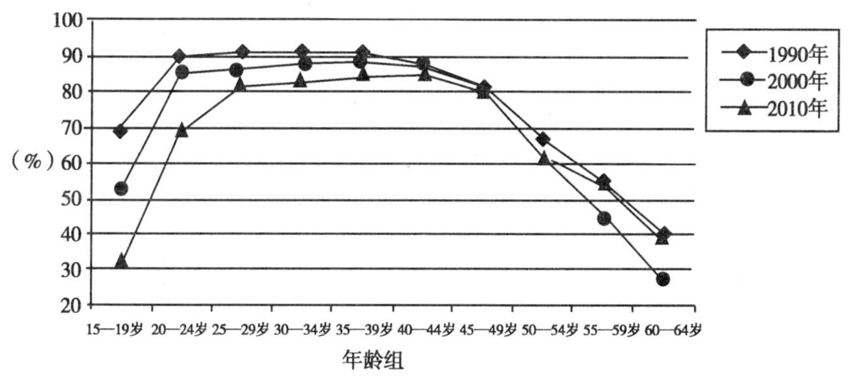

图4　1990年、2000年和2010年分年龄段女性劳动参与率

说明：劳动参与率=就业人口、失业人口和失去工作但正在找工作的失业人口/劳动年龄人口。

园不仅门槛高，费用也很高，导致很多家庭无法将子女送入托幼机构（据统计，我国有40%的孩子基本上没有享受到政府补贴，2011年幼儿园毛入园率只有62.3%）。抚育子女的责任加重了女性的负担，占用了劳动女性的大量时间和精力，降低了女性的劳动参与率。

长期的较低水平的劳动参与率，造成了大众所认为的女性难以担当重任的假象，女性更多在所谓适合女性的部门工作（多为家庭角色的社会衍生），女性逐步转向非正规部门工作，女性在激烈的劳动力市场竞争中逐渐被边缘化。职业的严重分化，严重降低了女性的收入，2010年第三期中国妇女地位调查显示18—64岁的女性劳动者收入多集中在低收入和中等收入组，两性劳动收入差距较大，城乡女性的年均劳动收入仅为男性的67.3%和56.0%。工资变动的收入效应一定程度上左右了女性的市场劳动供给时间，社会中的性别分工和经济收入中的不平均，加剧了家庭中的性别不平等，强化了“男主外，女主内”的传统性别角色分工，这种性别的刻板印象直接导致了女性就业时遭到性别歧视。

反观女性劳动参与率较高的一些北欧国家，如挪威和丹麦，2010年两国的幼儿园毛入园率分别为98.9%和95.7%，其中挪威2/3的幼儿每周待在学校超过31个小时，而丹麦的幼儿园主要以公办为主，实行从摇篮开始的免费教育，其政府对学前教育的投入占国民生产总值的2%，2/3的托幼机构由政府出资兴办，1/3是私营，而这些私营托幼机构也能从政府获得一部分津贴用于教育，对应的其2011年男女劳动参与率之比分别为88.02%和86.54%，是世界男女劳动参与率差距最小的国家之一。

四 结论与政策建议

1. 改革开放以来由于经济和社会转轨以及计划生育政策的提出和实施，中国家庭规模逐渐缩小，核心家庭成为主要的家庭模式，虽然家庭的总负担人数有所减少，但是由于人口老龄化日益严重，以及对子女的期望值不断提高，年轻夫妻所要承受的抚养压力不断加大，对以政府和社会为责任主体的托幼需求日益增长。而中国当前的社会实际情况却是政府托幼供给严重不足和不公平，公办幼儿园稀缺化，优质教育资源特权化，民办幼儿园两极化，幼儿教育收费贵族化，导致毛入园率一直处于较低水平。

2. 极低的毛入园率使得女性用于照看子女的时间增多，女性难以全身心的扑在事业上，失去了许多在职业发展中与男性平等竞争的机会，进修、培训、升职、以及在关键岗位任职的机会，也因此常常眷顾男性而绕开女性，工作和家庭的冲突严重影响了女性的就业率及职业发展。反过来，因为长期低水平的劳动参与率让女性就业边缘化，女性的经济和社会地位随之降低，加强了传统的性别角色期待，社会将抚育子女理所应当的认为是女性的工作或是适合女性做的工作，进一步将女性束缚在家庭中，更加将育儿的责任确定给女性，加大了女性育儿的负担，占用女性太多的时间和精力，很多用人单位将许多年轻女性看成是潜在的生育者和照顾者，认为她们不会全身心地投入到工作中，达不到效用最大化，因此在雇佣女性时顾虑比较多，甚至不愿雇佣女性。可见女性用于照看子女的时间比例与女性就业率是相互作用的，直观的表现就是极低的毛入园率造成了女性劳动参与率的下降，是女性遭到就业歧视的原因之一。

3. 要解决这种严重的工作与家庭之间的冲突，政府部门应该自觉负起责任，缓解入园难、贵的社会问题，减轻年轻女性的抚育负担，使得她们有更多的时间和精力投入到工作中，减缓劳动市场上的性别歧视，增加女性就业的机会，促进性别公正，为此提出如下建议：一是在加大政府对托幼机构的投入的基础上，为托幼设立专项资金，明确各级政府的责任，规范资金投入机制，保障托幼资源公平分配，同时对低收入家庭加大财政的支持力度，让每一个家庭都能入园；二是兴办托儿所，满足 0—3 岁幼儿的家庭的托幼需求；三是解除公办幼儿园入园的户籍限制，将居住证作为入园的地区划分标准，保证在同一地区的幼儿有相同的入园机会；四是改良托幼机构的类型，增加托幼的方式以满足不同家庭的托幼需求。

参考文献

［1］［德］恩格斯：《家庭、私有制和国家的起源》，《恩格斯选集》，人民出版社 1991 年版。

［2］刘伯红、张永英、李亚妮：《从工作与家庭的平衡看公共政策的改革与完善》，《中华女子学院学报》2010 年第 12 期。

［3］石红梅：《我国女性就业与家务时间配置的影响因素分析》，《中共福建省委党校学报》2006 年第 6 期。

［4］储朝晖：《财政投入与幼儿教育公平性研究》，《天津师范大学学报》（社会科学版）2012 年第 1 期。

［5］郑子莹：《民办幼儿园政府规制研究》，西南大学博士学位论文，2013 年。

［6］《第三期中国妇女社会地位调查全国主要数据报告》，2010 年。